백두대간
종주하다

초보에서 전문가까지 백두대간 안내서

백두대간 종주하다

글/사진 **정금연**

예순여덟 초보산꾼의
홀로 산행기

건강신문사
www.kksm.co.kr

머리말

산이 그곳에 있으니 오른다

Because it's there!

　세계의 지붕이라 일컬어지는 에베레스트의 최초 등정의 영광은 1953년 5월 29일 영국의 제 9차 원정대 소속, 뉴질랜드의 「에드몬드 힐러리, Edmund Hillary, 1919-2008」와 네팔인 셀파 「텐징 노르가이,Tenzing Norgay, 1914-1986」가 정상 정복에 성공하고 무사히 내려온 것으로 기록되었다.

　이보다 앞서 두 차례의 등정에 실패하고 세 번째 정상 정복에 나선 「조지 맬로리 ,Georgy Mallory 1886-1924 」와 「앤드류 어빙 Andrew Erving, ?-1924」은 8,220m 제 6 캠프를 떠난 후 돌아오지 못하였다가 1999년 5월 1일 영국의 BBC다큐멘터리 「Lost on Everest 」원정팀에 의해 산 정산 200m아래에서 맬로리의 사체가 발견되었다.

맬로리는 3차 등정을 앞두고 열린 필라델피아의 강연회에서 사람들로부터 질문을 받았다.

"위험하고 힘들며 죽을지도 모르는 산에 왜 갑니까?"

맬로리는 아주 간단히 말했다.

"Because it's there!(산이 그곳에 있으니 오른다)"

당시에는 우문우답愚問愚答으로 회자 되었던 말이 오늘날에는 명언名言으로 남게 되었다.

나는 산을 좋아하지 않았다. 산에 관한 지식, 산행경험, 산에 대한 열정, 어느 것 하나 없는 산에 대한 문외한이었고 주변의 많은 산악회에 얼굴 한 번 내밀지 않았다.

육군대령으로 예편한 후 개인사업을 하다가 부도가 나서 신용불량자로 전락하게 되고, 늘어나는 부채를 감당할 수 없어서 법원에 개인회생을 신청하기에 이르러, 살고 있던 집까지 경매로 넘어가 길거리에 내쫓기게 되었다. 집이란 한 가족이 살아가는 울타리요 쉼터일진데 이마저 날려 버리고 가정이라는 삶의 버팀목 마저 모래성처럼 무너져 내릴 것 같았다. 젊은 시절 아들을 가슴에 묻고 살아온 아내에게 또 다른 아픔과 고통을 안겨 주게 되었으니 아내와 두 딸 보기가 미안하고 마주 대할 수 없어서 찾아 든 곳이 산이었다.

이때부터 서울 근교의 산과 북한산 둘레길, 서울 둘레길 등 수없이 산행을 하게 되었고 산을 보는 것과 산에 대한 사고방식이 바뀌었다.

산은 가진 자와 없는 자를 가리지 않고 남녀노소 할 것 없이 찾아오는 모든

이를 그 넉넉한 품으로 받아주고 감싸 안아준다.

나도 꿈이 생겨났다.

내 꿈은 바로 산이었다.

한때는 전남 함평에 있는 다이너스티 골프장에서 모든 것을 내려 놓고 아주 낮은 위치에서 가장 낮은 자세로 막노동을 하였다. 그러나 고향이 다르고, 생각이 다르고, 살아온 과정이 다른 사람들과 어울리고 부딪히면서 서투르게 막일을 한다는 게 결코 만만하지가 않았다. 그래서 찾아든 곳이 고향땅이었다. 고향은 항상 그리움이자 어머니의 품으로만 생각되었으나 실패한 사람이 찾은 고향은 뭇사람들의 시선이 따갑게만 느껴지는 생소한 땅이었다.

'지금 내가 살아남기 위해서 할 수 있는 일이 무엇일까?'를 생각하게 되었고 그것은 '백두대간'이라는 희망이었다. 산을 좋아하는 모든 사람들의 로망인 '백두대간종주'라는 꿈이 싹트고 있었다.

꿈이 있다고 해서 모두 다 이루어지는 것은 아니다. 그러나 시도해 보지도 않고 후회하기보다는 무모한 도전일지라도 지금 하지 않으면 평생 기회가 오지 않을 것 같았다.

시작해 보지도 않고 끙끙 앓는 것 보다는 부딪혀서 아픈 게 더 나을 것 같아서 수 없이 주저하고 망설이다가 나이 잊은 만용일지 몰라도 용기를 내 본다.

'그래. 지금 떠나는거야'

산은 언제나 임이요 벗이니 고독하지도 외롭지도 않을 것이다.'

혼자서 떠난 대간길 산행은 결코 녹녹치가 않았다. 수없이 길을 잃고 낯선 곳에서 헤메기도 하였고, 천둥·번개를 동반한 게릴라성 집중호우로 추위와 공포 속에서 몇시간을 떨기도 하였다. 식수가 떨어져서 물을 찾아 다니며 갈증과 싸우기도 했고 100여미터가 넘는 직벽을 외줄로프에 의지해서 오르내리는가 하면, 지옥의 문과도 같은 오르막 된 비알에서 숨이 턱 밑까지 차오르는 고통이 있었고, 급경사 내리막에서 부딪히고 찢기고 넘어지면서 악마의 입을 보았다. 어느 날에는 멧돼지와 조우하며 초긴장의 순간을 보내기도 했고, 겨울철 눈에 막혀 되돌아 서기도 했다.

그만두고 싶은 마음의 동요도 수차례 있었다. 그럴 때 마다 희망과 용기를 준 아내와 두 딸들이 고마울 뿐이다.

대간 산행은 항상 위험하고 험난한 것만은 아니다. 고향의 뒷동산과 같은 아늑함과 포근함도 있었고, 대간길 자락에서 사는 사람들의 넉넉한 인심도 있었다. 힘들고 위험한 코스에서 동행을 해주고 도움을 준 초면의 산님들도 결코 잊혀지지 않을 것이다.

때로는 마구 파헤쳐지고 끊긴 산허리를 보면서 가슴만 아파했던 무기력한 내 자신의 한탄도 추억거리가 될 것이다.

어쩌면 기를 쓰고 대간산행을 했던 것은 내가 살 수 있고, 앞으로 살아나가기 위한 발버둥이었는지 모른다.

아무튼 2015년 6월 17일 지리산에 첫 발을 디딘 이래 2016년 6월 13일 진부령 땅을 밟으면서 백두대간 종주의 대단원은 막을 내린다.

거의 1년 동안 실제 산행 일수는 49일이었다. 젊은 산님이나 산악인들에 비하면 많은 날이 소요되었지만 '하루 해가 주어진 만큼만 걷겠다'는 생각과 체력을 고려한 산행의 결과이기에 뿌듯함을 느낀다.

비록 히말라야등 고산 준봉을 등반하는 전문 산악인들에게는 초라한 산행으로 보일 수도 있겠으나 하나의 꿈을 이루었다는 성취감에 벌써 스페인 산티아고 순례길을 향하고 안데스 산맥을 넘어 아마존의 정글과 아프리카의 초원지대를 달리는 기분이다.

백두대간 종주 기간 중 과년한 큰 딸을 출가시킨 것도 또 하나의 축복이리라!

대간 산행을 하면서 최석호의 「백두대간 능선따라, 2009. 09. 30.」, 김성배의 「백두대간을 가다, 2003. 09. 01.」, 이종호의 「나홀로 백두대간, 2013. 08. 27.」 외에도 많은 선행자들의 자료를 참고하고 인용하였음에 감사드리고 너그러운 용서를 바랄 뿐이다.

원래 단천短淺한 글 솜씨라 책을 낼 엄두도 내지 못하였으나 산행 중 만났던 많은 사람들과의 추억이라도 남기고 싶어 졸필拙筆이나마 용기를 내어본다

어려운 여건 속에서도 믿고 따라준 아내 정복희와 두딸 윤미, 윤정 그리고 성원과 격려를 아끼지 않았던 삼육 동기회 및 산우회, 기도로 백두대간 무사종주를 기원해준 김옥현에게 감사를 드린다. 더불어 이 책이 출간되도록 협조해주신 건강신문사 윤승천 대표님과 편집에 애써주신 관계자분들 그리고 경문제책사 홍용기 대표님께도 깊은 감사를 올린다.

'산은 내가 오르는 게 아니라 산이 나를 받아 줄 때 오를 수 있다'라는 자연에 대한 겸손함만을 생각하면서...

2018년 6월

정금연

목차

머리말 _ 산이 그곳에 있으니 오른다 • 4

지리산 • 20

제1구간	韓國人의 氣像, 여기서 發源하다	24
제2구간	행여 지리산에 오시려거든!	39
제3-1구간	지리산 서북능선에서 아쉬움을 남기고	60
제3-2구간	俗世에 얼굴 내민 白頭大幹	70
제4-1구간	飮酒山行은 相剋宮合	83
제4-2구간	白頭大幹에서 KBS가요무대 녹화장으로	92
제5구간	봉화산 철쭉	103
제6구간	거룩한 분노는 종교보다도 깊고	111

덕유산 • 124

제7구간	지옥의 문에서 악마의 입을 보다	126
제8구간	'아름다우십니다'라 인사하는 여자 산님은?	138
제9-1구간	폭풍우 속에 노아의 方舟를 만나다	153
제9-2구간	十勝地 茂豊에서 꾼 한 여름 밤의 꿈!	163
제10구간	삼도 화합의 상징 삼도봉	175
제11-1구간	마음은 추풍령, 몸은 괘방령	190
제11-2구간	구름도 자고 가는, 바람도 쉬어가는 추풍령	200
제12구간	금산의 아픔을 뒤로하고	209
제13구간	非山非野의 中化地區	221
제14구간	義士 金俊臣과 신의터재	232
제15구간	난세의 영웅 견훤의 숨결을 느끼며	242

속리산 · 256

제16구간	俗離의 世界에서 모세의 기적인가?	258
제17-1구간	오직, 하느님 뜻대로!	276
제17-2구간	100m직벽을 올라 다시 대야산 정상으로	284
제18구간	부처님 법(法)대로!	294
제19구간	모든게 하늘의 뜻이로다!	308

월악산 · 328

제20구간	긴장의 연속, 60여개 로프 구간!	330
제21구간	백두대간 남한구간 중간지점	346
제22-1구간	無心한 歲月	360
제22-2구간	6km 산행에 알바라니!	374

소백산 · 384

제23구간	촛불을 켜고 부처의 길을 걷다	386
제24구간	毘盧의 世界에서 宇宙旅行을 하고 九峰八門을 보다	403
제25구간	小白과 太白 사이, 兩白之間	425
제26구간	簡易驛에 내려 두 다리만 고생	439

태백산 · 450

제27구간	檀君神話의 무대에서	452
제28구간	한국판 '소돔과 고모라'에서 杜門不出하다	471
제29구간	三水嶺에서 장수가 칼을 잃다	484
제30구간	幻仙峰에서 神仙이 되어	499
제31-1구간	海東三峰에서 武陵桃源으로	511
제31-2구간	쌍둥이 상월산에 홀리다	525
제32구간	석병산에서 日月의 세계에 빠져들어	534
제33-1구간	화란봉 하늘 전망대	546
제33-2구간	2018 평창 동계 올림픽 주무대를 바라보며	553

오대산 · 568

제34구간	日出壯觀, 茫茫大海	572
제35-1구간	生不生, 死不死	591
제35-2구간	春來, 不以春	601
제36구간	삼둔(三屯) 사가리(四耕)	613

설악산 · 626

제37-1구간	아! 단목령(檀木嶺)	629
제37-2구간	설악산 전망대, 점봉산	637
제38구간	雪嶽 仙境 名不虛傳	655
제39구간	악마의 능선을 넘어 지옥의 너덜지대로	668
제40구간	몸은 陳富嶺, 마음은 白頭山	687

백두대간

 백두대간白頭大幹은 우리 민족의 조산祖山인 백두산白頭山에서 1,800여 Km를 줄기차게 뻗어내려와 지리산智異山에서 끝을 맺는 한반도의 등줄기로서 이 땅의 자연생태계의 중심축이자, 우리의 문화와 역사가 살아 숨쉬는 생활의 터전이기도 하다.

 백두대간이 최초로 나타난 문헌은 10세기 초 신라 승려 도선의 「옥룡기玉龍記」에 '우리나라는 백두에서 일어나 지리智異에서 마쳤으니 그 형세가 물을 근원으로 하고 나무를 줄기로 하는 땅이다'라고 기록되어 있다고 한다.

 조선시대 여암旅菴 신경준申景濬, 1712-1781의 「여지고輿地考」를 바탕으로 편찬된 「산경표山經表」는 우리 강산 고유의 산줄기 흐름을 토대로 이루어진 산자분수령의 기본개념을 제시하는 전통지리서로서 '산은 강을 넘지 못하고 물은 산을 건너지 않는다'라는 것이다. 또한 고산자古山子 김정호金正浩, 1804-1866의 대동여지도의 말문에 '산줄기는 분수령을 따르게 마련'이란 뜻의 산자분수령山自分水嶺을 명

문화 하고 있어서 줄기 가름의 대원칙이 제시되어 있다.

산경표에는 우리나라의 산을 1대간大幹, 1정간正幹, 13 정맥正脈의 산줄기로 분류하고 있다.

1대간은 백두대간으로 백두산-백사봉-두류산-회사봉-차일봉-철옹산-금강산-설악산-오대산-태백산-소백산-속리산-덕유산-지리산으로 이어진다.

1정간은 장백정간으로 두류산함경도-서수라곶산두만강 하구로 연결되는 산줄기를 일컫는다.

13정맥은 청북정맥, 청남정맥, 해서정맥, 임진북예성남정맥, 한북정맥, 한남정맥, 한남금북정맥, 금북정맥, 금남정맥, 금남호남정맥, 호남정맥, 낙동정맥, 낙남정맥을 말한다.

중국을 향해 포효하는 호랑이의 등줄기 형상인 백두대간은 우리 민족의 정기와 정서를 품고 있는 이 땅의 핵심으로서 예부터 우리 조상들이 산을 물줄기처럼 끊기지 않는 맥으로 인식하는 정신이자 실체가 바로 백두대간인 것이다. 그러나 치욕적인 일제강점기를 거치면서 산줄기가 사라지고 산맥山脈 개념이 들어서게 되었다.

산맥체계는 1903년 일본지질학자인 고또분지로小藤文次郎가 시행한 한반도의 지질 조사 결과를 「조선 산악론」이라는 논문과 「지질구조도 1/200,000」로 발표하면서 비롯되었다. 이때는 청일전쟁을 치루려고 한반도를 교두보로 삼았던 일본이 조선에 대한 지질 및 광물 조사에 혈안이 되었던 때다.

한반도의 산줄기는 고또 분지로의 산맥 개념으로는 설명이 되지 않는다. 산맥이란 오직 지질형성 시기와 매장되어 있는 지하자원을 알 수 있는 것으로 일본이 우리나라의 광물을 침탈하기 위해 만든 것일 뿐 실제 한반도 산줄기의 흐름을 밝히지 못한다.

식민사관植民史觀이나 민족 사관民族史觀을 떠나서 본래 우리민족이 우리 땅을 인식하는 기본 개념은 '산은 물을 가르고 물은 산을 넘지 않는다'라는 것으로 백두산 병사봉에서 지리산 천왕봉까지 한 번도 물을 건너지 않고 바로 내려 올 수 있다는 것이다.

이렇게 백여년 동안 잊혀져왔던 백두대간이 깨어나기 시작한 것은 1980년대 지도제작자인 고(故) 이우형선생과 몇몇 산악인들에 의해 복원되기 시작하였다.

고서점에서 우연히 입수한 「산경표」, 육당최남선이 주축이 된 조선광문회에서 1913년 발간한 인쇄물」과 고산자 김정호의 「대동여지도」를 확인하면서 마침내 백두대간이라는 숨겨진 진실이 세상에 알려지게 되었다.

월간지 「산」 1990년 12월호에 고(故) 이우형선생과의 인터뷰 기사가 게재되어 있다.

> 우리는 지금까지 일제가 지하자원의 수탈을 위해 세운 산맥개념을 그대로 사용하고 있습니다. 지질학에서나 필요한 개념일까? 우리 강토를 총체적으로 이해하는 데는 거의 무용지물인 것이죠.
>
> 산에서 흐르는 물줄기의 흐름이 바뀌면 기후나 토양도 바뀌어 거기에 기대어 사는 사람의 품성도 바뀌는 것인데, 우리는 어처구니없게도 일제의 산맥개념에 의해 무감각해진 채 별 생각없이 마구 파헤치고 있는 겁니다

우리조상은 이 땅을 뼈와 피의 흐름을 가진 하나의 살아있는 생명체처럼 여겨왔습니다. 그리고 대동여지도는 그런 인식의 구현입니다. 이를 통해 잃을 뻔 했던 땅에 대한 인식을 되찾는 일이 곧, 불구가 되어가는 이 강토를 살리는 길입니다.

이후 백두대간 종주는 일부 산악인들과 대학생들이 주축이 되어 길은 커녕 사람의 흔적조차 없는 산야를 헤치며 대간로를 개척하면서부터 시작되었다. 한치 앞도 볼 수 없는 폭우 속에서 밤새 헤매기도 하고, 눈 덮힌 산에서 길을 읽고 추위와 싸우기도 하며, 작열하는 태양 아래 지쳐 쓰러지기도 하면서 중도에 포기한 이들이 속출하였으나 끝내는 열정과 피땀으로 대간길을 개척하였고, 백두대간은 피상적인 개념이 아니라 실체하는 한반도의 등줄기라는 것을 온 몸으로 확인하였다.

1990년 들어 산악인들을 통하여 알려지기 시작한 지리산-진부령까지의 종주가 가능하게 되었고, 지금은 상당히 보편화되어 많은 사람들이 종주를 하였거나 종주를 계획하고 있다.

우리가 종주할 수 있는 구간은 백두대간의 절반도 안되는 남한구간으로, 지도상 거리가 730여 Km이지만 실제로 걷는 거리는 1,000여 Km가 넘을 것이다.

훗날 어느 날엔가 이 땅이 통일이 되서 삼재령에서 출발하는 북녘땅 백두대간을 타고 백두산 천지天池에서 목마름을 풀 수 있는 날이 오기만을 고대한다. 생각만 해도 가슴이 벅차 오른다.

Chapter 1

임을 향한 행진곡
行進曲

지리산

智異山

　백두산과 함께 우리 민족의 영산靈山인 지리산은 '이 산에 오른 모든 이들은 지혜롭게 된다'라는 뜻의 산으로 백두에서 솟은 장대한 산줄기가 남쪽으로 힘차게 뻗어내려와 마침내 멈춘 곳이라 하여 옛사람들은 두류산頭流山이라 불렀다.

　지리산은 경남의 하동, 산청, 함양, 전남의 구례, 전북의 남원 등 3개 도道, 5개 시·군市·郡에 걸쳐 있으며 산자락 둘레가 장장 팔백리가 넘는다.

　지리산의 주봉인 천왕봉天王峰은 높이가 1,915m로 남한에서 한라산 다음이고, 제석봉, 반야봉 등 100여개가 넘는 고산준봉들이 연이어 솟아 있으며, 천왕봉에서 노고단으로 이어지는 주능선과 성삼재에서 만복대를 거쳐 바래봉까지의 서북능선 산 마루금이 50여 km를 기운차게 뻗어있다.

　산이 높으면 골도 깊듯이 철선계곡, 한신계곡, 뱀사골, 피아골 등 수 많은 골짜기와 이루 헤아릴 수 없는 폭포, 소沼와 담潭이 산재되어 있어 산의 웅장함 뿐만 아니라 천혜의 비경을 간직하고 있다.

특히 절경으로 잘 알려진 지리산 10경十境은 천왕일출天王日出, 칠선계곡七仙溪谷, 연하선경煙霞仙景, 세석細石철쭉, 벽소명월碧霄明月, 반야낙조般若落照, 노고운해老姑雲海, 직전단풍稷田丹楓, 섬진청류蟾津淸流, 불일현폭佛日懸瀑으로 계절마다 독특하고 아름다운 경치를 자랑한다.

지리산은 이렇게 수많은 봉우리와 109개의 깊은 골짜기, 기암괴석 외에도 산새와 다람쥐, 반달곰, 이름모를 풀과 나무, 화사하게 피어나는 야생화까지 다양한 동식물이 어우러진 자연생태계의 보고라 할 수 있고, 신라 시대 고찰인 화엄사를 비롯하여 대원사, 실상사, 쌍계사 등 많은 사찰을 품고 있으며, 산악인은 물론이고 많은 일반인까지도 이 산을 사랑하고 자랑스러워하고 있어 1967년 우리나라 국립공원 제 1호로 지정되었다. 지리산의 또 하나의 명품은 지리산 둘레 길이다. 지리산 둘레길은 지리산을 에워싸고 있는 3개도道, 5개 시·군市·郡, 21개의 읍·면邑·面, 120여개 마을을 잇는 285Km의 길을 총 22개 구간으로 나뉘어 지리산 곳곳에 있는 옛길, 고갯길, 숲길, 강변길, 논둑길, 농로길, 마을길 등 환형環形으로 연결한 길로 많은 사람들의 사랑을 받고 있다.

지리산은 우리민족의 고통과 아픔이 서려있는 애환의 땅이기도 하다.

고려 말 이성계가 명산을 두루 찾아 다니며 역성혁명易姓革命을 꿈꿀 때 지리산 산신山神만은 조선건국朝鮮建國을 거부하였다고 하여 반역反逆의 땅으로도 불렸고, 동학농민혁명 때에는 쫓기던 농민들의 도피처였으며, 일제 시대에는 징집을 피하기 위한 젊은이들의 피난처였고, 한국 전쟁 시에는 빨치산과 토벌군의 쫓고 쫓기는 동족상잔의 비극의 땅이었는가 하면, 광주 민주화 운동 때에는 군부 독재에 항거하는 학생들과 젊은이들의 은신처가 되기도 하였다

지리산은 어머니의 품과 같은 넓은 가슴으로 그들을 끌어안아 주었고 포근한 가슴으로 아픈 상처를 어루만져 주었다. 그래서일까? '상처 받은 사람은 지리산으로 가고, 그리움이 있는 사람은 설악산으로 가라.'고 하였단다.

지리산은 이렇게 역사의 그늘에서 숨죽이며 감춰져 있던 침묵의 땅이다. 그래서 시인 고은高銀, 1933- 은 '지리산에 들어가면 살 수 있다'고 노래하였다.

▼ 바래봉 ┈┈ 지리산 주능선 / 서북능선

제1구간
韓國人의 氣像, 여기서 發源하다

📍 중산리 - 천왕봉 - 세석대피소 (11.48Km)
2015.06.17. (수) 흐림

　우리나라 남단에서 북쪽을 향해 올라가는 백두대간 종주의 시발점은 지리산 주봉인 천왕봉天王峰, 1,915m이다.
　천왕봉을 오르는 기점은 주로 경남 산청군 중산리 코스와 대원사 코스가 있는데 실제 지리산 줄기의 끝자락은 대원사 계곡이다.
　대원사 계곡은 경남 산청군 삼장면 유평리에 대원사大源寺를 품고 있는 계곡으로 천왕봉에서 중봉1,1871m, 하봉1,781m을 거쳐 쑥밭재와 새재, 왕등재, 밤머리재를 지나고 웅석봉1,099m으로 이어지는 30여리가 넘는 깊은 계곡이다. 조그마한 샘에서 출발한 물길이 낮은 곳을 향해 흐르면서 신밭골과 조개골, 밤밭골로 모여들어 새재와 외곡마을을 지나면서 수량을 더해 대원사가 있는 유평리에서부터 청정 비구니가 독경으로 세상을 깨우듯 사시사철 쉼 없이 흐르는 물소리는 산 중의 정적을 깨운다.

대원사는 대한불교 조계종 제 12교구 해인사의 말사로 신라 진흥왕 9년 (548년)에 연기조사(緣起祖師)에 의해 평원사(平源寺)로 창건하였으나 임진왜란 때 전소되고 조선 숙종 제 11년 (1685년)에 중창하여 대원암이라고 했다가 고종 27년 (1890년)에 재 중창하여 대원사가 되었다.

대원사 계곡은 수난의 지리산 역사를 그대로 보여주고 있다. 낮에는 국군의 땅이었다가 밤에는 빨치산의 해방구과 되던 시절, 빨치산을 토벌하기 위해 들어갔거나, 빨치산이었던건 간에 골짜기에만 들어가면 살아서는 나올 수 없었기에 '죽는다'는 의미로 '골짜기로 갔다'의 줄임말인 '골로 갔다'라는 말이 여기에서 나왔다고 한다.

이렇듯 골짜기가 깊다보니 변환기 때마다 역사의 현장이자 주요 피난처가 되기도 했다.

천왕봉에 오르는 길은 중산리에서 출발하는 게 가장 일반적인 코스로, 짧은 거리지만 계속 오르막길에 경사가 아주 심하다. 이 코스는 중산리 탐방지원센터에서 칼바위를 거쳐 로타리 대피소에 이르는 길과, 셔틀 버스로 경남자연학습관 삼거리까지 이동하고 로타리 대피소를 거쳐 천왕봉에 오르는 방법이 있는데 전자는 10여년 전 하산길에 내려왔던 적이 있고 오늘은 백두대간 종주 첫날이라 셔틀버스를 이용하기로 한다.

어제 광주에서 고속버스로 진주에 도착하여 중산리행 버스편을 알아보고 있는데 택시기사가 다가와 '버스는 시간도 많이 걸리고 불편하니 평소 6만원이지만 4만원에 가자'고 한다.

이번 대간 산행은 가급적 버스편을 이용하기로 하고 한시간 가까이 기다렸다가 버스에 몸을 실었다. 흔들리는 차창 너머로 산과 계곡과 개울만이 보이고 산은 점점 높아지고 계곡은 점차 깊어만 간다. 버스는 한시간 여를 달려 중산리 정류장에 도착하고 안내도를 보면서 숙소를 알아보고 있는데 원주에서 온 중년의 두 여인네가 다가와 내일 천왕봉에 오를 거라며 함께 산행하자고 한다.

버스 정류장에서 가까운 곳에 자연휴양림 숙소가 있으나 중산리탐방지원센터까지는 상당한 거리인 것 같아 두 여인과 앞서거니 뒷서거니를 반복하면서 들머리 인근 팬션에 여장을 풀었다. 거북이 식당에서 지리산 쌀막걸리를 곁들여서 풍성한 저녁식사를 하고 얼큰한 기분에 숙소로 돌아와 넓디 넓은 방에 혼자 몸을 눕혀보지만 점점 취기가 오르고 잠이 오지 않는다. '제길헐 산행음주는 상극이라는데 첫날부터 이렇게 취해서 어쩐다?'

옛 추억을 그리며!

10여년 전 2005년 7월 29일, 2박 3일의 일정으로 친구 김옥현, 박중묵과 묘령의 두 여인을 용산역에서 만나 밤 11시 무궁화호 열차를 타고 구례에 도착, 택시로 성삼재에 가던 중 트렁크에 실었던 배낭이 도로에 떨어지고, 넣어둔 된장봉지가 터져 배낭 속이 뒤범벅이 되었다. 성삼재에서 새벽바람을 맞으며 3시 30분에 출발하여 헤드랜턴의 희미한 불빛에 의존하여 종석대, 코재를 거쳐 삼도봉 정상에서 지어먹은 구수한 쌀밥 내음새, 배낭 무게에 짓눌려 따라다니기도 버거운데 옆사람 배낭까지도 서슴없이 매 주던 두 여인, 그녀들은 일명 '관악산 청살무'로 불린다는 산꾼이었다는 것, 그리고 태풍 예보로 일정을 하루 앞당기다 보니 오후 8시가 되어서야 세석 평전에 도착하여 비박을 하고 다음날 새벽에 천왕봉에 올라 희미하나마 일출을 보고 중산리로 하산할 때 악마의 입과도 같은 가파른 내리막에서 부딪히고 넘어졌던 일들이 아스라이 떠오른다.

아침에 일어나 보니 옆방 여자들은 벌써 산행길에 나선 모양이다.

셔틀 버스는 오전 8시에 출발하여 숲 속 오르막 포장 도로를 힘겹게 올라서 경남자연학습관 입구인 신두류동 삼거리에서 하차한다.

백두대간 종주라는 임을 향한 행진곡行進曲의 첫 발걸음을 내 딛는 가슴 벅찬 순간이면서도 설레임과 두려움이 앞선다. 옷 매무새와 배낭을 확인하고 있는데 한 젊은이가 배낭도 없이 조그마한 가방 하나 어깨에 매고 스틱 하나 들고 같이 동행하잔다.

'순례길' 간판이 붙어 있는 아치를 통과하여 출렁다리를 지나고 로타리 대피소에서 잠깐 숨을 고른다.

로타리 대피소에서 남쪽으로 내려가면 칼바위가 나온다.

지리산　　　　　　　　　　　　　　　　　　　　　27

로타리 대피소에서 조금 올라가면 법계사에 이르는 계단이 보인다. 법계사(法界寺)는 조계종 12교구인 해인사의 말사로 우리나라에서 가장 높은 해발 1,450m에 위치한 절이며 신라 진흥왕 5년 (544년) 인도에서 건너온 연기조사(緣起祖師)가 부처님 진신사리를 봉안하면서 창건하였다고 한다.

이름모를 산새들이 지저귀고 좌우 숲길에 '보폭은 좁게, 산행은 천천히'라고 쓴 표지판이 보인다. 필요시 비박을 할 계획으로 개인용 텐트, 버너, 코펠, 햇반, 라면 등을 잔뜩 넣은 배낭의 무게는 온통 양 어깨를 짓누른다.

법계사 입구에서 천왕봉까지는 2Km의 거리에 고도를 500여m나 올려야 되는 급경사 오르막은 그야말로 지옥의 문이 따로 없다.

한 시간 남짓 오르막과의 사투가 이어지다가 커다란 입석 바위 사이로 돌계단이 보이고 개선문凱旋門 또는 '하늘을 여는 문'이란 뜻의 개천문開天門을 만난다.

아침부터 안개비가 옷깃을 스미더니 아직도 계속되는 것을 보면 하루 종일 이어질 것 같다. 오르막 급경사는 계속되고 '이 놈의 된비알에는 면역력도 생기지 않나보다' 투덜대면서 우리나라 가장 높은 곳에 있는 샘으로 알려진 천왕샘에 이른다.

천왕샘은 해발 1,850m에 위치하는 석간수로 경남서부지역의 식수원인 남강댐의 발원지다. 이곳에서 솟구친 물은 덕천강으로 흘러 남덕유산 참샘을 발원지로 하는 경호강과 남강댐에서 합류하여 남강을 이룬 뒤 낙동강으로 흘러든다.

하늘의 문을 지나 천왕을 배알하다!

　급경사 오르막 너덜지대에는 '급경사, 낙석위험지역' 경고판이 있고 돌길, 돌계단 주변에는 '심장마비주의'경고판이 압박감을 준다. 더군다나 '당신의 산행은 이번이 마지막일 수 있습니다'라는 문구는 고혈압 약을 복용중인 나로서는 상당히 두려움을 느끼게 한다.
　배낭의 무게는 양어깨를 짖누르고 돌부리에 걸리는 발걸음은 느려만 진다. 동행하던 젊은이를 먼저 보내고 긴 숨 몰아쉬며 한걸음씩 한걸음씩 발걸음을 옮긴다. 정오를 알리는 시간에 인증샷에 여념이 없는 무리 속에 먼저 간 젊은 이가 보인다.
　천왕봉 天王峰이다!

　천왕봉은 경남 산청군 사천면 중산리 소재로 그 정상석은 1982년 세운 자연석으로 전면에 '智異山 天王峰, 1,915m'뒷면에 '韓國人의 氣像 여기서 發源하다'라고 새겨져 있다. 그러나 1980년대 사진에는 '慶南人'으로 되어 있던 글자를 뒷날 '韓國人'으로 다시 새겼다고 하니 훗날에는 '世界人'의 산으로 우뚝 서기를 바란다.

천왕일출天王日出! 지리산 10경 중 제 1경이다.

거대한 함괴가 하늘을 떠받히듯 바위로 이루어진 정상에서 붉은 광채를 발하며 솟아오르는 태양이 온 세상을 붉게 물들이는 순간을 상상해보라. '천왕봉에서 맞이하는 장엄한 일출 광경은 원시의 개벽을 보는 것 같다'라고 어느 시인이 찬탄했다는 데서 그 이유를 찾을 수 있을 것이다. 그러나 이 일대에는 항상 구름이 쌓여 있어 예로부터 3대에 덕을 쌓아야 볼 수 있다는 말이 전해 내려오고 있다. 10여년 전 지리산 종주 때에는 붉은 구름에 가려 가느다란 햇살을 보았을 뿐이었지만 그 햇살을 지금도 잊을 수 없다. 동행했던 젊은이는 다시 중산리로 하산하고 걷힐 줄 모르는 운무는 사방분간을 어렵게 한다.

천왕봉에서 '백두대간종주'라는 굳은 각오와 다짐을 하고 발길을 돌린다.

칠선계곡특별보호구역표판이 지리산 10경 중의 하나인 칠선 계곡을 안내한다.

▼ 칠선 계곡 칠선 폭포

칠선계곡은 설악산의 천불동, 한라산의 탐라와 함께 우리나라 3대 계곡으로 잘 알려져 있으며 천왕봉에 뿌리를 둔 급류가 절벽을 뚫고 바위를 감돌아 깊은 계곡을 이루어 칠선폭포, 대륙폭포, 비선담 등 수 많은 폭포와 소(沼), 담(潭)들이 빼곡이 늘어선 원시림과 어울려 천혜의 비경을 자랑한다. 이 계곡

은 추성리 주차장에서 비선담까지는 상시 개방하고 있으나 그 이후 천왕봉까지는 계단이나 다리도 없는 자연 그대로의 탐방로로 되어 있어 급경사에 위험구간도 많아 '죽음의 계곡'으로 불리기 때문에 통제하고 있으며 사전 탐방예약 및 가이드제를 운용하고 있다.

안개비에 옷깃을 적시며 천왕天王을 배알하고 하늘에서 속계俗界로 내려온다는 통천문通天門은 바위가 터널처럼 되어 있고 그 밑으로 돌계단이 이어지는데 계단을 내려와 자세히 보면 오른쪽 큰 바위에 '通天門'이라는 글자가 음각되어 있다.

고도를 점차 낮추어 산신에게 제사를 지내는 제석단이 있는 제석봉에 이른다. 제석봉에는 크고 작은 고사목들이 하늘을 향해 삐쭉하게 서 있거나 땅에 쓰러진 모습으로 군락지를 이루고 있고 한참 자라고 있는 어린 구상나무들과 함께 묘한 대조를 이루고 있다.

이 지역 일대는 하늘을 보기가 어려울 정도로 원시림이 빽빽하게 들어서 있었다고 한다. 그런데 이렇게 황량한 고사목 지대가 된 전설과 내력이 있다.

지리산의 산신령은 동쪽에 있는 주신이 마고麻姑여신이고 서쪽 반야봉이 남신이란다. 마고여신은 남신을 사모하여 반야봉 쪽을 바라보며 남신이 오기만을 기다렸으니 결국 오지 않았고 이에 화가난 마고여신이 화풀이로 제석봉에 있던 울창한 수목들을 모두 고사枯死시켰다고 한다.

한편 이곳 안내판에는 이와 다른 내력을 적고 있다. 1950년대는 이 일대의 숲이 대낮에도 어두울 정도로 울창하였으나 도벌꾼들이 수목을 마구 베어낸 후 그 흔적을 없애기 위해 불을 질러 나무들이 모두 불타서 고사목 군락지가 되었다고 한다.

이러한 황당하면서도 참담한 상처를 간직하고 있는 고사목 지대는 관계당국이 복원 사업의 일환으로 이런 구상나무를 식재하여 잘 자라고 있으므로 우리 후손들은 우거진 숲을 볼 수 있을 것으로 기대한다.

여기서 또 하나 구상나무에 관한 이야기를 빼 놓을 수가 없다. 구상球上나무는 나무 윗 부분에 열매가 열리는 소나무 과에 속하는 나무로 우리나라가 원산지이며 주로 지리산, 덕유산, 한라산 등지에 자연 서식하고 있다. 프랑스 신부 타케Emile Joseph Taquet, 1873-1952와 포리Urbain Faurie, 1847-1915 등이 1900년대 초 우리나라 전국에 걸쳐 수 많은 나무의 종자를 채취하여 유럽과 미국에 보냈고, 미국의 아놀드 수목원에 근무하던 윌슨Ernest Henry Wilson, 1876-1930이 1920년 'Abies Koreana wilson'이란 학명으로 신품종 세계 특허를 냈다. 한때는 크리스마스 트리로 전 세계에서 많이 사용되었는데 우리나라는 이 나무의 원산지이면서도

사용료^{Royalty}를 지불하고 있다. 그나마 다행스러운 것은 학명에 'Korea'가 들어 갔다는데 위안을 하면서 종자주권種子主權의 문제에서 깊이 생각해 볼 문제다.

고사목 군락지를 뒤로 하고 터벅터벅 내려오는데 한 무리의 군인들이 길게 늘어서 몰려온다. 경남 함양에 있는 지리산 부대(○○사단 △△△연대) 소속이며 천왕봉까지 선착순 산행이란다.

군인이라는 반가움보다는 체력이 딸려 뒤쳐져 힘들어하는 아이들이 안쓰럽게 느껴진다. 가파르지 않는 내리막 돌길을 걷다보니 장터목 대피소가 초보산꾼을 반긴다.

> 장터목은 경남 산청군 사천면 중산리 사람들과 함양군 마천면 백무동 사람들이 물물교환과 물건을 사고 팔던 곳이란 뜻에서 유래하였다.

장터목 대피소에서 북서쪽으로 5.8km 거리에 백무동이 자리하고 있고, 남동쪽에는 중산리가 위치하고 있다. 장터목 대피소는 비교적 한산하다. 비수기에 주중이기도 하고 요즘 전국을 강타한 메르스$^{MERS, 중동호흡기 증후군}$의 영향도 있는 것 같다.

친구 김옥현이 대간종주의 성공을 기원한다고 보내준 일인용 코펠과 버너가 결합된 최신식 장비로 햇반과 라면을 끓여 먹는데 다양한 음식을 조리할 수는 없지만 가볍고 휴대하기가 간편하여 유용하게 쓰일 수 있을 것 같다.

장터목을 뒤로 하고 고도를 높여 나가자 지도상에는 나와 있지 않은 '일출봉'이라고 적힌 이정표를 만나고 다시 서쪽으로 치고 올라서 연하봉에 도착한다.

연하봉(烟霞峰 1,730m)은 자연 고사목과 울창한 원시림이 이끼낀 기암괴석과 기화요초가 어우러져 고색 창연한 비경이 신선의 세계를 연상케 한다고 하여 지리산 제 2경, 연하선경(烟霞仙景)으로 불린다.

삼신봉을 지나고 대간길 왼쪽 가까이에 촛대봉이 손짓을 한다.

촛대봉 1,703.7m은 암봉이 마치 불붙은 초가 녹아 내려 쌓인 것처럼 아무렇게 솟아 있다 해서 붙여진 이름으로, 촛대봉 아래 잔돌이 많은 평야와 같다는 세석평전細石平田이 안개 속에 희미하다. 촛대봉과 세석평전에 얽힌 가슴 아픈 이야기가 전해 지고 있다.

옛날 대성골에 호야와 연진이라는 젊은 부부가 행복하게 살고 있었는데 슬하에 자녀가 없었다. 어느 날 곰이 찾아와 세석고원 음양수 샘물을 마시고 산신령께 기도하면 자식을 가질 수 있다고 알려 주었다. 이를 호랑이가 산신령에게 밀고 하였고 노한 산신령은 곰을 토굴 속에 가두었고 인간에게는 세석돌밭에서 평생 철쭉을 가꿔야 하는 형벌을 내리게 되었다.

그 후 아내 연진은 촛불을 켜 놓고 천왕봉 산신령에게 빌다가 결국 돌로 굳어져 버렸고, 그 굳어버린 돌이 촛대봉이요, 산신령의 형벌로 아내를 만날 수 없었던 남편 호야는 피눈물을 흘리며 바위에 목을 매었는데 그 피눈물이 세석철쭉을 물들이게 되었다고 한다.

세석고원의 추억을 그리며!

　세석평전은 호야와 연진의 전설뿐만 아니라 '지리산의 봄'을 노래했던 여류 시인 고정희의 '세석 고원을 넘으며'가 떠오른다.

>　아름다워라
>　세석고원 구름에 파도치는 철쭉 꽃
>　선혈이 반짝이듯 흘러가는
>　분홍 강물 어지러워라
>　-후략-

　안타깝게도 지리산을 사랑했던 고정희 시인은 1991년 6월 9일 지리산을 등반하다가 뱀사골에서 급류에 휩쓸려 젊은 나이에 생을 마감하였다.
　세석평전에는 매년 5-6월 경 분홍색의 철쭉꽃이 만발하여 눈부시도록 화사한 꽃밭을 이룬다고 하여 지리산 제 8경으로 세석철쭉을 꼽고 있다.
　세석습지 안내판과 산오이풀, 골풀 등 습지 생태 설명판이 줄이은 자연관찰로를 따라 세석 갈림길에 다다른다. 갈림길에서 조금 내려 세석대피소에 도착하니 오후5시다.
　지금은 등산로 주변이나 대피소 인근에서 야외숙영을 일체 금지하고 있지만 10여 년 전 지리산 종주 때만 하더라도 세석평전에서 비박을 할 수 있었다. 소주 한 잔 기울이고 누워서 보는 커다란 둥근 달이 어찌나 파랗던지! 몇 십년 만에 찾아 온다는 블루문Blue Moon은 지금도 기억에 생생하게 남아있다. 그때 함께 산행했던 '큰 정','작은 정'으로 불리던 그녀들은 지금 어디서 무엇을 하고 있을까?

세석대피소는 내부가 군대 내무반 침상과 비슷하게 되어 있고 머리쪽만 칸막이가 되어 있다. 자연환경보호차원에서 치약과 비누를 사용할 수 없고 식수는 대피소 아래 70m쯤 더 내려가야 한다. 어떤 등산객은 히말라야 트레킹을 다녀 왔는데 우리나라 국립공원 시설이 네팔보다 못하다고 투덜거린다.

옆자리 산님은 어제 화엄사에서 오후 늦게 출발하였는데 입산시간제한으로 강제 하산하였다가 오늘 아침에 다시 올라오다보니 무리한 산행으로 무릎이 아파서 천왕봉에 오를 수 있을지 걱정하고 있다. "한숨 푹 자고 나면 괜찮아 질 겁니다." 라고 하면서 그의 무릎에 파스를 붙여주고 좁은 공간이지만 지친 몸을 눕힌다.

▼ 칠선봉 ⋯ 천왕봉

구간 일지

Daily planner

제1구간 (천왕봉-세석대피소/ 11.4Km)

2015년 6월 17일 수요일 안개/흐림

시간	구간	표고 (m)	거리 (Km)	접속(비상탈출)	숙영자료
	자연휴양림		1.5	중산리-진주	
08:00	탐방지원센터		2.2	셔틀버스(08:00부터 운행)	
08:30	환경교육원		2.2	삼거리에서 산행시작	
09:20	광덕사교		0.3	법계사 0.7Km	
09:45	로타리대피소	1,335	1.1	중산리 3.3Km	대피소 (식수, 식사)
10:50	개선문	1,700	0.4		
11:30	천왕샘	1,850	0.3		천왕샘(식수)
12:00	천왕봉	1,915	0.7	추성리 주차장 9.7Km (칠선계곡 탐방예약 가이드제)	
12:50	통천문	1,814	0.3		
13:10	제석봉	1,806	0.53		
13:30	장터목대피소	1,653	0.82	백무동 5.8Km	대피소 (식수, 식사)
14:30	연하봉	1,730	1.9		
16:30	촛대봉	1,703.7	0.73		
17:00	세석갈림길	1,557		백무동 6.5Km, 거림이 6Km	대피소 (식수, 식사)

- 산행거리/소요시간 : 11.48Km/9시간
- 일출/일몰시간 : 05:12/19:44
- 교통
  - 들머리 : 중산리-진주 진주시외버스터미널(진주-중산리) 055-741-6019
  - 날머리 : 세석대피소
- 숙박/식사
  - 중산리 자연 휴양림 055-972-0675
  - 중산리 탐방지원센터 주차장 거북산장식당 055-972-1222
- 대피소 (로타리, 장터목, 세석, 벽소령, 연하천, 노고단)
  - 국립공원 관리공단 인터넷 예약
  - 판매품: 햇반, 라면, 생수, 캔참치, 햄, 과자류, 가스, 건전지

제2구간

행여 지리산에 오시려거든!

📍 **세석대피소 - 삼도봉 - 노고단대피소 (21.17Km)**
2015.06.18. (목) 흐림

아침 일찍 옆자리 산님과 작별인사를 나누고 서둘러 산행길에 나선다. 시간은 5시 30분으로 일출 시간이 지났는데도 안개에 쌓여 어둑어둑하다.

돌길이 젖어 있는걸 보니 밤 사이 안개비가 꽤나 내렸는가 보다. 조심스럽게 가파른 오르막을 오르니 영신봉이다.

영신봉(靈神峰 1,652m)은 음양을 뻗어내려 삼신을 낳게 한 신령이 있다고 해서 이름 붙여졌다고 한다. 이 곳은 13정맥 중의 하나인 낙남정맥(洛南正脈)의 분기점으로 남쪽으로 뻗은 삼신능선을 따라 삼신봉 (三神峰 1,289m)에 이르고 다시 한반도 최남단을 달려 낙동강 남쪽을 가로지르며 낙동강 하류 김해 분성산까지 299Km를 뻗어 나간다.

북쪽으로 한신계곡이 백무동으로 이어지고 남으로 빨치산 토벌의 비극이 숨어 있는 대성골이 자리하고 있다.

아직 시간이 일러 주위는 어둑어둑하고 안개비에 젖어 있는 내리막 바위 길에 미끌려 그만 '꽈당' 엉덩방아를 찧고 만다.

벽소령 대피소 4.4Km를 알리는 이정표가 칠선봉을 안내한다.

칠선봉(七仙峰 1,558m)은 기묘하게 생긴 암석 봉우리 일곱개가 선녀들의 노니는 모습으로 비쳐진다 해서 유래된 이름이다.

칠선봉을 지나 비교적 편안한 능선으로 접어들고 호젓한 산길을 산새들의 노래소리에 장단 맞춰, 다람쥐를 길동무 삼아 걷는다.

넓고 평탄한 조망지에서 한숨 돌리면서 주위를 둘러본다. 아직도 안개비는 내리고 주변 일대는 운무에 둘러 쌓여 있는데도 저 멀리 천왕봉 쪽은 안개가 걷히고 태양이 천왕봉 정상을 내리 쬐고 있으니 아무리 변덕이 심한 산악 날씨라고는 하나 도대체 감을 잡을 수가 없다.

지리산처럼 능선이 긴 산에서는 그저 앞만 보고 달릴 것이 아니라 전망 좋은 바위에 앉아 시원한 바람에 땀을 식히며 걸어온 산줄기를 뒤돌아 보는 것도 산행의 맛일진데 오늘은 안개로 인해 멀리까지 볼 수 없는 아쉬움이 있다.

한 무리의 젊은이들이 넓은 공터에서 왁자지껄 떠들고 있다. 국립지리원 발행의 지도에도 표기되어 있는 선비샘이다.

옛날에 덕평봉 아랫마을에 이씨 성을 가진 노인이 살고 있었다. 그는 화전민의 자손으로 태어나 평생 가난하여 배우지도 못하고 무식하여 마을사람들로부터 천대를 받으며 살아야했다. 그래서 평생 한번이라도 사람다운 대우를 받아보고 싶었으나 그렇지 못하여 한이 되었고 죽으면서 상덕평에 있는 샘터 위에 묻어 달아고 유언을 하였다. 자식들이 유언대로 묘를 썼는데 지나가는 길손들이 샘에서 물을 마시려고 허리를 굽히는 모습이 묘에 절을 하는 형상이 되므로 사람들은 선비샘이라고 불렀다고 한다. 아마도 이씨 노인의 불우했던 생전을 위로하기 위한 소박한 인정에서 그렇게 불렀을 것이다.

선비샘 주변은 납작한 돌을 박아 잘 다듬어져 있어서 아무렇게나 방치되었던 옛 모습과는 완전히 다른 모습이다. 오가는 산꾼들의 청량제가 되어주는 샘터로서 10여년 전 지리산 종주 때 마셨던 시원함을 오늘 다시 느껴본다.

대간길은 선비샘의 뒷산인 덕평봉德平峰, 1,522m 정상을 우회하여 왼쪽으로 비켜 지나간다.

고향 뒷동산 오솔길 같은 편안한 길을 따라가다가 낙석구간을 지나고 대간길 바로 옆에 대피소가 있는 벽소령에 도착한다.

벽소령(碧宵嶺)은 지리산 주능선의 중심부에 자리하고 있다. 밤이면 푸른 숲 위로 떠오르는 달빛이 너무 희고 밝아서 오히려 푸르게 보인다고 하여 붙여진 이름이다. 일출(日出)은 천왕봉의 경관을 최고로 꼽지만 월출(月出)은 벽소령의 것을 으뜸으로 꼽아 지리산 제4경 벽소명월(碧宵明月)이라 부른다.

벽소령 북쪽 9.2 Km에는 선녀와 나무꾼의 전설이 깃든 경남 함양군 마천면 삼전리 유정 마을이 있고, 남으로 내리면 화개면 대신리 의신마을이 위치하고 있다. 남과 북으로 임도가 연결되어 있으나 차량통행은 불가능하다.

아침식사 시간이 다소 지나서 대피소 매점에서 햇반을 데워 물에 말아 먹고 있는데 앞 식탁에 초등학생으로 보이는 꼬마 녀석이 아빠와 함께 앉아 있다가 눈이 마주치자 히죽 웃는다.

"얘야! 이곳까지 올라 온 것 보니까 대단하구나. 엄홍길도 어린 시절에 서울 도봉산을 수없이 오르다 보니 어른이 되서 지금처럼 훌륭한 사람이 되었단다. 너도 커서 세계적인 산악인이 되어라."라고 덕담을 건네자 젊은 아빠가 고맙다고 인사한다.

벽소령을 기점으로 다시 고도를 높여 형제봉에 이른다.

형제봉(兄弟峰 1,438m)은 지리산 선녀의 유혹을 이겨내고 도통성불(道通成佛)한 두 형제가 도신(道身)을 지키려고 등을 맞대고 너무 오래 서 있어서 몸이 굳어 석불(石佛)이 되었다고 해서 이름붙여졌다고 한다.

형제바위를 지나 암능지역 주변에 산죽山竹이 꽃을 피우고 있다. 조릿대라고도 하는 산죽은 꽃이 피고 나면 죽는다고 한다. '너희들도 곧 죽겠구나' 인간을 포함한 지구상에 존재하는 모든 생명은 자연의 섭리를 거역할 수 없는 숙명을 지니고 있으니 어찌하랴?

저만치 노고단 방향에서 중년 남자와 젊은 청년이 다가온다. 부자 지간인 이들은 새벽에 성삼재에서 출발하여 천왕봉에 오르고 중산리로 하산한단다. '나도 아들이 있었다면 저들처럼 산행을 했을 텐데…' 불현 듯 젊은 시절 가슴에 묻었던 아들 생각에 눈시울이 뜨거워진다.

삼각고지 1,462m를 지나고 연하천 대피소에 도착하여 휴식을 취한다.

연하천(烟霞川)은 명선봉의 북쪽 기슭에 자리하고 있는 해발 1,480m의 고산지대임에도 숲 속을 누비며 흐르는 개울의 물줄기가 구름 속에 흐르는 것 같다고 하여 붙여진 이름이다. 연하천의 차가운 샘물은 시쳇말로 '명선봉의 산삼 썩어 내린 물'이라 하는 데 지리산 최고의 물맛을 자랑한다. '살아 천년 죽어 천년'이라는 주목 군락지가 연하천의 신비를 더해주고 있다.

연하천 대피소는 돌을 쌓아 지은 건물인데 보수공사가 한창이고 몇몇 산님들이 식사 준비하느라 분주히 움직인다.

연하천을 뒤로 하고 나무계단을 따라 명선봉 明善峰, 1,586m 에 오른다. 민족의 아픔이 서려있는 빗점골과 대성골을 발 아래 굽어 보며 앞으로 토끼봉과 삼도봉이 우뚝 서서 초보산꾼을 기다리고 있는 듯 하다.

빗점골은 말이 없다!

빗점골은 삼각고지-명선봉-토끼봉을 이은 능선 남쪽으로 뻗어내린 사면의 여러 골짜기에서 흐르는 물이 빗 모양으로 어느 한 계곡으로 모아지는 곳이라 하여 붙여진 이름이다. 삼각고지와 명선봉 사이의 '절터골', 명선봉 바로 남쪽으로 내리는 '산태골' 그리고 토끼봉 아래에서 남동쪽으로 흐르는 '왼골'이 모여 만들어진 계곡이 바로 빗점골이다. 빗점골은 다시 대성골과 합류하여 화개천을 이루고 마지막에는 섬진강으로 흘러들어간다.

빗점골은 한국전쟁 당시 남부군 총사령관 이현상의 비트이자 빨치산 최후 거점으로 전쟁 막바지에 빨치산과 토벌대가 쫓고 쫓기는 치열한 전투를 벌이다가 1953년 9월 18일 이현상이 사살된 곳이다.

최근에는 이 지역 일대에 방사했던 반달곰이 새끼를 낳았고 이들 어린 새끼들을 데려와 반달곰 종축연구소에서 야생 적응훈련을 시키고 다시 방사했다고 한다. 대간길 중간 중간에 곰 활동지역 경고판이 설치되어 있어 산행 시에는 각별한 주의를 기울여야 할 것 같다.

아침에 영신봉에서 미끄러지면서 부딪힌 엉덩이쪽과 오른쪽 무릎에 이상이 생긴 것 같다. 아직 갈 길이 먼데도 다리는 절뚝거리고 걸음은 더디다.

명선봉에서 토끼봉 중간 쯤 되는 곳에 오래되고 허름한 묘가 한 개 있다. 묘비도 없고 안내판도 없어 누구의 묘인지 정확히 알 수는 없으나 산꾼들은 '운봉묘'라고 한다. 해발 1,479m에 위치한 이 묘의 주인공을 찾아보려고 각종 자료를 살펴봐도 알 길이 없으나 이렇게 높고 험한 곳에 묻힌 것을 보면 예사 인물은 아닌 것 같다. 혹시 조선시대 불교계의 삼대 논쟁 중의 하나인 심성론心性論을 주창하였던 운봉선사雲峯禪師가 아닌가도 생각해 보지만, 17세기에 활동하였던 생몰년生沒年 미상의 운봉선사 무덤이 수 백년이 지난 지금까지 남아 있을 수는 없을 것 같다.

운봉무덤을 지나서 펑퍼짐한 평지가 있는 토끼봉 정상은 사위가 트여있으나 오늘은 안개에 갇혀 조망을 기대할 수 없다.

토끼봉(1,534m)은 산의 모양이 토끼처럼 생겨서가 아니라 방위(方位)와 관련된 이름이다. 반야봉을 기점으로 24방위 중 정동(正東)에 해당하는 묘방(卯方)이라서 토끼봉이란다.

토끼봉에서 남쪽으로 내리면 칠불사에 다다른다. 지금은 등산로가 출입통제구역으로 폐쇄되어 있지만 한때는 토끼봉에서 2시간 정도 소요되었다고 한다. 칠불사에 얽힌 이야기도 지나칠 수 없어 가야국 시조인 김수로 왕으로 거슬러 올라간다.

김수로왕은 인도의 아유타국阿踰陀國공주인 허황옥許黃玉과 결혼해서 8남 2녀를 두었다. 맏아들인 거등공居登公은 태자로서 훗날 가락국의 2대왕이 되었고 나머지 일곱 왕자들은 외삼촌인 보옥스님을 따라 수행자가 되어 토끼봉 바로 아래 운상선원雲上禪院에서 마침내 7명이 동시에 성불하였다. 이 소식을 들은 김수로 왕은 운상암 터에 절을 짓고 칠불암이라고 칭하였고 오늘날 칠불사의 시초가 되었다. 칠불사에는 아자방亞字房이라는 유명한 선방이 있다. 신라시대 효공왕 때 구들 도사인 담공선사가 만든 구들인데 불을 한번 지피면 석 달 간은 온기가 유지된다고 하는데 아자방 구들을 놓은지 천년이 지나는 동안 고래가 막히지 않아서 한번도 바닥을 뜯지 않았다고 한다.

여기서 우리나라에 불교가 전래된 것은 고구려 소수림왕 2년서기 372년인데 일곱 왕자가 성불한 때가 서기 103년이니 무려 270년이나 앞선다. 전설이든 역사적 사실이었던 간에 맏형의 왕위계승에 걸림돌이 되지 않기 위해 수행자의 길을 택한 일곱 왕자의 행적은 오늘날 정치권에서도 귀감으로 삼아야 할 것이다.

토끼봉에서 가파른 내리막길로 접어들고 울창한 참나무와 구상나무 지대를 지나서 헬기장이 있는 화개재에 이르고 안개 걷힌 고갯마루에는 따가운 햇살이 내리쬐는데 앉아 쉴만한 나무 그늘 하나 보이지 않는다.

> 화개재는 해발 1,315m로 지리산 고개 중에서 가장 낮아 전북 남원과 경남 하동을 넘나드는 고개로 예로부터 '화개장터'가 크게 번성하여 화개재로 부르게 되었다고 한다.

오늘날은 고개나 재라고 하기에는 초라할 정도로 남쪽 하동군 화개면으로 내려가는 길은 고갯길조차 보이지 않는다. 화개재에서 북쪽으로 조금 더 내려가면 뱀사골 대피소가 있고 반선마을이 9.2Km의 거리에 있다. 뱀사골의 수려한 경치는 비록 지리산 10경 중의 하나인 칠선계곡에 가려 있으나 어느 계곡에 못지 않은 비경을 간직하고 있다. 뱀사골과 반선마을에 관한 전설도 초보 산꾼에게는 흥미있는 대목이다.

옛날 천 삼백여년 전 계곡 입구에 송림사라는 절에서 불심이 강한 모범 스님을 뽑아 칠석날 신선대에서 기도하면 은하수를 타고 극락왕생 한다하여 선택된 불자들은 최고의 영광으로 알았다. 이를 이상하게 여긴 서산대사가 뽑힌 스님에게 독약을 묻힌 옷을 입혀 기도하게 하고 동정을 살폈다. 자정을 넘어 거대한 이무기가 승려를 덮쳤고 승려와 이무기는 함께 죽어 있었다. 송림사에서 흉계를 꾸며 해마다 스님을 이무기의 제물로 바쳐온 비밀을 알게 되었고 스님은 이무기의 먹이가 되어 반쪽 신선 밖에 되지 못하였다 하여 골짜기 입구의 마을을 반선이라 부르고, 계곡은 뱀이 죽었다 하여 뱀사골이라 불렀다.

사실 뱀사골은 뱀의 유무와 상관없는 이름이다. 계곡 입구에 배암사라는 절이 있었는데 그 절의 이름을 따서 배암사골로 부르다가 다시 바뀐 이름이 뱀사골이다.

화개재를 지나고 끝이 보이지 않은 오르막 목재 계단이 쳐다보기도 두려울 정도로 위압적인 모습으로 버티고 있다. 1997년에 설치한 길이 240m라는 안내 간판을 흘겨보면서 550개로 알려진 계단의 수도 감히 헤아려 볼 엄두가 나지 않는다. 무릎과 엉덩이에 통증을 느끼며 턱 밑까지 차오르는 숨을 할딱거리

며 올라서니 따가운 햇살과 함께 평퍼짐한 바위가 있는 삼도봉 정상이다.

    삼도봉(三道峰 1,550m)은 전북의 남원, 전남의 구례, 경남의 하동 경계 지점으로 예전에는 바위 모양이 낫날과 같다고 하여 '낫날봉'으로 불렸고 산꾼들에 의해 '날나리봉'으로 와전되어 오다가 국립공원 관리공단에서 이정표를 세우면서 삼도봉으로 이름을 붙였다.

넓은 바위 정상에는 철재로 된 삼각 표지판이 설치되어 해당 도道 방향을 가리키고 있고, 북쪽은 반야봉 자락이 빚어낸 뱀사골 계곡이며 남쪽은 불무장등 능선이 흘러서 만든 피아골이다.

삼도봉을 뒤로 하고 숲길을 따라 반야봉 갈림길 이정표와 만난다. 갈림길에서 반야봉까지는 1Km거리지만 오늘은 시간도 시간이려니와 몸의 상태도 여의치 않아 훗날을 기약하고 노루목으로 질러가는 길을 택한다. 노루목은 마치 노루가 고개를 쳐들고 피아골 쪽을 내려다 보고 있는 것 같은 바위로 된 조망지로 이곳에서도 반야봉 삼거리로 연결된다.

반야봉에서 천왕을 꿈 꾸며!

반야봉(般若峰 1,732m)은 불교 경전인 반야심경에서 지혜를 의미하는 반야(般若)에서 연유된 이름이라고 한다. 한편, 지리산의 여신 마야고가 남신 반야(般若)를 사모하여 천왕봉에서 늘 반야봉을 바라보고 반야를 생각했다고 해서 붙여진 이름이라고도 한다. 반야를 만나면 전해 줄 옷 한 벌을 고이 지어 품 속에 간직하고 그를 생각하고 있었는데, 꿈 속에서 달려가는 반야를 만나기 위해 허우적거리다가 정신을 차려보니 반야는 보이지 않고 쇠별꽃들만 달빛 아래서 바람에 흐느적거리고 있었다. 마야고는 쇠별꽃을 증오하여 다시는 치지 못하게 하고, 품에 간직한 옷을 갈기 갈기 찢어 바람에 날리니 소나무 가지에 걸려 풍란으로 되살아 났다고 한다. 이런 까닭에 지리산 풍란을 환란(幻蘭)이라 부르기도 한다고 전해진다.

반야봉은 인근의 중봉1,732m과 높이가 같아서인지 지리산 능선의 어느 곳에서 봐도 여인의 둔부처럼 밋밋한 두 봉우리가 오롯이 솟아 있다.

시인 이원규1962-는 지리산 10경을 노래한 '행여 지리산에 오시려거든'에서 '행여 반야봉 저녁 노을을 품으려면 여인의 둔부를 스치는 바람으로 오고'라고 노래하였다.

반야봉에서 바라보는 낙조落照는 어떤 곳과도 비교할 수 없을 만큼 휘황찬란함의 극치라고 한다. 그래서 반야낙조般若落照를 지리산 10경 중의 하나로 손꼽고 있다.

노루목에서 임걸령은 1.5Km로 성치 않는 발걸음으로 한시간 넘게 소요된다.

임걸령(林傑嶺)은 조선 명종의 어머니인 문정왕후 윤씨가 치맛바람을 날리며 수렴청정(垂簾聽政)하던 때 지리산 일대를 주름잡았던 의적(혹자는 산적두목) 이걸년의 본거지가 있었다는데서 붙여진 이름이다. 이 곳은 해발 1,320m로 꽤나 높은 고개인데도 반야봉과 노고단 능선에 둘러 쌓여 있어 천혜의 요새지로 손색이 없고 산정샘터가 지친 나그네의 목을 축여준다.

임걸령에서 조금 더 진행하면 피아골 삼거리가 나오는데 이 곳에서 남쪽 아래로 1.3Km를 곧장 내려가면 피아골 계곡으로 이어진다.

피아골은 옛날에 속세를 버리고 찾아온 사람들이 이곳에서 오곡 중의 하나인 피(稗)를 많이 경작하였다고 해서 피밭골(稗前谷)이라고 불리다가 후에 점차 피아골로 바뀐 유래를 지니고 있는 계곡이다.

피아골은 봄의 진달래, 여름의 우거진 녹음, 가을의 단풍, 겨울의 설경 등 사계절마다 특색있는 절경이 연출되고 있는데 특히, 가을 단풍은 천하일품으로 피아골 초입에 있는 직전 마을의 이름을 따서 직전단풍 稷田丹楓을 지리산의 제 4경으로 꼽고 있다.

산새들의 노래소리도 귀찮아지고 무거워진 발걸음은 더욱 더디어지는데 멧돼지들의 출몰이 잦다는 돼지령과 멧돼지 떼가 뛰어 논다는 돼지평전에서 영구출입 안내판에 눈을 흘기고 왕시루봉 갈림길에서 발걸음을 멈춘다.

남쪽으로 왕실봉 1,263m, 질매재 1,145m, 문바우등 1,198m, 왕시리봉 1,243m으로 쭉 늘어진 능선 자락을 따라 고故박경리의 소설 「토지」의 주무대인 구례군 토지면을 바라본다.

종교와 이념의 벽을 넘어!

왕시리봉 남쪽 자락에는 외국인 선교사 별장이 있다. 외국인 선교사 휴양지로 알려진 이곳은 1962년대에 세워진 곳인데 원래 외국인 선교사 휴양지는 지금의 노고단 대피소 인근 지역에 있었다. 지금도 대피소 옆 숲속에 돌로 건축된 건물의 잔해가 한 채 남아 있다. 일제 강점기 때 한국에 들어온 선교사들이 여름철 말라리아와 이질 등 한국 풍토병을 피하기 위해 1921년 아고산 지대인 지리산 노고단에 세운 휴양지의 잔해다.

당시 호남 일대에서 선교활동을 하던 선교사들은 1930년에 노고단 인근에 56동의 건물을 짓고 50여명의 직원이 근무할 정도로 큰 규모 였다고 한다.

1971년 노고단 산장지기로 산악인들의 존경을 받던 고故 함태신1928-2013선생은 '일제 때 외국인 선교사들을 노고단까지 태워다 주고 돈을 벌려던 조선인

들이 당시 구례역 앞에 줄을 섰다'고 하였다. 뿐만 아니라 선교사 휴양지 건설에 소요되는 골재와 자재를 지게에 지고 구례읍에서 화엄사 계곡을 걸어올라왔다고 하니 그들의 한恨서린 역사가 남아 있는 곳이기도 하다.

    이곳은 1936년 구약성서를 한글로 번역하기도 했던 곳으로 일제 강점기 당시 보편화되지 않았던 한글을 정착시키는 데 큰 기여를 한 문화적 정신의 터전이다. 선교사들은 1935년 신사참배 문제로 조선총독부와 관계가 악화되었고 풀턴선언으로 신사참배를 할 수 없다는 입장을 밝히자 일제는 선교사들이 운영하던 학교(광주의 수피아·숭일, 목포의 정명·영흥, 전주의 신흥·기전)를 폐쇄하고 1940년에는 선교사들을 강제로 추방하였다. 그 후 선교사들의 수양관을 적산敵産처리해 국가 소유로 하고 폐쇄하였다. 해방 후 이곳은 1948년 여순사건으로 빨치산의 근거지가 되었다가 한국전쟁 때 국군의 빨치산 토벌작전으로 대부분 파괴되었고 지금은 석조 건물 한 채만 뼈대가 남아 있는 상태다. 그 후 1962년 새롭게 휴양지를 왕시리봉에 재건하였다. 현재 10채의 가옥과 교회 한 채, 창고 한 동 등 총 12채가 남아 있다. 건축물 중에는 노르웨이 선교사가 설계한 북유럽식 가옥을 비롯 미국식 오두막집, 호주영국식 가옥, 주한미군으로부터 구입한 콘센트 막사로 된 교회 등이 있다.

    이곳을 선교사 유적지로 영구보존하자는 측과 일부 환경단체 및 불교계등 반대하는 견해가 팽팽히 맞서고 있다. 이념과 종교의 벽을 넘어 국립공원과 문화유산 측면에서 보전하려는 노력이 필요하다고 생각된다.

    이어지는 참나무와 떡갈나무가 우거진 평탄한 길은 노고단 고개로 안내한다.

노고단(老姑壇 1,507m)은 옛날 신라시대부터 선도성모(仙挑聖母)를 지리산의 산신으로 모시던 남악사(南岳寺)가 있었던 곳으로 성모신을 나라의 수호신으로 모시고 매년 봄, 가을 두차례 제사를 올렸다고 한다. 그래서 선도성모의 높임말인 노고(老姑)와 신단(神壇)이 있었던 곳이라 하여 노고단이라 부르게 되었다.

노고단은 천왕봉, 반야봉과 함께 지리산의 3대 봉우리의 하나로서 지리산 주능선의 서쪽에 위치하여 완만한 경사로 이루어진 약 30만평의 넓은 고원지대를 형성하고 있다. 골짜기마다 안개와 구름이 밀려오면 운해 위해 떠 있는 봉우리들의 신비로운 모습은 가히 환상적이다. 지리산 제 7경의 노고운해 老姑雲海를 꼽는 이유일 것이다.

노고단은 잊지 못할 추억이 있다. 1971년 화순 동북에서 유격 기초 훈련을 마치고 노고단 지역 일대에서 유격 전술 훈련을 하는 마지막 날 참호를 파고 들어가 모포를 뒤집어 쓰고 가매 假寐 상태에 있던 중 갑자기 쏟아져 내린 폭우로 물속에 잠겨 하룻밤을 꼬박 뜬 눈으로 지새웠던 기억이 새롭다.

노고단 고개에서 대피소 가는 길은 두 갈래로 나뉜다. 하나는 내리막 돌길로

▲ 전망대 … 구례군 토지면 / 섬진강

0.4Km의 지름길이고, 다른 하나는 군 작전도로를 따라 1.3Km를 돌아 가는 길이다. 오늘의 쉼터가 가까워져서 인지 아팠던 무릎과 엉덩이가 다소 부드러워지고 몸과 마음이 가벼워진 느낌이다. 대피소에서 걸려온 전화에 현위치를 알려주고 우회도로를 따라간다.

    인적이 없는 도로에 KBS방송국 중계소 삼거리를 지나 전망대 데크에서 저

멀리 남쪽을 바라본다. 구례군 토지면을 넘어 지리산을 남서로 감돌아 비단폭을 펼쳐 놓은 듯이 한반도의 남단부에 섬진강이 흐르고 있다.

섬진강(蟾津江)은 고려시대 말 1385년 경 왜구가 이 강의 하구에 침입하였는데 수십만 마리의 두꺼비들이 마구 울부짖는 바람에 왜구가 놀라 달아 났다고 하여 강의 이름에 두꺼비 섬(蟾)자를 붙여 부르게 되었다고 한다.

섬진강의 푸른 물줄기는 섬진청류蟾津淸流라 하여 지리산 제 10경으로 자리매김하고 있다.

▲ 반야봉 … 천왕봉 / 지리산 주능선

　　어제와 오늘, 이틀동안 지리산 주능선을 종주하면서 지리산 10경 중 9경의 무대를 밟아보았거나 눈으로 확인하였다. 물론 계절, 날씨, 시간대가 맞아야 진정한 지리산 10경을 볼 수 있으리라.
　　지리산 10경 중 마지막인 불일폭포佛日瀑布도 가보자.
　　불일폭포는 하동 쌍계사 경내에서 동북쪽으로 2.5Km 지점에 자리하고 있다.

　　쌍계사(雙溪寺)는 대한불교 조계종 제 13교구 본사로 신라 선덕왕 21년(724년) 대비와 삼법 두 화상이 옥천사(玉泉寺)를 창건하고 신라 문성왕 2년(840

년) 진감선사가 중창한 후 이름이 바뀐 사찰이다.

불일폭포(佛日瀑布)는 고려 희종때 1203년 경 지눌(知訥)보조국사가 폭포 옆 암자에서 수도하다 입적하였는데 임금이 보조국사의 시호를 불일(佛日)이라고 하사하였고 그 시호를 따서 수도하던 암자를 불일암, 이 폭포를 불일폭포라 부르게 되었다고 한다. 전설에 의하면 폭포 밑에 있는 용소에 살던 용이 등천하면서 꼬리로 살짝 쳐서 청학봉과 백학봉을 만들자 그 사이로 물이 흘러서 폭포가 되었다고 전해진다.

지리산의 청학봉과 백학봉 사이에 물보라를 일으키며 쏟아지는 높이 60m의 3계단 폭포를 불일현폭佛日懸瀑이라 칭하며 지리산 10경 중의 하나로 손꼽는다.

지리산 10경을 머릿속에 그리며 노고단 대피소에 도착하니 오후 7시를 알린다. 대피소는 세석대피소에 비해 시설이 비교적 좋은 편이다. 내부는 2인 단위로 낮은 칸막이가 되어 있고 상반신 쪽은 별도의 칸막이가 되어 있어 옆사람과 어느정도 격리할 수 있다.

오른쪽 무릎과 엉덩이에 파스를 붙여주는 옆자리 산님이 고맙기만하다. 오늘 밤 지리산 노고단의 정기를 받아서 몸이 회복되기를 바라면서 노고단의 깊은 밤을 맞이한다.

구간 일지

제2구간 (세석대피소-노고단대피소/ 21.17Km)

2015년 6월 18일 토요일 안개/흐림

시간	구간	표고 (m)	거리 (Km)	접속(비상탈출)	숙영자료
05:30	세석갈림길	1,557	1.2	대성동 7.9Km	
06:40	영신봉	1,651.9	0.8		
07:30	칠선봉	1,558	1.5		
08:20	선비샘	1,450	2.6		
09:45	벽소령대피소	1,280	1.3	삼정리 음정마을 6.7Km	대피소 (식수, 식사)
10:30	형제봉	1,452	1.1		
	삼각고지	1,480	0.9		
11:30	연하천대피소	1,500	2.9		대피소 (식수,식사)
13:20	토끼봉	1,536	1.3		
	화개재	1,360	0.75	뱀사골대피소 0.2Km, 뱀사골 반전마을 9.2Km	대피소
14:40	삼도봉	1,533	2.1		
16:00	임걸령	1,320	3.3	피아골대피소 2Km 직전마을 6Km	샘터, 공터
18:00	노고단고개	1,370	1.4		
19:00	노고단대피소		2.9		대피소 (식수, 식사)
	성삼재	1,000		861번 지방도로(구례) 심원마을 2Km	휴게소 물, 공터

- 산행거리/소요시간 : 21.17Km/13시간 30분
- 일출/일몰시간 : 05:14/19:45
- 교통
  - 들머리 : 세석대피소
  - 날머리 : 노고단대피소(2.9Km)-성삼재/861번 지방도(구례)
           구례객버스터미널(구례-성삼재) 061-782-5151
- 숙박/식사
  - 노고단대피소
  - 성삼재휴게소(08:00-20:00까지 운영) 숙영가능

제3구간
지리산 서북능선에서 아쉬움을 남기고

3-1 노고단 대피소 - 만복대 - 정령치 (10Km)
2015.06.19. (금) 흐림

부지런한 산님들의 산행준비로 대피소 안은 부산하다. 어제 다친 엉덩이와 무릎 부위가 아무래도 시원치 않다.

아침식사로 성삼재 휴게소에서 맛있는 것으로 먹겠다고 옆자리 산님과 안전산행을 빌며 헤어져 길을 나서니 시간은 아침 6시 30분이다.

대피소에서 성삼재로 가는 길은 오른쪽 숲속 길과 어제 대피소로 내려왔던 군 작전도로가 있는데 왔던 길을 연결시킨다는 의미도 있는 것 같아서 후자를 택한다.

화엄사 계곡으로 내려가는 방향을 알리는 이정표 기둥에 '무넹기'라는 표지판이 붙어 있는데 지도 상에 코재라고 표시된 된 곳이다.

무넹기는 물을 넘기는 고개라는 뜻으로 노고단에서 물이 풍부한 심원계곡으로 흐르는 물줄기를 막아서 구례 화엄사 계곡으로 흘러 들게 함으로서 물이 부족한 구례 마산저수지로 보내는 곳이다.

'산자분수령山自分水嶺'의 기본 원칙을 인위적으로 위반한 유일한 곳이기도 하다. 도로 밑으로 수로관이 묻혀 있어 보이지 않으나 자세히 보면 이정표 인근에 화엄사 계곡으로 물줄기가 흐르는 것을 볼 수 있다.

코재라는 지도상의 지명은 화엄사 계곡에서 올라올 때 오르는 등산로가 너무 가파라서 코가 닿을 듯 하다 하여 붙여진 이름인데 그만큼 된비알이어서 오르내리기가 쉽지 않다.

지리산 종주하면 통상 성삼재에서 천왕봉을 오르고 중산리로 하산하는 구간을 생각하는데 산 좀 탔다는 산꾼들은 '화대종주'를 손 꼽는다. 화엄사에서 출발하여 천왕봉을 알현하고 대원사 쪽으로 내려가는 코스를 말한다.
코재에서 화엄사는 5.7Km의 거리에 험준하기가 이를 데 없는 코스 중의 하나다.

화엄사(華嚴寺)는 대한불교 조계종 제 19교구 본사로 6세기 중엽(544년) 백

제 성왕 때 인도에서 온 연기조사(緣起祖師)가 창건한 것으로 전해진다. 이후 신라의 자장율사와 의상대사, 고려의 대각국사 의천 등 여러 고승에 의해 중창되었다가 조선 세종 6년(1424년)에 선종대본산(禪宗大本山)으로 승격되었으나 임진왜란 때 전소되었고, 당시 주지였던 설홍대사는 300여명의 승려를 이끌고 왜군에 대항하다 전사하였다. 석조물을 제외하고 현재의 전각들은 모두 임진왜란 이후에 세워진 것들이다. 일주문, 금강문, 천왕문을 차례로 지나 보제루 앞마당에 들어서면 높이 쌓아 올린 대선단을 중심으로 아래로는 승방과 강당 등의 수행 공간이, 위로는 대웅전과 각황전 등의 예불공간이 자리하고 있다. 눈여겨 볼 것은 각황전과 대웅전을 중심으로 절묘하게 조화된 가람배치의 아름다움과 각황전을 주전(主殿)으로 하고 있다는 점이다. 각황전(覺皇殿)의 원래 이름은 장육전(丈六殿)이었으나 소실되고, 1704년 중건 후 숙종 임금이 각황전이라는 현판을 내려주어 지금까지 불리고 있다. 각황전 앞 마당에는 통일신라시대에 만들어진 석등과 사사자 삼층 석탑이 위엄을 자랑하고 있다.

코재에서 산 능선을 따라 대간로는 종석대에 이르게 된다. 지금은 코재에서 종석대로 가는 대간로는 출입금지 경고판과 함께 목책을 설치해 놓아서 오르지 못하는 아쉬움이 있지만 10년 전 새벽바람을 맞으며 사방구분도 못하고 스쳐 지나갔던 것으로 만족하고 그냥 도로를 따라 내려간다.

종석대(鍾石臺, 1,356m)는 수도생활하던 우번이란 스님이 관음보살의 시험에 걸려들었는데 여자가 산 정상까지 따라다니며 유혹하자 바위 밑에 토굴을 파고 들어가 계속 정진하여 도를 통하는 순간 석종이 울렸다 하여 종석대라 부르게 되었다고 한다.

성삼재에 이르니 아침 7시가 지났는데도 휴게소 식당문은 굳게 닫혀 있고 8시가 되어야 문을 연단다.
성삼재는 해발 1,090m의 고개로 구례군과 남원시 산내면을 연결하는 861

번 지방도로가 통과한다. 순환도로라 불리는 이 도로를 따라 2Km 정도 곧장 내려가면 '하늘 아래 첫 동네'라고 일컬어지는 심원마을이 있다. 해발 750m의 이 마을은 조선 말기 고종 임금때인 1800년대 후반 약초를 캐고 토종꿀을 따기 위해 사람들이 모여 들면서 형성된 마을인데 등산객이 급격히 증가하면서 민박집과 식당이 즐비하게 들어서 있어 많이 오염되었다. 지금은 국립공원 관리공단에서 거주민들을 장기적으로 이주시키고 반달곰 서식지로 복원할 계획이란다.

심원마을에서 861번 지방도로를 따라 6Km정도 더 가면 계곡 끝자락에 달궁마을이 있다. 해발 750m의 달궁마을과 인근 고개에 얽힌 이야기도 빼 놓을 수 없다.

서산대사(西山大師)의 「황령암기(黃嶺岩記)」에 의하면 BC84년 삼한 시대에 온조왕의 백제 세력과 진한, 변한에 쫓긴 마한의 효왕이 지리산으로 들어와 임시 도성을 쌓고 궁을 지어 적을 막으면서 오랜 피난 생활을 하였던 곳이 지금의 달궁이며 이는 달빛이 유난히 푸르다 하여 '달의 궁전'이라는 이름을 얻게 되었다고 한다. 그 당시 마한 왕은 동서남북 사방의 능선에 장군들을 배치하여 성을 쌓고 지키게 하였다. 그 중에서도 남쪽은 요지였으므로 성(姓)이 다른 세 명의 장군을 배치하였다 하여 성삼재라 하였고 북쪽 능선에는 장군 8명이 지켰다 하여 팔랑제, 동쪽은 황장군이 맡았다 하여 황령치라 불렀고, 서쪽에는 정(鄭)씨 성을 가진 장군을 배치했다고 해서 정령치로 불렀다고 한다.

성삼재 휴게소에서 아침식사를 하고 오전 9시에 길을 나선다. 순환도로를 가로질러 심원 마을 방향으로 조금 내려가면 왼쪽 철조망에 서울대학교 남부 학술림 표지판이 보이고 지리산 서북능선으로 향하는 대간길이 보인다.

서북능선은 성삼재-만복대-북고리봉-세걸산-팔랑재를 거쳐 바래봉으로 이어지는 10여 Km의 능선이다.

능선 아래 계곡 쪽에서 중장비의 소음 소리가 요란하고 '심원마을에서 성삼재까지 지하화 공사'를 한다는 현수막이 설치되어 있는데 어떤 공사인지 구체적인 내용은 알 수 없다.

어른 키를 넘는 산죽지대와 관목지대를 지나 가파른 오르막을 올라서 남고리봉에 오른다.

남고리봉 1,248m은 구례군에서 설치한 정상석이 있고 남쪽으로는 성삼재와 시암재가 손에 잡힐 듯 하다. 반야봉과 KBS송신탑이 있는 노고단이 안녕을 고한다.

남고리봉에서 완만한 내리막으로 내려와 산죽과 덩굴나무로 우거진 숲길을 지나고 헬기장이 조성된 묘봉치에 도착한다.

묘봉치(卯峰峙)는 해발 1,108m로 고개이면서 봉우리 형상인데 지리

산 토끼봉(卯峰)이 바라보이는 고개라고 해서 붙여진 이름이다.

묘봉치에서 서쪽방향에는 산수유와 온천으로 잘 알려진 구례군 산동면 상위마을과 하위마을이 있다.

먼 옛날 중국 산동성의 한 처녀가 지리산으로 시집오면서 산수유 나무 한 그루를 가져와 심은 것이 오늘날 산수유 마을이 되었다고 한다. 이 마을을 중심으로 매년 3월이면 산수유꽃 축제가 열린다.

묘봉치에서 만복대에 오르는 대간길은 고도차가 300여m로 결코 만만한 구간이 아니다. 마치 초가집 지붕 모양의 만복대가 손에 잡힐 듯 하면서도 정상을 쉽게 허락하지 않는다.

만복대(萬福臺 1,483m)는 구례군 산동면과 남원시 산내면의 경계지점으로 운봉고원에서 정기를 모은 산줄기가 크게 솟아 올라 형성된 봉우리로 지리산의 서북능선에 자리하여 사방으로부터 복이 찾아온다고 해서 붙여진 이름이다.

산 정상에는 기둥형 정상석과 돌탑이 자리하고 있다. 이곳은 가을이면 억새

평전으로 유명하고 겨울 설국의 모습도 압권이다. 만복대는 지리산 주능선의 전망대로 불릴만큼 남동쪽으로 펼쳐지는 순한 곡선의 파노라마는 가히 환상적이다.

남고리봉에서 커다란 망원렌즈가 달린 카메라를 매고 먼저 갔던 젊은이가 친구를 기다린다며 점심 식사 준비가 한창이다.

"어디 편찮으세요? 안색이 무척 안 좋아 보이네요." 젊은이가 말을 걸어온다.

"어제 새벽에 안개비에 젖은 바위 길에서 미끄러졌는데 엉덩이가 아무래도 이상이 생긴 것 같네요."

"너무 무리하지 마십시오."

젊은이의 말을 듣고 보니 아직도 엉덩이가 뻐근하고 덩달아 무릎까지도 시큰거린다.

"조산(조심해서 산행하라는 산꾼들의 인사)하십시오."

"네, 안산(안전하게 산행)하세요." 서로 인사하고 발길을 돌린다.

산죽과 관목이 반복되어 나타나는 호젓한 대간로를 따라 불편한 걸음걸이를 내딛다보니 정령치란다.

정령치(鄭嶺峙)는 해발 1,172m로 동쪽으로 남원시 산내면과 서쪽으로 주천면을 잇는 737번 지방도가 통과한다. 이 도로는 북으로 고기리에서 60번 국도와 만나고 남으로 심원마을과 달궁마을 중간 쯤에서 861번 지방도와 만난다.

　정령치에서 남동쪽으로 시선을 옮기면 선 굵은 산그리메가 넘실대고 백리길 지리산 주능선이 순한 황소등처럼 푸르른 등줄기를 내보이면서 장엄한 파노라마를 연출하고 있다.

　주차장에는 차 몇 대만 보이고 인적도 뜸하다. 휴게소는 햇반과 컵라면 뿐이다. 컵라면 하나로 요기를 하고나니 이 또한 행복이리라. 일기예보는 오늘 밤과 내일 비를 예보하고 있다. 오늘의 목적지는 여원재까지였으나 아무래도 여기서 접어야 할 것 같다.

　이 곳의 교통편은 택시 뿐이란다. 콜택시를 불러타고 운봉으로 가는 도중에 택시기사의 지형설명이 이어진다.

　"이 곳이 대간님들이 자주 찾는 '선운 산장'이고요, 저 앞에 보이는 산이 수정봉이고 산 자락 아래에 보이는 큰 소나무 네 그루 방향으로 가시면 되는데... 대간길이 포장도로라서 그런지 많은 분들이 헷갈려 한답니다."

　그의 친절한 지형 설명에 감사드리고 운봉버스터미널에서 남원행 시내버스에 몸을 싣는다. 갑자기 쏟아지는 빗줄기를 보면서 '오늘 산행 중단 결정을 잘 한 것 같다.'고 생각하면서 눈을 감는다.

▲ 정령치 ⋯▶ 지리산주능선 / 반야봉

제3구간

俗世에 얼굴 내민 白頭大幹

📍 **3-2 정령치 - 고기리 - 여원재(12.24Km)**
2015.07.17. (금) 흐림

지난 번 지리산에서 출발하여 정령치에서 몸의 컨디션 난조로 부득이 하산한 후 한달이 지났다. 그간 생활환경이 크게 변하였다. 지리산 영신봉에서 미끄러지면서 엉덩이 꼬리뼈에 실금이 갔다는 의사의 진단에 따라 한동안 산행을 못하였고 고향에서 몇 개월을 버티지 못하고 숙소를 서울로 다시 옮겨 딸애들이 살고 있는 작고 좁은 월세 집에서 지지고 볶으며 살게 되었다.

강남고속터미널에서 오전 8시 남원행 버스에 몸을 싣고, 다시 남원에서 택시로 육모정을 지나 정령치로 향한다. 이 도로가 1986년도에 개통되면서 바래봉 철쭉이 세상에 알려지게 되었고 늘어나는 관광객들 만큼 숙박업소와 식당들이 우후죽순처럼 여기저기 생겨났다.

정령치 휴게소에서 햇반과 컵라면으로 점심식사를 때우고 지난 번 산행 때 하산했던 계단을 무심코 다시 오르다보니 앞으로 나아가야 할 대간길은 보이지 않고 '등산로 아님'푯말만 앞을 가로막는다.

'내가 살아온 꼬라지가 이 모양이다!' 모르면 물어보고, 알아보고, 야무지게 살았어야 했는데 매사가 이 지경이다. 소위 온실 속의 화초처럼 고급장교 보호막 속에서 살다가 전역 후 부딪힌 각박하고 험난한 사회생활에 적응하지 못하고 서툴고 어수룩하게 살아왔다.

정오를 알리는 시간에 휴게소 뒤편에 있는 백두대간 설명판과 정령치 내력 안내판을 흘깃 스쳐 지나 가파른 오르막을 조금 올라가면 마애불상군 0.3Km, 개령암지 0.2Km라는 이정표가 나온다.

개령암지 마애불상군은 보물 1,123호로 지정되었고 절벽바위에 열두분의 부처가 새겨져 있다. 가장 큰 불상은 높이가 4m로 그 중 으뜸으로 여겨지고 뛰어난 조각솜씨와 타원형의 얼굴에 굵직한 코의 모양, 듬직한 체구 등에서 고려시대 불상의 특징을 엿볼 수 있다.

개령암지 이정표를 지나서 산 정상의 이정표가 고리봉을 안내한다. 이곳 고리봉은 남원시 주천면 북고리봉으로 만복대 남쪽에 있는 봉우리인 구례 산동면 남고리봉과 구별된다.

고리봉(1,304.8M)은 옛날 옛적에 정령치 정상까지 바다여서 드나드는 배들을 연결고리로 매어 두는 곳이라서 부르게 되었다고 한다.

북고리봉 정상 이정표는 철쭉 동산으로 유명한 바래봉 8.6Km, 고기삼거리 3Km를 알린다. 대간길은 이 정표에서 왼쪽으로 고기삼거리 방향을 향해 직각으로 꺾어야 한다. 정면

길은 세걸산과 바래봉으로 이어지는 길인데 직진길이 너무 뚜렷해서 자칫 대간길로 착각하기 쉽다. 백두대간 종주 초기에는 이 길을 택했다고 하나 바래봉을 지나 하천을 건너야 하므로 '산자분수령山自分水嶺'의 원칙에 벗어난다고 하여 고기리 방향으로 코스를 바꿨다고 한다.

지리산 전망대, 바래봉!

바래봉에 오르지 않고 지리산을 말할 수 없다. 천왕봉에서 노고단으로 이어지는 주능선과 만복대, 고리봉, 세걸산으로 이어지는 서북능선의 웅장하고 장엄한 파노라마는 바라보는 것만으로도 가슴 설레게 한다. 가히 지리산 전망대라 칭할 만하다.

바래봉(1,165m)은 스님들의 밥그릇인 바리때를 엎어 놓은 것과 같은 형상을 지닌데서 그 명칭이 유래했다고 한다.

봄이면 팔랑치와 바래봉 능선 일대의 넓은 초원 위에 연분홍빛 철쭉꽃이 만발한 광경은 가히 이 곳이 하늘의 천당인가 하고 찬탄케 된다.

  북고리봉을 지나 진달래 숲과 쭉쭉 뻗어 높이 자란 소나무 숲길을 따라간다. 멀리서 중장비 소리가 들리더니 점점 가까워진다. 내리막길을 미끄러지듯 떨어진 길에는 몇 개의 비석과 제각이 보이는 곳에 고촌마을 표지석이 보이고 바로 옆에 고기교 다리공사가 한창이다.

  고기삼거리는 서쪽으로 60번 지방도를 따라 육모정으로 이어지고 남으로 737번 도로로 정령치에 다다르며 북으로 60번 국도를 따라 운봉으로 연결되는 교차점이다.

  이 구간은 백두대간이 속세가 그리워 살짝 얼굴을 내밀고 세상을 구경하는 구간으로 원래 낮으막한 능선이었으나 일제시대 파헤쳐지고 도로가 개설된 구간인데 백두대간이 알려지고 나서 산장, 펜션, 민박집들이 여기저기 들어섰다.

  고기리삼거리에서 선유산장을 지나 60번 지방도로로 이어지다가 덕치삼거리 버스정류장에서 오른쪽으로 휘어져 운봉읍을 거쳐 남원시내로 연결되고 대간길은 직진하여 마을길로 들어서서 표지석이 노치마을을 안내한다.

  노치마을은 신라 초 경주 정씨와 경주 이씨가 들어와 살면서 형성되었다고 한다. 본래 이름은 갈재라고 하였다는데 지리산 관문인 고리봉과 만복대에 갈대와 유사한 억새가 많아서 유래되었다고 전해진다.

해발 550m의 운봉고원인 이곳은 옛날 바다였다고 한다. 그래서 노치마을은 '갈대 노蘆'자에 '언덕 치峙'자를 썼으니 '갈대가 많은 언덕'이라는 뜻이고, 이 마을을 '가재마을'이라고도 하는데 '가재'는 갈대를 의미하는 옛 우리말이라고도 하고, '바닷가재'에서 연유된 이름이라고도 한다. 또한 노치마을의 앞 동네인 주촌마을은 '배마을舟村'이라는 뜻으로 바다와 배에 연관된 이름이 많은 고장이다.

운천교회와 덕천보건소를 스쳐 지나가고 마을 입구 농로 길 삼거리에서 나지막한 산 아래 큰 소나무 네 그루가 자태를 뽐내고 있다. '백두대간 노치마을' 벽화가 한눈에 들어오고 마을 회관을 지나서 맑은 물이 넘쳐 흐르는 노치샘에는 개구리 한 마리가 초보 산꾼을 맞이한다.

> 노치샘은 마을 주민에게는 식수원이자 대간길 산꾼들에게는 한여름 갈증을 풀어주는 명경지수(明鏡止水)로 알려져 있는데 마을에 상수도가 들어오고 나서는 사용하지 않고 있다고 한다.

노송 네 그루가 위용을 떨치고 있는 곳에 당산제전堂山祭田이라는 글씨가 새겨진 제단과 수령 250년에 서부지방산림청 지정보호수 제 2013-10호라고 쓰인 표지판이 눈길을 끈다.

나지막하게 보이던 산봉우리도 힘들게 오르기는 마찬가지다. 수정봉 정상인가 하고 오르니 덕운봉이란다. 허술한 움막은 시골집처럼 빗자루로 깨끗하게 쓸어낸 조그마한 마당에 검정고무신 한 켤레가 가지런히 놓여있다.

움막 왼쪽 소로길 나무에 많은 리본이 나부끼고 있어서 대간리본이려니 의심하지 않고 한참을 따라가다보니 사람이 다닌 흔적은 보이지 않고 우거진 잡목과 잡초가 길을 막고 있다. 지도와 나침의를 꺼내 확인해보니 대간길은 움막 오른쪽으로 비껴 가도록 되어 있는데 눈에 띄는 리본에 현혹되어 이른바 알바를 한 시간 가량 하게 되었다.

다시 움막으로 돌아와 대간길로 접어들고 연산골 삼거리 이정표를 지나 수정봉에 도착한다.

수정봉(水晶峰 804.7m)은 운봉읍 행정리와 이백면 과립리 경계에 있는 산으로 기암절벽이 장관을 이루는 수려한 산이다. 산 중턱에 수정이 생산되던 암벽이 있어 수정봉이라 하였단다.

봉우리 정상은 사방이 잡목으로 가려 조망은 전혀없고 봉우리 9부 능선을 둘러싸고 삼국시대에 축조된 것으로 추정되는 노치산성蘆峙山城의 흔적이 남아있다. 해발고도의 차이로 운봉읍 쪽에서는 250m의 낮은 산으로 보이지만 반대편인 이백면 쪽에서는 650m의 높은 산으로 보인다.

수정봉을 중심으로 남북으로 뻗은 백두대간 능선 줄기는 남원의 물줄기를 크게 둘로 가르는데, 하나는 요천으로 남원시내를 가로질러 곡성, 구례를 거쳐 섬진강으로 흘러들어가고, 다른 하나는 광천으로 운봉을 지나 산내에서 만수천과 합류하여 마천, 산청을 거쳐 남강으로 흘러든다. '산은 스스로 물을 가른다'라는 산자분수령山自分水嶺의 실체를 확인할 수 있는 곳이다.

수정봉을 뒤로 하고 발길을 옮긴다. 정령치에서 정오에 출발한데다가 알바까지 하였으니 일몰日沒전에 여원재까지 가는데는 시간이 빠듯할 것 같아 빠른 걸음으로 입망치에 이른다.

입망치(笠望峙)는 해발 545m로 동쪽으로 남원시 운봉읍 행정리 갓바래 마을과 서쪽으로 이백면 과립리 입촌마을을 넘나드는 고갯길인데 입망치를 우리말로 풀어쓰면 갓바래 고개가 되어 이 고개 이름은 갓바래 마을에서 연유된 것으로 보인다.

이어지는 봉우리는 이정표도 없이 코팅된 A4용지가 700m봉임을 알리고 어둑어둑한 소나무 숲길은 산속 터널을 지나는 느낌이다.

간간히 들리는 차량소리는 여원재가 가까워지고 있다는 것을 알리고 민박집 간판이 붙은 빨간 지붕의 집 뒤로 대간길은 이어지다가 작은 소나무 숲을 지나 아스팔트 포장 도로에 내려 서니 해는 이미 저물어 주위는 어둠이 깃들고 있다.

무서운 흉상을 한 운성대장군雲城大將軍이 버티고 섰고 여원암女院庵이라 새긴 큰 바위가 옆으로 누워 있는 여원재다.

역사의 뒤안길에 숨어 있는 여원재!

여원재(女院峙)는 삼국시대 백제와 신라의 경계였고 현재는 남원시 운봉읍과 이백면의 경계를 이룬다.

고려 말 운봉현까지 침입한 왜구들이 고갯마루에 있는 주막에 들락거리면서 주모에게 희롱을 하자 왜구의 손이 탄 젖가슴을 도려내고 주모는 자결을 했다고 한다. 고려 무왕 6년(1380년) 이성계가 왜구 토벌을 위해 황산(黃山) 운봉평야에 당도했을 때 여인의 원혼이 노파로 변신하여 꿈에 나타나 일러 준 데로 고남산 산신단에 올라 3일간 기도하고 출전하여 대승을 거두니 바로 황산대첩(黃山大捷)이다. 이성계는 꿈에 나타난 이 노파의 넋을 위로하기 위하여 사당을 짓고 여원(女院)이라 불렀고 그 때부터 고개이름이 여원재가 되었다고 전해진다.

여원재는 해발 477m로 남원과 운봉, 함양을 오가는 길손이라면 반드시 거쳐야 했던 고개로 24번 국도가 마을 앞을 지나가고 있어 고개라기보다는 시골마을 같은 느낌이다.

한편, 1894년 동학 혁명 당시 남원 접주 김개남 장군이 이끄는 농민군과 동부지대 박봉양의 민보군, 수성군이 백두대간 능선을 경계로 대치하면서 영남지방으로 진출을 시도하던 농민군이 이 고개를 넘지 못하고 처참하게 패한 곳이기도 하다.

당시 농민군, 민보군과 수성군 모두 나라와 겨레를 위해 목숨을 바쳤던 그 정신을 계승하여 영원한 평화화 상생을 다짐한다는 '동학 농민혁명 유적지 기념판'이 그 날의 아픔을 말해주고 있다.

어둠이 짙게 깔리는 저녁 8시, 방금 전 지나쳤던 빨간 지붕의 민박집에 들어선다.

"어서 오이소, 집 나왔능교." 경상도 특유의 사투리로 살갑게 맞이하는 초로의 아주머니가 반긴다.

"아니요, 집 나온 게 아니라 쫓겨났습니다. 우선 막걸리나 한 병 주세요."

"그러지에. 얼른 씻고 저녁이랑 함께 드이소."

여장을 풀고 운봉막걸리를 곁들어 저녁식사를 하는데 아주머니가 소주병을 들고와 밥상머리에 앉으며 묻지도 않은 넋두리를 시작한다.

"지는 고향이 대구라요. 저 인간에게 시집와서 30년 넘게 이 일을 해서 자식들 갈키고 다 여웠는데 이제 나이도 있고 해서 며느리보고 하라켔는데 하룬가 해보고는 몬하겠다고 도로 서울로 가버리더에." 해방둥이라는 주인 아저씨는 전혀 말이 없이 그냥 빙긋이 웃기만 한다. 그녀의 이야기는 계속된다.

"아저씨가 나를 10년 전에만 만났어도 크게 됐을긴데, 코가 이쁘게는 생겼어도 있던 복도 날아가는기라, 쬠만 손댔으면 복이 안 날라 갔을긴데…" 그녀는 오고가는 수 많은 대간꾼들로부터 들은 풍월인지는 몰라도 백두대간에 관한 정보나 지식 뿐 아니라 관상, 문학에도 일가견이 있는 듯 말을 이어 나간다.

"클레오파트라 코가 쬠만 낮았어도 세상이 달라졌을끼라 안합니꺼. 클레오파트라도 지명에 몬죽고, 이태백이는 달따라 가다 연못에 빠져 죽고, 김소월이는 님따라 가 일찍 죽은 거 아입니꺼."

연신 소줏잔을 기울이던 그녀와 더 앉아 있다가는 내일의 산행에 지장이 있을 것 같아 슬그머니 일어나 방으로 들어가자 따라 오면서 방명록을 내민다.

"내키지 않으면 적지 않아도 됩니더."

기꺼이 이름 석자 남기고 지친 몸을 눕히니 여원재의 밤은 깊어만 간다.

구간 일지

제3-1구간 (노고단대피소-정령치/ 10Km)

2015년 6월 19일 금요일 흐림

시간	구간	표고 (m)	거리 (Km)	접속(비상탈출)	숙영자료
06:30	노고단대피소		2.9		
07:40	성삼재	1,000	1.5	86번 지방도(구례-성삼재) 심원마을 2Km	휴게소 물,공터
09:20	남고리봉	1,248	1.8		
11:14	묘봉치	1,108	1.9	서쪽:구례군 산동면 상위마을3Km	
12:45	만복대	1,439	3.1		
14:20	정령치	1,172		737번 지방도(남원-운봉)	휴게소 물,공터

- 산행거리/소요시간 : 10Km/7시간 50분
- 일출/일몰시간 : 05:15/19:48
- 교통
  - 들머리 : 노고단대피소(2.9Km)←성삼재←구례
  - 날머리 : 정령치/737지방도(정령치-운봉,남원)
    - 구례여객터미널(구례-성삼재) 061-782-5151
    - 운봉택시(운봉-정령치) 063-636-3636
    - 남원택시(남원-정령치) 063-626-2245
- 숙박/식사
  - 정령치 휴게소 숙영가능
  - 고기리 선유산장 063-626-7300
  - 고기리 정령치 웰빙촌 063-626-1011

구간 일지

제3-2구간 (정령치-여원재/ 12.24Km)

2015년 7월 17일 금요일 맑음

시간	구간	표고(m)	거리(Km)	접속(비상탈출)	숙영자료
12:00	정령치	1,172	0.94	737번 지방도(남원, 운봉)	휴게소 물,공터
12:58	북고리봉	1,304.8	3.1		
14:44	고기리		2.0	60번 지방도(남원, 운봉)	민박 물, 공터
15:35	노치마을		1.8	60번 지방도(남원, 운봉)	민박 물, 공터
17:24	수정봉	804.7	1.3		
18:05	입망치	545	0.92	이백면 과립리 웃마을 1.5Km 운봉읍 행정리 2.5Km	
18:40	700봉	700	2.3		
20:00	여원재	480		24번 국도(남원, 운봉, 인월)	민박 물, 공터

- **산행거리/소요시간** : 12.24Km/8시간
- **일출/일몰시간** : 05:28/19:45
- **교통**
  - 들머리 : 정령치/737번 지방도(남원-운봉)
  - 날머리 : 여원재/24번 국도(남원, 운봉, 인월)

    남원버스터미널(남원-여원재) 063-631-3116
    남원택시(정령치, 고기리, 여원재) 063-636-2245
    운봉택시(정령치, 고기리, 여원재) 063-636-3636
- **숙박/식사**
  - 여원재민박 063-634-1858
  - 운봉갑을식당/민박 063-634-0342
  - 운봉금성식당/민박 063-634-7555

제4구간
飮酒山行은 相剋宮合

📍 **4-1 여원재 - 고남산 - 사치재(12.9+접속 1Km)**
2015.07.18. (토) 안개/흐림

    산새들의 노래소리에 눈을 떠 마당에 나가보니 어제 빨아서 빨래줄에 널어 놓은 옷들이 밤 사이 내린 안개비로 흠뻑 젖어 있고, 마당에는 비가 온 것처럼 물이 질펀하게 고여 있다. 몸의 체온으로 옷을 말리겠다는 생각으로 그냥 입으니 등골이 오싹해진다.

    민박집 아주머니는 대문까지 따라 나오면서 바래봉 진달래 축제가 내년 4월 15일부터 한달간 계속된다면서 꼭 한번 오라며 못내 아쉬운 표정으로 배웅을 한다.

    "고맙습니다. 기회되면 꼭 오도록 하겠습니다." 인사를 하고 민박집을 나선다. 시간은 아침 6시 40분을 가리킨다.

    장동마을 표지석에서 왼쪽 들머리로 접어들어 나지막한 능선의 소나무 숲으로 이어진 대간길은 밭두렁 길을 따라 가다가 고남산 5.1Km를 알리는 이정

표를 만나고 마을길에서 산으로 이어지다가 고압선 철탑과 공동묘지를 지나서부터는 이정표는커녕 대간리본도 보이지 않는다. 사실 산행 중에 대간 리본이 보이지 않으면 가슴이 덜컹 내려 앉고 행여 길을 잃을세라 인적이 없는 산속에서 긴장을 끈을 놓지 않는다.

지도와 나침의를 꺼내어 몇 번이고 확인하면서 오른쪽 방향에 해를 두고 가다가 어느 때는 등 뒤에 두고 북쪽으로 향하고 있다.

지나가는 산님이 고남산으로 가는 길이란다. 안도의 한숨을 내쉬고 암봉로프와 마주한다. 로프를 타고 암봉에 오를 때는 스틱이 거추장스러워지므로 접어서 배낭에 넣고 영화 반지의 제왕에 나오는 '골룸'처럼 네 발로 기는 게 상책이다. 로프를 타고 경사진 바위 틈으로 배낭을 비집으며 네 발로 기어올라 다시 난간 일부가 파손된 나무계단에 올라선다. 고남산 정상이다.

고남산 (古南山 846.4m) 정상에는 산불감시용 카메라와 확성기가 달린 철탑이 있고 바로 아래 송신중계탑이 보이지만 정상석은 보이지 않고 고남산 제단지(古南山 祭壇地) 안내판에는 이성계 장군이 황산 대첩 때 고남산에 올라 석축으로 제단을 쌓고 필승의 산신제를 올렸다는 데 지금도 석축 제단의 흔적이 일부 남아 있다.

고남산에서 남동쪽으로 저 멀리 지리산 주 능선이 아련하고 북고리봉에서 바래봉으로 이어지는 바래봉 능선이 뚜렷하다. 황산전투, 동학농민운동 등의 역사적 현장이기도 한 운봉고원분지가 한눈에 들어오고 황산대첩의 주 무대인 황산黃山, 697m과 그 아래 운봉읍 가산리 비전 마을이 지척이다.

비전(碑前)마을은 왜구를 크게 무찌르고 대승한 것을 기리기 위해 선조 10년(1577년)에 황산대첩비를 세우고 관원을 두어 관리하게 했는데 그 식솔들이 비각 앞에 모여 살게 되어 자연스럽게 마을이 형성되었다고 해서 붙여진 이름이다.

이 비각은 일제시대 허리가 동강난 채로 파손되었다가 1957년 오석烏石으로 다시 만들어 세워 오늘에 이르고 있다.

이 지역 일대는 황산대첩과 관련있는 지명이 더 있다. 운봉과 이웃하는 인월引月은 그 당시 캄캄한 그믐밤에 밝은 달빛을 끌어와 환하게 비춰진 곳이라 하고, 인풍引風 역시 아군이 바람을 등지고 싸울 수 있도록 바람을 이끌어 준 곳이라 해서 붙여진 이름이다.

또 하나, 비전 마을은 조선 후기 판소리 동편제가 최초로 태어난 곳이기도 하다. 판소리는 동편제, 서편제 그리고 중고제 등 세 유파로 나뉘는데 섬진강을 중심으로 동쪽 지역인 운봉, 순창, 구례의 소리를 동편제라 하고 서쪽인 광주, 보성, 나주, 함평 등지의 소리를 서편제라고 한다. 동편제는 지리산의 영향을 받아 폭포에서 떨어지는 물소리처럼 웅장하고 힘이 넘쳐 남성적이라고 한다면, 서편제는 애절하고 섬세하며 구슬픈 가락이 여성적이라고 할 수 있다.

정상에서 조금 내려가면 정상에서 보이지 않던 정상석이 헬기장 인근에 있고 통나무 계단으로 내려가 송신중계탑을 휘돌아 임도와 합류한다. 자칫 정상석에서 직진하면 여원재 방향으로 되돌아가는 경우가 가끔 있다고 한다.

대간길은 시멘트 포장 임도와 산길을 반복하다가 좌우 비포장 임도 안부와 만나는데 통만재인 것 같다. 왼쪽으로는 산동면과 오른쪽은 운봉읍 권포리, 임리를 잇는 고개인데 어떤 표식이나 이정표도 없고 소로길도 희미하다.

지도상의 704m봉은 지나쳐 버리고 잡목에 가린 안부에 이르는데 오른쪽 나무사이로 작은 저수지가 보이는 것으로 봐서 독골재로 불리는 옛고개인 듯하고, 저수지는 불당제로 생각된다. 이정표도 보이지 않고 대간리본도 없는 소로길에서 삼각점이 눈에 띈다. 삼각점은 통상 산봉우리에 설치하므로 지도상 573.2봉일 것이다.

한 무리의 산꾼들이 떼를 지어 앞서 나간다. 지금까지 작게는 2-3명, 많게는 20-30 여명에게 길을 양보했다. 오늘이 토요일이라 산악회에서 단체로 대간 산행을 하는 모양이다. 그들처럼 떼를 지어 뛰다시피 산행하고 때로는 야간 산행도 한다는데 그러한 백두대간 종주가 의미가 있을까? 나처럼 혼자서 두루두루 경관을 섭렵하고 사진을 찍으면서 내 체력에 맞게 산행하는 게 훨씬 바람직하게 생각된다. 걸음을 빨리하면 시간은 벌 수 있으나 추억을 놓치기 때문이리라.

오른쪽 나뭇가지 사이로 보이는 마을에서 왠 각설이 타령이 흘러나오는걸 보니 마을이 가까이 있는 모양이다. 왼쪽 소나무 사이로 높은 교각이 보인다. 아마도 88올림픽 고속도로 확장공사인 것 같다.

오후 1시가 훨씬 지나서야 매요마을에 도착한다.

매요마을은 운봉읍과 장수군의 경계선상에 있는 마을인데 지세가 말의 허리 형국이라 하여 마요리(馬腰里)라 불리었다가 임진·정유 왜란이 끝나고 산천을 두루 유람하던 사명당 유정대사(惟政大師)가 이 곳에 와서 매화의 향기가 감도는 것을 느끼고 이 마을 사람들이 매화와 같이 심성이 고울 것인 즉, 지형과 인성에 어울리게 매요(梅要)라 부르는 게 좋겠다 하여 불렀던게 현재의 이름이 되었다고 한다.

마을 회관과 경로당, 보건소가 있는 마을 광장에는 나이지긋한 어르신들이 망중한을 즐기고 있다. 골목길을 돌아 매요 휴게소 간판이 한눈에 들어오는 집에 들어선다. 대간길 산행을 하는 사람들은 반드시 지나가게 되어 있는 이 집은 휴게소라기 보다는 조그마한 시골집에 휴게소 간판만 붙여 놓은 모양새고 입구에 들축 나무와 사과나무 몇 그루가 대문처럼 서 있다.

짭쪼름하게 생긴 할머니 한 분이 길손을 반갑게 맞이한다. 대간꾼들에게는 널리 알려진 전국구 할머니다.

라면을 안주 삼아 막걸리 한병으로 점심 요기를 하고 나니 피곤함이 엄습해 오면서 스르르 눈이 감긴다. 떠들썩해서 눈을 떠 보니 젊은 남자 두 명과 여자 셋이 모여 막걸리 파티를 하면서 오늘의 무용담을 자랑하고 있다. 그들의 일행은 이미 복성이재로 떠났고 자기네들은 뒤쳐진 김에 쉬었다가 관광버스를 타고 가서 먼저 간 일행과 합류할 거라면서 여유작작이다.

사진찍기에 한사코 손사레치던 할머니와 어렵사리 인증샷을 하고 나서 건강하게 오래 사시라 인사드리고 뒤늦게 길을 나선다.

시멘트 포장된 동네 길 오른 쪽에 폐교된 운봉초등학교 분교와 왼쪽의 매봉 교회를 지나 유치재柳峙, 버들재 삼거리에서 사치 마을 표지석 방향으로 따라 한참 가도 대간리본 하나 보이지 않고 산으로 가는 길도 보이지 않는다. 지도를 펼쳐서 자세히 확인해보니 삼거리에서 목재소 오른쪽으로 직진하도록 되어 있는 것을 그 놈의 낮술에 또 한번 알바를 한 셈이다.

유치재 삼거리는 743번 지방도가 왼쪽으로 장수군 번암면으로 진입하는 19번 국도와 만나고 오른쪽은 남원시 인월 방향으로 24번 국도와 만난다.

삼거리 목재소 오른쪽을 지나 왼쪽 능선으로 오르는 길목에 대간 리본이 나부끼고 있으나 들머리 입구에 백두대간 복원 공사로 기존 등산로를 통제하니 방금 알바라고 생각했던 사치 삼거리에서 유정육교 방향으로 돌아가란다. 오기가 발동하여 차단로프를 넘어 기존 산길로 접어든다.

소나무 숲길로 이어진 대단길은 낙엽이 쌓여 있어 양탄자를 깔아 놓은 듯 푹신푹신하고 편안한 가벼운 트레킹 코스로 콧노래가 절로 나온다.

서서히 고도를 높여 가산리 뒷산 618m봉을 지나고 완만한 능선 몇 개를 지나 왼쪽에 중장비 소리, 자동차 소리가 가까워지더니 속도높여 달리는 자동차 소리가 점점 요란스러워진다.

사치재를 알리는 이정표를 지나고 '돌아가는 길(지하통로 0.1Km)'이라고 적힌 표시판이 길 옆에 나뒹굴고 있고 공사로 깍아지른 언덕 아래는 중장비가 부지런히 움직이고 있다.

사치재는 옛날에 마실재라고도 불렀다는데 남원과 함양을 연결하는 88올림픽고속도로가 지나간다. 고속도로라고 하기에는 어울리지 않게 2차선으로 된 도로를 4차선으로 확장하면서 끊겼던 백두대간 연결사업을 병행하고 있다. 즉 도로 상부에 터널식 교량을 설치하여 양쪽 들머리와 날머리를 잇는 공사다.

백두대간은 1925년 일제가 도로개설 등을 이유로 조선 땅 60여곳을 무분별하게 끊었으며 여기에는 민족정기를 단절시키겠다는 저의도 있었다고 한다. 정부는 매년 2개씩 끊어진 백두대간 구간을 복원하여 2018년까지 다 잇는다는 계획으로 2012년 이화령을 시작으로 이곳 사치재도 공사 중이다. 공사가 완료되면 그간 끊어졌던 민족의 정기뿐 만 아니라 동물들의 생태 통로까지도 연결되어 이 강산의 생태계 복원에도 큰 몫을 하리라 생각된다.

지도에 표기된 도로의 지하 통로는 없어지고 이리갔다 저리갔다 건너 갈 곳을 찾는데 굴삭기 기사가 공사 중인 터널을 건너서 도로 옆 공사장 차량 다니는 곳으로 따라가라고 친절하게 일러준다.

사치재에서 오늘 목적했던 복성이재까지는 7Km 남짓 되는데 지금 시간 오후 5시를 고려하면 해떨어지기 전에 당도하기는 어려울 것 같다. 해가 지고 어두운 밤에 헤드랜턴 불빛에 의존하여 희미한 산길을 걷는 것이 불안하고 아무것도 보이지 않는 산길을 걷기만 하는 야간 산행은 백두대간 종주에 어울리지 않는 것 같다. 더군다나 '산행과 술은 상극궁합相剋宮合'이라는데 낮술에 취하면 애비·애미도 몰라본다고 하지 않던가?. 막걸리 한병의 술기운이 지금은 가셨지만 그래도 낮술에 약한 나로서는 여기서 산행을 접고 가까운 민박집이라도 찾아보려고 사치마을로 내려간다.

사치마을은 해발 500m에 위치하는 마을인데 지도 상에는 장수군 번암면 유정리로 표기되어 있는 작은 마을로 35가구가 살고 있다.

전설에 의하면 숲 속에 집이 몇 채 있었는데 전란시 지나가는 군사들이 아낙네 베틀짜는 소리를 듣고 '그 소리 처량하다'라고 하면서 마을이 있는 것도 모르고 지나 갔다하여 '모래재'라고 불렀다고 한다.

마을에는 마을회관과 경로당이 있고 경로당 마당에 수도가 설치되어 있어 하룻밤 신세지려고 여장을 풀고보니 가스통을 챙기지 않은 모양이다. 안절부절하다가 마을 입구 큰 팽나무 아래 평상에 우두커니 앉아 있노라니 나이 지긋하신 동네분이 오시더니 이 곳은 민박집도 없고 잘 곳도 마땅찮으니 운봉행 버스 막차가 7시에 있다고 하면서 필요하다면 택시를 불러줄테니 운봉에 가서 쉬는 게 좋을 거라고 한다.

먼 산행을 나서면서 꼼꼼하게 챙기지 못한 자신을 자책하면서 어쩔 수 없이 운봉으로 향하고 갑을 식당에 여장을 푼다.

내일 아침 시계의 알람을 아침 6시로 맞추고 지친 몸과 마음을 눕힌다.

제4구간

白頭大幹에서 KBS가요무대 녹화장으로

4-2 사치재 - 아막성터 - 복성이재(6.9Km+접속2Km)
2015.07.19.(일) 맑음

오늘은 중재까지 18Km를 넘게 가야한다.

아침 일찍 눈을 떠서 서둘러 짐을 챙기고 방문을 여니 꼼짝도 하지 않는다. 방문을 두드리고 발로 차도 요지부동이다. 운봉 마을 갑을식당은 본채는 식당으로 사용하고 숙소는 본채 뒤편에 있는 별채의 2층에 있어서 별채에서 아무리 난리를 쳐도 본채에서는 들리지 않는 모양이다. 겨우 전화번호를 찾아서 알리니 주인장과 열쇠기술자가 와서 도어락을 부수고 겨우 빠져 나올 수 있다. 주인 아주머니는 '며칠 전 태풍급 바람이 심하게 불어 방문이 닫히면서 도어락이 고장이 난 것 같다'고 한다.

아침 식사를 하고 택시에 몸을 실어 사치 마을에 다다르니 벌써 오전 8시다. 어제 내려왔던 공사차량이 다니는 길을 따라 올라와 사치재에서 들머리를 찾으려고 이리 저리 헤매어 봐도 공사로 파헤쳐져 찾을 수가 없는데 굴삭기 기사가 손짓으로 방향을 가리켜 준다.

이 지역은 1995년도에 산불이 크게 나서 숲과 나무가 모두 불타 버렸던 곳인데 지금은 산불의 흔적을 찾아 볼 수 없을 정도로 억새와 잡목들이 들어 차 있다.

흰 로프가 설치된 깔딱고개를 힘들게 오르면서 '이놈의 깔딱고개는 아무리 올라도 면역력이 생기지 않네'라면서 투덜거린다.

헬기장이 있는 620m봉을 지나고 억새와 잡목 사이 길에는 따가운 한여름 햇살이 괴롭히는가 싶더니 이내 산들바람이 이마의 땀을 식히는 693m봉에 이른다.

뒤돌아서서 멀리 지리산 주능선이 구름 위에 떠 있고 어제 긴장하며 올랐던 고남산 송신탑이 눈에 들어오며, 아래쪽 가까이에 지리산 휴게소와 고속도로 준공탑이 지척이다. 작은 딸아이 카메라를 꺼내어 셔터를 눌러보지만 조작법을 익히지 않아 제대로 찍힐지 걱정이다. 카메라는 배낭에 넣었다가 원경을 찍을 때만 사용하는데 이 또한 짐이 되고 불편하다. 커다란 망원렌즈가 달린 카메라를 목에 걸고 다니는 사진작가들의 직업정신이 존경스러워진다.

능선을 따라가다가 소로삼거리에서 오른쪽으로 꺽어내려가니 좁은 임도가 나오는데 표지석이나 이정표는 보이지 않으나 '안양산죽산악회'에서 코팅된 A4용지가 새목이재임을 알려준다.

새목이재는 남으로 남원시 아영면 아곡리와 북으로 장수군 번암면 논곡리의 꼬부랑재를 잇는 고개다.

소나무 숲 지대를 지나 오른쪽 시리봉776.8m정상을 살짝 비껴서면서 키 큰 철쭉과 싸리들을 헤쳐 나가다 보면 부딛치고 찢겨져 반팔 셔츠 입은 팔뚝에 전투의 흔적이 역력하다.

선돌바위남근석 앞에서 잠시 발걸음을 멈추고 가벼운 미소를 보내고 781m봉과 복성이뒷재를 지나 무너져 내린 성벽과 돌, 그리고 돌탑만 남아있는 아막산성에 다다른다.

아막산성은 삼국시대 백제와 신라가 격렬한 영토전쟁을 벌였던 곳으로 백제에서는 아막성(阿莫成), 신라에서는 모산성(母山成)으로 불렀던 곳이다.

이곳에서 젊은 산꾼을 만난다. 인천에서 왔다는 송진용씨는 직장에 다니면서 한 달에 한두번씩 대간 산행 중이며 복성이재에서 오늘 산행을 마치고 돌아간다고 하면서 함께 동행하게 된다.

잡초가 무성한 묘 하나가 새하얀 꽃

이 속살까지 들어나보이는 파초 한 그루와 함께 외로운 모습으로 길손들을 맞이한다. 묘소 끝자락에는 깍아놓은듯한 사각형 바위가 외로운 묘지를 지키는 문인석처럼 내려다 보고 있다. 앞은 낭떠러지로 전망은 좋아 왼쪽으로 고남산 중계탑이 보이지만 너무 산속에 있어 후손들이 성묘하러 왔을 때 꽤나 투덜거리지 않을까 싶다.

너덜길을 지나 좌우로 임도가 연결된 안부에는 봉화산 4.9Km, 성리 1.5Km, 홍부묘 0.7Km를 알리는 이정표가 있고 능선을 넘어 또 다른 시멘트 임도로 연결되는 또 다른 안부에서 송진용씨와 후일을 약속하면서 헤어진다.

이어서 조그마한 봉우리를 하나 넘어 아스팔트 포장도로에 발걸음을 내리니 복성이재다.

> 복성이재(福星峙)는 남원시 아영면과 장수군 번암면을 연결하는 751번 지방도로가 지나가고 산줄기는 시리봉과 봉화산을 연결하며, 물줄기는 낙동강과 섬짐강의 분수령으로 우리 민족의 역사와 문화, 전통이 살아 숨쉬는 곳이기도 하다.

임진왜란이 일어나기 전 천문지리에 밝은 변도탄이란 사람이 조정의 군량미를 관리하는 관원이었는데 천기상 나라에 큰 변고가 일어날 것에 대비해야 한다는 상소를 올렸다가 평화로운 시기에 혹세무민惑世誣民한다고 삭탈관직을 당하였다. 어느날 북두칠성의 복성福星, 왕별이 남으로 가다가 멎는 것을 보고 그 동안 모아두었던 쌀로 가루를 만들어 벽과 천정을 쌓아 집을 짓고 살다가 전란

이 일어나자 천정과 벽을 헐은 쌀가루로 죽을 쑤어 의병과 관군을 지원하여 대승을 거두게 되었다 하여 복성이라고 부른다고 한다.

날머리 도로가에 놓여 있는 평상에 앉아 목을 축이려는데 물도 달랑달랑이다.

아침에 운봉 갑을 식당에서 방문이 열리지 않아 소동이 벌어진 바람에 점심식사 준비도 하지 못하고 이 곳에서 점심과 식수를 해결하려고 생각을 했는데 난감하다. 이 곳도 여원재처럼 대간길 부근에 식당이나 민박집이 있을 것이라고 지레 짐작했던 게 잘못이다.

선행자들의 자료에 의하면 이 곳에 철쭉식당이 있고 그 집에서 민박도 한다고 되어있다. 눈앞에 보이는 철쭉식당 안내판은 '10분 거리'라고 되어 있어 조금 시간이 지체되더라도 식사와 물을 해결해야겠다는 생각이었으나 오른쪽으로 도로를 따라 한참을 가도 식당은 보이지 않고 '한성허브흙돼지농장'표지석이 허기에 지친 길손의 약을 올린다. 한여름 뙤약볕 아래 아스팔트 포장도로에서 솟아오른 열기로 숨이 막힐 지경이다.

'철쭉 군락지'라고 새겨진 커다란 표지석 옆 도로가에 철쭉 식당 간판이 붙은 허술한 시골집 앞에는 큰 밤나무 세 그루가 집을 비우는 집주인 대신 호위무사 역할을 하고 있다.

이곳이 철쭉으로 유명한 봉화산 짓재 마을이다.

집에 인기척이 없어 전화를 해보니 지금 밭에서 일하고 있어서 바로 갈 수 없으니 기다려 달란다. 얼마가 지난 후 트럭에서 시골 아주머니 한 분이 내리더니 식사는 지금 안되고 민박은 할 수 있단다. '낭패로다.'

흥부전의 원류를 찾아서!

지금 시간은 오후 2시인데 이 곳에서 중재까지는 12Km정도의 거리여서 서두른다면 해 떨어지기 전에 닿을 수 있겠지만 이곳은 우리가락 판소리「흥부전」의 주무대인지라 한 번 둘러보고 싶은 생각도 든다.

민박을 예약한 후 흥부전의 역사를 찾아 나선다. 복성이재에서 751번 지방도로를 따라 철쭉 식당 방향으로 100여m쯤 가다가 오른쪽으로 꺽이는 시멘트 농로가 나오고 이 길을 따라 한참을 더 가면 오른쪽 도로변에 잘 손질된 묘가 하나 있다. 묘비에는 '박공춘보선덕비朴公春甫善德碑'라 쓰여있고 이 묘에서 조금 더 내려 가면 흥부 마을로 알려진 아영면 성리 마을이 있다.

성리마을에는 옛날부터 '춘보'라는 이름이 전해져 내려왔는데 그가 살아온 내력과 살아 생전 선행을 많이 한 그의 삶이 홍부전의 주인공이라 믿고 있다. 실제 판소리 「홍부가」중에 '경상도는 함양이요, 전라도는 운봉인데 운봉, 함양 두 얼 품에 박씨 형제가 사는 지라, 형 이름은 놀보요, 아우 이름은 홍보라.' '홍보가 어디 살았는고 하니 팔랑치 재 밑에 살았것다. 연재를 넘어 비전을 지나 홍보 집에 당도하니' 라는 대목에 등장하는 홍보는 박춘보인 것 같고 어렸을 때 살았던 집은 인월면 성산리를 가리킨다.

이곳 성리 마을에는 '고둔터', '화초장다리' 등이 눈길을 끈다. 고둔터는 홍보가 형으로부터 쫓겨나 성리마을에서 가난에 찌들어 살던 때 어느 한 도승이 명당 집터를 잡아주어 그 곳에 집을 옮기고 난 뒤 부러진 제비 다리 고쳐주고 큰 부자가 됐다고 해서 고둔터 또는 발복집터라고 불리는 곳이다. 화초장다리는 홍보가 큰 부자가 됐다는 소식을 듣고 찾아온 놀보가 값비싼 화초장을 등에 매고 끙끙대면서 건넜다는 징검다리라고 한다.

홍보가 태어난 곳은 인월면 성산마을이고 복을 받아 큰 부자가 된 곳은 이곳 성리마을인데 두 마을이 서로 홍부 마을 다툼을 벌이다가 남원시에서 태생지는 인월면 성산마을로 하고, 발복지는 아영면 성리마을로 조정하여 두 개의 홍부 마을이 생겨났다.

매년 음력 9월 9일이면 홍부제가 열린다고 하는데 홍부마을, 홍부길, 연비봉, 연하다리, 홍부텃밭 등을 조성하였고 홍부포도, 홍부 상추 등의 상표를 붙여 방문객을 유치하고 있으나 우리 전통과 문화유산의 보존보다는 돈벌이에 급급한 지자체의 전시행정과 상술에 어쩐지 씁쓸한 여운이 남는다.

철쭉 식당 아주머니는 밭일을 하러 나가서 저녁 늦게야 돌아온다. 그녀는 여원재 민박집 아주머니만큼 백두대간에 대해서 상당히 많은 걸 알고 있는 모양이다. '배낭 무게 1Kg 줄이면 거리 1Km를 더 갈 수 있어요'라든가 '봄이면 봉화산 일대 철쭉을 보러 오는 관광객으로 저 아래 주차장에는 수많은 버스가 행렬을 이룬다'라고 자랑이다.

주인 아저씨가 보이지 않아 물어봤더니 이 마을에 큰 사고가 나서 장례식장에 가 있단다. 성리 마을에 백세를 넘긴 할머니가 돌아 가셔서 마을 사람들이 조문하러 가다가 88올림픽 고속도로에서 중앙선을 침범해 마주오던 화물차와 충돌사고로 네 사람이 사망했다고 한다. 저녁 뉴스에서도 보도가 된다. 그녀의 이야기는 계속된다. 지금 서울 시장을 하고 있는 박원순씨가 서울 시장이 되기 전에 대간 산행 중 비를 만나 철쭉 식당에서 하루 묵어 간 적이 있는데 당시 다섯명의 장정들이 동행하였고 함께 찍은 사진이 수록된 책을 보내 줬다고 자랑이다. 책 이름은 「백두대간 산이 되리라」란다. 혼자서 무거운 배낭을 짊어지고 힘들게 산행중인 나로서는 장정 다섯명을 거느리고 품위있게 산행했을 것으로 보이는 그런 사람들이 진정 자연을 사랑하고 산을 아끼는 사람일는지? 의심의 눈길을 보내지 않을 수 없다.

다음 날 아침 뉴스는 장마전선이 북상하여 오후부터 비를 예보하고 태풍 '낭카'가 북상한다는 소식도 전한다. 집마당과 평상에는 물이 홍건하게 고여 있어 밤 사이 비가 왔나 싶었는데 안개비로 고인물이란다.

세익스피어의 희곡 「햄릿」에서 나오는 유명한 대사 'To be or not to be.

That is the question. 사느냐 죽느냐 이것이 문제로다'가 아니라 '산행을 하느냐, 하산을 하느냐 이것이 문제로다.'

여기서 문제해결의 실마리가 쉽게 풀린다.

이번 산행 출발 전에 큰 딸이 'KBS가요무대 방청권에 당첨되었으니 엄마·아빠가 같이 갔으면 좋겠다.'고 했으나 '친구하고 같이 가구려' 퉁명스럽게 말을 던지고 산행을 나섰으니 그렇게 가 보고 싶어 하던 아내가 얼마나 섭섭해 하였을까? 예정된 녹화날이 오늘이라 결론은 아주 쉽게 나 버린다.

'그래 가자 서울로! 집은 쉼터요 놀이터며 추억이 어린 곳이다. 가정은 삶의 버팀목이고, 가족은 나의 울타리일진데, 대간길은 앞으로도 갈 수 있는 날이 많지만 아내는 오늘을 놓치면 언제 또 기회가 오겠는가? 가자 집으로!'

서둘러 인월에서 백무동발 서울행 버스에 몸을 싣고 집에 가서 의아해하면서도 반가워 하는 아내와 손을 잡고 여의도 KBS방송국 별관에 이른다.

김동건 아나운서의 구수하고도 차분한 진행으로 가요무대 녹화는 시작되고 TV에서나 봤던 가수들이 나와 구성지게 노래하는 모습에 흠뻑 빠져 손뼉을 치고 흥얼대면서 어린애처럼 즐거워하는 아내의 눈빛에는 행복이라는 단어가 묻어 나는 것 같다.

옛날에는 남보다 먼저 승진하고 높은 자리에서 돈 많이 벌어 크고 좋은 집을 사서 호의호식하고 좋은 차 굴리는 게 행복으로만 알았는데 오늘처럼 소소한 즐거움도 크나 큰 행복이리라.

부끄러운 지난 날의 죄책감과 어설프고 서툴게 살아온 미안함에서 생긴 마음의 빚을 조금이나마 갚은 것 같다.

구간 일지

제4-1구간 (여원재-사치재/ 12.9Km)

2015년 7월 18일 토요일 안개/흐림

시간	구간	표고 (m)	거리 (Km)	접속(비상탈출)	숙영자료
06:40	여원재	480	1.5	24번 국도(남원-운봉/인월/함양)	민박 물,공터
07:55	561.8봉	561.8	3.6		
10:25	고남산	846.4	1.7		
11:30	통인재	670	1.8		
12:40	573.2봉	573.2	1.3		
13:40	유치재	470	1.9	743번 지방도(운봉)	매요휴게소 (식수, 식사)
16:05	618봉	618	1.1		
16:50	사치재	500		사치마을 1Km, 743번 지방도(장수/변암-남원/운봉) 88고속도로 지리산휴게소	물, 공터, 경로당

- 산행거리/소요시간 : 12.9Km+접속 1Km/10시간 10분+30분
- 일출/일몰시간 : 05:28/19:45
- 교통
    - 들머리 : 여원재/24번국도(남원-운봉/인월/함양)
    - 날머리 : 사치재→사치마을/743번 지방도(장수/변안-남원/운봉)
        남원여객(남원/운봉-여원재, 사치재) 063-631-3116
        운봉택시(운봉-여원재, 사치재) 063-636-3636
        남원택시(남원-운봉/여원재) 063-636-2245
- 숙박/식사
    - 유치재 매요휴게소(식수, 식사) 063-634-1844
    - 사치마을 경로당 숙영가능
    - 88고속도로 지리산 휴게소 숙영가능
    - 운봉갑을식당/민박 063-634-0342
    - 운봉금성식당/민박 063-634-7555

구간 일지

Daily planner

제4-2구간 (사치재-복성이재/ 6.9Km)

2015년 7월 19일 일요일 맑음

시간	구간	표고 (m)	거리 (Km)	접속 (비상탈출)	숙영자료
08:20	사치재	500	2.3	사치마을 1Km, 지리산휴게소 0.8Km	경로당 물, 공터
10:05	새목이재	570	2.6	꼬부랑재, 아영면 아곡리	
11:50	781봉	781	0.6		
12:17	아막성터		0.2		
12:40	복성이뒷재		1.2	아영면 성리 흥부묘 0.7Km	
13:30	복성이재	601.4		751번 지방도(변암-인월/운봉/남원)	민박 물, 공터

- ○ 산행거리/소요시간 : 6.9Km+접속 2Km/5시간 10분+40분
- ○ 일출/일몰시간 : 05:29/19:45
- ○ 교통
  - 들머리 : 사치재←사치마을/743번 지방도(장수/변암-남원/운봉)
  - 날머리 : 복성이재/751번 지방도(변암-인월/운봉/남원)
    남원여객(남원/운봉-사치재,복성이재) 063-031-3116
    인월택시(인월-사치재, 복성이재) 063-636-5088
    운봉택시(운봉-사치재, 복성이재) 063-636-3636
    *복성이재 버스 승차장(복성이재 1.5Km→하성/짓재)
    복성이재→인월/운봉/남원 (07:00, 09:36, 10:46, 14:23, 16:09)
    남원-복성이재⇒남원역 앞(첫차05:50)
- ○ 숙박/식사
  - 운봉갑을식당/민박 063-634-0342
  - 운봉금성식당/민박 063-634-7555
  - 철쭉식당/민박(복성이재) 063-626-1307

제5구간

봉화산 철쭉

📍 **복성이재 - 봉화산 - 중고개재(14.27Km+3Km)**
2015.07.28. (화) 안개/흐림

　　호남선 열차의 출발지인 용산역에서 밤 10시 45분 여수행 무궁화 호에 몸을 싣고 남원역에 내렸으나 역사 주변에는 쉴 만한 곳이 전혀 보이지 않는다. 택시를 타고 24시 찜질방에 가서 잠을 청하여도 드나드는 사람들 때문인지 뜬 눈으로 누워 있다가 나와서 해장국 한그릇 사먹고 남원에서 인월가는 첫 시내버스를 타고 인월에서 성리행 시내버스를 갈아탄다.
　　복성이재로 올라가는 731번 지방도로와 만나는 지점에 '하성'이라는 버스정류장에서 내린다.   이곳은 지난 번 서울로 가기위해 버스를 탔던 곳이다.
　　도로를 따라 철쭉 식당 입구에서 짐을 챙기고 있는데 아주머니가 아침식사를 하다 말고 뛰어나와 살갑게 반겨준다.
　　서둘러 발걸음을 옮기는데 '산은 거리에 욕심내지 마세요, 천천히 조심해서 가세요.'라고 마치 집 떠나는 낭군에게 당부하듯 다정스레 인사를 건넨다.

"예, 고맙습니다. 다음에 기회되면 찾아뵙겠습니다." 공손히 답례를 하고 봉화산 들머리로 향한다.

들머리는 751번 지방도로 복성이재 북단에 있는데 대간길은 도로에 짤려 이 길을 건너는 동물들이 가끔씩 로드킬Road Kill을 당한다고 한다.

들머리를 지나 왼쪽의 목장 초지를 끼고 설치된 울타리를 따라 계속 이어지고, 안개비에 거미줄이 뚜렷한 게 오늘 길손이 처음인 듯 싶고, 키 큰 억새와 잡목, 키 큰 진달래 나무는 좌우에서 잡아채고 땡기고 밀치기를 반복한다. 이는 선행자의 표현처럼 조폭의 횡포에 비유 할만 하다.

가까이서 갑자기 꽹가리 치는 소리, 고양이 우는 소리, 개 짓는 소리가 들려 깜짝 놀라 주위를 두리번거려도 아무것도 보이지 않고 조용해지는가 싶더니 똑같은 소리가 반복되면서 점점 가까워진다. 그 소리는 왼쪽 목장에서 다른 짐승들의 난입을 막기 위해 녹음 방송한 소리로 밝혀진다.

봉우리 정상에는 태양열 집열판이 붙은 다용도 철탑이 있고 이정표와 전망대가 있는데 지도상에는 표기가 없으나 정상석은 '백두대간 매봉, 해발 712.2m 봉화산 철쭉 군락지'라고 새겨져 있다.

전망대에 올라 사방을 둘러 보지만 안개가 드리워진 산하는 아무것도 볼 수 없고 이정표만이 북쪽으로 봉화산 3.3Km를 알리고 있을 뿐이다.

매봉에서 시작된 철쭉 군락은 봉화산까지 이어진다. 내리막 목재 계단을 따라 치재에 내리면 정자가 있는 쉼터가 조성되어 있고 철쭉 지대는 계속되는데 연분홍 철쭉 꽃이 활짝 피는 날에 다정한 사람들과 손에 손 잡고 철쭉 터널을 걸어보는 낭만을 생각해본다.

▲ 대간 종주 후 다시 찾은 매봉

　대간길에 도열해 있는 철쭉은 안개비를 잔뜩 머금고 있다가 지나가는 길손에게 화풀이하듯 쏟아부어 온 몸을 젖게 만들고 삐져나온 줄기는 앞을 가로 막고 모자를 잡아 챙기고, 몸을 밀친다. 조폭은 아니더라도 시골 깡패라도 되는 것처럼.

　큰 나무 숲을 지날 때는 뒤에서 누군가 따라오는 것 같다. 나뭇잎에 맺혀 있던 물방울이 떨어지면서 나뭇잎에 부딪치는 소리다. 나무 숲에서의 물방울 떨어지는 소리는 울림으로 들려 다른 곳보다 더 크게 들리는 모양이다.

　대간길은 철쭉지대인가 싶다가도 싸리나무, 억새, 가시덩굴로 뒤덮여 있어 물방울 맺힌 나무는 온몸에 쓸어내려 신발에도 물이 차서 찌걱소리 내면서 가다보니 꼬부랑재와 다리재는 그냥 지나친 것 같다.

　좁은 돌계단을 올라서니 봉화산 정상석이 온 몸이 젖어 있는 초보산꾼을 맞이한다.

　봉화산(919m)은 사방으로 조망이 좋아 예로부터 봉화대가 있었던 봉우리다.

　산 정상석과 봉수대, 철재 탑이 설치되어 있고 지금은 잡목하나 없는 녹색의 정원이지만 가을이 되면 억새숲으로 변해 바람에 날리는 은빛 물결이 장관을 이룬다. 오늘은 안개에 쌓여 아무것도 볼 수 없는 아쉬움을 뒤로 하고 봉화

산 쉼터로 내려와 젖은 신발을 벗고 휴식을 취한다. 이곳은 정자와 식별할 수 없을 만큼 퇴색된 안내판이 있고 차량이 올라올 수 있는 시멘트 도로가 연결되어 있다.

봉화산 쉼터에서 870m봉, 944m봉을 지나 서 있는 이정표가 중재 4.1Km, 봉화산 3.8Km를 알리고 있는 것으로 봐서 936m봉으로 생각되는 곳에서 잠시 호흡을 가다듬는다. 버너에 불을 붙여 물을 끓이는 것도 귀찮아서 생햇반에 고추장 고기볶음 캔을 비벼서 먹는데 입안에 굴러다닌 밥톨이 익숙치는 않지만 이 또한 생존을 위한 방법이리라.

중재까지 3.2km를 알리는 이정표가 광대치로 안내한다.

광대치에서 깔딱고개를 치고 올라가 약초시범단지를 왼쪽으로 돌아 월경산 삼거리에 도착한다.

월경산(980.4m)은 대간길에서 오른쪽으로 조금 벗어나 있고 삼각점만 있을 뿐 표지도 없고 조망도 없는 산이라 그냥 힐긋 한번 올라다 보고 지나친다.

나무 사이로 햇살이 반갑고 산새소리가 정겨움을 더하는가 하면 간간히 산죽길인가 싶다가 쭉쭉 뻗은 잣나무 숲을 지나 중재에 다다른다.

중재는 장수군 번암면 지지리 텃골과 함양군 백전면 운사리 중기 마을을 연결하는 임도가 지나가는데 임도따라 오른쪽으로 내려가면 중기 마을이다.

중기 마을로 내려갈까 하다가 중고개재까지 1.8Km를 더 가기로 한다.

중고개재 이정표는 낡아서 글자도 보이지 않고 나무에 걸린 표식판이 중고개재임을 알리고 시간은 오후 5시를 가리키고 있다.

오른쪽으로 소로를 따라 임도가 있는 안부에 내렸으나 잡목과 넝쿨나무가 엉켜 있어 다시 위로 올라가 능선을 따라 가보지만 능선이 파헤쳐지고 길이 막힌다. 중기 모텔에 전화를 해보니 이제는 민박을 그만 두었다고 하면서 마을이 보이는 곳까지 빠져 나오란다. 잡목과 가시 넝쿨을 헤치고 온몸이 땀으로 범벅이 된 체 헤매다 보니 고사리 재배지역이 나오고 콘크리트 포장 임도가 있는 곳으로 빠져나온다.

임도 옆에 잘 지은 집 한 채에 들어가 민박집을 물어보니 젊은 남자는 "집 짓고 산지 얼마되지 않아서 이 곳 마을을 잘 모른다."고 한다.

마을에 접어들어 거대한 팽나무를 빙돌아 마루같은 평상이 설치되어 있고 할머니 한분이 "옛날에는 민박집이 있었는데 지금은 하지 않는다."고 하면서 버스가 들어오면 타고 나가라고 한다.

방금 전 마을 위에서 만났던 젊은이 부부가 택배 찾으로 가는 길인데 차에 타라고 한다. 그들은 중기 마을을 지나고 '백운산장'간판이 붙은 집 앞에 내려준다.

이곳은 함양군 서하면 백운리 대동마을로 마을 뒤로는 백운산이 버티고 있고 앞에는 742번 지방도로가 함양군 백전면 방향으로 연결되고 이곳 삼거리에서 북서쪽으로는 중기마을이, 동쪽 방향으로는 서하면에서 26번 국도와 만나서 육십령에 이른다. 집 아래 가까운 곳에 '함양 학생 야영 수련원'이 있다.

백운 산장 집 마루 디딤돌 바로 밑으로 조그마한 도랑에는 물이 철철 넘쳐 흐르는 특이한 집이다.

백운산 자락에서 백운산장 앞으로 흐르는 물소리를 자장가 삼아 지치고 피곤한 몸을 눕힌다.

구간 일지

Daily planner

제5구간 (복성이재-중고개재/ 14.27Km)

2015년 7월 28일 화요일 안개/흐림

시간	구간	표고(m)	거리(Km)	접속(비상탈출)	숙영자료
07:50	복성이재	601.4	0.57	751번 지방도(변암-인월/운봉/남원)	물, 공터
08:20	매봉	712.2	0.4		
08:35	치재	660	1.3	아영면 성리짓재	
08:55	꼬부랑재	655	1.7	아영면 구상리	
10:35	봉화산	919.8	0.4		
10:45	봉화산쉼터	890	0.8		정자, 공터
12:18	944봉	944	2.3		
14:00	광대치	820	1.2	장수군 번암면 지지리 함양군 백전면 양백리	
14:58	월경산갈림길	945	1.8		
15:57	중재	650	1.8	장수군 번암면 지지리 함양군 백전면 중기마을	중기마을 (물,공터)
17:00	중고개재	730		함양군 백전면 중기마을(1.5Km)	중기마을 (물, 공터)

- **산행거리/소요시간** : 14.27Km+접속 3Km/10시간 10분 + 1시간 20분
- **일출/일몰시간** : 05:33/19:39
- **교통**
  - 들머리 : 복성이재/751번 지방도(변암-인월/운봉/남원)
    *남원역앞 버스 첫차 (05:55)→성리(하성/짓재)-도보 1.5Km-복성이재
  - 날머리 : 중고개재(1.5Km)→중기마을 ┌742번 지방도(백천면)
                                    └37번 지방도(서하면)

    남원버스터미널(남월-여원재, 매요, 복성이재) 063-631-3116
    인월택시(인월-복성이재) 063-636-5088
    운봉택시(운봉-복성이재) 063-636-3636
    함양택시(함양-중기마을) 055-963-4009
- **숙박/식사**
  - 철쭉식당/민박(복성이재) 063-626-1307
  - 백운산장/민박(중고개재) 063-963-7538

제6구간
거룩한 분노는 종교보다도 깊고

중고개재 - 영취산 - 육십령(17.3Km+1Km)
2015.07.29. (수) 흐림

아침 일찍 일어나서 정갈스런 집밥으로 식사를 하고 산행준비를 한다. 오후에 비가 예보되어 은근히 걱정을 하고 있는데 아주머니가 소나기만 한 두차례 올거라고 다소 걱정되는 표정으로 위안을 준다.

산장 주인 아저씨는 들머리까지 차로 가자면서 먼저 서둔다. 차는 중기 마을을 지나고 오른쪽 산자락을 파헤치고 도로공사가 한창인 곳을 보면서 중고개재 들머리로 향해 간다. 중재로 가는 길이 응달이라 겨울이면 차량통행을 할 수 없어서 아래쪽에 차길을 새로 내는 공사란다.

중고개재 들머리는 어제 내려왔던 고사리 재배 지역에서 마을로 연결되는 시멘트 포장 임도가 끝난 지점이다.

중고개재에서 오늘의 산행이 시작된다. 시간은 아침 7시를 알린다. 이정표 글씨는 지워져서 보이지 않고 이 곳에서 백운산까지는 고도를 500m이상 끌어

올리는 된비알로 산행시작부터 진땀이 나고 날파리는 동냥하는 거지떼처럼 귀찮게 따라 붙는다.

봉우리를 오르고 내리기를 반복하다가 좁은 철계단을 난간에 의지해서 올라서니 백운상 정상석이 초보산꾼을 맞이한다.

백운산(白雲山 1,278.8m)은 산이 높아 구름이 늘 머물러 있는 '흰구름산'이란 뜻으로 덕유산과 지리산을 연결하는 대간의 준봉이며, 동으로 서래봉과 괘관산, 북으로 덕유산, 서쪽으로 금남 호남 정맥의 첫 봉우리 장안산이 버티고 있고, 남으로는 지리산이 주능선의 연봉들을 거느리고 있다.

이 산을 기점으로 서북 사면의 물은 섬진강 지류의 요천으로 흘러들고, 동쪽은 남강의 지류인 남계천이 되어 낙동강으로 흘러들게 되는 섬진강과 낙동강의 분수령이다.

산 정상에는 화강암으로 된 한글 정상석이 우뚝 서 있고 반대편에는 까만 오석에 한문으로 표기된 작은 정상석이 있다. '수고하셨습니다'라는 글씨판이 붙은 이정표가 헬기장 옆에서 지친 길손을 반긴다. 주위는 온통 운무에 휩쌓여 시계 제로 상태라 조망은 전혀 기대할 수 없다. 아쉬움을 뒤로 하고 참나무 숲으로 된 급경사 내리막을 내려서자 산죽길이 시작된다. 사람 키보다 더 큰 산죽은 물기를 잔뜩 머금고 대간길로 쏠려 있어 마치 산죽터널에 들어선 느낌이다.

온몸으로 산죽을 쓸면서 지나가니 옷은 금새 비 맞은 생쥐꼴이요, 옷에서 흘러 내린 물은 등산화에 고여 질컥거린다. 현위치 번호 표시목을 두 개나 지났으니 거의 1Km가까이 산죽길이었던 것 같다.

산죽 지대를 지나서 산죽과 참나무가 어우러진 곳에서는 서로 다른 종이 모여서 이질감없이 잘 공생하고 있는 자연의 신비를 느껴본다.

스마트폰 문자 경보에 국민안전처에서 '폭염주의보'를 발령한다. 시간은 오전 10시. 이곳은 비가 예보되어 걱정하는데 누구 약 올리는건가?

잡목 우거진 숲길에서 배낭도 매지 않고 왔다 갔다하는 중년의 남자를 만난다. 수인사를 나누면서 백두대간의 아름다움을 남기고자 몇 년째 촬영을 다니는데 지난 겨울에 표시해 둔 포인트를 찾고 있는 중이란다. 그는 사진작가라면서 백두대간 산행때는 반드시 먹고 자는 준비를 해야한단다. 특히 거리 욕심은 내지 말고 요즘 같은 무더운 날씨에는 가급적 시원한 새벽 산행을 하라고 일러준다. 초보산꾼에게는 유익한 정보인 셈이다. 고마운 마음으로 그와 헤어져 억새밭과 싸리나무 지대를 지나 나무의자 쉼터가 있는 1,066m봉에서 잠시 숨을 돌린다.

선바위 고개를 지나 영취산 정상에 오른다. 정상석과 돌탑이 방긋 웃는다.

영취산(靈鷲山 1,076m)은 산세가 신령스럽고 빼어나다는 뜻의 산으로 불교의 성지 인도의 왕사성에 있는 영취산과 산

모양이 닮았다고 하여 붙여진 이름이라고 한다.

이곳은 호남과 충남의 산줄기를 이어주는 금남호남 정맥의 분기점이며 금강, 섬진강, 낙동강의 분수령이기도 하다.

금남호남 정맥은 무령고개를 지나 장안산1,297m을 일으키고 마이산에 이른다. 이후 주화산에서 북으로 금남정맥이 계룡산까지 이어지고, 남으로는 호남정맥이 호남의 땅을 좌우로 가르며 사자산까지 이른 다음 동쪽으로 방향을 틀어 광양의 백운산에서 끝을 맺는다.

영취산에서 왼쪽으로 400m정도 내려가면 무룡고개가 있다. 장안산으로 연결되는 금남호남 정맥의 첫 번째 고개로 울창한 수림과 청류한 물소리를 자랑하는 지지 계곡이 남으로 장수군 번암면 지지리와 북으로 장계면 대곡리와 경계를 이루고 있고 이와 연해서 743번 지방도가 줄곧 대간능선과 평행선으로 달린다.

시간이 정오에 가까워지자 빗방울이 떨어진다. 산죽지대와 억새밭을 지나면서 옷은 모두 젖어 지도, 요약지 등을 배낭에 넣고 배낭커버를 씌운다.

덕운봉 갈림길에서 이정표는 직진방향으로 민령을 가리키고 있고 왼쪽에도 산악회 리본이 많이 달린 소로가 보인다. 배낭에 넣어둔 지도를 꺼내 확인하기도 귀찮아 이정표가 가리키는 방향으로 한 시간 남짓 가다가 부전계곡에서 덕운봉으로 간다는 술 취한 사내를 만나서 알바했음을 알고 뒤돌아 덕운봉 갈림길까지 뛰어오다 보니 숨이 턱 밑까지 차오른다.

덕운봉 갈림길 이정표를 원망스러운 눈초리로 흘깃 쳐다보고 왼쪽 소로길로 접어든다.

백운산에서 시작된 키 큰 산죽 지대만큼이나 긴 산죽 터널이 또 이어진다. 가히 산죽능선이라고 불러도 좋을 것 같다.

북바위 방향을 가리키는 나무에 걸어둔 코팅된 표지판이 977.1m봉을 알리고 이어지는 대간길 왼쪽에 멋진 바위가 한눈에 들어온다.

▼ 북바위 … 오동제

전라도와 경상도를 경계짓는 이곳 마루금이 삼국시대에는 백제와 신라의 영토 다툼이 치열했던 곳이라 승리하면 이 곳에서 북을 쳤다고 하여 북바위로 부르게 되었다고 한다.

그러나 바위 모양새가 북의 옆면처럼 생겨서 북바위라고 부르지 않았나 생각이 든다.

이곳에서 북으로 깃대봉을 넘어 덕유산이 손짓하며 어서 오라하고 남서쪽으로 장안산과 금남호남정맥이 뻗어나간다. 북서쪽 백화산 자락에는 유난히도 파란 대곡저수지오동제가 반짝거리고, 저수지 아래쪽에 논개 수련원, 논개생가 지인 의암지등이 자리하고 있고 반대편 동쪽에는 보이지 않지만 논개의 묘가 위치하고 있다. 이렇게 백두대간 능선을 두고 서쪽 자락에서 태어나 동쪽 기슭에 묻힌 충절의 여인「논개」에 대해 알아본다.

論介를 추모하며!

논개論介는 1574년 9월 3일 전북 장수군 장계면 대곡리 주초마을에서 사갑술四甲戌 갑술년, 갑술월, 갑술일, 갑술시의 사주로 태어나서 개와 연관된 이름을 지어줬다고 한다.

어려서 부친주달문을 여의고 숙부주달무집에 의탁되었으나 민며느리로 팔려가다가 민령에서 도망친 바람에 관아로 끌려 갔고 당시 장수 현감 최경회의 현명한 판결로 무죄방면되어 시중을 들어주던 현감부인이 사망하자 17세의 나이로 58세의 현감부실이 되었다.

임진왜란이 일어나자 의병장이 된 최경희는 큰 전공을 세우고 경상우도 병마 절도사로 진주에 부임하였으나 진주성 싸움에서 패퇴하고 진주 남강에 투신하여 순국하였다. 남편을 여읜 논개는 촉석루에서 승전연회를 열고 있는 왜장을 의암으로 유인해 몸을 껴안고 남강으로 뛰어들어 순절하였다. 논개의 나이 20세. 꽃다운 나이였다.

시인 수주 변영로 선생은 「논개」에서 그녀의 한恨을 다음과 같이 노래하였다.

    거룩한 분노는

    종교보다고 깊고

    불붙은 정열은

    사랑보다도 강하다

    아! 강낭콩 꽃보다도 더 푸른

    그 물결위에

    양귀비 꽃보다도 더 붉은

    그 마음 흘러라

    -후략-

논개의 생가는 1986년 저수지 축조로 수몰되었고 그 위에 복원시켜 놓았다. 그녀의 무덤은 진주성 전투에서 살아난 의병들이 남편 최경희와 논개의 시신을 거두어 주씨 집성촌에 묻었는데 지금의 함양군 서상면 금당리 방지마을에 있다. 만해 한용운 선생의 '논개의 애인이 되어 그의 묘墓에' 라는 시비는 생가터에 있다.

충절의 한 여인 이야기를 뒤로 하고 억새길과 진달래 터널을 지나는데 아치형태의 나무가 눈길을 끈다.

오래된 통나무 계단을 조심스럽게 내려가는데 이건 계단이 아니라 오히려 장애물처럼 느껴진다.

마주하는 이정표는 깃대봉 1.3km를 알리고 기둥엔 '민령'이라는 표기가 눈에 띈다. 억새와 낮은 산죽이 넓게 퍼진 밋밋한 지형이라서 민령이라 불리웠을까? 아니면 논개가 민며느리로 팔려 가는 것을 거부하고 외갓집으로 도망갈 때 넘는 고개여서 붙인 이름인지는 모르겠으나 노송 한 그루가 낮은 자세로 그 때의 비밀을 간직한 채 길손을 맞이한다.

내 얼굴에는 눈물인지 땀인지 구분할 수 없이 눈에 흘러들어 귀찮게 하는 하루살이가 날아와 부딪혀서 익사를 하고 날파리마저 일진회 출신 처럼 성가시게 한다.

억새, 싸리나무, 철쭉 길을 따라 된비알로 숨을 할딱거리며 봉우리에 올라서니 깃발은 간데 없고 깃대만 세 개가 우두커니 서 있다.

깃대봉 정상석에는 '구시봉 1,014.8m'라고 새겨 있다.

이곳은 백제와 신라의 국경지대로 이 아래 주둔하고 있던 군사들이 깃발을 꽂았다고 해서 깃대봉이라 불렀으나 옛날 한 풍수가 이 산에 올라 산의 형태가 구시형이라 하여 지명이 바뀌었다고 한다.

구름은 하늘을 가리고 산봉우리 나무들이 자랄데로 자라 시야를 가리지만 지나온 방향으로 카메라 셔터를 눌러본다.

이정표는 육십령까지 2.5Km를 알리고 시간은 오후 4시 30분이라 시간도 넉넉하여 마음은 한결 여유가 있고 발걸음도 가볍다.

깃대봉 샘터에서 연신 흘러내리는 맑은 물을 한 바가지 들이키니 이 시원하고도 달콤함을 어디서 맛볼 수 있겠는가?

깃대봉 약수터를 사랑하고 산을 사랑하고 자연을 가꾸려는 진솔한 모습을 뒤로 하고 조용하고 한적한 오솔길을 산책하듯 따라간다.

커다란 입간판이 '맨발지압등산로'라는데 지금까지 오던 길인지, 앞으로 가야 할 길인지 알 수 없으나 육십령까지 남은 대간길은 편안할 것 같다.

나무 사이로 가끔씩 햇살이 비친다. 비도 오지 않을 거면서 일기 예보는 그렇게 애간장을 태웠나보다.

이정표 하나가 육십령 휴게소 방향을 가리키며 길을 막아서고 내리막 길로 넓은 주차장에 내린다.

육십령(六十嶺)은 해발 734m의 비교적 높은 고개로 전북 장수군 장계면과 경남 함양군 서상면의 경계를 잇는 고개인데 26번 도로가 통과한다.

육십령이라는 지명에 대해서는 세 가지 설이 전해지고 있다.

하나는 서쪽의 장수감영(장수읍)과 동쪽의 안의감영(안의읍)까지의 거리가 각각 60리라고 해서 지어진 이름이라는 것이고 , 또 하나는 지세가 험준하여 60개의 산 구비를 돌아와야 고갯마루에 이른다는 것이다. 마지막으로 고개가 험하여 산적무리와 호랑이들이 많은 탓에 장정 60여 명이 모여 함께 몽둥이를 들고 넘어야 무사히 넘을 수 있다고 해서 붙여진 이름이라고 한다.

고개 근처에는 당시 장정들이 모인 주막이 있던 곳이라는 장군동將軍洞이 있고, 산적들을 피해서 살다가 이룬 마을인 피적래避賊來란 마을이 지금도 남아있어 그 당시 도둑들이 들끓었음을 암시하고 있다.

주차장을 지나 허름한 조립식 건물에 '육십령 휴게소 식당/민박' 간판이 걸려 있고 할머니 한분이 나온다.

"할머니, 여기서 민박할 수 있어요?"하고 말을 건네자 "야. 길 건너 집에 가서 짐 풀고 씻고 와서 여기서 밥 묵으소." 특유의 경상도 말투이지만 정감어린 대답이다. 이 분이 대간꾼들 사이에서 유명인사인 조정자 할머니다. 그녀는 30여년 간 휴게소를 지켜 오면서 수 많은 대간꾼들의 어머니가 되고 멘토가 되어 주었다. 지금은 대간 능선을 연결한 터널 반대쪽에도 장계 휴게소가 들어서서 옛날만큼은 장사가 안된다고 한다.

길 건너편에 거대한 육십령 표지석이 위풍당당한 모습으로 다가온다.

> 지리산에서 비롯되어 백두산까지 이어지는 백두대간은 이 땅의 모든 생명을 보듬는 넉넉함이 살아 숨쉬고 있다.
> -중략-
> 백두대간의 모습이 중국대륙을 향해 포효하는 호랑이 형상으로 비유될 때면 백두대간은 호랑이의 등 줄기로서 그 위용을 여실히 드러내었다. 백두대간은 영원히 보존되어야 하리라.
> 백두대간 골짜기마다 숲이 무성해지고 다양한 삶결과 역사가 피어나서 야생동물들의 아담한 보금자리가 자리 잡아야 하리라.

표지석 옆 육십령 마을 입구에 있는 조립식 건물 숙소에 여장을 풀고 식당으로 들어가니 무수히 많은 대간리본들이 저마다 무용담을 자랑하느라 여념이 없다.

할머니는 보이지 않고 젊은 여자가 말없이 앉아 있다. 할머니가 돌아오고 난 뒤에야 그녀가 이 집 며느리이고 주차장에서 보았던 젊은 남자와 계집아이 두 명이 할머니의 아들과 손녀라는 것을 깨달았다. 며느리는 이제 보편화된 다문화 가정을 이루고 있는데 동남아 어느 나라에서 왔는지 묻는 것도 조심스러워 그냥 차려준 밥상에 최근 나의 일용할 양식인 생막걸리 한병으로 며칠만에 입을 호사시킨다.

▼ 산죽대간길

구간 일지

제6구간 (중고개재-육십령/ 17.3Km)

2015년 7월 29일 수요일 안개/흐림

시간	구간	표고 (m)	거리 (Km)	접속(비상탈출)	숙영자료
07:00	중고개재	730	2.5	중기마을(1.5Km)/ 742번 지방도(백전/함양)	물, 공터
09:00	백운산	1,278.1	2.5		
10:50	선바위고개	1,040	0.9	743번 지방도(장계-변암), 무릉고개 0.4Km	벽계쉼터 (물,정자)
11:03	영취산	1,075.6	2.0	743번 지방도(장계-변암), 무릉고개 0.4Km	벽계쉼터 (물,정자)
13:00	덕운봉갈림길	950	2.7		
14:30	977.1봉	977.1	1.2		
15:00	북바위	970	1.1		
15:36	민령	845	1.4		
16:32	깃대봉	1,014.2	3.0		깃대봉샘터/ 공터
19:05	육십령	734		26번 국도(장계-육십령-서상)	물, 공터, 정자

- 산행거리/소요시간 : 17.3Km+접속1Km/12시간 5분+30분
- 일출/일몰시간 : 05:34/19:39
- 교통
    - 들머리 : 중고개재(1.5Km)←중기마을-742번 지방도(백전면/함양)
                            -37번 지방도(서하면/함양)
    - 날머리 : 육십령/26번 국도(장계-육십령-서상)
              함양택시(함양-중기마을) 055-963-4009
              장계버스터미널(장계-육십령) 063-352-1514
              장계택시(장계-육십령) 063-351-8002
              서상택시(서상-육십령)
- 숙박/식사
    - 육십령휴게소/민박 055-963-0610
    - 장계육십령휴게소(식사) 063-363-1964
    - 장계육십령휴게소/정자 숙영가능

덕유산

德裕山

    우리나라 12 명산 중의 하나인 덕유산은 전북 무주, 장수와 경남의 거창, 함양에 걸쳐 있으며 남북으로 30여 Km에 이르는 능선과 해발 1,614m인 향적봉을 주봉으로 무룡산 1,492m, 남덕유산 1,507m, 장수서봉 1,492m 등 해발 1,550m 안팎의 봉우리들이 장대한 능선을 이루며 남서 방향으로 길게 뻗어 있다.

    향적봉에서 발원한 옥수가 흘러내려 무주 구천동 33경을 만든다. 제33경인 향적봉을 정점으로 기암괴석과 희귀동식물이 서식하는 28Km에 이르는 아름다운 계곡에 맑은 물이 소沼와 담, 폭포가 되어 경관을 이루고 있고 제1경인 라제통문에 이른다. 또한 동업령 서쪽 칠연 계곡의 아름다운 비경도 덕유산의 빼놓을 수 없는 자랑이다.

    덕유산의 본래 이름은 '광여산匡廬山'이라 불렀다고 한다. 임진왜란때 수 많은 사람들이 전란을 피해 이 산으로 숨어 들어 왔는데 신기하게도 왜군들이 이 곳을 지나갈 때면 짙은 안개가 드리워 백성들이 화를 면할 수 있었다고 한다. 그래서 광여산의 신비로움에 사람들은 덕이 많고 넉넉한 산이란 뜻으로 덕유산이라 불렀다고 전해진다.

덕유산은 북서쪽 무주의 찬 대륙성 기후와 남동쪽 거창의 온화한 기후와 만나는 곳으로 안개가 자주 끼고 눈이 많이 내리는 등 기상변화가 심한 지역이다. 특히 바람과 구름이 지나가는 덕유평전은 봄철 철쭉꽃으로도 유명하다. 철쭉 꽃밭에서 해가 떠서 철쭉 꽃밭으로 해가 진다는 말이 있을 정도다. 겨울철에 많이 내리는 눈은 설원의 세계로 안내하고 무주 덕유산 리조트는 스키장으로 잘 알려져 있다.

조선실록을 보관하던 4대 사고 중 임진왜란 때 유일하게 화를 면했던 적성산 사고와 백련사, 원통사 등의 고찰과 죽계서원, 도산 서원, 백산서원 등 문화 유적지를 품에 안고 있다. 이러한 경관과 자연적 특성을 지닌 덕유산은 1975년 우리나라 국립공원 제 10호로 지정되었다.

▼ 백암봉 ⋯▶ 중봉 / 향적봉

제7구간

지옥의 문에서 악마의 입을 보다

육십령 - 남덕유산 - 삿개재대피소(11.88Km)
2015.07.30. (목) 맑음

덕유산 남쪽 자락에 자리하는 육십령은 대간산행을 하는 사람들이 반드시 거쳐야 하는 길목으로 덕유산의 들머리 중 하나다.

백두대간의 복원 사업으로 끊겼던 능선이 터널 교량으로 연결되어 있다. 조정자 할머니는 아침 일찍 서둘러 휴게소 식당으로 나와 새벽부터 손님 맞을 준비에 여념이 없다.

터널을 건너 장계 방향 넓은 광장에 장계 육십령 휴게소와 팔각정이 장계 고을을 굽어보고 있다. 휴게소는 문이 굳게 잠겨 있고 육십령루六十嶺樓라는 이름의 팔각정에는 한 젊은이가 텐트를 치고 잤다며 삿갓재 대피소 예약을 하였으나 입금시키지 못해서 예약 취소가 되었을까봐 걱정이란다.

휴게소 건물 뒤 목재 계단을 따라 올라가서 어제 하산했던 이정표를 확인하고 터널 위 연결된 대간로를 따라 덕유의 큰 세상으로 올라간다. 시간은 아침 7

시를 알린다.

오르막 된비알은 항상 힘들어 하는 곳이다. 종아리 근육이 부실한 사람의 어쩔 수 없는 신체적 약점이리라. 쨍쨍 내려쬐는 햇빛에 온몸은 땀투성이가 되고 코가 땅에 다을 듯 힘들게 치고 올라간다. 가끔씩 불어주는 산들바람에 이마의 땀을 식히고 바람 부는 방향을 향

해 몇차례 심호흡으로 숨을 고른다. 그야말로 다섯 발자국 걷고 한번 쉬는 '오보일정유 五步一停留'의 반복이다.

조망지에서 서쪽 방향으로 장수고을 평야지대와 멀리 고속도로 교각이 보인다.

마사토 된비알을 오르고 또 올라 석축이 있는 옛날 산성터를 지나서 하얀 봉우리, 할미봉에 올라선다.

할미봉(1,026.4m)은 이름과 관련하여 몇가지 전해오는 설이 있다고 한다. 옛날 어느 할머니가 봉우리 아래 쌓았다는 할미성에서 유래했다는 설과, 산 중턱에 규석이 많아서 흰 쌀을 쌓아 놓은 것처럼 보인다고 해서 '쌀미봉'이 'ㅆ'자 발음에 서툰 경상도 사람들이 부르기 편하게 '할미봉'으로 순화되었다는 설, 그리고 할머니처럼 허리가 굽어보인다고 해서 부르게 되었다는 설이 있다.

봉우리 정상석은 다른 산과 달리 붉은 글씨로 새겨져 있는 것이 특이하다. 백두대간이 한눈에 바라보이는 할미봉은 기암괴석의 운치와 봉우리를 중심으로 계절마다 형형색색의 아름다움으로 오가는 산꾼들의 마음을 사로잡는다.

뒤돌아 남서쪽 멀리 구름에 가린 지리산 산그리매가 그려지고 오른쪽으로 장안산이 아련하다. 지나온 백운산, 영취산, 깃대봉이 희미하고 바로 앞 형제 바위는 마치 지킴이처럼 육십령 마을을 굽어보고 있다. 다시 북으로 장수 덕유라 불리는 서봉과 남덕유의 두 봉우리가 운해에 갇혀 으뜸과 버금을 다투고 있다.

이어지는 대간 길목에 대포 바위 안내판이 나오고 왼쪽 저 아래 특이한 형상의 바위가 한눈에 들어온다.

대포바위는 임직왜란 당시 진주성을 함락시키고 전주성을 치기 위해 함양을 거처 육십령을 넘던 왜군이 할미봉 중턱에 있는 큰 대포에 놀라 혼비백산하여 오던 길로 되돌아 운봉을 거처 남원방향으로 선회하는 바람에 장계지역은 큰 화를 면했다고 한다. 멀리서 보면 그 모양새가 대포처럼 보이기 때문에 대포바위라고 부르지만 실상 가까이서 보면 남자의 성기를 닮아 'x바위'라고 부른다는데 너무 상스럽다하여 남근석으로 통용되고 있다. 일설에 의하면 사내아이를 갖지 못한 여인네가 이 바위에 절을 하고 치마를 걷어 올린 채 소원을 빌면 사내 아이를 얻게 되었다는 이야기가 전해 내려 오고 있다. 지금도 대포바위보다는 남근석으로 부른단다.

내려다 보기에도 아찔한 철재 계단, 암벽과 로프, 또 계단이 반복되다가 아늑한 대간길 공터를 지나고 나뒹구는 표지판과 파손된 이정표는 덕유교육원

삼거리임을 알리고 오른쪽 1.6Km에 덕유 교육원이 자리하고 있다.

참나무 사이로 버티고 있는 노송과 참나무 한 그루가 뿌리를 들어 내 놓은 채 묘한 조화를 이루고 있다. 이 지역은 주로 참나무 지대인데도 쉬는 장소에는 반드시 노송들이 버티고 있으니 노송이 있는 지점을 찾아 길을 개척한 것인지 노송이 길을 먼저 선점한 것인지 알수가 없다.

신풍령에서 온다는 산님은 너무 힘들다고 하면서 "고생 좀 하시겠어요." 라며 인사를 하고 바쁜 걸음으로 지나간다.

수십여 그루의 소나무가 있는 쉼터에서 젊은이 세 명이 커다란 망원렌즈가 달린 고성능 카메라로 야생화 촬영에 분주하다.

오전 11시 44분, 어제에 이어 오늘도 '폭염주의보발령' 문자 메시지가 온다. 전망 좋은 암봉에 이르자 야생화를 찍고 있던 젊은이 세 명이 촬영 작업을 하다가 내 허리에 찬 군용수통을 보면서 군대 시절이 생각이 난다며 자기들도 구입해야겠다고 웃는다

▼ 암봉 ⋯ 서봉 / 남덕유산

그들과 헤어져 유격훈련 레펠코스를 힘겹게 내리고 다시 대간길은 고도가 높아질수록 싸리나무, 산죽, 관목 위주라 그늘진 곳이 여의치 않다.

오르막 암릉지대를 지나면서 옛 선인들의 발자취를 따라가본다. 요즘같이 잘 만들어진 등산화나 배낭, 스틱도 없이 짚세기 신고, 바랑 메고 나무 지팡이 짚고 이런 험난한 길을 어떻게 다녔을까?

돌무덤을 지나고 덕유산 국립공원 안내판 기둥에 써 붙인 글씨가 '서봉'을 안내한다.

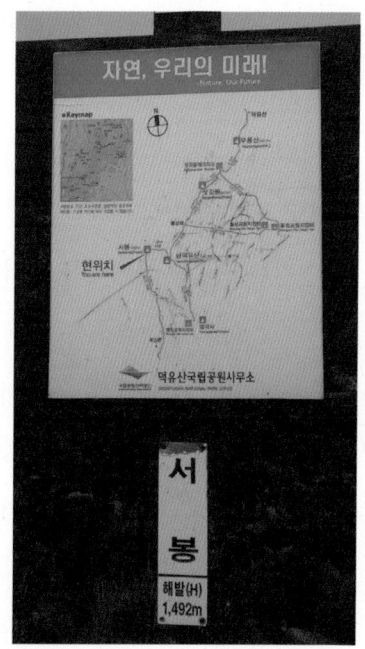

서봉(1,402m)은 늠름한 위용을 자랑한다 하여 장수군 사람들은 '장수덕유산'으로 부르기도 하는데 남덕유산에서 서쪽에 위치한 까닭에 '서봉'이란 이름으로 더 많이 알려져 있다.

선행자의 자료에는 붉은 글씨의 정상석과 서봉 샘터 표지판이 있었는데 이리 저리 둘러봐도 보이지 않고 산봉우리를 통째로 깎아 놓은 듯한 넓은 공터에 헬기장과 '서봉에서 바라본 덕유산 전경' 조망판이 있다. 남동쪽으로 남덕유산이 지척이고 북동쪽으로 무룡산과 덕유산의 주봉인 향적봉이 아른거린다.

오늘 점심은 서봉에서 먹고 식수도 보충하려던 생각이 어긋나서 이제는 물

걱정을 해야 할 것 같다. 고추 잠자리 떼가 불편한 나그네의 심기를 건드리며 기승을 부린다.

악마의 입과도 같은 내리막 철계단에서 난간을 잡고 뒷걸음으로 내려가는 지혜도 이번 대간 산행을 하면서 얻은 무릎 보호를 위한 하나의 방법이다.

망원렌즈를 단 카메라를 울러 맨 여자 옆에 종종걸음으로 따라가는 중년 사내가 부럽고 몸짓만한 배낭을 짊어 진 젊은이는 힘들어서인지 인사도 받지 않고 지나 가지만 젊음과 힘이 부러울 뿐이다.

내리막과 안부를 지나 다시 오르막으로 고도를 높이면서 몇 발자국 못 올라가서 대간길 옆 나무에 기대서기를 수십 번 되풀이 한다. 한 시간에 700여 미터 정도 오르는 것 같다.

공터에 있는 이정표가 남덕유산을 안내하고 산 정상에 오르니 정상석이 우뚝 서 있다.

남덕유산(南德裕山 1,507.4m)은 본래 황봉(黃峰) 또는 봉황산(鳳凰山)으로 불렀다고 하는데 덕유산 남쪽 끝자락에 있다 하여 남덕유산이라고 하고 주봉인 향적봉을 북덕유산이라고 부른다. 이곳의 서쪽에 있는 장수 덕유산을 서봉으로, 남덕유산을 동봉으로 부르기도 한다.

▲ 남덕유산 … 영각사로 가는 붉은 계단 암봉

  정상에서 서쪽으로 서봉이 손에 잡힐 듯 하고 북동쪽 멀리 향적봉이 아련한데 붉은색 소방 헬기 한 대가 굉음을 내며 어디론가 날아간다. 어디서 등산객의 조난사고라도 난 게 아닌가 하는 생각이 든다.

  남덕유산에서 폐타이어가 깔린 내리막 계단을 따라 내리고 너덜지대 같은 돌계단을 지나 멀리 산 봉우리로 이어지는 붉은 계단에 많은 등산객의 오르내리는 모습이 시야에 들어온다.

  마주 오는 산님들에게 삿갓재 대피소를 물어봐도 자기들은 영각사 쪽에서 왔다면서 모르겠다고 한다. 커다란 배낭을 매고 반바지 차림에 굵고 튼실한 종아리를 내보이며 젊은 산님이 다가온다.

  "이 길이 삿갓재 대피소 가는 길입니까?" 라고 묻자 "길을 잘못 들었습니다. 남덕유산 정상에 오르기 전 삿갓재 대피소로 가는 이정표가 있었을텐데요."

가슴이 두근거리며 요동을 친다. '가뜩이나 마실 물도 부족한데 또 알바를 하였구나.' 되돌아서 남덕유산 정상까지 뛰다시피 올라가서 확인해보니 이 길은 영각사 가는 길로 이정표는 영각공원 지킴터 3.4Km를 알리고 있고 남덕유산 정상 아래 공터에 있는 이정표는 북동쪽으로 삿갓재 대피소 4.2Km를, 반대 방향으로 남덕유산 0.1Km를 가리키고 있는데 방금 전 남덕유산에 다 왔다는 안도감에 도취되어 이정표를 확인하지 않고 무심코 지나쳤던 게 화근이었다.

사실 많은 일반 등산객들은 영각사에서 올라와 남덕유산, 백암봉, 향적봉으로 해서 구천동 계곡에 이르는 코스를 선호한다고 한다.

영각사는 남덕유산 정상 남쪽 산기슭에 자리한 사찰로 신라 헌강왕 때인 서기 876년에 심광대사가 창건하였다고 알려져 있다.

현재 시간은 오후 4시를 지났으니 삿갓재 대피소까지 거리는 문제가 되지 않지만 식수가 바닥이 나서 걸림돌이 될 것 같다.

거의 절벽같은 철계단을 허겁지겁 내려서고 암릉 구간을 지나 월성재에 도착한다.

월성재는 장수군 계북면 양악리 토목동 계곡과 거창군 북상면 월성리 황점 마을의 바람골을 잇는 해발 1,240m의 고개로 서쪽에 있는 토목동 계곡은 삿갓봉과 시루봉을 따라 7Km의 울창한 숲길로 이어지고 선유 폭포와 용연정을 비롯한 유서 깊은 명소가 많다.

몇 해 전에 용연정 뒤로 양악 저수지가 조성되면서 계곡이 동강나고 옛 모습을 잃어 계곡을 찾는 탐방객들이 아쉬워 한다.

월성재에서 삿갓봉 정상까지는 다시 고도를 250m 높여야 한다.

마실 물도 동이 나고 목마름과 싸우면서 힘들게 올라선 삿갓봉에는 정상석과 철탑이 묵묵히 자리를 지키고 있다.

삿갓재 대피소에서 걸려온 현위치 확인 전화를 받고 고도를 낮춰 대피소에 내려서니 야외식탁에 단체 등산객, 어린 아이들까지 함께한 가족 단위 산행인들로 북새통을 이루고 있다. 시간은 오후 7시 30분이다.

대피소 안으로 들어서자 관리 직원이 "정금연씨 되십니까? 수고하셨습니다. 제가 아까 전화드렸습니다. 목 마르시지요?"라고 반갑게 맞아주면서 생수 한병을 건네 준다. 그 동안 얼마나 목이 탔는지 페트병 하나를 단숨에 들이키는데 물 넘어가는 소리가 폭포수 떨어지듯 넘어간다.

오늘은 12km 정도의 짧은 거리라 만만하게 생각했는데 고도를 수백미터 높였다가 다시 몇백미터 떨어뜨리는 그야말로 지옥의 문에 올랐다가 악마의 입으로 떨어지기를 수 차례 반복하다보니 표현하기 어려울 정도로 힘들고 고된 산행이었다.

이곳 삿갓골재는 왼쪽으로 무주군 안성면 명천리와 오른쪽으로 거창군 북상면 월성리 화엄마을을 잇는 고개로 고개에서 북서쪽으로 흐르는 원통골, 일명 명천 계곡은 소나무 숲으로 유명하고 대사찰 원통사가 위치하고 있다.

원통사는 신라시대 창건되어 조선 숙종 24년(1698년)에 중창되었고 을사보호조약(1905년)과 정미칠조약(1907년)이 체결되었을 때 의병장들이 이곳을 근거로 항일투쟁을 하였다. 1949년 여순 사건때 전소되었으나 1985년 이 후 새로 지은 건물들이 오늘에 이르고 있다.

야외식탁에서 휘영청 떠오르는 보름달은 꼭 10년 전 오늘의 기억을 떠올리게 한다.

지리산 세석 평전에서 비박을 하고 누워서 쳐다 보았던 블루문 Blue Moon이 오버랩되면서 세월의 무상함에 서글퍼진다.

이렇게 또 하루라는 오늘이 지나가고 저 달이 기울면 분명 오늘보다 더 나은 내일의 태양이 떠 오를 것이다.

구간 일지

제7구간 (육십령-삿갓재대피소/ 11.88Km)

2015년 7월 30일 목요일 맑음

시간	구간	표고 (m)	거리 (Km)	접속(비상탈출)	숙영자료
07:00	육십령	734	2.1		
09:11	할미봉	1,026.4	2.7		
10:33	경남덕유 교육원갈림길	995	1.9	경남덕유교육원 1.6Km	
13:46	서봉	1,492	1.1		물, 공터
15:20	남덕유산 갈림길	1,501	0.1	북쪽 삿갓재 대피소 남동쪽 남덕유산 0.1Km	
15:25	남덕유산	1,507.4	1.3	영각사 지킴터 3.4Km	
17:05	월성재	1,240	1.9	장수군 계북면 양악리 토목동 황점지킴터 3.8Km	
18:46	삿갓봉	1,419	0.78		
19:30	삿갓재대피소	1,280		황점지킴터 3.4Km	대피소 (식수,식사)

- **산행거리/소요시간** : 11.88Km/12시간 30분
- **일출/일몰시간** : 05:35/19:38
- **교통**
  - 들머리 : 육십령/26번 국도(장계-육십령-서상)
  - 날머리 : 삿갓재대피소→황점지킴터 3.4Km
           장계버스터미널(장계-육십령) 063-352-1514
           장계택시(장계-육십령) 063-351-8002
           서상택시(서상-육십령)
- **숙박/식사**
  - 육십령휴게소/민박 055-963-0610
  - 삿갓재대피소
           대피소판매품: 라면, 햇반, 생수, 캔참치, 햄, 과자, 배터리, 가스

제8구간
'아름다우십니다'라 인사하는 여자 산님은?

📍 삿갓재 대피소 - 백암봉 - 신풍령(18.88Km)
2015.07.31. (금) 맑음

    대피소 야외식탁은 이른 새벽인데도 부지런한 등산객들의 산행준비와 이른 아침식사에 자리도 없는데다가 혼자서 처량하게 밥 먹는 모양새도 볼쌍사나울 것 같아서 오르막 대간길로 접어든다.
    삿갓골재가 내려다 보이는 바위에 앉아 햇반과 고추장 참치캔을 비벼서 우적우적 씹어 먹고 있는데 무룡산 능선에서 해가 떠오르면서 어두운 천지를 채우고 있다.
    홀로 산을 타는 젊은 여자, 나이 지긋한 한 쌍의 노부부, 줄지어 늘어서 가는 산악회 사람들이 동물원의 원숭이 쳐다 보듯이 힐끔거리면서 지나간다.
    이정표를 지나고 긴 로프가 설치된 난간과 폐타이어를 깐 완만한 계단이 길게 이어진 곳에서 숨고르며 뒤돌아본다.
    삿갓봉이 가까이서 손짓하고, 남덕유산과 서봉의 마루금이 뚜렷한데 저 멀

▲ 무룡산 일출

리 구름에 가리운 지리산은 마음 속으로만 그려진다.

주위는 온통 야생화가 활짝 피어 '천상의 화원'을 연출하고 있고 앞서 갔던 젊은 여인과 노부부가 인증샷에 여념이 없다.

장엄한 일출을 선사했던 무룡산이 다가온다.

무룡산(舞龍山 1,492m)은 용이 춤을 추는 모습으로 보인다고 해서 붙여진 이름으로 무주군 안성면 죽천리와 거창군 북상면 산수리를 경계로 하는 봉우리이며 산의 동쪽 사면에는 산수계곡이 있고 이곳 산수마을 사람들은 '횐

넘이' 또는 '흰덕뿌더기'라고 부른다. 덕유산 줄기 중간에 위치했다 하여 '중덕유산'으로 취급한다. 조선시대에는 불영봉(佛影峰), 불영산(佛影山)으로 불리었다는데 아무래도 부처님과 연관 있는 산인가 보다.

 오르막, 내리막이 완만한 대간길을 따라 긴급재난 비상 이동전화 중계기를 지나고 참나무, 진달래, 잡목 숲길이 이어지다가 간간히 산죽밭도 보인다.

 '산수봉'이라 코팅지에 적힌 산봉우리는 산수마을 뒷산인 1,428m봉이고 여기서 대간길은 북동방향으로 방향을 틀어 1,433m봉으로 이어진다.

 1,433m봉은 정상석은 없고, 산꾼들이 오고가며 하나씩 올린 돌이 쌓여 돌탑봉이라고 하는데 왼쪽으로 소로길을 따라가면 용추계곡이 있는 칠연 폭포가 있어서 칠연폭포 이남 쪽 꼭대기에 있는 봉우리라 하여 '칠이남쪽 대기봉'이라고 부른다.

 젊은 산꾼에게 사진 한컷 부탁하고 1,380m봉을 지나 1,359m봉에서 다시 완만한 경사를 타고 내려간다.

 무룡산을 지나면서부터 연이은 봉우리는 1,400m 안팎의 높은 산인데도 고도차가 40-50m정도 밖에 나지 않아 대간길에서 느끼는 기분은 고만 고만한 높이라 '고만고만 브라더스 Brothers'라는 별명을 붙여주고 아래에서 올라오는 젊은 한 쌍과 조우한다. 남자는 자기 키만한 배낭을 짊어지고 땀을 뻘뻘 흘리며 힘들어 하는데, 탈렌트 못지 않은 미모의 여자는 껌을 짝짝 씹어가며 스틱만 짚고 유유자적이다. 여자를 위해 무거운 짐을 짊어져야 하는 남자의 숙명을 보는 것 같다.

대간길은 동쪽의 사면으로 접어들어 내려쬐는 햇살이 따갑다.

상당히 넓은 개활지 오른쪽에 야외공연장처럼 보이는 목재데크가 시야에 들어온다. 동엽령 전망대다.

동엽령(冬葉嶺)은 해발 1,320m로 고개라기보다는 하나의 능선으로 무룡산과 백암봉 사이 안부 허리목인데 인근에 샘터와 야영장이 있다고 하며 사방 널리 퍼져있는 원추리 군락으로 유명하다. 왼쪽으로 무주군 안성면 용추 계곡과 오른쪽 북상면 병곡리를 연결하는 곳이다.

용추계곡은 칠연 계곡이라고도 하는데 칠연 폭포, 용추폭포, 명재소, 문덕소,

도솔담 등이 주변의 울창한 송림과 기암괴석 사이를 헤집고 흘러간다. 특히 하늘 아래 단 하나뿐인 천일폭포가 천길이나 되는 암벽을 타고 쏟아져 내리는 물줄기의 비경을 감추고 있었다는데 올해부터는 일반인에게도 개방한다고 하니 기대가 된다.

용추 계곡을 따라 안성면 공성리에 가면 칠연의총이 보는 이의 가슴을 저리게 한다. 구한 말 일본이 강제로 정미7조약과 대한제국의 군대를 해산하였고 이에 격분한 신명선 장군이 의병을 일으켜 일본군과 싸우다가 부하 150여명과 함께 장렬히 전사한 곳으로 훗날 주민들이 그들의 시신을 수습해 만든 무덤이다.

동엽령을 뒤로 하고 참나무, 진달래, 잡목들이 어우러진 대간길에서 나홀로 산행하는 그 젊은 여자와 또 만난다. 그녀는 향적봉으로 가서 무주 구천동으로 내려 간단다. 젊은 여자가 혼자서 산행하는 대담함에 박수를 보내며 나도 다시 용기를 낸다.

대간길 좌우로 로프 난간이 이어지고 완만한 돌계단이 길게 늘어진 곳에서 혼자 산행하는 중년의 여인과 마주한다. 그녀는 두 손을 모아 합장하면서 웃는 모습으로 인사를 한다. "안녕하세요. 아름다우십니다." 산에서 만나면 통상 '안녕하세요.' 또는 '어디서 왔느냐' '어디로 가느냐'가 상투적인 대화인데 일반적인 인사가 아닌 아름답다는 말에 "안녕하세요."라고 평범한 답례를 보낸다. 그녀는 다시 "정말 아름다우십니다."를 반복하며 웃는다. '땀을 뻘뻘 흘리고 있는 키 작은 노인네가 왜 아름답다고 하나?' 속으로 생각하며 "감사합니다."라는

형식적인 답례를 하고 지나치고 나서 저 만큼 멀어진 그녀를 돌아본다. 아무래도 꽤나 낯이 익은 얼굴이다. 내 기억이 맞다면 여성산악인으로서 히말라야 8,000m급 봉우리 14좌를 완등했던 오윤선이 아닌가? 아니면 단신으로 걸어서 지구 둘레 세바퀴 반을 돈 바람의 딸 한비야인가? 아무튼 한번도 실제 본적 없이 사진으로만 봤던 사람이라 다소 혼선은 있을 수 있지만 둘 중 한 사람인 것

은 분명한 듯 싶다. '기념사진이나 한컷 찍을걸.' 멀어지는 그녀를 보면서 부족한 기억력과 순발력을 탓해본다.

오르막 계단을 오르다가 한 무리의 등산객이 내려오면서 길을 열어주지 않고 오히려 혼자 오르는 자가 비켜 서주는 모양새가 된다.

'그래. 모든 걸 내려놓고 가장 낮은 곳에서 살아온 지가 몇 년 째인데 이까짓 양보한다고 해서 대수일까?'

백암봉에서 덕유평전을 바라보며!

백암봉白岩峰, 1,505m은 산봉우리라기보다는 넓은 개활지같은 평지를 연상케 한다.

봉우리 정상에는 정상석은 없고 북으로 향적봉 2.1km, 동으로 송계사 6.2km와 횡경재 3.2 Km를 알리는 이정표 기둥에 기대어 있는 등산 안내도가 백암봉을 알린다. 이곳에서 중봉을 거쳐 덕유산의 주봉인 향적봉1,1614m에 오르는 덕유평전德裕平田은 바람과 구름이 넘나드는 길목으로 봄철 철쭉과 겨울철 중봉 일대의 운해와 어울린 상고대가 보는이로 하여금 탄성을 자아내게 한다. 향적봉 아래 설천봉에는 곤돌라 타워와 스키장 리프트가 설치되어 있다. 백두대간은 아쉽게도 향적봉을 근거리에 두고 백암봉에서 동쪽 송계사 방향으로 이어진다. 그래서 이곳은 백암봉보다는 송계 삼거리라고 부른다.

남쪽 멀리 지리산 천왕봉에서 반야봉, 노고단에 이르는 연봉이 그리움을 더하고 여기 덕유산까지 지나와 120여 Km의 백두대간 산 그리메가 꿈결처럼 펼쳐진다.

몇 년 전 눈 내리는 어느 겨울 날 지인들과 관광버스로 무주 구천동에 와서 곤돌라를 타고 설천봉에 올랐다가 멎지 않고 내리는 폭설에 더 이상 산행을 못하고 되돌아 섰던 기억이 떠오른다. 그때 함께 했던 동갑내기 한 여인은 그 후 갑작스레 세상을 떠났다는 소식을 접한 적이 있는데 인생의 무상함을 다시 한 번 느끼며 그녀의 명복을 빌어본다.

잠자리 떼는 이곳에서도 극성을 떨고 수원에서 왔다는 사내아이 몇 명이 아빠들 산행에 동행하여 곤돌라를 타고 올라 와 오늘 삿갓재 대피소에서 잘거라고 한다. 잠시 후 한 무리의 젊은이들이 어린애들과 합류해서 무룡산 방향으로 사라지는 것을 보면서 그렇게 부러울 수가 없다.

여기서 잠시 무주 구천동 33경을 빼 놓을 수가 없을 것 같다.

신라와 백제의 국경이었던 라제통문을 제1경으로 하고 세벽정, 수심대, 인월탑, 구천폭포, 연화폭포와 백련사, 마지막 제33경인 향적봉으로 이어진 장장 28Km의 계곡에 수많은 소와 담, 폭포와 사찰들의 명승지가 절경을 자랑하고 있다. 특히 라제통문은 고구려 남진정책에 대처하기 위해 신라와 백제가 라제동맹을 맺고 국경을 이룬 곳인데, 전북 무주군 설천면과 무풍면을 가로지르는 산줄기의 암벽을 뚫어서 만든 통문으로 신라의 땅이었던 무풍면 사람들은 경상도 말을, 백제의 영토였던 설천면 사람들은 전라도와 충청도 말을 지금도 쓰고 있다.

북진하던 대간길은 백암봉에서 동쪽 방향으로 꺾어지고 이어지는 이정표 기둥에 쓰인 글씨가 귀봉 1,390m임을 알린다. 이동통신 통화 불능지역 표지판을 지나 노송 한 그루가 있는 쉼터에서 식사 중인 산꾼 한명을 만난다.

송계사 쪽 마을에서 산다는 그는 가끔씩 산행을 하는데 이제 하산할 거라면

서 삶은 옥수수와 크고 잘 익은 토마토, 그리고 생수 한 병을 건네준다. 과일 먹은지도 오래고 식수도 부족할까 염려되었는데 전장에서 지원군을 만난 것 같은 고마움을 표한다.

두 개의 이정표가 서 있는 횡경재를 스쳐 지나가는데 오른쪽은 송계사로 내려가는 길이다.

송계사(松溪寺)는 거창군 북상면 소정리 수류동 골짜기에 있는 사찰로 신라 진덕여왕 6년 652년 원효와 의상이 창건하고 임진왜란때 소실되었다가 이조 숙종 때 진명이 송계암을 중건하였으나 한국전쟁 때 전소된 것을 1969년에 중창하였다.

이어지는 헬기장에서는 향적봉과 곤돌라 및 스키장 리프트가 한눈에 들어온다.

덕유산의 아픔을 기억하라!

이곳 덕유산에도 자연 보존이라는 가치와 개발이라는 미명 아래 파헤쳐지고 병들어가는 우리 땅의 한 단면이 숨어 있는 곳이다. 1997년 세계 대학생들의 축제인 무주 동계유니버시아드 대회를 개최하였을 때 당시 우리나라에는 국제규격의 알파인 스키장이 없었고 이 스키장은 대회가 끝난 후 일반 스키장으로 활용할 수 없기 때문에 원상복원한다는 약속을 하고 스키장을 건설하였으나 20여 년이 다 되어가는 지금도 알파인 스키장 슬로프 자리는 죽은 수 많은 주목과 구상나무 뿐 살아 있는 나무가 하나도 없다고 한다. 기존 토양을 모두 걷어내고 스키장을 만든 후 화학물질투성이인 인공눈을 뿌려대다가 대회가 끝난 뒤 외부 흙으로 덮고 나무를 심었으니 정상적으로 뿌리를 내리고 살 수 없게 되었다고 한다.

생라면을 부수어 우두둑 씹어 먹는 맛이 어제와는 달리 제법 고소하고 씹을수록 맛이 있어 이것도 적자생존의 자연섭리라는 생각이 든다.

헬기장을 지나서 조그마한 안부는 지도상에 '지봉안(사거리)'로 표기되어 있는 곳인데 왼쪽은 백련사를 거쳐 구절양장 무주 구천동으로 내려가는 길이고 오른쪽은 송계사 지구로 내려가 거창군 고제면과 위천면을 잇는 11번 도로와 만나게 된다. 사람의 왕래가 뜸해서인지 길이 뚜렷하지 않다.

아담한 자연석에 '덕유산 지봉, 해발 1,343m'라고 새긴 정상석이 있는 봉우리는 옛날에 연꽃이 피는 연못이 있다해서 지봉(池峰)이라 하였으나 순수한 우리말로 '못봉'이라 하였고 실제 선행자의 사진에도 못봉이라고 새긴 정상석이 있으며 지도에도 못봉으로 표기되어 있는데 언제부터 다시 지봉으로 바뀐지 알 수 없고 연못의 흔적도 찾아볼 수 없다.

삼각점 무풍312이 있는 1,302m봉에 오르고 긴 내리막 길을 따라 월음재에 도착한다.

월음재(月陰嶺)의 유래는 무주방면 북쪽 얼음 계곡에 있는 구천동 33경의 하나인 구월담(九月潭)에 달밤이면 이 능선의 그림자가 비친다하여 붙여진 이름이라고 한다. 무주군 설천면 상공리의 신대 휴게소와 거창군 북상면 소정리 당산말을 연결하는 고개인데 잡초만 무성하여 좌우 길을 찾을 수 없다.

오른만큼 다시 내리기를 반복하다가 이정표 기둥에 새긴 글씨가 대봉을 안내한다.

대봉(1,236m)은 시야가 트여 서쪽 방향의 향적봉과 중봉이 뚜렷하고 향적봉 북쪽으로 스키장 리프트와 슬로프가 눈에 거슬린다.

대간길은 남동방향으로 꺾어지고 진달래 능선 길에 노송 한그루가 가로막고 쉬어 가란다.
암릉과 완만한 오름길 왼쪽 바위 틈에 초라한 갈미봉 정상석이 기대어 서 있다.

갈미봉(1,210m)은 칡산이라는 의미를 지니는 봉우리로 산 아래에 있는 거창군 고제면 소정리에 칡목고개, 칡목 마을이 있어서 붙여진 이름이란다.

대간길은 남동쪽으로 진행되다가 갈미봉에서 북쪽으로 방향을 바꾸고 오늘 산행의 마지막 봉우리인 빼봉을 향한다.

빼봉은 해발 1,039m로 갈미봉보다 훨씬 낮아 다소 쉬울 것으로 생각했는데 헬기장을 지나고부터는 깔딱고개 수준의 된비알을 치고 올라야한다.

육십령 직전의 깃대봉과 덕유산 삿갓봉이 그랬던 것처럼 그날 산행의 마지막 봉우리는 정상을 쉽게 내주려 하지 않는 것 같다.

빼봉은 정상석이 없고 이정표 기둥에 '빼봉'이라는 글씨만 새겨 놓았다.

이제 신풍령까지는 1Km의 내리막길로 생각했는데 소나무 두 그루가 우뚝 서 있는 소나무봉, 두 개의 삼각점과 또 작은 봉우리 두 개를 지나서 이동통신 기지국을 돌아 시멘트 포장임도를 거쳐 팔각정이 있는 큰 도로에 내린다.

신풍령은 무주군 무풍면과 거제군 고제면을 잇는 37번 국도가 통과하는 고개로 빼재라고도 하고 한자로 빼어날 수(秀)자를 써서 수령(秀嶺)이라고도 하는데 고개마루에 있는 조그마한 표지석은 수령으로 새겨 있다.

이곳은 삼국시대 때 신라, 고구려, 백제의 군사적 요충지로 수 많은 전사자들의 뼈가 묻혀 있는 곳이라 하여 붙여진 이름이라는 설과, 임진왜란 때 이곳 주민들이 왜군과 싸우면서 산짐승을 잡아 연명하다 보니 짐승들 뼈가 수없이 쌓여 연유된 이름이라고도 한다.

신풍령新風嶺이란 새 이름은 1997년 무주 동계유니버시아드 대회를 유치하면서 새로운 바람을 일으켜 보자는 취지에서 붙여진 이름이다.

　　종전에는 휴게소가 있어서 대간꾼들의 목마름과 배고픔을 풀어주는 단비같은 곳이었으나 아래로 터널이 뚫리고 여기에는 차량통행이 없다보니 휴게소는 폐업하고 관광호텔을 새로 짓는다고 한다.

　　씁쓸한 기분으로 콜택시를 수배하고 무주 공영터미널에서 서울행 버스는 시간이 지나 대전행 버스에 몸을 싣는데 앞좌석 젊은 여자가 일어나 뒷자리로 가 버린다.

　　'어제 삿갓재 대피소에서 씻지 못하고 오늘 하루 종일 또 땀으로 범벅이 되었으니 얼마나 냄새가 났을까?' 이 또한 민폐인지라 미안한 생각이 들어 대전에서 서울행 버스는 아예 제일 뒷좌석을 청한다. 다음 산행때는 마지막 날 구간을 짧게 해서라도 몸을 씻고 차를 타야 할 것 같다. 개인차량을 소유하지 못한 가난한 자의 또 다른 아픔일 것이다.

▼ 무룡산 … 남덕유산

구간 일지

제8구간 (삿갓재대피소-신풍령/ 18.68Km)

2015년 7월 31일 금요일 맑음

시간	구간	표고(m)	거리(Km)	접속(비상탈출)	숙영자료
05:30	삿갓재대피소	1280	2.0	황점지킴터 3.4Km	
07:26	무룡산	1491.9	2.1		
08:36	칠이남쪽대기봉	1433	1.9		
09:42	동업령	1320	2.2	무주군 안성면 통안리, 거창군 북상면 병곡리	
11:28	백암봉	1503	2.3	향적봉 대피소 2Km	
13:06	귀봉	1390	0.7		
13:25	횡경재	1350	1.6	송계사 1.9Km	
14:47	지봉(못봉)	1343	1.1	무주군 설천면 삼공리, 거창군 고제면 소정리	
15:28	월음재	1100	1.1		
16;15	대봉	1263	1.0		
17:08	갈미봉	1211	1.6		
18:15	빼봉	1039.3	1.2		
18:55	빼재(신풍령)	930		37번 국도(무주-거창) 콘도신축중	물, 정자, 공터

- **산행거리/소요시간** : 18.88Km/13시간 25분
- **일출/일몰시간** : 05:36/19:37
- **교통**
  - 들머리 : 삿갓재대피소←황점지킴터 3.4Km
  - 날머리 : 빼재(신풍령)/37번 국도(무주-빼재-거창)
    거창버스터미널(거창-빼재) 055-942-3601
    거창택시(거창-빼재) 055-943-9992
    무주택시(무주-빼재) 063-114
- **숙박/식사**
  - 거창현대장여관(빼재) 055-943-1818
  - 거창선보사우나(빼재) 055-943-7881
  - 무주그린모텔(빼재) 063-322-7232

제9구간
폭풍우 속에 노아의 方舟를 만나다

9-1 신풍령 - 삼봉산 - 소사고개 (8.2Km)
2015.08.08. (토) 흐린 후 비

    오늘은 큰 애 생일인데도 어제 저녁에 간단히 생일 축하를 해주고 일찍 집을 나서서 남부 터미널을 가기 위해 아침 5시 40분 첫 전철을 타려는데 이미 발 디딜 틈이 없을 정도로 많은 승객이 타고 있다. 하루 일회만 운행한다는 무주 구천동행 직통버스에 몸을 싣는다.
    주말이라서인지 빈 좌석 하나 없이 형형색색의 등산복 차림으로 가득 찬 버스 안에서 뒷좌석의 중년 남자들의 대화가 버스 출발때부터 계속된다. 큰 기침을 해보고 의자를 눕혔다 세우는 등 몇 차례 메시지를 보냈지만 막무가내, 안하무인이다. '이웃을 잘 만나야 한다'는 옛 어른들의 말이 틀림이 없는 것 같다.
    버스는 37번 도로를 따라 굽이굽이 돌아 고도를 높이다가 거대한 주차장에 긴 한숨을 토하듯 멎고 지나가는 택시에 몸을 실어 신풍령으로 향한다.
    신풍령 팔각정에는 나이 지긋해 보이는 두 쌍의 남녀가 대낮부터 소주파티

를 즐기면서 술 한잔 권하지만 '산행과 술은 상극 궁합'이라 매요 휴게소에서의 전력도 있고 하여 극구 사양하고 들머리 목재 계단에 올라서니 정오를 알린다.

신풍령도 백두대간 복원사업으로 37번 도로 고갯마루에 터널식 교량을 설치하여 끊어졌던 양쪽 능선이 연결되고 동물들의 이동통로로도 이용되고 있다.

아무 표시가 없는 수정봉은 그냥 스쳐 지나치고 내리막 안부 삼거리에서 왼쪽으로 꺾이는 대간길에 장승처럼 우뚝 서 있는 이정표는 키가 너무 커서 지금까지 본 이정표와는 사뭇 다른 모양새로 주위 산세와 어울리지 않는다.

이곳은 지도상에 된새미기재로 표기되어 있는데 일명 '봉산삼거리'로 오른쪽으로 내려가면 거창군 고제면 봉산리에서 1089번 도로와 만나고 대간길은 왼쪽으로 꺾어 오르막으로 이어진다.

지난 산행 이후 며칠 집에 머무는 동안 아내가 정성들여 해준 집밥에 살찌운 몸은 몇 시간도 안되어 모두 땀으로 반납하고 어제 아내가 얼려둔 수통물은 얼음이 녹아서 딸랑거리는데 이 소리는 '힘내라'는 격려 소리로 들리고 폐부 깊숙이 짜릿함을 느끼게 하는 청량감은 어디에서도 맛 볼 수 없는 시원함이리라.

매번 대간 산행 때마다 첫날 느낌은 다소 두렵고 긴장이 되다가도 가끔 보이는 대간리본과 이정표, 현위치 표시목은 긴장감을 완화시켜주고 산새소리, 매미들의 합창은 혼자 산행이라는 외로움마저 씻겨준다.

다래나무 넝쿨과 억새, 산죽은 이곳에서도 어김없이 잡아채고, 땡기고 붙잡고 늘어지다가 전망좋은 바위를 지나고 내리는 안부는 호절골재란다.

호절골재는 무주군 무풍면 독가촌의 꺼먹바위골과 거창군 고제면 봉산리 금봉암을 잇는 고개로 아무 표시도 없다.

이어지는 금봉암 삼거리 이정표가 삼봉산이 가까워지고 있음을 알리는데 하늘에 먹구름이 덮이고 금새 빗방울이 떨어지는가 싶더니 왼쪽 멀리서 천둥소리가 들려오고 빗줄기가 점차 굵어진다. 오늘 일기예보에는 분명히 비가 온다는 소식은 없었다. 비에 젖지 않도록 스마트폰, 지도와 메모지 등을 배낭에 집어 넣고 카바를 씌운다음 판쵸우의를 꺼내 입는다.

대간길 옆 큰 암봉에서 김이 모락모락 피어 오르는데, 아마도 뜨거운 햇빛에 달구어졌던 바위가 빗물을 만나 식어가는 모양이다.

산악지역 날씨는 변화 무쌍하다지만 그렇게 좋았던 날씨가 이렇게 짧은 시간에 변덕을 부리는 것도 처음 보는 자연현상이다.

곧이어 산 정상에 발을 들여 놓는다. 스마트폰이 방수가 안될 것 같아 정상석 인증샷을 포기하려는데 쏟아지던 비가 잠깐 소강상태여서 사진을 찍고 나니 다시 빗줄기가 쏟아진다. 초보 산꾼의 간절한 마음을 삼봉산 산신령이 헤아려 준 모양이다.

> 삼봉산(三峰山 1,254m)은 세 개의 암봉으로 되어 있는 산에서 그 이름이 유래된 것 같다. 옛날에는 삼봉산까지를 덕유산으로 간주하였고 산경표에는 덕유산의 원조격으로 취급하여 덕유원봉(德裕原峰)이라고 불렀다고 한다.

산 봉우리에는 두 개의 정상석이 있다. 하나는 거창 한우회에서 세운 긴 막대형으로 '德裕 三峰山 1,255m'라 음각되어 있고 또 하나는 거창군에서 설치한 사과 모양의 정상석이다.

빗줄기는 더 거세지고 머리 위에서 천둥 번개가 치면서 하늘이 뚫린 듯 빗

줄기를 쏟아 붓는다. 대간길 오르막은 강줄기가 되어 물이 넘치고 내리막은 폭포수처럼 흘러내린다. 아내의 가슴에 못을 박았던 죄 많은 인생이라 덜컥 겁도 난다.

돌아설 길도 피할 자리도 없는 대간길을 두려움 속에 잔뜩 긴장의 고삐를 당기며 행여 벼락이라도 떨어질까봐 스틱을 지면에 대고 끌면서 빗속 길을 뚫고 나간다.

사각형 바위를 쌓아 놓은 것 같은 암봉을 지나고 고인돌같이 생긴 큰 바위 밑에 몸을 움추리고 빗줄기를 피해 본다. 담배를 꺼내 물고 라이터를 켜 보지만 비에 젖은 라이터는 두렵고 긴장된 마음을 끝내 알아주지 못한다. '라이터도 예비로 배낭에 더 넣어둬야겠다.'

구약성서 창세기 편에 나오는 '노아의 홍수'도 이렇게 쏟아졌을까? 쏟아지는 게 아니라 '하늘이 뚫리고 쏟아 붓는다'라는 표현이 맞을 것 같다. 아담과 이브 이후 1600여년이 지나 아담의 8대손인 노아Noa가 신의 계시를 받고 만들었다는 '노아의 방주方舟'는 해발 5,165m인 터키의 아라랏산에서 발견(?)되었다고 하니 이 곳은 고작 1,200여(미터)밖에 안되는 곳이라 노아의 홍수처럼 몇날 몇달(40일) 쏟아진다면 살아남을 길은 없지 않은가? 더군다나 죄 많은 인생은 구원의 길이 전혀 없을 것이다. 그러나 노아의 방주는 아닐지라도 쏟아 붓는 빗줄기라도 피할 수 있는 고인돌이라도 내려 주심에 감사드리고 노아의 방주로 생각하면서 기다려 본다.

바위 밑에서 한참을 보낸 것 같은데도 빗줄기는 잦아질 줄 모르고 천둥 번개는 하늘을 찢어 가르려는 듯 '우루루쾅쾅', '우지-직'거린다. 기상청 용어로 '게릴라식 국지성 집중 호우'를 만난 것이다.

서쪽 방향 멀지 않은 곳에서 하늘이 찢어지고 땅이 갈라지는 소리가 들린다. 가까운 곳에 벼락이라도 떨어진 모양이다.

삼봉산에서 소사고개까지는 3Km의 거리여서 더 이상 빗줄기 잦아 들기를 기다릴 수 없어 쏟아지는 빗줄기를 뚫고 앞으로 나간다. 어디가 어딘지 구분할 수 없고 스마트폰도, 지도도 꺼내 볼 수 없으니 길만 따라 가다가 급경사 내리막에서는 폭포처럼 쏟아 내리는 빗물에 휩쓸려 가기도 하고, 정신 없이 오르내라다 보니 소사 고개를 알리는 우뚝 서 있는 이정표가 그렇게 반가울 수가 없다. 이정표는 직진 방향으로 초점산이 2.4Km이고 오른쪽으로 소사가 0.8Km란다.

고랭지 배추밭을 무단 횡단하여 시멘트 포장 농로에 이르고 반대편 배추밭 옆길에 대간리본이 나부낀다.

그렇게 쏟아붓던 비는 거짓말처럼 잦아들고 서쪽 하늘에는 구름 사이로 햇빛이 언제 그랬냐는 듯이 내려 쬐고 있다.

왼쪽에서 '펑'하는 소리에 놀라 가슴 졸이는데 이 소리는 주기적으로 계속되고 파란 지붕의 건물을 따라 내려가니 아스팔트 포장도로가 나오고 도로 건너편에 '쉬어가는 곳, 탑선수퍼 50m'라고 적힌 안내판이 비에 젖은 나그네를 반긴다. 시간은 오후 6시 40분이다.

소사고개(小沙峙)는 해발 700m로 무주군 무풍면과 거창군 고제면을 잇는 1089번 지방도가 지나간다. 옛 이름은 도마치(都麻峙)라고 부르다가 잔모래가 많다고 해서 소사 마을 또는 소사 고개로 부른다.

전북과 경남의 도 경계는 초점산 삼도봉 남서쪽 지경내 마을에서 북서쪽으로 도계마을까지 볼록하게 튀어나와 부흥동으로 이어지는데 소사 마을은 금강 수계이면서도 행정구역 상 경상남도 땅이다. 마치 남원시 운봉읍이 낙동강 수계이면서 행정구역 상 전북 땅인 것의 반대 현상이다. 마을 입구에는 소사 마을 표지석이 우뚝 서 있고 표지석 옆 탑선 수퍼에 다다른다.

"계십니까?"

"아이고마, 어서 오이소, 그만 비를 다 맞았겠네예."하면서 초로의 한 여인네가 함박웃음에 경상도 특유의 사투리로 나그네를 맞이한다. 지금 내 모습은 이 여인에게 어떻게 보일까 궁금하다. 판쵸 우의를 걸치고 허리에는 권총대신 수통을 찬 모습이 마카로니 웨스턴 영화 「석양의 무법자」에 나오는 '클린트 이스트우드'의 키 작은 모습으로 보일까? 아니면 물에 빠진 생쥐의 모습으로 비쳐질까?

"민박할 수 있나요?"

"그럼요, 따라오이소."

앞장서는 그녀의 모습에서 어린 시절 한 여인의 모습이 그려진다. 그녀를 따라간 집 뒤에는 앞에서 보기와는 달리 2층 건물로 아래층은 민박 전용으로 사용하고 2층은 살림집과 매점으로 이용되고 있다. 마당에는 토끼와 닭을 기르고 있고 고삐 풀린 흑염소 한 마리가 기웃거린다.

주인 아저씨는 통나무를 보일러실에 옮기면서 인사를 한다. "비를 많이 맞으셨겠네예. 방에 들어가 씻고 나오시소."

젖은 옷을 대충 빨아서 마당 빨래줄에 널어 놓고 매점 앞 커다란 통나무 아래 평상에 앉아 막걸리 한 병을 주문한다.

"작은 병은 떨어져 뿌리고 이거라도 잡술랍니꺼?" 큰 병을 들고 오면서 해맑은 웃음을 잃지 않는다.

젊은 두 남자가 트럭에서 내려 평상에 앉아 그녀와 농사 이야기를 주고 받다가 술 한잔 하자고 권하니 운전 때문에 안된다고 손사레를 치면서 트럭을 몰고 가 버리고 주인아저씨가 "맛있게 드이소."하면서 다가온다.

"막걸리 한잔 하시지요."

"아,그럽시다. 나도 술을 꽤나 좋아해서 하루에도 맥주 몇 캔씩 합니더." 하면서 나이를 묻는다.

"예, 기축년 소띠요."

"아이고마, 세상에 동갑내기를 여기서 만난거 아임니꺼, 우리 건배합시다."

로 시작된 술자리의 이야기는 계속된다. 흔히 처음 만난 사람들은 자식들 이야기와 자기 자신의 과거사가 주를 이룬다.

시간이 흐를수록 취기가 더해가자 자리에서 슬그머니 일어나면서 "오늘 고맙고 즐거웠습니다. 내일 산행을 위해 그만 일어나겠습니다."라고 인사를 하자 "여기는 해발 700m의 고지대여서 시원했는데 요즘 며칠은 더워서 선풍기 없으면 더워 못잡니더, 꼭 선풍기 틀고 주무이소."하면서 못내 아쉬워하는 표정이 역력하다.

저녁 TV뉴스는 향적봉 곤돌라 타워에 벼락이 떨어저 파괴됐다는 소식과 함께 국지성 집중 호우로 많은 농작물이 침수됐다고 한다.

오늘 과음으로 내일 산행에 지장이 없기를 바라면서 오늘의 하루를 마감한다.

▼ 삼봉산과 소사마을

제9구간

十勝地 茂豊에서 꾼 한 여름 밤의 꿈!

📍 **9-2 소사고개 - 초점산 - 부항령(12.5km)**
2015.08.09. (일) 맑음

    이른 새벽부터 들에 나와 길쌈메는 시골 아줌마, 바쁘게 경운기를 몰고 가는 젊은 농부의 모습에서 꿈과 희망을 안고 살아가는 힘찬 삶의 일면을 엿볼 수 있다.

    '닭의 첫 울음소리로 세상의 문이 열리는 게 아니라, 목소리 낮추어 간절히 기도하는 분들이 있어 새벽 문은 열리고, 오늘도 땀 흘리며 열심히 사는 사람들……' 어느 시인의 싯귀가 귓전을 스친다.

    5시 반에 아침식사를 하겠다고 했는데 6시가 넘어도 민박집 아주머니는 보이지 않아 문을 두드리며 부르자 부스스한 얼굴로 깜짝 놀라 뛰어 나오면서 얼굴이 붉어진다.

    "아이고 어쩝니까? 알람을 해 놨는데 안 울려서 깜빡 했습니더, 쬐만 기다리이소, 금방 차릴게예."

"서둘지 말고 천천히 하세요. 조금 늦게 출발해도 됩니다."

"그러이소. 아침이슬도 많을낀데."

어제 주인 아저씨가 다소 과음한 것 같던데 밤사이 운우雲雨의 정이라도 나눈 모양이다.

"이슬이 많을 낀데 어찌하노. 조심히 다녀오이소."

마치 개나리 봇짐메고 집 떠나는 보부상 남편을 배웅하는 여인네처럼 인사를 한다. 출발 시간은 다소 늦었지만 과히 싫지 않은 인사라 즐거운 마음으로 산행에 나선다.

탑선수퍼 앞 길 건너편 들머리에서 시멘트 농로를 따라 묘지 몇 개가 모여 있는 곳에서 산길로 접어든다.

민박집 아주머니가 염려했던 것처럼 길 주변의 잡목과 잡초들은 어제 내린 비까지 잔뜩 머금고 있다가 화풀이하듯 토해 내어 금새 옷은 흠뻑 젖고 신발은 물이 차서 질척댄다.

사과농장, 시멘트 포장 농로, 초점산 삼도봉 안내 이정표, 황간천 발원지 안내판을 차례로 지나서 탐스럽게 열린 복숭아 나무 세 그루 앞에서 아내와 안부 전화를 하고 아내의 격려 소리에 힘을 얻어 임도를 오르다가 벌목의 흔적이 뚜렷한 민둥산에 오른다. 잘려나간 소나무 지름이 무려 60여cm나 되고 이러한 소나무 밑둥이 수십여 개나 된다.

소사고개에서 초점산까지는 500여m 이상의 고도를 높여야하고 어제 폭우 속 산행과 과음까지 겹쳐 지친 몸과 마음은 고난의 연속이다.

Goodbye 경남, Welcome 경북!

초점산 0.4Km를 알리는 이정표와 '수도지맥분기점' 표지판을 지나 힘들게 산 정상에 오르니 초점산이다.

정상에는 거창군에서 설치한 정상석은 '초점산', 정상석에 기대 있는 표지석에는 '초점산 삼도봉'이라 새겨져 있다.

초점산(1,249m)은 경상남도의 가장 북쪽에 있는 산봉우리로 이제 경상남도와는 완전히 'Good Bye'다. 국사봉, 수도산, 가야산을 거치면서 경남과 경북의 도 경계를 이루고 황강의 수계 역할도 하고 있다.

이곳 동쪽은 경북 김천시, 남쪽은 경남 거창군, 그리고 서쪽은 전북 무주군이 이웃하고 있어서 삼도봉이라고도 부른다. 지리산의 삼도봉과 앞으로 가야 할 삼도봉 등 우리나라는 3개의 삼도봉이 있는 셈이다.

오늘은 날씨도 좋아 초점산 삼도봉에서 오랜만에 눈을 호사시키고 있다.

아득히 지리산 마루금이 운해에 떠 있는 모습은 한 폭의 동양화를 보는 듯하고, 어제 폭우를 뚫고 지나온 삼봉산과 소사 마을은 지척에서 안녕을 고하는데 덕유 능선 향적봉 스키장 슬로프는 자연환경보존이라는 가치보다는 개발이라는 미명하에 파헤쳐진 우리 산하의 단면을 보는 것 같다.

지금까지 줄곧 대간길을 안내해 주던 경상남도와 안녕을 고하고 경상북도로 접어든다.

대간길 앞에 특이한 모양새의 봉우리 하나가 가로막고 있다. 요즘 젊은이들 사이에서 유행하는 헤어스타일처럼 한쪽은 밀어서 민둥이고, 한쪽은 남겨서 숲을 형성한 산이다.

대간길은 반민둥 반 울창 봉우리를 거쳐 헬기장을 지나고 아예 민둥산으로 이어진다.

따가운 햇빛은 내리쬐는데 그늘은 없고 억새, 싸리나무, 잡풀 등과 싸워가면서 대덕산 정상에 오른다.

대덕산(大德山 1,290m)은 큰 기운의 덕기(德氣)가 흘러내리는 영산(靈山)으로 많은 덕을 품고 있다고 해서 붙여진 이름이다. 거대한 봉황이 날아가는 형상으로 지금까지 이 산에서 기를 받고 뜻을 이루지 못한 사람이 없다고 전해진다. 산 모양이 모자처럼 생겨서 '투구봉'이라고도 하고, 때로는 다락산(多樂山)으로도 불리는데 다락은 집이나 건물의 가장 높은 곳을 가리키는 사투리로 이 일대에서는 가장 높고 큰 산이란 의미가 담겨있다.

이곳은 영호남의 경계를 짓는 산으로 여기서 서쪽 계곡으로 떨어지는 물줄기는 금강의 최상류 발원지이고 동쪽 해발 980여 m 지점 방아골 암벽에서 떨어지는 얼음폭포는 낙동강의 발원지가 된다.

정상에는 김천시에서 세운 자연석 정상석과 조금 떨어져서 검은 대리석으로 된 것이 있는데 검은 대리석 뒷면에 '해룡고등학교장 권재홍'이라 음각되어 있어 거부감이 든다.

어제의 두려움과 인고忍苦의 시간을 보상해 주려는 듯 대덕산에서 바라보는 조망은 지상 최고의 파노라마를 연출하고 있다.

남서쪽에는 덕유능선이 향적봉에 이르고 , 남동쪽에는 초점산에서 수도산과 가야산이 산군山群으로 다가오며, 북으로는 민주지산 줄기에서 석기산과 삼도봉이 키재기를 다투고, 북동으로 대간길이 이어지는 황악산이 아스라이 손짓을 한다.

대간길은 급경사 내리막으로 한없이 이어지고 소로 삼거리에서 대간 리본을 따라 미끄러지듯 내려간다.

한없이 내려가다 가느다란 파이프에서 졸졸 흘러 내리는 물은 얼음골 약수터고, 어제 내린 비로 온통 흙으로 범벅된 바가지로 한 모금 목을 축인다. 이 약수터는 탄산과 유황성분이 섞여 있고 이가 시릴 정도의 물맛으로 유명하며 가뭄에도 마르지 않는다고 한다.

조그마한 소로 삼거리 오른쪽에서 요란한 물소리가 들린다. 지리산에서 시작한 대간산행 중 계곡 물소리를 처음 듣는데 낙동강의 발원지로 알려진 얼음폭포에서 떨어지는 물소리다.

한 무리의 등산객들이 나무 그늘에 앉아 떠들면서 점심식사를 하고 있고 주변에는 공사 차량과 중장비, 그리고 작업복 차림의 공사 인부들이 낮잠을 즐기고 있는 것으로 보아 백두대간 연결공사 중인 덕산재에 도착한다.

덕산재는 해발 644m를 알리는 표지석이 우뚝 서 있고 '김천시 백두대간 안내지도'와 '무주군 관광 안내도'가 경쟁하듯 서로의 영역임을 다투고 있다.

이곳은 김천시 대덕면 덕산리와 무주군 무풍면 금평리를 연결하는 30번 국도가 지나가고 여기서 무풍면을 지나 설천면으로 가면 무주 구천동 제1경인 나제통문이 나온다.

도로 건너 무풍면 쪽에는 작자 미상의 도참서인 정감록鄭鑑錄과 남사고南師古의 비록에서 예언한 조선 열곳의 피난처, '십승지 무풍'이라고 쓴 입간판이 하늘 높은 줄 모르고 솟아 있다.

십승지十勝地는 난세에 몸을 보전할 땅 또는 복을 듬뿍 주는 길지吉地라고 알려져 있는데 무주 무풍을 포함하여 부안 변산, 남원

운봉, 공주 마곡, 보은 속리산, 합천 가야, 예천 용문, 상주 화북, 봉화 춘양, 영주 풍기 및 강원 영월을 일컬음이다.

들머리를 찾아들고 삼거리 이정표를 지나 833.7m봉에 오른다. 목재로 만든 반원형 전망대는 무성한 잡목만이 우거져 있어 그 기능을 상실하고 있고 대간길은 왼쪽으로 꺾어 북쪽으로 향한다.

성황당재 쉼터에서 천안 산악회 산꾼들이 치막치킨+막걸리을 즐기면서 뒤쳐진 일행을 기다린다.

낙엽송지대를 지나 쉼터가 있는 853m봉에서 숨고르기를 한 다음 다시 작은 봉우리 두 세 개를 넘어 대간길 옆 작은 돌탑에 돌 하나를 얹어 놓고 무사산행을 기원한다.

이윽고 이끼가 끼어있는 조그마한 자연석에 '해발 680m, 백두대간 부항령' 이라 새긴 정상석이 이정표에 기대어 있다.

오늘 산행은 삼도봉 구막골에서 하산하여 해인동 해인산장에서 하루 묵어 가려고 계획했지만 구막골까지 남은 거리가 7Km정도이고 지금 시간은 오후 5시가 넘어서 야간 산행이 불가피할 것 같다. '그래, 오늘 하루해가 주어진 만큼만 가자.'라고 결정하니 한결 마음이 가벼워진다.

여기서는 대간산행을 계속하려면 북쪽으로 진행해야 하고 부항령 날머리는 오른쪽으로 내려간다.

우측 임도를 따라가다가 급경사 지름길로 미끄러져 아스팔트 포장 도로에 떨어진다. 삼도봉 터널 위에 '푸른 도시 김천'이라고 써 붙인 글씨가 선명하고 길 건너 편에는 또 하나의 부항령 표지석이 위용을 드러내 놓고 있다.

부항령(釜項嶺)은 백두대간 고개 중 경상도와 전라도를 잇는 최북단 고개다. 부항이란 지명은 고개 동쪽의 마을 형국이 풍수 지리상 '가마솥같이 생겼다'하여 '가매실' 또는 '가목'이라 하였다가 한자로 부항이 되었다고 한다.

이곳은 무주와 김천시를 연결하는 1081번 지방도로가 통과하고 팔각정과 소공원

▲ 초점산 전경

이 잘 단장되어 있을 뿐만 아니라 부항령 표지석 뒤에 샘터가 있어 비박하기에 안성맞춤이지만 오늘은 '십승지 무풍'에서 하룻밤을 묵어가기로 하고 콜택시를 부른다.

무풍면 현내리 원달 마을에 있는 '복민박'집에 들어서자 화사한 차림을 한 미모의 중년 여인이 환하게 맞아준다. 그런데 식사는 할 수 없다고 하니 난감하다. 사정 사정하는 내 모습이 딱하게 보였던지 어렵사리 문제를 해결하고 세탁기 사용까지 요청하니 아예 땀에 찌든 옷마저 빨아준다. 이젠 한 술 더 떠 막걸리 까지 부탁하자 저녁 때 운동 나갔다가 오면서 사오겠다는 친절을 베푼다.

운동하러 간다던 사람이 저녁 9시가 넘어서 막걸리를 사 들고 온다

"아주머니, 저녁 밥 안주세요?"

"예? 아침 식사만 이야기 하셨지, 저녁 밥은 말씀 안 하셨는데요."
"예?"
그녀는 웃으며 "기다리세요, 금방 차려드릴게요."하면서 부엌으로 향한다.
'아차! 오늘도 의사소통에 문제가 있었구나.'
저녁시간이 늦어져서 배도 고픈데다가 잘 차려진 집밥에 무풍 막걸리까지 한 병 마셨으니 만패불청, 부러울 것이 없다.
안집 거실에서는 아주머니가 남자 두 사람과 밤 늦은 술자리에 긴 대화가 오고 간다. 남편과 그의 친구려니 생각하면서 십승지 무풍에서의 하룻밤이 지나간다.

▼ 초점산 ···▶ 소사마을과 저멀리 운해위 지리산

구간 일지

제9-1구간 (신풍령-소사고개/ 8.2Km)

2015년 8월 8일 토요일 맑음/폭우

시간	구간	표고 (m)	거리 (Km)	접속(비상탈출)	숙영자료
12:00	신풍령(빼재)	930	1.2	37번 국도(무주-거창)	물, 정자, 공터
12:45	수정봉	1,090	0.9		
13:20	된새미기재		2.0	거창군 고제면 봉산리 1.8Km	
14:25	호절골재	1,122	0.7		
14:42	금봉암갈림길		0.3	금봉암 0.7Km	
14:58	삼봉산	1,254	1.0		
17:05	오두재갈림길		2.1	무주군 덕지리 갈마마을	
18:40	소사고개	690		1089번 지방도(무풍-거창군고제)	민박/물, 공터

- 산행거리/소요시간 : 8.2km/5시간 30분
- 일출/일몰시간 : 05:40/19:27
- 교통
  - 들머리 : 빼재(신풍령)/37번 국도(무주-빼재-거창)
  - 날머리 : 소사고개/1089번 지방도(무주-거창/고제면)
    거창버스터미널(거창-빼재) 055-942-3601
    *1일 9회 운행
    거창신창택시(거창, 소사고개) 055-943-9992
    무주무풍택시(무주-소사고개) 063-324-4808
- 숙박/식사
  - 소사고개 탑선수퍼/민박 055-944-9051
  - 숙영가능

구간 일지

제9-2구간 (소사고개-부항령/ 12.5Km)

2015년 8월 9일 일요일 맑음

시간	구간	표고 (m)	거리 (Km)	접속(비상탈출)	숙영자료
06:40	소사고개	690	0.9	1089번 지방도 (무주무풍-거창군 고제면)	민박 물, 공터, 정자
07:32	등산로안내판		1.8		
08:56	수도지맥 갈림길		0.4		
09:30	초점산	1,249	1.4		
10:35	대덕산	1,290.9	0.9		
11:26	얼음골약수		0.7		물
11:55	얼음폭포		1.2		물, 공터
13:00	덕산재	644	0.9	30번 국도(무주무풍-김천대덕)	물, 공터
13:32	833봉	833	1.5		
14:42	성황당재		1.2	무주군 무풍면 부평마을, 김천시 부항면 어전리	
15:17	855봉	855	1.6		
17:10	부항령	680		1089번 지방도 (무주무풍-김천부항)	물, 공터, 정자

- **산행거리/소요시간** : 12.5Km/ 11시간 30분
- **일출/일몰시간** : 05:40/19:26
- **교통**
  - 들머리 : 소사고개/1089번 지방도(무주/무풍-거창/고제)
  - 날머리 : 부항령/1089번 지방도(무주/무풍-김천/부항)
    무주무풍택시 (무풍-소사고개, 덕산재, 부항령) 063-324-4808
    지례면 지례택시(지례-부항령) 054-435-1672
    김천택시(김천-부항령) 054-439-7777
- **숙박/식사**
  - 김천시 부항면 대밭가든(부항령) 054-435-0304
  - 무풍 복민박집
  - 해인산장(부항령) 054-437-1991

제10구간

삼도 화합의 상징 삼도봉

📍 **부항령 - 삼도봉 - 우두령(18.7Km)**
2015.08.10. (월) 흐림

　어제 약속한 아침 5시에 택시는 먼저 와 기다리고 있고 부스스한 모습의 민박집 아주머니께 인사를 하고 차에 오른다.
　택시는 30번 국도를 타고 가다가 백화교에서 1089번 지방도를 따라 부항령으로 향한다. 이른 아침인데도 사과 농장에서는 농약치기가 한창이다.
　"저것보세요. 친환경농업이라고 선전하면서 남이 보지 않는 이른 시간에 농약을 뿌리고 있잖아요. 사과나무에 범벅이 되도록 약을 치지 않으면 병충해로 농사를 망칩니다. 요즘 태어나는 아이들은 정말 불쌍해요 민심은 갈수록 흉흉해지고 환경은 점점 오염되고, 과일 하나 안심하고 먹을 수 없는 세상이 되 버렸으니…"
　그의 이야기는 환경문제로 시작해서 사회문제, 국제 정세에서 국내 정치로까지 이어진다. 정윤회 문건파동, 세월호 사건 그리고 최근의 메르스 사태에서 정점을 찍으면서 하는 한마디가 뇌리에 남는다.

"우리나라는 예로부터 다섯 도둑이 나라를 망친다고 합디다."

다섯 도둑은 오적五賊을 일컬음인데 시인 김지하金芝河 1941-가 1970년 5월「사상계」에 발표한 장문의 시다. 담시譚詩라는 독창적인 장르를 통해 전통적인 해학과 풍자로 사회현상을 날카롭게 비판한 풍자시다. 당시 부정 부패로 물든 한국의 대표적 권력층의 실상을 대한제국기 을사조약1905년으로 나라를 팔아먹은 을사오적乙巳五賊 즉 외무대신 박제신, 내무대신 이지용, 군부대신 이근택, 학부대신 이완용, 농상공부대신 권중현에 비유해 적나라하게 풍자하였다.

-전략-

서울이라 장안 한 복판에 다섯 도둑이 모여 살았것다

남녘은 똥덩어리 둥둥, 구정물 한강가에, 동빙고동 우뚝

북녘은 털 빠진 닭 똥구멍 민둥, 벗은 산 만장 아래 성북동, 수유동 뾰족

남북간에 오종 종종 판자집 다닥 다닥 게딱지 다닥, 꼬딱지 다닥

그 위에 불쑥 장충동, 약수동 솟을 대문 제 멋대로 와장창

저 솟고 싶은대로 솟구쳐 올라 삐까 번쩍 으리으리 꽃궁궐에

밤낮으로 풍악이 질펀, 떡치는 소리 쿵떡

예가 바로 재벌, 국회의원, 고급공무원, 장성, 장차관이라 이름하는

간뗑이 부어 남산만하고 목질기가 동탁 배꼽같은 천하 흉포 五賊의 소굴이 렸다

-후략-

당시 서슬이 시퍼렇던 군부 독재 체제 하에서 이 작품을 실은 「사상계」는 폐간되었고 작가와 편집인 등은 국가보안법 위반이라는 죄목으로 구속되었으며 이 글은 금서禁書로 낙인 찍혀 판매금지 처분되었다. 지금은 사회, 경제 등 여러 분야에서 그 때와 비교할 수 없을 정도로 정화되고 발전하였다고는 하나 아직도 사리사욕에 눈 먼 새로운 오적五賊이 존재하고 있음에는 부인할 수 없을 것이다.

어느 덧 택시는 부항령에 도착하고 택시 기사와 헤어져 들머리에 들어서 아침 6시를 알린다.

어제 내렸던 샛길은 너무 가파라서 임도를 따라 올라 부항령 돌비석과 이정표가 있는 곳에 이른다.

주위는 온통 안개에 뒤덮혀 적막강산이고 산짐승이라도 만날까봐 잔뜩 긴장하면서 긴 통나무 계단을 오르고 된비알을 치고 올라가 976m봉에서 오른만큼 내리막으로 곤두박질 치듯 미끄러진다. 오르내리기를 박복하다가 정상을 밟는다. 헬기장이 있는 백수리산이다.

백수리산 1,034m 정상에는 아담한 정상석과 형형색색의 대간리본이 초라한 행색의 길손을 맞이한다.

아침에 자욱했던 안개는 걷힌 듯 하지만 아직도 구름이 덮혀 있어 조망은 별로 없다.

▲ 박석산 전경

이곳에서 대간길은 북서쪽으로 방향을 틀어 내리막길로 이어지고 갑자기 하늘에서 천둥소리가 들리더니 가까워지는데 전투기로 확인된다. 엊그제 삼봉산에서 천둥 번개에 놀랐던지라 '자라보고 놀란 가슴, 솥뚜껑보고도 놀란다.'는 옛 말이 떠오른다.

몇 개의 봉우리를 지났어도 이정표나 표식은 없고 조그마한 봉우리를 올라가는데 사람 말 소리가 들리는데도 인기척이 없어서 환청인가 했더니 중년부부 한쌍과 마주친다. 오늘 산행에서 처음 만난 사람들이다. "안녕하세요, 어디에서 오십니까?"라고 일상적인 인사를 건넨다. 그들은 인천에서 살며 우두령에

차를 두고 출발해서 어제 밤에는 삼막골에서 비박을 하였는데 물이 없어 고생을 꽤나 했다고 한다.

부항령에 가면 물을 구할 수 있다고 정보를 교환하고 안전산행을 당부하며 헤어진다.

불현 듯 아내 생각에 눈시울이 뜨거워진다. 저렇게 같이 산행하면서 살면 얼마나 좋을까? 아내는 며칠 후 평택으로 간단다. 친구의 딸이 대형 음식점을 하는데 주방 실장으로 스카웃되었단다. 실장이라고는 하지만 어차피 남의 집에서 하는 식모살이가 아닌가. 못난 남편을 만나 나이들어서도 고생하는 아내가 짠하게 생각된다.

멀어지는 중년 부부의 뒷 모습을 한 동안 바라보다가 발길을 돌려 작은 봉우리인 973m봉에 오르고 싸리재 갈림길을 지나 1,170.6m봉에 이른다.

박석산이라고도 불리는 1,170.6m봉은 별 특징이 없는 산으로 삼각점이 설치되어 있다.

오른쪽 급경사 내리막 길로 떨어질 듯 미끌려 내려 넓고 평평한 개활지에 이르는데 한때는 목초지였던 곳으로 보이나 지금은 다래 나무, 싸리 나무, 억새 등으로 뒤덮혀 있고 목재 등산로가 설치되어 있어 초보산꾼을 편안하게 안내한다.

지도상의 1,117m봉은 아무 표시도 없어 그냥 지나쳐 버린 것 같고 한 두 개의 봉우리를 더 지나 해인리 갈림길에 도착한다.

구막골로 더 알려진 해인리 갈림길은 서쪽으로 중미마을 4.3Km, 삼도 광장 3Km, 동쪽으로 해인리 1.5 km의 거리인데 이정표에는 해인리 0.5Km로 표기되어 있다.

해인리 방향으로 조금 내려가면 '산삼 약수터'가 오가는 산꾼들의 한여름 갈증을 풀어주는 청량제 역할을 하고 있는데 아마도 삼도봉에서 산삼 썩어내린 물이라고 해서 붙여진 이름이 아닌가 생각해본다.

해인리에 있는 해인 산장은 대간꾼들에게는 잘 알려진 명소인지라 하루 묵어 갈 생각이었으나 다음 기회로 미뤄야 할 것 같다.

구막골에서 직진 방향으로 목재 계단을 올라 넓은 산 정상에 오르니 삼도봉이다.

Goodbye 전라도, Welcome 충청도!

삼도봉(三道峰 1,176m)의 옛 이름은 화전봉(花田峰)이었다고 한다. 조선 태종 14년 (1414년)에 조선땅을 팔도(八道)로 나누면서 충청, 전라, 경상의 삼도 분기점이 된 곳이라 하여 삼도봉이라 이름지었다. 이때부터 '조선팔도', '팔도강산'이란 말이 조선 땅의 또 다른 별칭으로 자리매김하게 된 것이다.

산 정상에는 '삼도 화합탑'이 위용을 자랑하고 있는데, 삼도를 상징하는 세 마리 용이 거북이 등을 타고 올라 큰 원구圓球를 떠 받치고 각 도의 지명을 새긴 삼면이 충북, 전북, 경북의 해당방향을 향하고 있다.

지리산의 삼도봉과 전북, 경남, 경북의 경계인 초점산 삼도봉에 이어 세 번째 삼도봉으로 백두대간은 북진하면서 소백산까지 충청북도와 경상 북도의 경계를 이루고 서쪽으로는 민주지산 능선이 충청북도와 전라북도의 경계를 이룬다. 여기서 백두대간은 전라북도와 작별을 고한다.

지리산 이후 북상하는 백두대간과 함께 달렸던 전라도 땅은 멀어지고 충청도 땅이 대신한다.

'산은 물을 가리고 물은 사람을 모은다.'라는 산경표山徑表의 기본 인식을 바탕으로 우리 조상들은 산을 경계로 지역을 구분하였고 자연스럽게 형성된 사람들의 생활 풍습은 지방 고유의 문화권을 형성하여 관습과 전통으로 이어져왔다.

삼도봉에서 민주지산의 비극을 안타까워하며!

북서방향으로 4.2Km거리에 민주지산1,291.7Km이 가까이 있는 석기봉1,292m 과 키재기를 하면서 손짓을 한다.

민주지산은 산세가 밋밋하다고 해서 충청도 사투리로 '민두름산'이라 부르던 것이 일제 시대 지도 제작을 하면서 지명을 한자로 옮기는 과정에 유사 한자인 민주지산(岷周之山)으로 굳어진 것으로 보고 있다.

이산은 1985년 동계 훈련을 하던 부대장병들이 집단으로 동사했던 사고가 있었는데 그 때 이 부대 지휘관으로 동기생이 새로 부임한 바 있어서 기회가 되면 꼭 가보려고 했던 산이다.

산세는 비록 밋밋하지만 기상변화가 극심해서 순식간에 폭설이나 기온이 급강하하는 일이 비일비재한 곳이기도 하다.

민주지산에 가보지 못하고 바라만 보는 아쉬움을 뒤로 하고 이정표상의 황룡사 방향으로 접어들어 내리막 통나무 계단을 내려서니 삼막골재란다.

삼막골재는 산마골에서 비롯된 명칭으로 일제시대부터 화전민들이 정착해 산막을 치고 숯을 구워 살았다고 해서 '산막골'로 불리다가 삼막골로 변음된 것으로 보인다. 서쪽으로 충북 영동군 상춘면 물한리계곡과 동쪽으로 김천시 부항면 해인리를 이어주고 있는 고개로 물한리 계곡은 울창한 원시림과 용소 등 물굽이 등이 이어져서 빼어난 풍광을 자랑하며 황룡사를 품고 있다. 이정표는 황룡사 2.5Km, 동쪽으로 해인리 2.3km를 알린다.

황룡사(鳳龍寺)는 옛날 물한리 계곡에 있던 신구암(神龜癌)이란 절을 복원하는 의미를 담고 삼도봉의 정기를 이어받아 부처님의 법력을 빌어 민족 화합과 남북통일, 국태민안의 성취라는 서원 아래 1972년 창건한 사단법인 불교사상 연구회 사찰이다.

시간은 오후 2시가 가까워지고 데우지도 못한 생햇반에 소고기 장조림 캔을 비벼서 주린 배를 채우고 1,123.9m봉에서 우측으로 꺽어지는 대간길을 따라 가다가 고도를 낮추어 해발 760m의 밀목재에 이른다.

밀목재라는 지명은 고갯 마루에 숲이 빽빽하게 들어차서 붙여진 이름이다. 영동군 상촌면 물한리 가래점 마을과 김천시 부항면 대야동 마을을 왕래했던 옛고개로 지금은 그 흔적을 찾을 수 없다.

산봉우리 왼쪽 사면과 다음 봉우리 오른쪽 사면 길이 반복되다가 푹신푹신한 대간길로 이어지더니 '폐광지역 위험'경고판이 나오지만 이미 위험지역을 지나 왔다. 이곳은 신라시대부터 금광이 많았던 곳으로 아랫마을 부항면 대야리는 일제 시대 금광으로 크게 번창했었다고 한다. 위험지역 아래 폐광은 삼도봉까지 이어져 있다.

다래넝쿨지대에서 한바탕 씨름을 하고 북동쪽으로 오르내리던 대간길은 1,081.3m봉과 1,109m봉을 지나 1,172m봉에서 남동쪽으로 꺾여 방향 전환을 한다.

1.172m봉은 암석으로 된 봉우리로 오른쪽으로 내려가는 길이 가히 절벽 수준이다.

스틱을 먼저 던져 놓고 로프와 나뭇 가지를 타고 간신히 내려와 급경사 내리막으로 향하다가 다시 오르막 봉우리에 오른다.

화주봉(1,195m)은 일명 석교산이라고 하는데 왼쪽의 1,172m봉에 가려 서쪽의 전망은 아쉽기도 하지만 그 외 방향은 대체로 조망이 양호하다.

봉우리 정상에는 김천 산꾼들이 세운 정상석에 '백두대간 석교산 1,207m'라고 새겨져 있다.

충청북도와 경상북도의 도계를 따라 비교적 편한 대간길이 이어지다가 능선 분기점에서 다시 북동 방향으로 꺾여서 헬기장이 있는 1,058m봉과 814.6m봉을 지나 내리막 통나무 계단으로 이어진다.

아직도 첩첩산중인데 '우두령 민박' 표지판이 지친 나그네를 반기고 산중 일몰은 평지보다 한 두시간 빠르다는 것을 고려해서 민박 집에 전화를 하고 픽업을 부탁한다.

철탑과 동물 이동 통로 안내판을 지나 황소 석상 한 마리가 고갯마루를 지키고 있는 우두령에 도착 하니 시간은 오후 6시 50분을 알리고 있다.

우두령(牛頭嶺)은 720m의 고개로 '질매재'라고도 하는데 질매는 길마(짐을 싣기 위해 소의 등에 안장처럼 얹는 기구)의 사투리로 자연스럽게 불리다가 한문으로 소의 등을 뜻하는 '우등령'으로 변용되었다가 일제 시대 한자로 표기되면서 우두령으로 바뀌었다고 한다. 충북 영동군 상촌면 흥덕리와 경북 김천시 구성면 마산리를 연결하는 901번 지방도가 지나가고 금강과 낙동강 수계의 발원지이기도 하다.

경부고속전철터널이 1999년 12월에 뚫리면서 대중 교통편은 없고 도로 위에 터널식 교량은 백두대간을 잇고 있지만 동물 이동통로로만 사용되고 등산

객 출입은 통제하고 있다.

 민박집 차량이 먼저와서 수인사를 하고 차에 오른다. 주인장의 하얀 턱수염이 예순 세 살이라고 하기에는 어울리지 않는 것 같다. 그는 경남 남해가 고향인데 직장 생활을 할 때부터 전원생활을 꿈꾸고 퇴직 전에 배낭하나 울러매고 여기저기 다니다가 3년 전 이곳에 터를 잡았단다. 당시만 해도 평당 이만원에 24,000평을 구입했는데 지금은 외지 사람들이 몰려들면서 오만원을 호가한다고 자랑이다. 과수원도 하고 벼농사도 하는데 아직 농사일에 익숙하지 않아 마을 사람들의 도움을 받으면서 김천 귀농학교에 나가는 초보 농사꾼이라고

▲ 석교산 ⋯ 백두대간능선

한다.

　귀농학교에는 박사, 의사 등 별의 별 직업을 가졌던 사람들이 다 오는데 법조계 출신만 없다고 한다. 판검사 출신들은 퇴직해도 모두 변호사가 되므로 노후 생활 걱정이 없기 때문이란다.

　이곳은 일반 버스가 다니지 않는다. 그래서 반드시 차량이 필요하지만 승용차는 겨울에 통행할 수가 없어서 아들에게 주고 사륜 구동 포터를 새로 구입했다고 한다.

　차는 내리막 길에서 급격히 오른쪽으로 꺾어 오르막 농로 끝자락에 있는 언덕 위의 하얀 집에서 멈춘다.

두 마리의 작은 삽살개들이 앙칼지게 짖어대고 시골여인네 같지 않은 초로의 여인이 반갑게 맞이한다.

"어서오세요, 환영합니다. 2층에 가서서 짐 풀고 씻고 내려오셔서 식사하세요." 그녀는 경상도 말씨의 남편과는 달리 세련된 서울 말씨로 상냥하게 안내한다.

이 마을은 행정 구역 상 김천시 부항면 마산리 수부동으로 일곱 가구가 살고 있고 이 동네 계곡 위쪽은 매일 유업에서 사슴목장을 했었는데 진드기가 많아 잘 자라지도 못하고 죽기도 해서 폐업을 하고 다른 사람이 땅을 매입했지만 백두대간 보호법이 제정되면서 목장도 할수 없게 되었다고 한다.

이집은 민박을 목적으로 지은 게 아니라서 단체 팀은 받을 수 없고 꼭 필요한 2-3명에 한해서 아들이 쓰던 2층 방을 사용하게끔 한다는데 최근에는 외국인이 다녀가면서 아주 만족해 했다고 자랑이다.

나도 이러한 전원 생활을 꿈꾸어 왔다. 자기가 좋아하는 삶을 산다는 것, 자기가 하고 싶은 일을 하고 산다는 것은 아무나 할 수 있는 것은 아니다. 저들의 삶에 부러움이 든다.

저녁식사를 마치고 2층으로 올라와 우두령의 적막한 밤공기를 마시며 잠을 청한다.

구간 일지

제10구간 (부항령-우두령/ 18.7Km)

2015년 8월 10일 월요일 흐림

시간	구간	표고 (m)	거리 (Km)	접속(비상탈출)	숙영자료
06:15	부항령	680	2.2	1089번 지방도(무주무풍-거창고제)	믈, 공터, 정자
08:25	백수리산	1,034	2.3		
09:53	싸리재갈림길		0.4	무주군 설천면 미천리	
10:20	박석산	1,170.6	2.5	북쪽300m에 목장길 (무주군 설천면 미천리)	
11:50	구막골갈림길		0.5	동쪽 해인리 1.5Km/해인산장, 남서쪽 증미마을	산삼약수터, 공터
12:20	삼도봉	1,176	0.8		
12:53	삼마골재	1,012	2.1	북서쪽 황룡사 3.5Km 남동쪽 해인리 2.3Km	
14:15	밀목재	950	1.6		
15:25	폐광지역		1.5		
16:30	1172봉	1,172	1.3		
17:20	석교산(화주봉)	1,195	3.5		
18:50	우두령(질매재)	720		901번 지방도 (영동군 상촌면-김천시 부항면)	

- **산행거리/소요시간** : 18.7Km/ 12시간 35분
- **일출/일몰시간** : 05:41/ 19:25
- **교통**
  - 들머리 : 부항령/1089번 지방도(무주 무풍-김천 부항)
  - 날머리 : 우두령/901번 지방도(영동군 산촌면-김천시 부항면)
    무주무풍택시(무풍-덕산재,부항령) 063-324-4808
    김천택시(김천-부항령, 우두령) 043-439-7777
    영동군 상촌택시(상촌-우두령) 043-743-3505
    지례면 지례택시(지례-부항령) 054-435-1672
- **숙박/식사**
  - 우두령민박(우두령) 054-437-7616
  - 해인산장(부항령, 우두령) 054-437-1991
  - 김천시 지례면 대밭가든(우두령) 054-435-0304
  - 영동군 상촌 여인숙(우두령) 043-743-3559

제11구간

마음은 추풍령, 몸은 괘방령

11-1 우두령 - 황악산 - 괘방령(12.42Km)
2015.08.11. (화) 흐림

앙칼진 개 짖는 소리에 잠이 깨어 베란다로 나와 고요한 아침 경관에 빠져 있는데 아주머니가 강아지와 함께 뒷동산에 오르다가 마주치자 깜짝 놀라면서 인사를 한다. "어머, 벌써 일어나셨어요? 밤에 짐승 소리에 놀라지는 않았나요? 내려 오셔서 식사하세요."

"네, 정신없이 잤는데 새벽녘에 개가 엄청 짖던데요?"

" 이 녀석들은 흔히 키우는 발발이로 큰 놈이 '밤톨', 작은 놈은 '이쁜이'에요. 얼마전에 살쾡이와 싸우다가 크게 상처를 입었어요. 이 곳은 산 짐승들이 자주 나오기 때문에 반드시 개를 키워야겠더라구요."

"저도 서울에서 요크샤 테리어 하나 키우고 있는데 여간 귀엽지가 않아요. 요즘은 애완견이 아니라 '반려견'이거든요. 이름은 집 사람 이름을 따서 '복실이'라고 합니다."

정갈하고 푸짐한 아침식사에 이곳에서 재배한 토마토 그리고 백두대간 청정수를 얼린 물병까지 싸주는 아주머니의 정성에 "편안한 잠자리와 맛있는 식사까지 하룻밤 호강하고 갑니다. 기회되면 또 찾아 뵙겠습니다."라고 인사하자 "안녕히 가세요. 입 소문 좀 잘 내 주세요."라고 애교섞인 민박집 PR을 곁들인다.

차량은 어제 내려왔던 길을 돌고 돌아 올라가는데 주인장이 이곳은 옛날 빨찌산이 자주 출몰하던 지역으로 얼마 전 공사를 하다가 빨찌산 아지트에서 식량과 탄약을 발견했다고 한다.

아침 6시 20분 들머리에서 오늘의 산행을 힘차게 시작한다. 산림천이조사구역 안내판을 지나고 간이쉼터를 스쳐지나 또 하나의 쉼터가 있는 870m봉에서 잠시 숨고르기를 한다.

이곳은 남동쪽으로 호초당산893.4m에 가는 갈림길로 대간길은 왼쪽으로 북진하여 삼성산985.6m에 이르는데 삼성산은 정상석도 없이 이정표만이 황악산 4.7Km를 알린다. 삼성산에서 뒤돌아 화주봉이 손에 잡힐 듯 하고 멀리 덕유능선이 아련하다.

이어서 황악산 3Km를 알리는 이정표 기둥에 새겨진 글씨가 여정봉1,034m을 안내한다.

　이 지역 일대는 험준한 능선이라 과거 빨치산의 주 통로로 이용되었던 곳으로 군부대가 주둔했었다가 그 시설을 철거하고 백두대간 훼손지 복원 사업을 추진해서 지금은 상당히 복원되어 있다.

　바람재는 해발 810m의 고개로 영동군 상촌면 궁촌리와 김천시 대항면 은수리 백운 마을을 연결하는데 옛날부터 바람이 세차게 불어 풍령風嶺이라고도 부른다.

　신선봉 갈림길에서 오른쪽에 있는 신선이 노닐었다는 봉우리를 한번 쳐다보고 직진 방향으로 북진하다가 만나는 봉우리는 정상석 대신 이정표 옆 나무에 매달아 놓은 코팅지가 형제봉兄弟峰 1,020m을 알린다.

　상수원 보호구역으로 폐쇄된 울타리 옆 통로를 스쳐 지나가고 오르막 된비알을 힘겹게 올라 황악산에 도착한다.

　황악산(黃岳山 1,111.4m)은 우리나라의 중심에 위치한다 하여 다섯 방위를 상징하는 오방색(五方色)의 중앙을 가리키는 노란색의 황(黃)자를 딴 것에서 이름이 유래하였다고 한다. 오방(五方)은 동·서·남·북과 중앙으로 구분하고 동쪽은 청색, 서쪽은 흰색, 남쪽은 적색, 북쪽은 흑색, 가운데는 황색이다. 동방은 태양이 솟아 오르는 곳으로 나무가 많아 푸르기 때문에 청색을 의미하며 양기가 강하다. 서방은 쇠가 많다고 백색으로 표현하였고 가을을 의미하며 음기가 강하다. 남방은 해가 강렬해 적색이고 양기가 왕성한 여름을 의미한다. 북방은 깊은 골이 있어 흑색이고 겨울을 의미한다. 중앙은 땅의 중심으로 황색을 의미하기 때문에 이 산에 오르면 하는 일이 모두 이루어지는 길상지지(吉相之地)의 산이라 한다.

우리나라에 있는 여러 산들 중에 설악산, 월악산 등과 같이 악岳자가 들어간 산들은 대체로 바위들이 많이 있는 악岳산이나 이 산은 억새가 많고 전형적인 육산 肉山이다. 산 정상에는 누런색 자연석에 '백두대간 황악산, 해발 1,111m'라고 새겨진 정상석과 그 옆에 화강함으로 된 표  식이 하나 더 있다. 조망은 비교적 양호하여 김천시가 한 눈에 들어오고 산 오른쪽 자락에는 동양제일의 가람이라고 일컬어지는 황악산 직지사가 자리하고 있다.

직지사(直指寺)는 신라 눌지왕 2년(418년)에 중국 위나라에서 온 아도화상이 창건하였으며 '직지'라는 이름은 '직지인심 견성성불(直指人心 見性成佛) 즉, 모든 사람이 갖고 있는 불성을 똑바로 가르쳐 깨치게 되면 부처가 된다'는 선종의 가르침에서 유래되었다. 한편으로는 아도화상이 구미 선산의 금오산에 도리사를 개창하고 황악산을 손가락으로 가리키면서 절을 지으라고 했다 해서 붙여진 이름이라는 설, 고려 태조 19년 (936년) 능여대사가 절을 확장하면서 손가락으로 측량하면서 유래했다는 설 등이 전해지고 있다.

이곳은 조선시대 고승인 사명대사(四溟大師 1544-1610)가 출가한 절로 알려져 있다.

직지사 비로전에는 각기 형태와 모양이 다른 천 여개의 불상이 모셔져 있어 '천불전'이라고도 하는데 특히 눈에 띄는 불상 하나를 바로 찾으면 사내아이를 출산한다고 해서 '탄생불'이라고도 한다.

이러한 전설을 간직한 직지사는 임진왜란 때 왜적의 방화로 모든 전각과 당우가 소실되었다가 60여 년간의 중창 기간을 거쳐 현종 3년 1662년에야 완전히 복구되었다. 사찰 내에는 대웅전과 그 앞에 동·서 삼층석탑 등 다수의 중요 문화재와 많은 건축물이 보존되어 있다.

황악산 정상의 이정표는 곤천봉과 직지사 방향만 표시되어 대간길은 당연히 봉우리 방향이라고 생각되어 곤천봉 방향으로 따라가다가 또 한번 알바를 할 뻔 했다.

직지사 방향으로 되돌아와 '황악산 1,070m, 쉬었다 가세요'와 '황악산 1,580m, 힘 내세요'라는 푯말이 있는 두 개의 쉼터를 지나 지도상의 백운봉에 도착하니 아무 표식도 없어 그냥 지나가고 직지사 삼거리에 도착하여 잠시 휴식을 한다.

다시 오르막을 치고 올라 아담한 운수봉 정상석과 마주한다.

운수봉(雲水峰 668m)은 낮은 봉우리로 천덕산(天德山)이라고도 부른다.

물푸레나무와 참나무가 많이 있는 대간길을 따라 두 세 개의 작은 봉우리를 오르내려서 여시굴에 이른다.

여시굴은 옛날에 여우가 살았던 대표적인 굴로 이 지역 골짜기에는 여우가 많이 살았다고 해서 여시골짜기라 하였고, 골짜기 위에 있는 산을 여시골산이라 불렀다.

여시굴 입구에는 안전로프를 설치하여 탐방객들의 출입을 통제하고 로프에

  는 수 많은 리본들이 나부끼고 있다. 안내판에는 여우가 아닌 토끼 한 마리가 깜찍한 모습으로 여시굴을 소개하고 있다.

    여시굴을 뒤로 하고 여시골산 정상에 오른다. 김천 산꾼들이 세운 정상석이 현재의 위치와 다른 지리 정보를 제공해 준다. 산을 사랑하고 이를 찾는 많은 사람들을 위해 노고를 해 주신 김천 산우들에게 감사를 드린다.

    여시골산에서 내리막 통나무 계단을 내려서고 태양열 집열판이 설치된 건물을 내려다 보면서 시멘트로 만든 농수로에 개울물처럼 흐르는 물에 지친 길손이 홀딱 벗어 부치고 뛰어들고 싶은 유혹을 느끼지만 그저 바라보고 있을 뿐이다.

    아스팔트 포장도로변에 검은 건물이 고즈넉하게 자리하고 있는 괘방령에 내려서는 시간은 오후 3시를 알린다.

秋風嶺은 추풍 낙엽길, 掛榜嶺은 과거 급제길!

괘방령(掛榜嶺)은 해발 300m의 비교적 낮으막한 고개로 충북 영동군 매곡면 어촌리와 경북 김천시 대항면 향천리를 잇는 906번 지방도가 지나간다.
괘방이라는 뜻은 과거급제를 알리는 포고를 일컫는 말로 이 고개를 넘어 과거를 보러 가면 급제하여 방(榜)에 붙는다 하여 조선 시대부터 불렀던 이름이다.

추풍령이 국가 업무수행을 위한 관로管路였다면 이곳은 과거시험을 보기 위해 선비들이 주로 다닌 '과거科擧길'로 추풍령을 넘어서 과거 본 선비들은 '추풍낙엽'처럼 떨어진다고 해서 괘방령을 주로 이용했다고 한다. 또한 한성과 호서 지방에서 영남을 왕래하던 장사꾼들이 관원들의 간섭을 피해 다니던 '상로商路'로서 추풍령 못지 않은 큰 길이었다.

▲ 삼성산 전경

　괘방령 산장은 전원생활을 꿈꾸던 한 부부가 도시를 떠나 살려고 지은 집인데 오가는 산꾼들의 성화에 못 이겨 산장으로 운용하게 되었다. 산장 건물 앞에는 산장 표지석과 영동군 각 면의 이름을 새긴 사각형 돌을 박아 놓은 '화합 돌탑'이 눈길을 끌고 산림청에서 설치한 괘방령 표지석은 김천시 대항면 쪽으로 치우쳐 있다.

　괘방령에서 추풍령까지는 10여 Km 거리로 현재 시간 오후 3시를 감안하면 일몰 이전에 도착할 수 있겠지만 집을 떠난 지 사흘째가 되는 지라 오늘 산행은 여기서 마무리하기로 한다.

　고갯마루 도로에 서서 손을 흔들어 보지만 땀에 젖어 찌든 초라한 차림의 산꾼을 태워 줄려고 하는 차는 없다. 지나가는 차에 편승하기를 포기하고 김천시 대항면 방향에서 군복 차림의 대항면 예비군 중대장을 만난다.

구세주를 만난 것 같은 마음으로 그의 차에 탑승하여 그가 육군 제3사관학교 후배라는 것과 대항면 사무소 앞 버스 정류장에서 직지사 출발, 김천 시내행 군내 버스를 탈 수 있다는 정보를 얻는다.

김천역 화장실에서 상의와 조끼는 벗어서 배낭에 집어 넣고 상반신만 씻은 다음 마른 옷으로 갈아 입는다. 지난 번 무주 구천동에서 땀 냄새로 버스 옆 좌석 사람에게 민폐를 끼쳤던 전철을 되풀이 하지 않기 위함이다.

실로 오랜만에 경부선 무궁화 열차에 몸을 싣고 서울을 향한다.

▼ 여정봉 ┈▸ 황악산

제11구간

구름도 자고 가는, 바람도 쉬어가는 추풍령

📍 **11-2 괘방령 - 가성산 - 추풍령(10.4km)**
2015.08.16. (일) 흐림

　어제는 광복 70주년 기념일이라고 모든 언론 매체는 특집 방송 일색이었고 아내는 오늘 오후에 평택에 있는 음식점으로 스카웃되어 내려 간다고 한다. 미안하고 고마운 마음이야 이루 말할 수 없지만 백두대간 종주의 꿈을 접을 수 없어서 강남 고속터미널 경부선 김천행 첫차에 텅텅 빈 좌석 중 차창 밖이 잘 보이는 곳에 자리한다.

　경부고속도로는 현역 육군 대령 시절 대구에서 근무한 이후 15년 여 만에 하는 나들이라 감회도 새롭거니와 10년이면 강산이 변한다는 말처럼 모든 것이 변해서 낯설기만 하다.

　옥천 휴게소는 대부분의 관광버스에 화려한 아웃도어 차림의 인파들로 붐비고 있다. 얼마 전 대법원에서 간통죄가 위헌이라는 판결 이후 아웃도어 시장이나 레저 업체의 주가가 폭등한다는 뉴스를 듣고 머리 한 구석이 하얗게 되는 것 같은 비통함마저 들었다.

　김천 버스 터미널에 도착하여 지난번 괘방령에서 만났던 예비군 중대장을 만날까 하고 택시를 타고 대항면 사무소로 향한다.

　택시는 대항면 사무소에 도착하였으나 오늘이 일요일이란 사실을 깜빡한 탓에 직지사 방향으로 전환해서 직지문화공원에서 우리 세대 사람들에게는 눈에 익은 "民族中興"이라는 글씨가 새겨진 표지석을 보면서 고 박정희 대통령을 떠올리며 회한을 느낀다.

　하늘 높이 솟은 키 큰 '천하대장군'과 '지하여장군'에게 인사하고 직지사 경내를 한바퀴 돌아보고 택시로 괘방령으로 이동해서 산행을 이어간다.

　괘방령 산장 앞 도로를 가로질러 가성산 들머리로 들어서니 오전 11시 30분이다.

구름이 햇빛을 가리고 있으나 높은 습도는 며칠동안 살찌운 몸에서 땀이 아니라 육수를 뽑아낸다.

오른쪽으로 조망지에 옆으로 누운 특이한 형태의 소나무 위로 경부고속도로와 철도가 시원하게 조망되고 산 아래 마을과 들녘이 안개와 어울려 그림같은 모습으로 다가온다.

지도상에 있는 418m봉, 옛고개길, 십자로 안부 등은 이정표도 없고 표식도 없어서 확인도 하지 못하고 지금 어디쯤 지나고 있는지 가늠할 수가 없다.

급경사 오르 내리막은 대부분 마사토 흙길이라 미끄러지지 않도록 조심스럽게 오르 내리기를 반복하다가 가성산730m 정상에 오른다.

가성산은 해발 730m로 그리 높지 않은 산이지만 해발 357m의 낮은 괘방령에서 400여m의 고도를 치고 올라가야 하기에 지루한 오르막이 계속되어 힘든 산행이 이어진다.

이곳의 정상석도 김천 산우들이 세운 것으로 고마움이 묻어나고 시멘트로 포장된 산 정상은 잡목이 우거지고 운무까지 쌓여서 조망은 전혀없다.

산 정상에서 내려가는 대간길 좌우에 있는 나무들이 사람들의 손 때가 묻어 반들거린다. 경사가 심해 오르 내리는 사람들이 나무릎 붙잡은 흔적이다.

인적이 전혀 없는 길에 다람쥐와 꿩 한 마리가 인기척에 놀라 낮은 포복으로 도망간다. '애들아 미안하구나, 초보 산꾼이 너희들 망중한을 방해했구나.'

가성산에서부터 두 시간 가까이 연신 흐르는 땀을 닦아낸 수건을 몇 차례 짜 낼 정도로 몸에서 육수가 흘러내린다.

일기 예보는 오후 6시경에 비를 예보하였는데 지금 이 시간에 빗방울이 떨어지고 매미 울음소리마저 끊기면서 바람까지 불어대는 것이 한바탕 쏟아질 모양이다.

몸은 쉬어가자 하지만 마음은 바빠 무거운 발걸음을 쉬지 않고 움직인다.

지도에 표기된 장군봉625m과 690m봉은 확인도 하지 못하고 지나친 것 같다. 특히, 장군봉은 선행자들의 자료에는 나무 사이에 걸려있는 표지판 사진이 있었는데 비에 대한 트라우마가 있어서인지 바빠 서둘다가 놓친 것 같다.

대간길은 한동안 평지로 이어지고 등로 좌우에는 멧돼지들의 식흔이 여기저기 파헤쳐 져 있다.

다시 지긋한 오르막을 치고 올라 눌의산 정상에 오른다.

눌의산(744.5m)은 지명으로 보자면 어눌한 산으로 생각되지만 옛날에는 봉화대가 있었을 만큼 중요한 요충지로 나라가 위란에 처 했을 때 봉화를 올려 위기 상황을 알렸던 곳이다.

산 정상 전방은 터져 있으나 구름에 가려 희미하고 고속도로를 달리는 차량들의 소리만이 요란하게 들린다.

헬기장을 지나 추풍령 2.1Km를 알리는 이정표는 오늘 산행에서 처음 만난 이정표라 그런지 더욱 반갑게 느껴진다.

우려했던 비는 몇 방울 떨어지다가 그치고 주위가 밝아지면서 매미들의 합창도 이어지는 것을 보니 마음이 안정되고 시간적 여유마저 생긴다.

눌의산에서 추풍령까지는 거리상으로 2Km남짓이나 고도를 550여m나 낮춰 내려가는 급경사 길이라 조심해야 한다.

긴장이 풀려서일까. 내리막 길에서 미끌려 넘어지고 만다. 다행히 큰 부상은 아니지만 왼쪽 팔에 약간의 찰과상을 입어 피가 맺히고 쓰라린다. 산을 오를 때는 힘은 들지만 넘어질 염려가 없으나 내리막에서는 돌부리에 걸려도 넘어질 수 있기에 더욱 조심해야 한다.

자동차의 굉음소리가 가까워지고 기차소리마저 귓전에 크게 들리는 것으로 보아 추풍령이 가까워지는 모양이다.

눌의산 등산 안내도를 지나 감나무 밭 사잇길에서 농로에 접어 들고 포도밭을 지나 고속도로 이정표에 '추풍령 휴게소 150m'라는 큰 글씨를 보면서 지하통로를 지난다.

이곳은 물이 적고 밤과 낮의 일교차가 심해서 곡물농사보다는 과수재배가 잘 되는 지역으로 주민들의 대부분이 포도등 과일 농사를 더 많이 짓는다고 한다.

마을 삼거리에서 도로를 따라 조금 내려가서 추풍령 표지석과 인사를 한다. 시간은 오후 5시 20분을 알린다.

추풍령(秋風嶺)은 해발 200m로 백두대간 마루금 중에 가장 낮은 고개인데도 국토의 대동맥인 경부고속도로 및 철로와 4번 국도가 함께 지나가는 유일한 곳이다.

추풍령 표지석에는 가수 남상규의 '추풍령' 노랫말이 새겨져 있어 정겨움을 더하고 '88서울올림픽 성화 봉송기념'이라고도 음각되어 있다.

표지석 뒤편 소공원에는 성화모양의 '이랑탑'과 학 모양의 수많은 솟대, 그리고 장승들이 설치되어 있어 한때는 번창했던 추풍령의 영화를 보는 듯 하다. 육각정과 팔각정의 정자에는 마을 사람 몇 명이 모여 앉아 술자리가 벌어지고 있다.

오갈 데 없는 나그네는 길 건너 카리브 모텔에 여장을 풀고 마을 이곳 저곳을 기웃거리다가 대간꾼들에게 잘 알려진 우리 식당에 들어갔지만 한식은 안

되고 중식만 된다고 퇴짜를 맞고 바로 옆 식당에서 올갱이국에 추풍령 막걸리를 반주삼아 세상 부럽지 않은 저녁 식사를 한다. '올갱이'는 '다슬기'의 충청도 사투리다.

　식사 후 시간적 여유가 있어 추풍령 역으로 향한다. 한때는 교통의 중심지로 번성했던 그날을 그리워 하는 듯 한쪽 구석에서 나지막하게 숨죽이고 있는 추풍령 역의 담벼락에 그려진 '추풍령' 노래 악보, KTX 열차 등의 벽화에 눈길이 간다.

　역사 내에는 서울행 무궁화 열차가 하루 네 차례 있다는 시간표가 한가롭지만 쓸쓸하게 붙어있다. 몇 개의 다방과 노래방 간판이 나그네를 유혹하지만 내일 식사용 빵 몇 개만 사들고 카리브 모텔로 돌아와 감회어린 추풍령의 밤을 맞이한다.

구간 일지

제11-1구간 (우두령-괘방령/ 12.42Km)

2015년 8월 11일 화요일 맑음

시간	구간	표고 (m)	거리 (Km)	접속(비상탈출)	숙영자료
06:20	우두령	720	2.3	901번 지방도 (영동군 상촌면-김천시 부항면)	민박
07:55	삼성산	985.6	1.5		
08:50	여정봉	1,034	1.2		
09:33	바람재	810	1.2	서쪽 상촌면 가경동, 동쪽 목장지대	
10:45	형제봉	1,046	0.52	문바위골-부도-직지사	
11:05	직지사갈림길		0.3	직지사	
11:20	황악산	1,111.4	1.6		
12:15	백운봉	770	0.6		
12:40	사거리안부		0.4	북쪽 매곡면 어촌리, 남동쪽 직지사	
13:00	운수봉	668	1.4		
14:12	여시골산	620	1.6		
15:00	괘방령	311		906번 지방도 (영동군 매곡면-김천시 대항면)	괘방산장/ 물, 정자

- **산행거리/소요시간** : 12.42Km/ 8시간 40분
- **일출/일몰시간** : 05:42/ 19:24
- **교통**
  - 들머리 : 우두령/901번 지방도(영동군 상촌면- 김천시 부항면)
  - 날머리 : 괘방령/906번 지방도(영동군 매곡면- 김천시 대항면)
    김천공용터미널(김천-대항면) 054-432-1595
    상촌택시(상촌-우두령) 043-743-3616
    김천택시(심천-우두령, 괘방령) 054-439-7777
- **숙박/식사**
  - 우두령민박(우두령) 054-437-4616
  - 해인산장(우두령) 054-437-1991
  - 괘방령산장(괘방령)

구간 일지

제11-2구간 (괘방령- 추풍령/ 10.4Km)

2015년 8월 16일 일요일 흐림

시간	구간	표고 (m)	거리 (Km)	접속(비상탈출)	숙영자료
11:30	괘방령	311	1.2	906번 지방도 (매곡면-대항면)	괘방산장/ 물, 정자
12:13	옛고개길		0.8	심천시 봉산면 신암리	
12:42	십자로안부		2.1	영동군 매곡면 공수리, 김천시 봉산면 신암리	
14:00	가성산	730	0.7		
14:25	안부		0.4	매곡면 공수리 안녕마을	
14:41	장군봉	625	1.7		
15:35	눌의산	744.5	3.5		
17:20	추풍령	229		4번 국도(황간-김천), 추풍령 면소재지	물, 정자, 공 터

- **산행거리/소요시간** : 10.4Km/ 5시간 50분
- **일출/일몰시간** : 05:47/ 19:20
- **교통**
  - 들머리 : 괘방령/901번 지방도(영동군 매곡면-김천시 대항면)
  - 날머리 : 추풍령/4번 국도(황간-김천)
    김천택시(김천-추풍령, 작점고개) 054-439-7777
    추풍령택시(추풍령-황간/작점고개) 043-742-1810
- **숙박/식사**
  - 괘방령산장
  - 추풍령카리브모텔 043-742-9939
  - 추풍령삼양식육점(식사) 043-742-2714
  - 추풍령우리식당(식사) 043-742-2646

제12구간

금산의 아픔을 뒤로하고

📍 **추풍령 - 작점고개 - 큰재 (18.74Km)**
2015.08.17. (월) 안개

어제 손빨래 했던 옷이 마르지 않았으나 그대로 걸쳐입는데 젖어있는 옷이라서 으스스한 느낌이다.

아침 6시 카리브 모텔 옆에 있는 금산 등산 안내도를 지나 잡초 사이에 기웃거리는 이정표를 따라 들머리인 통나무 계단으로 오른다. 금산 갈림길에서 금산 0.2Km를 알리는 이정표는 '등산로 폐쇄'라고 막고 있고 로프가 설치되어 있다.

로프를 넘어서 금산 정상에 이르고 산 정상 넘어 깍아지른 듯한 절벽 아래는 안개가 뒤덮여 어느 정도 낭떠러지인지 그 깊이를 가늠할 수 없다

금산(384m)은 일제시대부터 석재 채굴을 시작해서 해방 후 방치되었다가 1960년 대 산업화가 진행되면서 도로 건설에 쓰기 위해 채석장으로 사용하

▲ 금산정상절캐지

면서 계속 헐어냈고 그래서 정상의 절반 이상은 아예 잘려 나간 상태다.

잘려나간 절벽 아래로 푸른 그물망과 밧줄로 엮어매고 정상 좌우로 안전 로프를 설치해서 접근을 막고 있는 모습이 서울의 용마산을 연상케한다.

금산의 북동쪽에 있는 추풍령 저수지는 어림 짐작만 하고 동쪽 방향으로 발길을 돌린다.

대간길은 평안하고 한적하여 고향 뒷동산 같은 느낌이고 지도상의 498m봉으로 짐작되는 봉우리는 '백두대간 들기산 505m'라는 표식이 나무에 걸려있고 20여분 후 '백두대간 481m봉'이라 쓴 표식과 만난다.

대간길은 낙엽이 깔려 양탄자처럼 걷기에 편안하지만 잡목과 잡초가 우거져 지도상의 '매봉재'와 옛고개 곤천고개, 그리고 435.7m봉을 확인하지 못하고 지나친 것 같아 다소 찜찜한 느낌이다.

조그마한 봉우리에서 왼쪽으로 급하게 꺾인 급경사에 이어 북동 방향으로 완만한 내리막으로 내려 임도와 만난다.

이 고개도 아무 표식이 없어 그냥 지나칠 뻔하다가 지도에서 사기점 고개임을 확인한다.

사기점(沙器店)고개는 북쪽의 영동군 추풍령면 작점리와 남쪽의 김천시 봉산면 사기점리를 잇는 고개로 사기점리는 옛날에 사기그릇을 구웠던 마을이라 사기점 또는 점리(店理)라 불렀다.

안개가 걷히는지 나뭇가지 사이로 햇살이 아른거리고 오른쪽에는 구름에 쌓인 한 폭의 풍경화가 시야에 들어온다.

한그루의 소나무 가지가 대간길 위로 쳐져 있어 작은 터널을 만들고 임도와 산길이 반복되다가 대간 리본을 따라 오른쪽 능선에 소나무 두 그루 사이로 이어지는 대간길은 군사용 전술도로인 오래된 시멘트 포장 도로와 만난다. 이 도로는 남동쪽 난함산 733.4m의 Kt중계소로 이어지는 듯 KT서비스 차량이 지나간다.

도로를 건너 오른 무명봉에는 눈에 익은 '비실이부부' 등의 대간리본이 반기고 다시 내리막으로 접어 들어 '군사전술도로 진입전 안전수칙'판을 지난다.

이 구간은 임도와 산길, 전술 도로 등이 반복되는 구간이라 대간리본에 주의를 기울여야 한다.

오른쪽에 있는 파란 지붕의 건물은 신애정신병원인 것 같고 대간길 직전방에 태양광 집열판이 설치된 건물이 보이는 왼쪽에 대간리본이 나부낀다.

잡초와 잡목으로 우거진 대간길에 커다란 벚나무 한 그루가 쓰러져 누워 있고 그 밑을 지나 플라스틱 간이 농수로 옆길을 따라 내리니 작점 고개다.

작점(雀店)고개는 영동군 추풍면 작점리와 김천시 어모면 능치리를 연결하는 무명도로가 통과한다. 도로는 최근에 아스팔트 포장을 한 것으로 보인다. 옛날에는 충북 사람들이 고개 너머 경상도 땅 여덟마지기 전답에 농사를 지었다 하여 '여덟마지기 고개'라고 했고, 경상도 김천 쪽은 고개마루에 성황당이 있었다 해서 '성황당 고개'로 불렀다. 최근에 들어서 백두대간 종주팀들이 영동군 작점 마을의 이름을 따서 '작점고개'라고 명명하게 되었는데 '작점'이라는 마을 이름도 이채롭다. 옛날 이곳에 새들이 많이 살았고, 당시에 전국 제일의 유기공장과 유기판매 점포가 많았다고 한다. 그래서 '새 작(雀)'자와 점포를 뜻하는 '점(店)', 작점 마을이라 부르게 되었다.

고개마루에는 표지석과 충청 북도와 경상북도의 경계석이 있으며 길 건너편에는 분홍색 꽃이 활짝 핀 목백일홍 아래 또 하나의 표지석이 아담하게 세워져 있다. '능지쉼터'라고 새긴 현판이 달린 정자가 있는데 아마도 김천시 어모면 능치리 주민들이 마을 이름을 따서 '능치고개'라고도 불렀을 것으로 추정해 본다.

고개에서 뒤돌아 지나온 방향에는 산 정상 아래 두 개의 철탑이 보이는 그 산은 난함산으로 보인다.

작점 고개에서 대간길은 서쪽으로 방향을 틀어 이어지다가 삼각점이 있는 봉우리에 '무좌골산, 474m 안양 산죽회'라고 쓴 표식지가 눈에 띈다. 그냥 스쳐 지나칠 수 있는 곳곳에 선행자들이 표식을 해 놓아 현재의 위치를 알려주는 친절에 고마움을 느낀다.

한적한 대간길을 여류롭게 거닐다가 전방에서 움직이는 물체들이 포착되고 큰 멧돼지 두 마리와 새끼 한 마리가 대간길에서 먹이 활동을 하고 있다. 언뜻 지리산에서 반달곰 조우시 대처 요령이 떠올라 카메라는 생각도 못하고 스틱을 힘차게 두드리자 '어-흐 쾌-엑'소리를 지르며 쏜살같이 사라지고 이어서 또 한 마리의 새끼가 대간길을 횡단하여 방금 사라진 어미를 뒤따른다. 멧돼지는 새끼가 여러 마리 일텐데 두 마리 뿐 인 것을 보니 급속히 증가한 개체수로 먹이가 부족하여 산아제한?을 한 가족일까? 엉뚱한 상상을 해본다.

산행 중 야생 동물과 갑자가 조우했을 때는 사진을 찍는다든가, 자극을 줄 수 있는 행동을 하게되면 당황하여 흥분하게 되고 어떠한 상황으로 전개될지 모르기 때문에 스틱을 두드려서 내 존재를 알리고 갑작스런 만남을 피하는 게 상책이다.

옛날 군대에서 배운 감시 요령을 떠올리며 '먼 곳에서 가까운 곳으로, 좌에서 우로, 우에서 좌로, 의심나는 곳은 반복해서' 살펴보고 전방을 주시하면서 대간길을 따라가다가 대간리본이 많이 걸려 있는 갈현 고개에 이른다.

> 갈현 고개는 영동군 추풍령면 죽정리 소야 마을과 김천시 어모면 능치리 도치량 마을을 잇는 고개이다.

우리나라의 고개는 '영嶺', '현峴', '치峙', '재'로 구분한다. 대체로 '영'은 큰 고개를 부를 때 사용하고 '현'은 '영'보다 작은 고개를 '치'는 '현'보다 작은 고개를 의미할 때 사용한다. 갈현고개는 옛날에는 꽤나 큰 고개였을 것으로 짐작이 되나 지금은 잡초가 우거지고 대간리본 외에는 다른 표식이 없어서 그냥 지나칠 뻔 한다.

기도터 바위와 검은 비닐로 덮힌 움막이 있는 조그마한 봉우리를 지나고 좌우로 뚜렷하게 길이 트인 농로 길 사거리를 지나 바위 몇 개가 박혀 있는 687m 봉에서 오른쪽으로 꺾인 대간로를 따라 헬기장이 있는 용문산 정상에 도착한다.

용문산(龍門山 708.5m)은 '맷돌봉'이라고도 부르는데 동쪽 산자락에 용문산 기도원이 자리하고 있다. 이 기도원은 1950년 나운몽 목사가 세운 우리나라 최초의 기도원으로 한국 기독교 부흥의 원천으로 알려져 있고 현재는 50여만 평의 규모에 신학교와 콘도 미니엄 등이 들어서 있는 실버타운으로 조성되어 있다.

산 정상에는 정상석이 있고 잡목이 우거져 시계를 가린다.

용문산을 뒤로 하고 통나무 계단을 따라 내리고 다시 오르고 몇 개의 이정표를 지나 사거리 안부에서 쉬고 있는데 오른쪽 가까이서 울부짖는 소리가 들린다. 아마도 기도원에서 수양하는 사람이 신神의 경지에 들어가기 위해 절규하는 소리가 아닌가 생각해본다.

대간길 주변에 종종 보이는 나리꽃의 격려를 받으며 오르는 대간길은 진달래 나무등 관목灌木일색으로 기대고 쉴 나무 하나 없어서 몇 발자국 가다 멈추어 쉬는 '오보五步일쉼'을 반복하다가 오늘의 최고봉인 국수봉 정상에 오른다.

국수봉(掬水峰 795m)은 금강과 낙동강의 분수령이며 상주의 젖줄인 남천의 발원지이다. 여기서 서쪽으로 지장산(772.4m)과 오도재를 지나 만경봉으로 이어지는 충북과 경계인 도계가 갈리고 남쪽은 충분 영동군이고, 북쪽은 쪽은 경북 상주시 모동면, 모서면, 화동면, 화남면, 화서면, 화북면 등 6개 고을이 충북지역 깊숙이 들어와 있다.

산 정상에는 국수봉 정상석이 보이지 않고 엉뚱하게도 '웅이산熊耳山, 795m'이라고 새긴 타원형의 정상석이 태연하게 자리하고 있다. 정상석의 뒷면에는 2013년 5월 18일 국가지명 위원회에서 '웅이산'으로 확정하였다고 새겨져 있다. 상주시 공성면 쪽에서 보면 산의 모습이 곰의 귀를 닮았다고 해서 붙인 이름이라는데 그렇다면 정상에 있는 백두대간 안내판과 이정표에도 웅이산으로 바꿔야지 국수봉이라고 표기되어 있으니 혼선이 될 수 밖에 없다.

국수봉 아니 웅이산을 뒤로 하고 내리막 계단을 내려와 다시 올라선 봉우리에 '683.5m봉, 산님 힘내세요, 부산 낙동 산악회'라고 쓴 표식지가 고맙게 생각된다.

암릉 구간과 평탄한 길을 번갈아 내려오니 저 멀리 마을의 집들도 보이고 LG상록재단과 백두대간 숲 생태원에서 나무에 '이름을 불러 주세요' 문구와 함께 저마다 이름을 걸어 놓았다.

신곡리 마을 표지석에서 도로 건너편에 '상주시 백두대간 생태 교육장'이라고 적힌 붉은 입간판이 서 있는 큰재에 도착하니 시간은 오후 6시 20분을 알린다.

큰재는 해발 320m로 상주시 모서면과 공성면을 잇는 68번 지방도가 통과한다. 원래는 '우하재'라 하였으나 우하리에서 올라오는 길의 골짜기가 깊어 그 길을 가늠할 수 없을 정도라서 큰재라고 부르게 되었다고 한다.

이곳 큰재에서 북으로 백학산, 신의터재, 화령재, 비재, 갈령을 지나 속리산의 형제봉까지를 통상 '중화지구 中化地區'라고 부른다. '중화'란 옛날 상주목의 중모현과 화령현의 앞 글자를 따서 붙인 말이다. 중모현은 현재의 모동면과 모서면의 고려시대 이름이고, 화령현은 화동, 화서, 화남, 화북면의 이조시대 이름이다.

이 구간의 특징은 해발 300-400m의 비교적 낮은 지대로 '비산비야 非山非野'의 지형을 이루고 겨울에는 따뜻하고 여름에는 시원한 기후여건이 과수농사에 적합해 과수원이 많고, 특히 고당도의 포도가 많이 생산되는 지역이기도 하다.

고갯마루에는 표지석 하나 없고 생태 교육장 입간판 옆 회양목 사이에 '교적비' 하나가 납작 엎드려 있다. '옥산초교 인성분교는 1949년 11월 9일 개교하여 졸업생 579명을 배출하고 1997년 3월 1일에 폐교하였다'라고 새겨져 있다.

숲 생태 교육원은 상주 시에서 폐교된 학교 시설에 숙박시설을 만들어 운영하는데 가족 단위 숙박과 등산객도 이용할 수 있다고 하나 방학철 이여서인지 사람들이 보이지 않는다.

지나가는 차량도 거의 없고 공성면 농협에 가서 현금도 뽑아야겠기에 택시를 타고 옥산 이화장 모텔에 내린다.

이화장 모텔 바로 옆에 있는 송어 횟집에서는 취객들이 벌써 떠들썩하다.

옛날 강원도에서 근무할 때 향어, 송어 등 민물회를 많이 먹고 간디스토마에 걸려 약을 먹었는데 약을 먹으면 디스토마는 죽지만 사체는 빠지지 않아 지금도 CT나 MRI를 찍으면 화성의 운하모양으로 Y자형 흔적이 나타난다.

여장을 풀어놓고 시내에 나가 '공성 우리 쌀 생막걸리'를 곁들여 저녁식사를 하고 햇반과 빵을 사들고 와서 이화장 모텔에 몸을 눕힌다.

▼ 국수봉(웅이산) ⋯➤ 백두대간능선

구간 일지

제12구간 (추풍령-큰재/ 18.74Km)

2015년 8월 17일 월요일 안개

시간	구간	표고 (m)	거리 (Km)	접속(비상탈출)	숙영자료
06:00	추풍령	220	0.7	4번 국도(황간-김천)	
06:30	금산	376	1.7		
07:18	498봉	498	1.3		
18:10	옛고개		1.9	북동쪽 추풍령면 작점리, 남서쪽 김천 봉산면 곤천	
09:35	사기점고개	390	3.1	북쪽 추풍령면 작점리, 남쪽 상금목장	
11:00	작점고개	350	1.1	서쪽 추풍령면 작점리, 동쪽 신예원	물, 정자
12:08	무좌골산	474	1.2		
12:45	갈현	350	1.04	서쪽 추풍령면 죽전리 소이, 동쪽 김천 어모면 능치리	
13:13	도치랑갈림길		1.6	서쪽 추풍령면 죽전리 소이, 동쪽 천성기도원/도치랑	
14:15	용문산	708.5	1.0		
15:00	사거리안부		1.2	북쪽 추풍령 응복리, 남쪽 용문산기도원	
16:07	국수봉	795	2.9		
18:20	큰재	320		68번 지방도 (상주시 모동면-공성면)	믈, 정자, 공터

- ◯ **산행거리/소요시간** : 18.74Km/ 12시간 20분
- ◯ **일출/일몰시간** : 05:48/ 19:18
- ◯ **교통**   • 들머리 : 추풍령/4번 국도(황간-김천)
          • 날머리 : 큰재/68번 지방도(상주시 모동면-공성면)
                    추풍령택시(추풍령-황간, 작점고개) 043-742-1810
                    김천택시(김천-추풍령 작점고개) 054-439-7777
                    공성면 옥산택시(옥산-큰재, 윗왕실재) 054-532-4230
- ◯ **숙박/식사** • 큰재 숲생태식물원(큰재) 054-536-0914
            • 옥산 이화장모텔(큰재) 054-534-3301
            • 지기재산장(큰재, 지기재) 054-533-2570

제13구간
非山非野의 中化地區

큰재 - 백학산 - 지기재(18.7km)
2015.08.18. (화) 맑음

아침에 물 끓이는게 귀찮아서 생 햇반에 소고기 고추장 볶음을 비벼서 식사를 하고 6시경 생태교육장 입구에서 택시기사와 헤어진다.

지도상의 대간로는 폐교관사 오른쪽으로 표시되어 정문 우측으로 가 보았으나 희미한 소로만 보일 뿐 대간리본은 보이지 않아 정문 왼쪽으로 갔으나 울타리 너머 한옥 한 채가 보일 뿐이다.

어렵사리 '백두대간 대장 7호'라고 새겨진 표식이 붙은 나무를 지나 들머리에 들어서고, 김해 김씨 묘 두 개를 지나 임도와 만난다. 임도따라 회룡 목장에서 오른쪽 산능선으로 접어들고 산림청과 상주에서 달아놓은 나무 이름표를 따라간다.

오늘은 이슬이 내리지 않아서인지 보이지 않는 거미줄 부비트랩은 첫 손님이라는 듯 머리, 얼굴에 달라 붙어 귀찮게 한다.

　큰 팽나무 세 그루가 있는 곳에서 쉬려고 하는데 아내의 당부가 귓전에서 맴돈다. '요즘 야생 진드기가 극성이래요. 절대 풀밭에 눕거나 앉지 말아요!'

　회룡 목장 쪽에서 소울음 소리가 연신 들린다. '새끼 송아지와 이별하는 어미소인가?' 그 울음 소리는 애절하다 못해 처절하게 다가온다.

　옛고개로 보이는 안부에 빨간 리본이 눈에 띄고 '무모한 아빠와 똘똘한 딸의 백두대간종주'라는 글귀가 부럽기도 하고 가족에 대한 그리움이 밀물처럼 밀려온다.

　보리수 나무, 조팝나무, 은방울 꽃 등의 나무 이름표를 보면서 걷는 대간길은 편안하지만 해는 떳는데도 산 아래 계곡에는 안개가 자욱해서 주변 풍광을 볼 수 없어 아쉬움이 남는다.

기둥에 '회룡재'라고 적힌 이정표 왼쪽으로 포도밭과 인삼밭이 있는 고개에 이른다.

> 회룡재는 해발 340m의 고개로 상주시 공성면 봉산리 골가실 마을에서 모동면 효곡리 회룡 마을을 지나 상판 저수지까지 임도가 연결되어 있으나 사람의 왕래가 없어서인지 잡초만 무성하다.

이어서 흙에 파묻힌 돌무덤 위로 작은 돌 몇 개가 얹혀진 곳에 돌 하나 올려놓고 무사 산행을 기원한다.

이 구간은 이정표가 중간 중간에 설치되어 있어 길 잃을 염려는 없으나 '백두대간 등산로' 라고 쓴 표식에 화살표만 있거나 양방향 지명만 있고 거리 표시와 현 위치 표시가 없어서 거리가늠이 어렵고 현재의 위치 파악이 곤란하여 지도 읽는데도 어려움을 겪는다.

이정표 기둥에 '옛고개'라고 써 있는 곳은 개터재인데 이정표 양방향은 개터재와 윗왕실재로 표시되어 있어서 개터재를 지나친 것으로 혼돈할 수 있다.

개터재는 '개의 머리'를 닮았다고 해서 붙여진 이름이라고도 하고, 어떤 이는 마을 가장자리에 우뚝 솟은 산에 있는 고개란 뜻이라고도 한다. 이 곳의 왼쪽은 모동면 효곡리와 오른쪽 공성면 봉산리로 임도가 나 있다.

대간길은 오른쪽, 동쪽 방향으로 꺾여서 해를 마주보고 가게된다.
지도상의 512m봉은 화살표만 표시된 이정표 외에는 아무 표식도 없고 대간길은 왼쪽으로 꺾여 해를 등지고 북쪽으로 이어진다.
참나무 숲지대에서 나무 기둥에 희한하게 생긴 나무괭이가 마치 전복같은 모양새로 붙어있는 것이 흡사 여자의 XX를 연상시켜 '피식' 웃음이 나온다.
은방울 꽃과 둥굴레 설명판을 지나고 올라선 조그마한 봉우리는 474m봉이고, 지리 정보 없는 이정표가 서 있는 곳은 483m봉 등 고만 고만한 봉우리들이 '고만고만 브라더스Brothers'를 연출하고 있다.
내리막길에서 아래쪽 육교처럼 보이는 동물이동통로가 있는 곳이 윗왕실재다.

윗왕실재는 상왕치(上旺峙)라고도 하는데 , 이 일대 왕실 마을은 지세의 형국이 '임금이 계시는 왕궁의 형상'이라 하여 왕실(王室)이라 하였으나 함부로 왕실(王室)이라 할 수 없다고 해서 왕실(旺室)로 고쳤다고 하고, 윗왕실재는 왕실 마을의 가장 위에 있는 마을을 지나는 고개라 하여 붙여졌다고 한다.

이곳에서 왼쪽으로 모동면 효곡리 윗왕실 널은마마을과 오른쪽은 외남면 소상리 좀실 마을을 잇는 임도가 나 있는데 윗왕실 쪽은 시멘트 포장이 되어 있으나 소상리 쪽은 비포장 도로로 되어 있다.

고만고만한 봉우리를 지나고 갈림길 이정표를 만난다. 오른쪽 북쪽 방향은 산촌 체험장, 야영장과 산책로로 연결되고 대간길은 왼쪽으로 꺾어 남쪽으로 향하는데 시골 뒷산을 연상케 하는 편안한 길로 이어진다.

오후 1시가 지나서 백학산 정상에 도착한다.

백학산(白鶴山 615m)은 상주시 공성면과 내서면에 위치하여 산 아래 효곡리 왕실 마을을 백학이 알을 감싸 안은 형상이라서 이름 붙여졌다. 상주시청 산악회에서 세운 정상석이 정겹게 보이고 잡목에 가려 조망은 좋지 않으나 북쪽 방향은 트여서 나무 사이로 속리산이 아른거린다.

산 정상에서 남쪽은 성봉산으로 가는 길이고 대간길은 서쪽으로 길게 이어진 급경사를 타고 고도를 낮추다가 임도와 만난다. 이정표는 이곳이 해발 400m의 대포리라고 알린다.

복실아, 미안하다!

어디선가 "쉬었다 가요."라는 소리가 들리고 임도 위쪽에 트럭을 세워 놓고 개울가 그늘에서 소주 파티 중인 세명의 젊은이를 만난다.

그들은 아랫마을 대포리 함박골에 사는 젊은 농부들로 "더위를 피해 이곳에서 피서 중"이라 하면서 이곳 계곡물은 백학산에서 흐르는 1급수로 가재도 있다면서 몇 마리 잡아보이고, 이 물은 함박골에서 대포저수지로 흘러든다고 한다.

"이 더위에 혼자서 대간타는기요? 술 한잔 하이소." 그 중 한사람이 건네는 술잔에 손사레를 치면선 "산행 중이라 술은 사양하고 물이나 마시겠습니다."라고 하자 이번에는 고기가 푸짐하게 쌓여있는 쟁반을 앞으로 가까이 하면서 "고기라도 드이소, 산행할때는 체력 보강이 최우선인기라" 한다.

점심 시간이 훌쩍 지나 허기진 차에 허겁지겁 집어먹다 보니 '개고기'란다. 한때는 즐겨 먹었으나 집에 '복실이'가 들어오고서부터는 일체 먹지 않았다.

복실이는 2.5Kg 정도 되는 조그만 요크셔테리어 종으로 어느 날 아내가 집에 오면서 피 흘리고 쓰러져 있는 녀석을 데리고 와 치료를 하였으나 동물 병원, 애견센터 등에 수소문을 했어도 주인은 나타나지 않고 어쩔 수 없이 아내의 이름을 따 '복실이'라 부르고 등록해서 같이 산지가 6-7년이 지난 것 같다. 당시 죽어버리고 싶을 정도로 힘들고 어려운 상황에 처했던 나에게 친구처럼, 때로는 자식처럼 지켜 주었기에 어쩌면 지금까지 내가 살아 있는지도 모른다.

'복실아 미안하다. 눈감아주렴.'

함박골 젊은이들과 헤어질 때 "산짐승을 만나면 절대 헤꼬지하지 말라"는 당부를 잊지 않는다. 생면부지의 길손에게 친절을 베푸는 시골 인심이 고마울 뿐이다.

그들과 헤어지고 다시 대간 길에 오른다. 임도와 능선길, 논밭 옆으로 이어지다가 인삼밭 모퉁이를 돌아 포도밭 비닐 하우스를 지나고 아스팔트 포장도로에 들어선다.

개머리재는 해발 290m의 낮은 고개로 개의 머리를 닮았다하여 붙여진 이름이라고 하고 소정재라고도 하는데 상주시 모서면 소정리와 내서면 대포리 함박골을 잇는 무명도로가 지나간다.

길 건너 포도밭 옆 임도를 따라 통신 중계탑을 지나고 오른쪽 능선의 산길로 접어들어 임도와 산길을 몇차례 반복하다가 로프가 설치된 오르막을 올라 낙엽 송지대를 지나 내리막에서 미끄럼을 탄다. 다친 곳은 없어서 천만 다행이다.

'지기재 산장'광고판을 지나고 포도밭을 돌아서 시멘트 포장 농로를 따라가다가 아스팔트 포장 도로에 내리니 지기재란다. 시간은 오후 5시 30분이다.

> 지기재는 해발 280m로 옛날에 도둑이 많았다하여 '적기재(賊起재)라고 하였는데 언제부터인지 현재의 이름으로 부르게 되었다고 한다.

이 고개는 상주시 모서면과 내서면을 잇는 901번 지방도가 지나간다. 금강과 낙동강의 분수령으로 그 안내판이 도로변에 설치되어 있고 '상주 고랭지 포도'탑과 몇 개의 새마을 깃발이 펄럭이고 있다.

사전 약속한 지기재 산장의 봉고차에 오른다.

"수고하셨습니다." 방송국 성우같은 목소리의 주인장이 서울 말씨로 인사를 한다.

"안녕하십니까? 반갑습니다. 그런데 말씀이 이곳 분이 아니신 것 같네요?"

"네, 서울에서 살다가 십 여년 전 이곳에 정착해서 농사도 짓고 산장 운용하면서 대간 타시는 분들이 오시면 잠자리도 제공하기도 합니다."

봉고차는 901번 도로를 따라 가다가 모동면 덕골리 오른쪽 농로로 접어들고 어느 시골집 앞에 멈춘다. 그레이 하운드 검은 개 한 마리와 수십여마리의 시골 닭들이 길을 막아선다.

사실 '지기재 산장'이라고 해서 괘방령 산장처럼 산 속에 있는 고즈넉한 집을 생각했는데 산장이라기보다는 전형적인 시골집에 콘테이너 박스를 개조해 콘도식으로 만들어진 곳이다.

이곳에서 개별 취사만 가능하고 준비 안된 사람은 모동면 사무소까지 가서 식사를 해야한다.

저녁 식사를 하면서 '은자골 생탁배기'까지 곁들이고 빈손으로 돌아오기도 허전하여 막걸리 병을 들고 식당차 신세를 진다.

산장에는 서울에서 산다는 주인장의 가족이 일주일에 한 번 정도 내려오는데 오늘이 그 날이라 내려와 있고 주인장은 술 동무가 되겠다며 옆자리에 앉는다.

처음 만난 사람들의 대화는 통상적으로 자식 이야기로부터 시작해서 과거 지사로 이어지게 마련이다.

좀처럼 이름 밝히기를 꺼리던 장종수씨는 산자부 산하 공기업에서 공직 생활을 하다가 IMF 외환위기때 후배직원들을 감원시키고, 그 미안함과 죄스런 마음에 고민 고민하다가 조기퇴직을 했고 퇴직 후 백두대간을 타다가 이곳에 정착하게 되었다고 한다.

몇 차례의 술잔이 부딪히고 취기가 어지간히 오르자 이조시대로 돌아간다. 임진 왜란때 한양도성을 비워두고 의주로 피난길에 올랐던 선조임금을 그리며 읊은 「사미인곡思美人曲」으로 유명한 송강松江 정철鄭澈, 1536-1593의 장진주사將進酒辭를 흥얼거리며 인생무상을 노래한다.

한잔 먹세 그려 또 한잔 먹세 그려
꽃 꺾어 헤아려 두고 무궁무진 먹세 그려

이 몸 죽은 후에 지게 우에 거적 덮어 졸라매고 매여가니

유소보장(流蘇寶帳, 호화롭게 꾸민 상여)에 만인이 울어줄까

억새풀, 속세풀, 떡갈나무, 백양숲에 가기만 하면

누른해, 밝은 달, 가랑비, 함박눈, 회오리 바람 불재

뉘 한잔 먹자 할꼬?

하물며 무덤 위에 원숭이 휘파람 불제야

뉘우친들 어찌하리

오랜만에 가족이 내려왔는데도 술 동무가 되어준 장선생에게 미안하여 술자리를 끝내고 방으로 돌아와 산장이 아닌 시골집에서 하룻밤을 맞이한다.

▼ 백학산 ⋯ 상주시모서면

구간 일지

제13구간 (큰재-지기재, 18.7Km)

2015년 8월 18일 화요일 맑음

시간	구간	표고 (m)	거리 (Km)	접속(비상탈출)	숙영자료
06:10	큰재	320	1.5	68번 지방도 (상주시 모동면-공성면)	물, 정자, 공터
07:05	회룡목장입구		0.7	회룡목장 120m 버스타는곳 1Km	
07:35	옛고개		1.6	상주시 공성면 도곡리	
08:25	회룡재	340	1.6	서쪽 상주시 모동면 회룡마을, 동쪽 공성면 봉산리	
09:20	개터재	380	3.7	북쪽 모동면 효곡리, 남쪽 공성면 봉산리	
11:20	윗왕실재	400	1.2	서쪽 효곡리 윗왕실, 동쪽 화남면 소상리	
12:58	477봉	477	1.6		
13:15	백학산	618	0.7		
13:35	대포리임도	400	2.7	대포리 함박골 0.4Km	물, 공터
14:55	임도길고개		0.9	모서면 소정리(동산저수지)	
15:40	개머리재	290	2.5	아스팔트포장 무명도로 (모동면-모서면 대포리)	
17:30	지기재	260		901번 지방도(상주시-내서면)	물, 공터

- 산행거리/소요시간 : 18.7Km/ 11시간 20분
- 일출/일몰시간 : 05:49/ 19:16
- 교통
  - 들머리 : 큰재/68번 지방도(상주시 모동면-공성면)
  - 날머리 : 지기재/901번 지방도(상주시 모서면-내서면)
          상주버스터미널(상주-화령, 화북, 화동, 모서) 054-534-9002
          화령버스터미널(화령-상주) 054-533-0466
          공성면 옥산택시(옥산-큰재, 윗왕실재) 054-532-4230
          상주개인택시(상주-화령재) 054-536-0018
- 숙박/식사
  - 큰재 숲생태원(큰재, 윗왕실재) 054-536-0914
  - 옥산 이화장모텔(큰재, 회룡재, 윗왕실재) 054-534-3301
  - 지기재산장(큰재, 지기재, 신의터재, 개머리재) 054-533-2579
  - 신의터재 부산장민박(신의터재, 지기재) 054-533-9819

제14구간
義士 金俊臣과 신의터재

지기재 - 신의터재 - 화령재(15.65Km)
2015.08.19. (수) 흐린 후 맑음

　어제 마신 술의 후유증으로 속이 쓰라리고 아프지만 산행을 위해서는 입맛이 없더라도 먹어야 하겠기에 데우지도 않은 햇반을 억지로 먹고 기다리고 있는 장선생 차에 오른다.
　장선생은 운전하는 동안 말이 없는 것이 아마 어제밤 모처럼 아내가 왔는데도 외로운 나그네의 술동무가 되어주다 보니 다툰 건 아닐는지, 공범자로서 일말의 도의적 책임이 느껴진다.
　직장 후배를 그만두게 했다는 죄책감으로 잘 나가던 직장에서 조기퇴직을 했을 만큼 인간적인데다가 어제는 모처럼 아내가 왔음에도 불구하고 술동무가 되어준 장선생이 낯설지가 않고 왠지 오래된 친구같은 생각이 든다.
　손을 흔드는 장선생을 뒤로 하고 지기재와 연결된 시멘트 농로를 따라 가다가 오른쪽 능선 들머리로 들어서고 누렇게 익어가는 벼가 고개 숙이고, 빨갛게

영글어가는 사과는 가을이 가까워 오고 있음을 알리고 있다.

  오늘은 산행거리가 15Km정도로 짧은 데다가 난이도 또한 어제와 마찬가지로 쉬운 구간이라서 다행이다.

  이 구간의 이정표는 어제와는 달리 지명과 거리정보가 표시되어 있어 현재의 위치 파악에 용이하고 산행시간도 조절할 수 있어 많은 도움을 준다.

  임도와 산길을 몇 차례 되풀이하다가 대간길 오르막 암반 끝자락에 정원수처럼 멋있게 생긴 한 그루의 소나무에 수 많은 대간리본이 춤을 추고 있다.

대간길 주변은 과일 생산지로 유명한 중화지구대의 중심지역답게 과수원이 산재되어 있고 특히, 포도밭에는 종이봉지에 쌓인 포도가 수확을 기다리고 있다.

비교적 넓은 개활지 안부여서 앉아 쉴 만한 바윗돌을 찾으려고 두리번 거리는데 10여m전방에서 한 무리의 멧돼지 떼가 대간길을 점령하고 먹이 활동을 하고 있다. 커다란 어미 두 마리와 새끼들을 포함해서 10며 마리는 됨직하다. '이 집은 산아제한(?)을 하지 않았나보다.' 며칠 전의 학습 경험을 토대로 스틱을 부딪혀 소리를 내자 '후다닥' 쏜살같이 사라지고, 스틱을 더 힘껏 두드리면서 위험 지역을 빠른 걸음으로 빠져나와 두 번째 멧돼지와의 조우도 무사히 지났다. 그러나 다소 긴장되고 놀란 가슴은 몸 속의 노폐물로 영역표시?를 하고 나서야 조금 가라 앉는 것 같다.

신의터재 1.2Km를 알리는 이정표가 있는 봉우리에는 한 민박업소가 '진부령까지 무사완주를 기원합니다'라고 적힌 표지판을 설치해 놓았다. 이곳 산속에까지 상술이 미치고 있으나 결코 미워 보이지는 않는다.

오르내리막이 별로 없이 평탄한 대간길 왼쪽에 그림같은 집 한 채가 있는 농장을 지난다.

산 속의 그림 같은 집과 농장, 어려서부터 꿈꾸어 왔던 전원생활은 현재의 나로서는 꿈같은 이야기 일 뿐이지만 그래도 그 꿈이 이루어지기를 기원하면서 신의터재에 내린다.

신의터재는 임진왜란 이전까지 신은현(新恩峴)이라 하였는데 의사(義士) 김준신(金俊臣)이 의병을 모아 최초의 의병장으로 이 고개에서 왜군과 싸우다가 장열하게 순절한 사실이 있은 후부터 '신의터재'로 불리다가 일제 때 민족 정기 말살 정책의 일환으로 '어산재'로 바뀌었다가 1998년 광복 50주년을 맞이하면서 옛 이름인 '신의터재'로 환원하였다.

이 고개를 통과하는 아스팔트 포장 무명도로는 서쪽 상주시 화동면에서 49번 지방도와 만나고, 동쪽으로 상주시 내서면 낙서리에서 25번 국도와 연결된다. 고개마루에는 소공원과 쉼터가 조성되어 있고 두 개의 표지석과 금강, 낙동강 분수령 표지판, 큰 비석 등 조형물들이 무질서하게 설치되어 있어 오히려 자연경관을 해치고 있다는 생각이 든다.

지기재를 출발한 지 한 두시간이 지나고부터 속이 쓰라리고 메스꺼워진다. 아침에 장선생이 헤어지면서 내민 포도즙을 꺼내 속을 달래보지만 쉽게 가라앉지 않는다. '산행할 때는 술을 삼가자'고 몇 번을 다짐했지만 박지약행薄志弱行의 심성이라 술을 멀리 하지 못하고 있음을 어찌하랴.

다시 대간길로 돌아와 시어나무 군락지를 지나고 노간주 나무 군락지에서 옛날 육군대위 시절이 떠 오른다.

당시 부대 지휘관이 노간주 나무는 망국수亡國樹라며 부대 주변의 노간주 나무를 모두 제거하면서 목재로도 쓸 수가 없고 정원수로도 가치가 없으며 더군다나 주변의 다른 나무를 자라지 못하게 한다는 것이다. 그런데 조선조 임금 정조는 아버지인 사도세자의 능을 화성 봉담 '융릉'으로 천장하고 용주사를 융릉의 원찰로 정하면서 사찰마당에 노간주나무 한 그루를 심었다는데 무슨 연유였을까? 정조는 나무 많이 심은 임금으로 알려져 있으나 하필이면 노간주 나무를 심었을까?

완만한 오르막을 지나고 쭉쭉 뻗어 잘 자란 참나무 숲을 지나 무지개산 갈림길에서 잠시 망서린다.

무지개산(441m)은 갈림길에서 오른쪽으로 200m거리인데 산이름이 예뻐서 가 보고 싶지만 몸의 상태가 좋지 않아 포기한다.

대간로는 북서방향을 향하고 잣나무 조림지를 지나 닥터 블루베리 농장으로 가는 안내판을 만난다.

화령재 3.8Km를 알리는 이정표를 지나고 십여분 진행하자 쓰러진 이정표는 화령재 4.4Km라고 쓰여져 있어 늘어난 거리에 화가 난 등산객이 뽑아 버린 것으로 보인다.

오르막 통나무 계단을 올라 조그마한 돌무더기가 있는 봉우리는 437.7m봉으로 왼쪽으로 나뭇가지 사이에 멀리 판곡저수지가 보이고 오른쪽에는 청주-상주 간 고속도로에서 자동차소리가 요란하다.

오르내림이 이어지다가 윤지미산에 도착한다.

윤지미산(允知帽山 538m)은 원래 '소머리산'이었다고 하는데 언제부터인가 윤지미산으로 바뀌었다고 한다.

영화배우 이름 같기도 한 산의 이름이 품고 있는 뜻이 예사롭지 않다. 사서삼경四書三經 중 하나인 대학大學에 나오는 '윤집궐중允執乞中'의 의미인 '인생전반을 다 안다. 세상을 포용한다. 세상을 두루 안다.'는 의미로 불려지게 됐다는 설이 있고, 중국의 은 임금이 순 임금에게 선양하면서 이른 말인 '윤집궐중允執厥中'이라는 단어의 '진실로 그 중심을 잡아라'의 의미를 내포하고 있다고도 하지

만, 산 정상에서 아무리 둘러봐도 아무것도 보이지 않는 낮은 산이 인생을 다 알고, 세상을 두루 알고 있을 것 같아 보이지 않는다. 아니 어쩌면 세상에 가까이 있는 낮은 산이기에 세상을 알고 삶을 품에 안은 산이 되었는지도 모른다.

산 정상에는 돌무더기 위에 정상석이 있고 사각형으로 깍아 만든 돌쉼터가 있다.

급경사 내리막으로 내려 대간길 임도와 만나고 산 능선으로 이어지다가 양지바른 묘지 좌우에 키 큰 노간주나무가 입석처럼 서 있는 곳을 지나 청주 상주 간 고속도로 터널 위에서 오가는 차량 편에 마음을 실어 집에 보낸다. '오늘 집에 간다.'

이윽고 해발 320m의 화령재에 도착한다.

> 화령재는 상주시와 청주, 보은으로 이어지는 25번 국도가 지나가는 고갯마루로 조선시대에는 화서, 화북, 화남, 화동을 합쳐 화령현이라 하였고 이 화령현을 넘나드는 고개라 하여 '화령'이라 이름지어졌다고 한다.

삼국시대에는 고구려, 백제, 신라의 국경지대로 신라 김유신 장군이 백제군을 칠 때 이 고개를 전진기지로 삼았고, 한국전쟁시에는 수도사단 제 17연대가 매복작전으로 인민군 제 15사단을 궤멸시켜 낙동강 교두보를 확보할 수 있었던 곳으로 화서면에 화령장 전투지 기념비와 기념공원이 조성되어 있다.

고갯마루에는 커다란 표지석이 두 개가 설치되어 있고 주차장 한쪽의 낮은 봉우리에는 '화령정'이라는 정자가 땀흘리고 지친 산꾼에게 쉼터를 제공한다.

화령 버스터미널까지는 3Km가 되는 거리라 상주에서 오는 군내버스 시간도 알수 없고 소통량도 뜸하여 걸어가기로 한다. '화서태양광 발전소'를 지나고 49번 지방도와 만나는 삼거리, 주유소를 지나 화령장 전투지 기념 공원에서 묵념을 하고 버스 터미널에서 서울행 버스에 몸을 싣는다.

구간 일지

제14구간 (지개재-화령재/ 15.65Km)

2015년 8월 19일 수요일 흐림

시간	구간	표고 (m)	거리 (Km)	접속(비상탈출)	숙영자료
06:00	지기재	260	2.2	901번 지방도(모서면-내서면)	물, 공터
07:00	안쑥밭골임도		1.1	안쑥밭골-화동면소재지	
07:33	주목식재지역		1.2		
08:03	신의터재	280	1.8	아스팔트포장 무명도로 (상주시 화동면-내서면)	물, 공터
09:05	서어나무군락		0.61		
09:22	노간주나무 군락		1.7		
10:17	무지개산 갈림길		0.7		
10:45	블루베리 농장길		3.6	상주시 화동면 선교리	
12:47	윤지미산	538	2.74		
14:30	화령재	320		25번 국도(화령-상주)	공터, 정자

- **산행거리/소요시간** : 15.65Km+접속 2.5Km/ 8시간 30분+ 1시간 30분
- **일출/일몰시간** : 05:50/ 19:15
- **교통**
  - 들머리 : 지기재/901번 지방도(상주시 모서면-내서면)
  - 날머리 : 화령재/25번 국도(화령-상주)
    상주버스터미널(상주-화령, 화북, 화동, 모서) 054-534-9002
    화령버스터미널(화령-상주) 054-533-0466
    상주개인택시(상주-화령재) 054-536-0018
    화령택시(화령-화령재) 054-533-7149
- **숙박/식사**
  - 지기재산장(지기재, 개터재, 신의터재) 054-533-2579
  - 신의터재 부산장민박(지기재, 신의터재) 054-533-9919
  - 화령 문화식당/민박(화령재) 054-533-0046
  - 화령장여관 054-533-3883

제15구간
난세의 영웅 견훤의 숨결을 느끼며

화령재 - 봉황산 - 피앗재(16.6Km+접속 1.3Km)
2015.08.26. (수) 흐린 후 맑음

지난 번 산행 이후 긴박한 일주일이 지났다. 그 동안 비무장 지대에서 북한군의 지뢰도발로 촉발됐던 남·북의 대치 상태가 지속되고, 태풍 '고니'까지 한반도를 향해 북상한다는 기상 예보까지 겹쳐서 산행을 늦추고 사태의 추이를 지켜보다가 남·북 최고위급 회담에서 극적인 합의로 대치 정국이 풀리고 태풍도 동해안으로 빠져나가 맑은 날씨가 예보되었다.

어제 오후 버스로 화령에 내려와 시장통에 있는 문화식당에 여장을 풀었다. 문화식당은 식당과 민박을 겸하고 있는 집으로 대간꾼들에게는 잘 알려져 있는 명소다.

식당 벽면에는 다녀 간 사람들이 남긴 흔적으로 꽉 차 있는데 「바람의 딸, 걸어서 지구 세바퀴 반」의 저자인 한비야의 자취도 남아있다.

저녁식사를 하면서 'ㄱ룹 살맛나는 세상 풍악 생막걸리'라는 길고 특이한 명칭의 술 한병을 곁들였다.

오늘 아침 일찍 민박집 주인의 차로 화령재까지 이동하면서 그의 신상과 산행 정보에 대해서 듣는다. 올해 고희古稀를 바라보는 나이로 민박집을 시작한 지 30여년이 되었다고 하면서 말을 이어 나간다.

"속리산에 가시면 문장대에서 밤티재까지 통제 구간인데 위험한 코스이기도 하지만 위험한 곳은 우회로라도 만들어 줘야지 통제만 해서 되겠습니꺼? 산악회 같은 단체팀은 감시가 없는 야간 산행을 주로 합니더. 그게 대간 산행을 하는 무슨 의미가 있겠습니꺼?" 라며 열변을 토한다.

차에서 내려 산행 점검을 하는데 다가와 "피앗재 산장 주인에게 안부 전해 주이소. 피앗재 산장 주인이 말해주겠지만도 통제구간 만나더라도 당황하지 말고 그대로 가이소. 선생님처럼 혼자 산행하믄 그냥 보내드릴겁니다. 조심히 잘 다녀오이소."라면서 인사를 한다.

그와 힘찬 악수를 나누고 주차장 왼쪽의 숲 속 들머리에 들어서니 아침 6시 20분이다.

대간길은 능선을 따라 가다가 25번 국도로 내려서고 49번 지방도와 만나는 수청 삼거리에서 다시 능선으로 올라선다.

지점과 거리 표시가 없는 이정표를 몇 개 지나고 아담한 바위 몇 개가 있는 봉우리에 대간 리본이 나부끼는 곳은 450m봉으로 짐작이 된다. 여기에서 계단으로 내리고 다시 오르막을 치고 올라 산불감시초소에 이르자 흐렸던 날씨가 활짝 개고 내려 쬐는 햇빛에 눈이 부실 정도다. 두 딸에게 문자를 보낸다. '햇빛 쨍쨍, 산들바람 솔솔'

해를 등에 지고 가는 대간길은 서쪽 방향으로 이어지다가 노간주 나무 팻말을 지나고 무명봉 왼쪽 사면을 휘돌아 봉황산에 이른다.

봉황산(鳳凰山 740.8m)은 중화지구 화령 북쪽에 우뚝 솟은 산으로 천 삼백 여년 전 봉황새가 날아들어 삼십여년간 살았다는 전설에서 유래되었다고도 하고, 혹자는 산 정상이 봉황 머리를 빼어 올린 것 같고, 능선은 봉황의 양 날개와 흡사한 산세의 형국이 봉황과 같다고 하여 붙여진 이름이라고도 한다.

산 정상에는 아담한 정상석과 원형의자 쉼터가 있고 잡목이 우거져 조망이 어려우나, 원형의자에 올라서서 속리산 마루금의 장엄한 파노라마를 볼 수 있다. '내 키가 조금만 더 컸으면...' 주변 전경을 보지 못하는 아쉬움을 키 탓으로 돌린다.

봉황산과 안녕을 고하고 걸음을 재촉하는데 왼쪽 상주시 화서면 일대의 마을과 들판에 온통 안개가 밀려온다. 아마 어제 내렸던 비로 흠뻑 젖었던 대지

위에 햇빛이 강하게 내리쬐어 물기가 수증기로 변하는 자연현상이리라.

좌우가 펑퍼짐한 안부에는 대간길이 파헤쳐져 있고 배설물까지 눈에 띄어 스틱을 치면서 빠른 걸음으로 지역을 벗어난다.

대간로 옆 나무에 걸려있는 현수막에는 '입찰구역, 송이 버섯 및 임산물 채취 금지'라고 적혀있다. 입찰 구역이란 산 주인으로부터 일정지역을 임대하여 버섯등을 재배하는 곳으로 봉황산에서부터 시작된 파란색 가느다란 줄이 계속 이어진 지역은 모두 포함되는 모양이다.

지도상의 660m봉에는 글씨가 지워진 이정표에 조그맣게 '복룡사'가는 길이 표시되어 있는데 여기서 남쪽에 화남면 복룡마을 산자락에 복룡사가 있다.

대간길 오른쪽 나뭇가지 사이로 언뜻 언뜻 보이는 46번 지방도는 화서면 상

▼ 455봉 ⋯ 구병산

현리 수청 삼거리 25번 국도에서 분기하여 갈령을 통과하고 화북면 장암리까지 이어진다.

속리산이 가까워지고 있어서인지 '급경사 위험' 경고 표시가 군데 군데 눈에 띄고 암릉지대를 지나 참나무와 소나무가 어우러진 숲 길로 이어진다. 오래된 헬기장인지 이장해 간 묘지터인지 공터를 지나 낙엽송 군락지에서 젊은 산님을 만나 인사하고, 오늘 처음 만난 산님이라 반갑지만 서로의 갈 길이 멀어 금방 헤어진다.

잘 다듬어진 목재 계단을 따라 비재에 도착한다.

> 비재는 해발 320m로 안내판에는 '비조령(飛鳥嶺)'으로 표기해서 설명하고 있는데 새가 나는 형국이라서 불리는 이름이라고 한다.

남·북의 능선을 연결하는 동물이동통로 아래 도로변에는 비조령 표지석이 보이고 도로에는 방금 전에 만난 젊은 산님이 타고 온 것으로 보이는 차량이 주인을 기다리고 있다. 이 도로는 최근에 포장된 아스팔트 포장 2차선 무명도로인데 서쪽으로는 상주시 화남면 장자벌 마을에서 남쪽으로 꺽어 화남면 평온리에서 25번 국도와 만나고 동쪽으로는 상주시 화서면 동관리에서 49번 지방도와 연결된다.

동물이동통로를 지나 목재 계단 시작점에 전망대가 있지만 나무 사이로 도로 일부만 보이고 전혀 조망이 되지 않아 전시 행정의 한 단면을 보는 것 같아 씁쓸한 여운을 남긴다.

목재 계단은 산 중턱까지 연결되어 있고 이어지는 대간길은 전형적인 된비알이다. 숨을 할딱거리며 치고 올라가니 암봉으로 된 455m봉 조망 바위에서 북쪽은 나무에 가려 조망이 되지 않으나 서쪽은 충북의 알프스라 일컬어 지는 구병산878.5m을 뭉게 구름이 덮고 있다.

이어지는 500m봉의 전망바위에서 북동방향의 억시기 마을과 49번 지방도가 지척이고 그 너머에는 유두처럼 생긴 산 봉우리가 억시기 마을을 굽어보고 있다. 그 왼쪽으로 보이는 봉우리는 두루봉973m으로 청계산 또는 대궐터산으로 불린다.

이 산은 아랫마을 쪽에서 보면 두리뭉실하게 생겼다 하여 '두루봉'이라 부르기도 하고 후백제 견훤이 이 산에 성을 쌓고 대궐을 지었다 하여 '대궐터산'으

▼ 500봉조망지 … 두루봉 / 억시기마을

로도 부른다. 산 기슭에는 청계사란 사찰이 있고 견훤이 쌓았다는 성산 산성이 있는데 둘레가 3.3Km인 토석성으로 산 아래에서 보면 바위산으로 보인다.

억시기 갈림길 안부를 지나 충북 알프스 방향 표지판을 만나고, 이어서 못제에 이른다.

못제 안내판에는 고개를 뜻하는 '못재'가 아니라 '못제'라고 되어 있다. 이 곳은 대간 마루금에 있는 유일한 연못이었다고 한다. 지금은 물이 없는 습지이지만 산 능선 상의 넓은 지역에 물이 고여 산 위의 저수지가 된다고 하여 천지(天池)라고도 한다.

못제에는 대궐터산의 성산 산성, 속리산 자락의 견훤 산성과 더불어 후삼국 시대 견훤과 황충 장군의 전설이 아직도 전해 내려오고 있다.

상주에서 후백제를 일으킨 견훤과 보은의 호족인 황충 장군이 삼년산성(三年山城)에서 거의 매일 전투를 벌이는데 연전 연패하던 황충이 견훤의 비밀을 알게 된다. 견훤이 전투를 치루고 나서 이 못제에서 목욕을 하고 원기를 회복하게 되는 지렁이의 자손임을 알게 된 황충이 못제에 소금 삼백가마를 풀어 놓았고, 이 사실을 몰랐던 견훤은 이후 힘이 빠지게 되었고 기회를 틈 타 공격한 황충이 대승을 거두었다고 한다.

이 곳은 고사리 모양의 습성 식물과 억새가 널리 퍼져 있고 오가는 산꾼들이 쉴 수 있도록 쉼터가 조성되어 있다. 안내판에 적혀 있는 '詩'는 한 시대를 호령했던 영웅의 뒤안길을 보는 것 같은 잔잔한 감동을 불러 일으킨다.

못제의 여운을 뒤로 하고 헬기장을 지나 백두대간-장고개^{구병산} 갈림길에 이어 큰 암벽 왼쪽으로 급경사 내리막을 내려 갈령 삼거리에 도착한다. 형제봉과 갈령의 갈림길인 이곳에는 원형 쉼터가 있다.

갈령 삼거리에서 대간길은 북쪽으로 이어지고, 동쪽으로는 능선을 따라 1.3Km 거리에 화령에서 화북에 이르는 49번 지방도와 터널이 있다. 터널 위 옛고개인 갈령재에는 오래된 갈령 표지석이 자리를 지키고 있는데 표지석 뒷면에 김동주님이 글을 쓰고 글씨를 새긴 '갈령^{葛嶺}'이라는 시^詩가 눈길을 끈다.

소태백(小太白)의 정기(精氣) 별유건곤(別有乾坤)이 이룩하니

절승(絶勝)의 선경(仙境)드니 우복동문(牛腹洞門) 여기로다

세속(世俗)을 떠나있는 그 이름 속리산(俗離山)

장엄(莊嚴)한 천황봉(天皇峰)과 문장대(文藏臺) 나린 물이

벽천청강(壁泉淸江)이루니 용유수석(龍遊水石) 살아논다

이보소 길손들아 천하(天下)의 풍류객(風流客)이

갈령(葛嶺) 높은 고개 뜻없이 넘을손가

층암절벽(層岩絶壁) 문장대(文藏臺)는

세조대왕(世祖大王) 이름하고

천작명대(天作名臺) 경업대(耕業臺)는 경업장군 도장(道場)이라

동천암(洞天岩)의 일필휘지(一筆揮之) 양사언(梁士彦)의 명필(名筆)이요

병천정사(甁泉精舍) 네글자는 주문공(主文公)의 글씨란다

기암(奇岩)과 수석(水石)은 한량(閑良)들의 놀이터이니

선인(先人)들의 풍류(風流)따라 우리 한번 쉬어가세

속리산의 절경과 선인들의 멋, 그리고 풍류를 엿볼 수 있는 대목이다.

갈령 삼거리에서 형제봉까지는 0.7Km의 짧은 거리이나 가파르게 고도를 올려야하므로 숨이 벅차다.

큰 암봉이 버티고 있는 곳에 형제봉 정상과 피앗재, 갈령 삼거리 방향을 표시한 이정표를 만나게 되는데 이정표가 없으면 형제봉을 그냥 지나쳐 버렸을 것 같다.

형제봉(兄弟峰 829m)은 커다란 암봉으로 바위 옆으로 어렵사리 올라가면 암반 위에 정상석이 설치되어 있다.

봉우리 정상은 사위가 트여 북으로 천왕봉, 동쪽으로 두루봉, 남서쪽으로 구병산이 뚜렷하다.

지나온 국수봉웅이산에서 충청북도 깊숙이 침범했던 경상북도 땅은 이곳 형제봉에서 충북땅과 다시 만나 백두대간 능선을 경계로 하여 북쪽으로 이어진다. 형제봉을 뒤로 하고 연이어진 암봉과 암릉을 지나 피앗재에 도착한다.

피앗재는 충북 보은군 속리산면 만수동과 경북 상주시 화북면 상오리 신성마을을 잇는 옛고개인데 한자식으로 '피화치(避禍峙)'로 표기하다보니 난(亂)을 피하는 곳이라 하여 붙여진 지명으로도 알려지고 있다. 한편 '피'는 논에 자라는 잡풀로서 옛날에는 곡식으로 여겼고 '앗'은 밭(田)의 옛 말로 '피앗골'이 소리바꿈한 것으로 '피가 많이 자라는 곳에 있는 고개'라고 주장하는 이도 있다고 한다.

지금 시간은 오후 4시 30분이라 오늘 산행은 여기서 끝내고 왼쪽 만수동으로 향한다.

피앗재에서 酒仙을 만나다.

만수동까지는 1Km의 거리에 주로 계곡을 따라 내려가고 만수동 마을회관 앞에 피앗재 산장이 있다. 산장이라기보다는 지기재 산장처럼 전형적인 시골집인데 황토로 지은 별채와 조립식 건물이 마주하고 있다. 황토 별장은 어느 모자母子가 예약을 이미 해 놓아서 조립식 건물 방에 여장을 푼다. 방안 벽면과 천정에는 화령재 문화식당처럼 온통 산꾼들의 흔적이 남아있다.

삼각산처럼 보이는 속리산 천왕봉이 훤히 보이는 마당에서 '속리산 쌀 대추 막걸리'상표가 붙은 술병을 들고 나온 주인장과 오래된 친구처럼 이런 이야기 저런 이야기를 주고 받는다.

"아내와 함께 대간을 타다가 폭우를 만나 만수동으로 내려와서 하루 묵어 갔었는데 그 후 직장을 그만두고 이것저것 해 보다가 2006년 3월에 이곳에 와서 정착했심더. 저 앞에 있는 천왕봉을 보고 있노라면 막현던 속도 풀리는 것 같아 만족하며 삽니다." 충청도 땅에 살면서도 경상도 억양은 변하지 않는 모양이다.

그는 아들만 하나인데 미국에서 유학 중이라고 한다. 여건이 되면 아들이 미국에 있는 동안 그랜드 캐니언 종주를 하고 싶단다.

술잔이 몇 순배 돌고 나서 형제봉에 갔다 오겠다던 모자가 합석을 하고 담배값 인상, 옛날 군대 생활 이야기, 산행 정보 등의 대화가 이어진다.

"돈 많은 사람들이 담배 피는 것 봤습니꺼? 세파에 찌든 사람들이 주로 피는 담배값 올려놓고 무슨 국민 건강 증진을 위해서라고 말로는 떠들지만 사실은 부족한 복지 예산 확보위한 수단 아닝교?" 하면서 열변을 토하는 그의 말에 맞장구를 친다.

내일 통제 구간에 대해 염려를 하자 평일날 혼자 가는 대간꾼은 심한 통제를 하지는 않지만 위험한 구간이라 각별히 주의를 해야한다고 강조한다.

"지금까지 해 오셨으니 충분히 해 낼 수 있을 겁니다. 가끔은 공단에서 로프를 잘라 버릴때도 있습니다. 통제구간은 우회로를 해 준다거나 안전장치를 해

줘야지... 산림청은 백두대간을 개발하겠다고 하는데 관리 공단에서는 그런 짓거리나 하고 있으니 관련 부처끼리 엇박자로 가고 있습더."

술이 거나해지고 오십대 후반이라는 그를 감당할 수 없어서 슬쩍 자리에서 일어나 방으로 들어와 잠을 청해보지만 정신은 더 말똥말똥 해진다. 술 이야기가 나왔으니 술에 대해서 내공의 소유자였던 조지훈趙芝薰, 1910-1968선생의 '주도酒道18단계'가 떠 오른다. 청록파 시인이었던 선생은 당시 주선酒仙또는 주성酒聖으로 불리셨을 정도로 술을 좋아하고 사랑하셨던 분인데 술 마시는 수준을 바둑처럼 9개급, 9개단으로 등급을 구분하여 발표하였다.

먼저 주도 9급(酒道九級)은 불주(不酒)로 술을 전혀 마시지 않는 사람부터 시작하여 외주(畏酒), 민주(憫酒), 은주(隱酒), 상주(商酒), 색주(色酒), 수주(睡酒), 반주(飯酒), 그리고 1급(一級)은 학주(學酒)로 술의 진경을 배우기 시작한 사람으로 주졸(酒卒)이라고 한다.

이렇게 초보단계가 끝나고 본격적으로 술의 세계(酒界)에 입문하게 된다.

주도(酒徒)1단은 애주(愛酒)라 하여 술을 사랑하고 취미로 마시는 사람,

주객(酒客)2단은 기주(嗜酒)로 술의 맛에 반한 사람,

주호(酒豪)3단은 탐주(耽酒)라 하여 술의 진경을 터득한 사람,

주광(酒狂)4단은 폭주(暴酒)라 하여 주도를 실현하는 사람,

주선(酒仙)5단은 장주(長酒)라 하여 주도삼매경에 든 사람,

주현(酒賢)6단은 석주(惜酒)로 술을 아끼고 인정하는 사람,

주성(酒聖)7단은 락주(樂酒)라 하여 마셔도 그만 안마셔도 그만 술과 더불어

유유자적하는 사람,
주종(酒宗)8단은 관주(觀酒)로 술을 보고 즐거워 하되 이미 마실 수 없는 사람,
열반주(涅槃酒)9단은 폐주(廢酒)라 하여 술로 인해 술세상으로 떠나간 사람을 일컬음이다.

옛말에 '人呑酒, 酒呑酒, 酒呑人 인탄주, 주탄주, 주탄인', 즉 처음에는 사람이 술을 마시고 점차 술이 술을 마시다가 나중에는 술이 사람을 삼켜 없애 버린다는 뜻인데 술이란 적당히 마시면 약이 되지만 지나치게 되면 독이 되어 패가망신할 수 있다는 옛사람들의 이야기를 귀담아 들어야 할 것 같다.

▼ 피앗재산장 ⋯→ 속리산천왕봉

구간 일지

제15구간 (화령재-피앗재/ 15.66Km)

2015년 8월 26일 수요일 흐린 후 맑음

시간	구간	표고 (m)	거리 (Km)	접속(비상탈출)	숙영자료
06:20	화령재	320	2.2	25번 국도(화령-상주)	공터, 정자
07:25	450봉	450	1.3	화서면 상현리 창안마을	
08:00	사거리안부		1.0	남쪽 상현리 죽전, 북동쪽 하송리 49번 도로	
08:38	봉황산	740.8	1.1	남쪽 상현리 무동/백운사	
09:10	사거리안부		0.4	남쪽 상용리 상촌 북쪽 동관리 49번 도로	
09:25	660봉	660	2.1		
10:52	비재	320	2.3	포장도로 (삼가저수지/화남면, 동관리 49번 도로)	
12:57	못재		1.4		
14:10	갈령삼거리		0.66	갈령 1.3Km(49번 지방도)	
14:48	형제봉	829	1.4		
16:25	피앗재	600		만수동 1.2Km	만수동 숙영 가능

- ○ 산행거리/소요시간 : 15.66Km+접속 1.2Km/ 10시간 5분+ 40분
- ○ 일출/일몰시간 : 05:53/ 19:05
- ○ 교통
  - 들머리 : 화령재/25번 국도(화령-화령재-상주)
  - 날머리 : 피앗재(1.2Km)→만수동(만수동-보은)
    - 화령버스터미널(화령-상주, 화북) 054-533-0466
    - 상주버스터미널(상주-화령, 화북, 모서) 054-534-9002
    - 화령택시(화령-화령재) 054-533-7149
    - 상주개인택시(상주-화령재) 054-536-0018
- ○ 숙박/식사
  - 화령 문화식당/민박(화령재, 비재) 054-533-0046
  - 화령장여관(화령재, 비재) 054-533-3883
  - 피앗재산장(피앗재) 043-543-1058
  - 속리산 한일산장(피앗재) 043-543-4371

속리산

俗離山

　속리산은 천왕봉 1,067m 을 주봉으로 하고 북서쪽으로 비로봉 1,062m, 입석대 1,010m, 신선대 1,026m, 청법대 1,031m, 문장대 1,028m, 관음봉 등 아홉 개의 봉우리가 활처럼 휘어졌다 하여 구봉산 九峰山 으로도 불리었고 이 외에도 광명산, 이지산, 지명산, 형제산, 지하산, 소금강산 등 여덟가지의 다른 명칭을 가지고 있다.

　속리산이라는 산 이름에 대해 「삼국유사」의 '관동 풍악발 연수석 關東風岳鉢淵數石'에 의하면 신라 선덕여왕 5년 784년 진표율사 眞表律師 가 이곳에 이르자 밭갈던 소들이 모두 무릎을 꿇었고, 이를 본 농부들이 '짐승도 이러한데 하물며 사람들이야 오죽 하겠느냐?'며 속세를 버리고 진표를 따라 입산수도했다는데서 '속리 俗離'라는 이름이 유래되었다고 한다.

　속리산하면 떠오르는 고운 孤雲 최치원 崔致遠, 867-? 의 한시가 생각난다.

道不遠人 人遠道 山非離俗 俗離山 도불원인 인원도 산비이속 속리산 즉, '바르고 참된 도는 사람을 멀리하지 않으나 사람이 도를 멀리하고, 산은 속세를 떠나지 않으나 세상이 산을 떠나는구나.' 그는 신라 진성여왕 8년 894년 여왕의 문란한 생활과 어지러운 나라 상황, 도탄에 빠진 백성들을 구휼하러 했으나 뜻을 이루지 못하자 세상을 비관하여 전국의 여러 사찰을 찾아서 각지를 유람하다가 헌강왕 원년 886년 속리산 묘덕암에 와서 산의 경치에 감탄하며 읊은 시라고 한다. 혹자는 조선 시대의 백호 白湖 임재 林梓, 1549-1587 의 한시로 소개하고도 있다.

산 줄기는 충북과 경북의 경계를 이루고 있어서 충북 쪽은 보은 속리산, 경북 쪽은 상주 속리산이라고 구분지어 부르는데 대부분의 명승고적 名勝古蹟 은 보은 쪽에 몰려 있어 속리산하면 통상 보은 쪽을 일컬음이나 상주 속리산도 그 수려함이 만만치 않다. 화북면의 장강폭포에서 천왕봉에 이르는 때묻지 않은 장각계곡과 장암리에서 문장대를 향해 오르는 계곡은 속리산의 숨은 비경이라 할만하다.

'산자분수령 山自分水嶺'이라 산 줄기는 다시 물을 갈라 한강, 금강, 낙동강의 분수령이기도 한 속리산은 그야말로 봉우리, 봉우리가 절경이요, 골짜기 골짜기가 비경일 뿐 아니라 신라 시대 고찰인 호서 湖西 제일의 가람 법주사와 성불사 등의 사찰과 후백제 견훤의 숨결이 살아 숨쉬는 견훤 산성등을 품고 있는 속리산은 우리나라 팔경 八景 중의 하나로 손꼽히고 칡넝쿨, 할미꽃, 모기가 없어 속리삼무 俗離三無 로도 유명하다. 이산에 들어온 사람들로 하여금 속세를 떠나게 한다는 뜻에서 사인이속 使人離俗 의 산이라고도 하는 속리산은 1970년 우리나라 국립공원 제 6호로 지정되었다.

제16구간
俗離의 世界에서 모세의 기적인가?

피앗재 - 천왕봉 - 늘재(16.07Km+1.2Km)
2015.08.27. (토) 비/흐림

새벽녘에 잠이 깨어 오늘 산행할 문장대 통제 구간에 대한 걱정으로 깊은 잠을 못 이루고 뒤척인다. 지금까지도 힘들고 어려운 구간이 많았으나 통제 구간은 오늘이 처음이라 두렵고 긴장된다.

피앗재 산장 주인 서성수씨와 후일을 약속하고 피앗재로 향하는데 나그네보다 먼저 일어난 구름이 야속하게도 앞장 서 있다. 일기예보는 오후 부터 비가 온다고 예보하였는데 짙게 드리운 구름이 심상치 않게 느껴진다.

아침 6시 30분 피앗재에서 된비알로 이어지는 대간길에 들어서고 어제 먹은 술을 땀으로 다 쏟아 내는데 거세지는 바람은 기어이 비를 쏟아 내리게 한다. 역시 속리산은 속세에 찌든 속인俗人의 범접을 쉽게 허락하지 않을 모양이다.

지도상의 봉우리들을 확인하지도 못하고 500m마다 설치된 현위치 번호표시목의 숫자가 줄어들수록 천왕봉이 가까워지고 있음을 짐작하면서 한동안 보이지 않았던 산죽길을 따라간다.

현위치 번호 표시목 '속리 16-04'를 지나 암봉테라스에 올랐으나 거세지는 비바람에 주위는 온통 구름에 갇혀 천지분간을 할 수 없다.

현위치 표시목 '속리 16-02'를 지나 이제 천왕봉이려니 하고 오르니, 삼거리 안부에 있는 탐방로 안내판 기둥에 현위치 번호가 '속리 04-05'로 바뀌고 다시 급경사 오르막으로 이어진다.

철재 난간에 의지해서 힘들게 올라 비에 흠뻑 젖은 산죽의 물기를 온 몸에 적시고 암봉에 오르니 천왕봉 정상석이 초췌한 모습의 나그네를 애잔한 눈빛으로 쳐다본다.

천왕봉(天王峰 1,058m)은 속리산의 주봉으로 일제 때 창씨 개명의 일환으로 천황봉(天皇峰)으로 바뀌었다가 2007년 국토 지리원에서 지명 변경을 고시하여 현재의 이름으로 환원되었다.

여기서 세계의 지붕이라 일컬어지는 '에베레스트 산'이름이 떠 오른다. 에베레스트 산을 네팔인은 「사가르마타 하늘」, 티베트인은 「초모랑마 세상의 어머니」라고 부른다. 19세기 중엽 인도를 식민 지배하던 영국이 지도를 만들기 위한 대규모 측량 사업의 일환으로 당시 K15로 표시되던 봉우리가 8,848m로 세계 최고봉임을 확인하고 측량국장이었던 「조지 에베레스트 George Everest」의 공적을 기려 '에베레스트'로 명명하였다. 네팔이나 티베트의 좋은 이름이 있음에도 불구하고 힘 있는 영국의 주장에 따라 세계의 모든 지도에 표기하고 모든 사람들이 그렇게 부르고 있다. 국격國格과 국력國力의 중요성과 필요성을 실감할 수 있는 대목이다.

이곳은 우리나라의 삼대 명수 중의 하나로도 잘 알려져 있다. 삼대명수는 충주의 달천수, 오대산의 우통수, 그리고 천왕봉의 삼파수인데 천왕봉을 발원지로 한 삼파수는 '하늘에서 내린 빗물'이 천왕봉을 기점으로 백두대간 동쪽으로 떨어져 농암천을 이뤄서 낙동강으로 흘러들고, 북쪽의 화양천은 남한강으로, 남서쪽 이안천과 금계천은 대청댐으로 흘러가 금강과 합류한다.

또한 백두대간은 이곳 천왕봉에서 가지를 쳐 한남금북정맥漢南錦北正脈으로 분기하여 말티재를 지나 신도산, 좌구산, 칠현산으로 이어지고 다시 두 갈래로 나뉜다. 한 갈래는 한강의 남쪽 수계를 이루는 한남정맥으로 군포의 수리산을 지나 인천의 문수산에서 끝을 맺고, 또 다른 줄기는 금북 정맥으로 금강의 북쪽 수계를 이루면서 성거산을 지나 태안의 팔봉산, 안흥진에서 서해로 빠져든다. 한반도의 13개 정맥 중 3개를 빚어 놓은 곳이다.

산 정상에는 정상석과 삼각점, 주변 탐방로 안내판 외에도 '낙뢰 다발 지역' 경고판이 있어서 우중산행의 두려움을 배가시키고 있고 구름에 갇힌 산자락은 못내 아쉬움을 남긴다.

암릉을 지나 산줄길로 접어들고 궂은 날씨에도 이곳이 명산名山이어서인지 등산객들을 자주 만난다. 우의도 입지 않고 뛰어가는 젊은이는 인사할 힘도 없는지 가쁜 숨을 몰아쉬며 지나치고 여자 등산객, 청주에서 왔다는 중년 남자들, 젊은 부부 등을 뒤로 하고 문장대 3.1Km를 알리는 이정표 기둥에 '심장마비 사망사고 지점' 표지판이 섬뜩하게 다가온다.

헬기장을 지나서부터 빗줄기는 가늘어지지만 오른쪽의 거대한 바위 사이로 가려진 운무는 바깥 세상을 보지 못하게 하고 법주사로 가는 상고암 갈림길에 도착한다.

속리산 서쪽 자락 보은골에 자리하고 있는 법주사(法住寺)는 신라 진흥왕 14년(553년) 의신조사(義信祖師)가 인도에서 불경을 가져와 창건한 고찰로 임진왜란때 전소되었으나 인조2년(1624년) 벽암 각성이 중창하여 현재에 이르고 있다.

경내에는 대웅전 등 전각들이 빼곡하고 우리나라에서 가장 오래된 '쌍사자 석등'과 '석연지 石蓮池'등의 국보와 고려 초기 큰 바위에 새긴 '마래여래의상', 대형 가마솥 등 많은 국보와 보물등 문화재가 있다. 사찰 마당 한 쪽에는 수정봉을 배경으로 서 있는 30m 높이의 거대한 '금동미륵불상'은 황금 80Kg을 입혔다고 하고 이 불상의 지하법당에는 '미륵반가유상'이 놓여 있는데 어딘가 사치스런 느낌을 지울 수 없다.

속리산 보은골은 예로부터 피난처로 알려진 십승지지 十勝之地 중 한 곳으로 법주사 초입 도로변에 정이품송이 있다.

정이품송(正二品松)은 수령 약 800년 된 노송인데 조선시대 세조가 법주사로 행차할 때 어가(御駕)가 나뭇가지에 걸리자 나뭇가지가 스스로 올라가 길을 터 주었으며 이를 가상히 여긴 세조가 정이품의 벼슬을 내렸다고 한다.

지난 날 수려했던 모습은 세월의 무게를 이겨내지 못한 듯 가지는 잘리고 남아 있는 가지도 버팀목에 의지하고 있는 모습은 세월의 덧없음을 보는 듯하다.

이곳에서 가까운 남쪽 서원리 안돌 마을에는 정부인송 貞夫人松이 부부의 정에 목말라 낭군을 애타게 기다리고 있다고 한다.

상고암 0.7Km, 법주사 5.1Km를 알리는 상고암 갈림길 이정표와 돌탑을 지나고 하늘이 열리기만을 기원하면서 거대 암봉을 지나자 두 개의 나무가 붙어 있는 연리지 連理枝 나무가 눈길을 끝다.

속리산

 이어서 마주하는 상고석문은 큰 바위 사이에 사람이 겨우 드나들 정도의 구멍으로 통과해야한다.

 지금까지 산죽으로만 알았던 작은 대나무를 이곳에서는 '물참대'라고 한다는 설명판을 보면서 '역시 나는 초보산꾼'이라는 생각이 든다.

 초보 산꾼에게 잠시라도 비경을 보여주려는 듯 비가 잠시 주춤한 사이 왼쪽에 두겁등 바위, 도룡뇽 바위가 살짝 얼굴을 내밀고 갈 길 바쁜 길손의 발걸음을 붙잡고 늘어진다. 이어서 오른 바위봉은 비로봉 1,022m으로 짐작이 되고 길 앞에 가까이 보이는 암봉은 신선대가 아닐까? 내가 신선이라면 사방이 훤히 트인 저런 봉우리에서 신선주神仙酒 마시면서 시詩나 읊조리며 유유자적悠悠自適 했으리라.

신선대(神仙臺 1,025m)는 속리산에 있는 여덟 개의 대(臺)중의 하나로 한 고승이 문수봉 옆 청법대에서 불경 외우는 소리를 듣다가 건너편 산봉우리 바위 위에서 신선들이 앉아 놀고 있는 것을 보고 가 보았으나 아무도 없어 다시 돌아와서 보니 여전히 신선들이 노닐고 있는 것을 보고 이곳은 신선들이 놀던 곳이라 하여 신선대라 불렀다고 한다.

봉우리 왼쪽의 거대한 바위를 지나고 커다란 바위와 바위 사이에 고릴라처럼 생긴 또 하나의 바위가 지키고 있는 좁은 '바위문'을 지나가는데 야속하게도 비바람이 거세지고 짙은 먹구름이 산을 덮는다. 이곳이 입석대인가? 목재 계단을 내려와 얼마 후 이번에도 키높이가 다른 커다란 바위 사이로 열려 있는 좁은 길은 입석대같은 분위기지만 우중 산행길이라 확인할 수 없어 안타까움만 더한다.

조선 인조 때의 명장 임경업林慶業장군이 독보대사를 스승삼아 무술을 연마했다는 경업대는 분간할 수 없고 자신의 힘을 시험하기 위해 일으켜 세웠다는 입석대는 어디인지 모르고 지났으니 역시 초보 산꾼임에 틀림없다.

경업대 갈림길을 지나 나무 계단을 오르고 암릉을 지나 신선대 표지석이 있는 휴게소에 도착한다.

휴게소에는 십여 명의 등산객이 비를 피해 들어와 가지고 온 술과 함께 점심 식사를 하면서 오늘의 무용담 자랑이 한창이다. 빈자리를 찾아 앉으면서 라면을 주문한다.

신선대 휴게소를 뒤로하고 자연석을 깍아 만든 암석 계단에 붉은 철재 난간을 잡고 올라서고 이어서 나뭇가지에 매달려 있는 문수봉 표지판을 만난다.

문수봉(文殊峰 1,037m)은 속리산의 여덟 개 봉우리 중 하나로 과거에는 사자봉으로 기록되어 있었다고 하나 사자를 타고 다니는 문수보살을 불교에서 지혜의 완성을 상징하는 화신으로 보고 있어서 문수봉으로 이름하였다고 한다.

하늘이 열리기만을 바라는 초보 산꾼의 간절한 바램이 문수보살에게까지 통했을까? 문수봉을 지나면서 짓궂게 내리던 비도 언제 그랬냐는 듯이 거짓말처럼 그치고 바람이 구름을 몰고 가서 하늘이 조금씩 열리고 있는 게 마치 모세 Moses 의 엑소더스 Exodus 에서 바닷물이 갈라지는 기적을 보는 느낌이다.

사거리를 지나 넓은 광장에는 커다란 암봉 아래 문장대 정상석이 반갑게 손을 흔들고 있다.

문장대(文藏臺 1,028m)의 옛이름은 큰 암봉이 하늘 높이 치솟아 구름 속에 감추어져 있다 하여 운장대(雲藏臺)라 하였으나 조선조 세조가 속리산에 요양을 하고 있을 때 꿈 속에서 어느 귀공자가 나타나 '인근의 영봉에 올라 가서

기도하면 신상에 밝음이 있을 것'이라는 말을 듣고 이곳을 찾았는데 봉우리 정상에 오륜삼강(五輪三綱)을 명시한 책 한 권이 있어 그 자리에서 온 종일 읽었다 하여 현재의 이름이 되었다고 한다.

세 번 오르면 극락왕생 極樂往生 할 수 있다는 문장대 암봉이 너럭바위 위에 철계단으로 올려져 있고 50여 명이 올라설 수 있는 봉우리 정상 암반은 사방이 확 트여 구름이 하얗게 빚은 여백의 자리에 장엄한 파노라마가 연출되고 있다. 서쪽은 관음봉과 묘봉이 충북 알프스로 이어지고, 동남쪽은 칠형제봉에서 천왕봉으로 이어지는 속리산의 비경이 흘러가는 흰 구름과 숨바꼭질을 하고 있으며, 북동으로는 청화산, 조항산, 대야산이 백두대간을 이어가고 있다.

봉우리 암반에는 공룡 발자국처럼 생긴 둥글게 파인 곳에 오늘 내렸던 빗물이 가득 고여 있다.

문장대 정상석은 한글과 한문으로 된 두 개인데 한글 정상석 뒷면에 있는 박한선 님의 '속리산 문장대'라는 시 詩 는 이곳의 모든 것을 말해주고 있다.

　　도(道)는 사람을 떠나지 않았는데 사람이 도를 멀리하였고
　　산은 세속(世俗)을 떠나지 않았는데 세속이 산을 떠났네
　　하여 이름 붙여진 속리산(俗籬山) 문장대 1,054m
　　구름 속에 갈무리져 운장대라 하다가
　　세조(世祖)가 이곳에 올라 시를 지었다 하여 문장대라 했으니
　　우러러 우주의 장대함을 보고

구부려 품류(品類)의 번성(繁盛)살핀다는 기묘(奇妙)의 극치

정상에는 알이 부화한 둥굴게 파인 곳이 있으니

태초 생명 탄생 신비를 알려주도다

동쪽으로 칠형제봉, 문수봉, 신선대, 비로봉, 천황봉이 이어섰고

서쪽으로 관음봉, 묘봉이 솟았으며

비껴서 낙영산과 도명산이 다가선다

남쪽 아늑한 곳에 법주사를 앉혀 법맥(法脈)을 잇게 하고

빼어난 기품 호연(浩然)의 기개(氣槪)여

조물주의 조화여 오! 선계(仙界)의 아름다움이여!

처음 만나는 통제구간, 울타리를 넘어서!

　　백두대간을 타는 산님들이 가장 신경쓰는 곳은 출입통제 구간이다. 이구간은 비법정 탐방로라 법과 규정을 준수해야 한다는 도덕적 가치와 대간 종주라는 이상적 현실이 부딪히면서 갈등도 하지만 사실은 그만큼 위험한 곳이기도 해서 긴장되고 두려운 마음을 금할 수 없다.

　　문장대를 뒤로 하고 헬기장의 출입통제 경고판에 눈을 흘기고 도둑 고양이처럼 로프를 넘 는다. 소로를 타고 가다가 무인감시장비가 보이는 곳에서 피앗재 산장 주인의 당부대로 '방송멘트가 나와도 무시하고 그냥 진행'하려고 하다가 왼쪽에 소로길 우회로가 보여 그쪽으로 선택하니 감시장비의 추적을 피하

고 지나간다. 아마도 대간꾼들이 감시 카메라를 회피하기 위해 다니다 보니 자연스래 소로가 만들어 진 것 같다.

높다란 암벽에 내려진 로프를 잡고 오르려해도 키가 닿지 않아 배낭을 벗어 던져 올려놓고 어렵게 바위에 올라보니 첫 번째 구멍 바위가 기다리고 있다.

여기서부터 영화 「반지의 제왕」에 나오는 '골룸'으로 변신해서 네 발로 기고 내리고 다시 오르기를 반복하는 거의 암벽 등반을 해야한다.

커다란 바위 왼쪽으로 돌아 급경사 내리막으로 이어지고 다시 로프를 잡고 올랐다가 또 다시 로프에 의지해서 암벽을 타고 내려가 두 번째 구멍바위를 만난다.

세 번째 바위 사이 구멍을 돌아나가 전망이 트인 곳에서 멀리 문장대의 모습이 아련하고 네 번째 구멍바위에서 바위 옆으로 기어서 통과한다.

긴장되었던 암릉 구멍바위 구간을 무사히 통과하였으나 손바닥은 찢기고 팔은 온통 상처투성이다. 좁은 바위 틈 사이에 발이 끼어 빠져 나오지도 못하고 바위구멍을 기고 로프에 매달리고 안간힘을 쓰면서 얻은 영광의 상처이리라.

시어동 갈림길을 지나고 급경사 오르막을 올라 699m봉 입석 바위가 항아리 모양의 새끼 바위를 머리 위에 올린 채로 성불사를 굽어보고 있고 왼쪽으로 시어동과 장암리를 지나 멀리 가야할 대간 마루금이 아른거린다.

견훤 산성 갈림길은 594m봉으로 커다란 바위에 청색 페인트로 이정표를 그려 놓았는데 밤티재는 직진이고 견훤 산성 가는 길은 오른쪽이다.

견훤 산성은 장바위산을 에워 싼 성벽으로 '성산산성(城山山城)'이라고도 하며 후백제를 건국한 난세의 영웅 견훤이 축조한 것으로 기록되어 있다.

밤티재 방향의 대간길을 따라가다가 우뚝 솟아 있는 봉우리에서 한숨을 돌리며 돌아보니 지나온 속리산 마루금이 한 폭의 동양화처럼 보이고 이어지는 마사토 길에서 만나는 층층바위는 북한산 숨은벽능선에서 비를 피했던 호랑이 굴을 떠오르게 한다.

▲ 견훤산성 바위 이정표

능선이 끝나갈 때 쯤 두 갈래 길에서 직진하면 동물이동통로로 내려가는 급경사이고 그 아래 감시 초소가 있는 곳이므로 오른쪽 완만한 경사지로 내려가 출입금지간판 울타리가 끝나는 지점에서 아스팔트 포장 도로에 내린다.

밤티재는 997번 지방도로가 지나가는 고개로 왼쪽으로는 밤티 마을을 지나 37번 국도와 만나 괴산과 보은으로 이어지고 오른쪽으로는 늘티다리에서 49번 도로 및 32번 도로와 만나 상주시 화북면과 충북 괴산군을 연결한다.

밤티재 도로를 가로질러 울타리 끝나는 지점 오른쪽 산 능선으로 신속히 올라서고 조망지에서 호흡을 가다듬는다. 다시 이어지는 696m봉은 나무가 우거져 시계도 좋지 않고 자칫 왼쪽 능선으로 들어서면 백악산으로 가게되므로 커다란 바위 오른쪽 급경사 내리막으로 가야한다.

내리막에서 다시 오르막으로 올라서서 628m봉에서 바라보는 속리산의 노을은 형언할 수 없는 감동으로 다가온다.

오늘은 하루에 봄, 여름, 가을, 겨울 사계절을 두루 섭렵하고 지옥과 천당을 오고 간 기분이다.

오후 7시 저물어 가는 시간에 늘재에 도착한다.

늘재는 고개가 완만하여 늘어진다고 해서 붙여진 이름이다. 상주와 괴산을 연결하는 49번 도로가 32번 도로로 바뀌어서 지나가는 곳으로 한강과 낙동강의 분수령이며 커다란 나무 옆에 거대한 백두대간 표지석이 우뚝 솟아 있고 한·낙 분수령 표지판과 목재 울타리가 설치되어 있다.

승합차로 금새 도착한 송암가든 2층에는 각 방마다 사람들이 가득차서 혹시 대간꾼들이면 산행정보를 얻어볼까 했는데 모두 이곳 공사장 사람들이란다. 내일은 대야산 통제 구간 산행이라 같이 갈 산님이 있길 바랬는데 그마저도 허사다.

창문사이로 휘영청 밝은 달만 쳐다보면서 깊은 한숨이 절로 나온다.

'오늘이 보름인가?'

▲ 628봉 ⋯➤ 속리산

구간 일지

제16구간 (피앗재-늘재/ 16.07Km)

2015년 8월 27일 토요일 비/흐림

시간	구간	표고 (m)	거리 (Km)	접속(비상탈출)	숙영자료
06:10	피앗재	600	4.6	만수동 1.2Km(속리산면/보은)	
09:55	장각동갈림길		0.6	화북면 상은리 장각동 4Km	
10:30	천왕봉	1,057.7	1.1	장각동삼거리(장각동 4Km)	
11:15	상고암갈림길		1.32	상고암 0.7Km, 법주사 5.1Km	
12:30	신선대휴게소	1,026	0.98	금강휴게소, 비로산장, 세심정휴게소, 법주사	휴게소/물, 공터
13:10	문장대갈림길		0.3	냉천휴게소, 세심정휴게소, 법주사	
13:30	문장대	1,028	1.8	화북면 장암리 시어동(2시간 30분)	
15:45	시어동갈림길		1.7	화북면 장암리 시어동(1시간 30분)	
17:30	밤티재	490	0.97	997번 지방도 (화북면 증벌리-장암리)	
18:25	696.2봉	696.2	2.1		
19:00	늘재		385	32번 지방도 (괴산/청천/이평-상주/화북)	

- **산행거리/소요시간** : 16.07Km+접속 1.2Km/12시간 50분+1시간
- **일출/일몰시간** : 05:54/ 19:03
- **교통**
  - 들머리 : 피앗재(1.2Km)←만수동-속리산면/보은
  - 날머리 : 늘재/32번 지방도(괴산군 청천면 이평-상주시 화북면)
    청주버스터미널(청주-화북) 1688-4321
    청천버스터미널(청천-화북) 043-832-4027
    화북개인택시(화북-늘재-밤티재) 054-534-7447
    청천택시(청천-늘재) 043-832-4017
    속리산택시(속리산-피앗재) 043-542-4285
- **숙박/식사**
  - 피앗재산장(피앗재) 043-543-1058
  - 속리산면 한일산장(피앗재) 043-543-4371
  - 장암리 송암가든/민박(늘재, 밤티재) 054-533-5659
  - 장암리 오성여관(늘재, 밤티재) 054-532-1001

제17구간

오직, 하느님 뜻대로!

📍 **17-1 늘재 - 조항산 - 대야산(12.15Km+5Km)**
2015.08.28. (금) 흐림

　오늘은 소나기가 예보되어 있어 다소 불안한 마음으로 송암가든 승합차에 탑승하여 늘재에 도착한다. 송암가든 사장은 "대야산 구간이 험준하여 시간이 많이 걸릴 수 있으므로 늦어질 경우에 대야산 정상으로 오르지 말고 밀재에서 용추 계곡으로 빠지는게 나을 것 같다."라고 조언을 해 준다.
　두렵고 긴장된 마음으로 대간길에 들어선다. 시간은 아침 6시 45분이며 백두대간 표지석 뒤로 성황당이 있고 검은 대리석으로 된 백두대간 성황당 유래비가 보인다
　늘재에서 청화산에 오르는 대간길은 급경사 오르막으로 600여m이상의 고도를 높여야 하기 때문에 오르막에 취약한 나로서는 힘에 벅차고 시간도 많이 소요된다.
　암릉구간을 지나고 정국기원단靖國冀願壇에는 중앙에 검은 대리석으로 된 비

석 좌우로 석재 향로가 설치되어 있는데 한 사업가가 국가의 평안을 비는 뜻에서 세운 것이라고 한다.

몇 개의 암릉을 로프에 의지해서 정상인가 하고 오르면 또 능선길이 이어지고 전망대 바위는 구름에 가려 조망이 불가하고 헬기장을 지나 드디어 청화산에 오른다.

청화산(淸華山 984m)은 경북 상주시 화북면, 문경시 농암면과 충북 괴산군 청천면의 경계를 이루며 솟아있는 산으로 이곳에서 상주가 끝나고 문경길 110Km구간이 시작되면서 충북과 경북의 도계(道界)가 좌우로 시작된다.

청화산에 대해 조선 후기의 학자로 「택리지擇里志」를 쓴 이중환李重煥은 이 산에 올라 와 주변 산천을 굽어보고 이곳이 최고의 복지福地라고 하면서 '산의 높

고 큼이 속리산에 미치지 못하나 수석水石의 기이함은 속리산보다 훌륭하다'라고 극찬 하고 자기의 호를 산이름을 따서 '청화산인靑華山人'이라 지었다고 한다.

늘재의 잠룡潛龍이 승천하는 형국인 청화산은 부드런 능선과 날카로운 암릉이 적절한 조화를 이루고 있어서 명산名山임에는 틀림이 없는 것 같다. 명산의 기준은 높이가 아니라 그 산이 안고 있는 기운과 기세, 그리고 주변 일대의 형국 등이 어우러져 명산을 빚어내는 것이다.

산 정상석은 커다란 바위 위에 세워져 있고 한자로 '白頭大幹 靑華山 970m'로 표기되어 있어 지도상의 984m와 차이가 난다.

대간길은 청화산에서 동쪽으로 꺾여 도석재 갈림길 시루봉 갈림길에서 다시 북쪽으로 급히 꺾여 내리막길로 이어지고 858m봉에 오르면 시계가 트이고, 지나온 청화산 산 줄기가 용의 등줄기처럼 꿈틀거리며, 앞으로 가야할 조항산과 대야산 등줄기가 힘찬 기세로 다가온다.

암봉으로 된 887m봉에 올라서면 조항산이 지척이고 왼쪽으로 의상저수지가 선명하다.

내리막 바윗길에 길게 늘어진 로프를 잡고 내려가면 표식은 없으나 대간 리본이 많이 나부끼는 갓바위재는 잡목이 우거져서 사용할 수 없는 헬기장이 있고 왼쪽으로는 의상저수지가, 오른쪽으로는 견훤이 궁터를 조성했었다는 농암면 궁기리가 위치하고 있다.

대간길 오른쪽으로 거대한 바위가 절벽처럼 돌출되어 있는 지점에서 두 명의 약초꾼과 인사를 하는데 돌출된 바위 아래로 궁기리 마을의 그림같은 집 몇 채가 시야에 들어온다.

초보 산꾼에게는 녹녹치 않은 암봉과 암벽, 암릉을 네 발로 기다시피 오르고 또 오르니 조항산 정상이다.

조항산(鳥項山 951m)은 봉우리가 새의 목처럼 생겼다 해서 이름 붙여진 산으로 백두대간이 소백산에서 내려와 대야산을 만들고 다시 속리산 방면으로 가다가 농암면 궁기리와 괴산군 청천면을 사이에 두고 솟아 오른 산이다.

아담한 정상석은 바위 위에 서 있다. 정상석 너머로 대야산이 뚜렷하고 둔덕산으로 이어지는 능선 아래로는 고모치 채석장이 흉측한 모습을 드러내고 있다.

고모치를 알리는 두 개의 이정표를 지나고 왼쪽으로 또 하나의 채석장이 흉물스럽게 보이는데 부분 부분 나무를 식재하였으나 제 모습을 찾을 때까지 얼마의 시간이 흘러야 할지 알 수 없다.

고모치(姑母峙)는 해발 701m로 비교적 높은 고개로 충북 괴산군 청천면 늘 골과 경북 문경시 능암면 고모리를 잇는다.

옛날 아랫마을에 고모姑母와 조카딸이 오두막 집에서 가난하게 살다가 조카딸이 병사하자 고모는 궁기리 뒤편 준령 상봉에 올라가 식음을 전폐하고 조카딸의 이름을 부르며 슬퍼하다가 죽었다는 전설이 있어 붙여진 이름이라고 한다.

전설은 전설일 뿐 아마도 고모치 오른쪽에 있는 고모리라는 마을에서 유래된 이름으로 생각된다.

고모치 오른쪽 10여m에 있는 고모샘에서 흐르는 물소리가 청아하게 들려온다. 이 샘은 아무리 가물어도 마르지 않는 석간수라고 한다. 한바가지 마시고 나서 큰 페트병에 가득 채워 오늘의 남은 산행에 대비한다.

고모치를 뒤로 하고 된비알을 힘겹게 올라 마귀할멈 통시 바위 갈림길에 이른다. 갈림길 오른쪽은 마귀할멈 통시 바위와 손녀마귀 통시 바위를 지나 둔덕산969.6m에 이른다. '통시'는 변소화장실의 방언이고 둔덕산은 정상의 바위모양이 여인의 엉덩이처럼 보인다 하여 이름 붙여졌다고 한다.

대간로는 북서방향 내리막으로 이어지고 854m봉, 849m봉을 지나고 구멍바위와 집체 바위를 지나서 밀재에 도착한다.

밀재는 서쪽으로 화양구곡의 송면 5.2Km, 동쪽으로 월영대 1.8Km를 지나 용추계곡, 선유동으로 이어지는데 백두대간 문경구간 110km의 시작점이기도 하다.

대야산에서 의도된 알바를 하다!

대야산 들머리에는 출입금지 경고판이 긴장감을 더해준다.

대야산 오르는 대간로는 통제구간이지만 잘 설치된 목재 계단이 산중턱까지 이어지고 급경사 암봉 바위 사이에 '대야산 119 솔라표시등 2번'표시판과 '능선'이라고 쓰인 이정표가 있다.

여러 사람이 쉴 수 있을 정도로 넓고 거대한 마당바위를 지나 대간로는 대문같이 양쪽으로 서 있는 입석바위 사이로 이어진다. 길게 늘어진 로프를 잡고 험한 암반 구간을 오르내리고 마지막 암반 끝에 정상석이 보이는 암반을 오르다가 그만 고모샘에서 가득 채운 물병이 저 아래로 떨어져 계속 굴러 가 버린다. 다시 내려가서 주워 오자면 시간이 너무 많이 걸릴 것 같아 일단 정상에 올라 가서 생각해 보기로 한다.

드디어 대야산 정상이다.

대야산 大耶山 정상석은 커다란 암반 끝에 외롭게 서 있고 저 아래 가까이에는 촛대봉과 곰넘이봉에서 장성봉까지, 멀리는 악휘봉, 구왕봉, 희양산 등 앞으로 가야할 봉우리들이 구름이 밀려난 여백에 자리하고 있다.

대야산 정상에 섰다는 환희도 잠시 두려움과 긴장이 밀려온다. 버리미기재까지는 4.1Km거리인데 지금 시간은 오후 5시가 훌쩍 지났으니 시간도 문제려니와 식수마저도 없으니 난감하고 더군다나 100m 직벽을 로프에 의지해서 내려야 하는 두려움마저 앞선다. 송암가든 사장의 말이 귓전에서 맴돈다. 그렇다고 밀재까지 다시 돌아가기는 싫고 '그래, 이게 모두 하늘의 뜻이려니 하늘의 뜻에 따르자. 계곡으로 내리자. 계곡에는 물을 쉽게 구할 수 있을 것이다.'

정상석이 있는 암반과 바위 사이 틈새로 바로 직진하면 대간길로 이어지고 오른쪽 방향의 내리막길을 따라 로프를 타고 악마처럼 큰 입을 벌리고 있는 피아골로 내려간다. 바위를 뛰어넘고 스틱과 배낭을 교대로 던져놓고 내리다가 너덜지대를 만나고 날은 어두워지는데 어디선가 졸졸졸 물 흐르는 소리가 들려 뛰어가 머리를 처 박은 채로 실컷 마시고 허리에 찬 물병 가득히 채운 후 또 다시 신비롭고 험준한 계곡을 따라 내려가니 월영대가 나온다.

월영대부터 주차장까지는 길이 잘 정비되어 있는데 주차장 주변은 산장과 가든이 즐비하고 형형색색의 네온싸인 불빛이 지나가는 탐방객을 현혹한다.

이윽고 가은읍 콜택시가 도착하여 가은읍에서 자고 내일 버리지미기재에서 대야산으로 역주행할 생각이었으니 내일은 토요일이라 공단 직원이 출입 통제할 거라는 택시 기사의 말에 따라 점촌으로 가서 서울행 버스를 타기로 한다.

원래 점촌은 시市였고 문경은 읍邑이었으나 점촌시와 문경읍이 통합되면서 문경의 유명세에 밀려 점촌시의 이름을 빼앗기고 문경시 점촌동으로 자리바꿈 했다고 한다. 시청이나 관공서는 모두 점촌에 있기 때문에 잘 모르는 사람들은 문경과 점촌을 혼동하는 경우가 많다.

점촌에 도착해서 서울행 버스에 몸을 싣는다.

어제와 오늘은 힘든 구간이면서도 위험한 출입 금지 구간이 있어 두렵고 긴장된 마음으로 시작하였는데 절반의 성공에 만족하고 깊은 잠에 빠져든다.

▼ 887봉 ⋯ 조항산 / 대야산

제17구간

100m직벽을 올라 다시 대야산 정상으로

17-2 대야산 - 촛대봉 - 버리미기재(역주행 4.1Km+12Km)
2015.09.03. (목) 흐린 후 맑음

    어제는 가을을 재촉하는 비가 내렸는데도 대간 종주를 이어 나가기 위해 동서울터미널에서 직통버스로 문경시 가은읍에 내렸다.
    가은읍은 후백제의 견훤과 그의 아버지 아자개가 살았던 곳으로 이 일대는 견훤산성, 대궐터, 궁기리, 못재 등 견훤의 흔적이 곳곳에 산재되어 있다.
    몇 년 전 방영되었던 KBS대하드라마 「태조왕건」의 촬영지와 '아자개장터'가 눈길을 끈다.
    대간꾼에게 잘 알려진 신라장 여관은 리모델링을 해서 명칭을 바꿔 새로 개장했다는 본가모텔에 여장을 푼다.
    아침 일찍 택시로 버리미기재에 도착하여 지난 번 산행때 내린 대야산 정상을 향해 역주행의 산행을 시작한다. 시간은 아침 6시 30분이다.

버리미기재는 서쪽으로 충북 괴산군 청천면 관평리 상관평 마을을 지나 선유동에 이르고 남동쪽으로 문경시 가은읍 완평리 벌바위를 지나 선유동에 이르는 내외(內外) 선유동을 잇는 고개로 922번 지방도가 지나간다.

옛날에 아홉 번 시집 가서 자식이 여럿인 한 과부가 이곳에 살면서 자식들을 벌어 먹이기가 힘들어 맨날 '아이고, 와 이리 버러머기 벌어먹이다의 경상도 사투리가 힘드노'에서 유래했다고 한다. 한편 '버리'라는 말은 '보리'를 '미기'는 '먹이다'를 일컫는 이 지방의 사투리로 하도 가난하여 보리먹이나 지어먹던 곳이라 하여 부르게 되었다고도 한다.

헬기장을 지나고 전망대 바위에서 바라보는 둔덕산은 바다에 떠 있는 섬을 보는 것 같다.

오후부터 비가 올 거라는 일기예보와는 달리 파란 서쪽 하늘에는 못다진 달님이 힘들어 하는 길손을 응원하듯 걸려있다.

어제 내린 비로 흠뻑 물기를 머금은 마사토 길은 미끄러워 이보전진 일보후퇴를 반복한다. 이럴때는 스틱을 접어 넣고 네발로 기거나 대간길 옆 나뭇가지를 붙잡고 오르는게 상책이다.

곰들이 넘나들었다는 곰넘이봉 정상석은 커다란 암반 끝에 치우쳐 있어서 자칫하면 지나쳐 버릴 수도 있겠다. 해

속리산

발 733m의 암반 위에서 조망되는 두 봉우리의 둔덕산은 구름 위에 둥실 떠 있는 모습이 마치 엎드려 있는 여자의 둔부처럼 나그네를 유혹한다.

로프 구간과 암릉지대를 지나 미륵바위에 도착한다. 도깨비 뿔처럼 생겼는데도 미륵바위라고 거룩한 명칭을 붙인 이유를 알 수 없다.

다시 암릉지대를 지나고 암벽 로프를 타고 내려 불란치재에 이른다.

▲ 미륵바위 … 대야산

불란치재는 옛이름이 불한령(不寒嶺)으로 대야산과 장성봉에 가로막히고 촛대봉과 곰넘이봉 사이의 계곡에 자리하고 있어 한겨울에도 바람이 불지 않는 따뜻한 지역이라 그런 이름을 붙였던 것 같은데 '불한재'가 변음되어 불란치재가 되었다고 한다.

이 고개는 괴산군 청천면 관평리 상관평과 문경시 가은읍 벌바위 마을을 잇는 고개로 버리미기재로 도로가 개설되기 이전에는 사람들의 통행이 많았을 텐데 지금은 흔한 표지석 하나 세워지지 않고 옛길의 흔적이 점차 지워지고 있다.
　불란치재 전 방향에 출입금지 현수막이 걸려 있어 쉬고 싶은 마음은 사라지고 허리를 바짝 곧추세우고 있는 촛대봉으로 향한다. 암벽로프를 타고 올라서 큰 소나무 옆에 소의 귀처럼 생긴 정상석을 만난다.

촛대봉 정상석은 해발 661m를 알리고 '문경산들모임에서 구슬 땀으로 세우다'라고 새겨 놓았다. 나무 사이로 대야산 정상이 매서운 눈초리로 내려다본다. 마치 사냥감을 발견한 독수리가 날개를 펼치고 날개짓하는 모습이다. 더군다나 선행자들도 두려워 했던 100여m의 직벽은 보기만 해도 오금이 저린다.

촛대치라 불리는 촛대봉 삼거리를 지난다. 북쪽으로는 불란치재 가는 길과 연결되고 남쪽으로는 피아골로 내려서 용추계곡과 연결된다.

고만고만한 암벽 로프를 몇 개 지나고 통제구간임에도 잘 정비된 목재 계단을 지나 우거진 잡목 숲을 기어올라서 '119구조요청 대야산 57번'표지판이 나오고 쳐다보기만 해도 아찔한 절벽에 기다란 로프가 저승사자처럼 매달려 있다.

'지난 번 대야한 정상에서 이 직벽 구간만이라도 내렸었다면 오늘은 쉬운 산행이 되었을텐데'하는 아쉬움이 남는다. 한편으로는 어느 선행자가 대야산 정상에서 용추 계곡으로 잘못 들어 피아골에서 촛대봉 삼거리로 올라가 이 직벽 구간을 타지 않고 바로 버리미기재로 내려갔다는 자료가 유혹하지만 백두대간 종주를 하면서 어렵고 위험한 곳이라 해서 우회한다면 그게 진정한 대간 산행이라 할 수 있겠는가? '나는 할 수 있다'를 마음 속으로 외치면서 로프를 잡는다. 어제 내린 비로 로프는 젖어 있고 암벽에는 아직도 물기가 흐른다.

이곳 직벽 코스는 3단계로 되어 있다. 하나의 로프를 타고 30여m쯤 올라와 겨우 발 디딜 수 있는 틈에서 숨을 고르고, 다시 또 하나를 타고 오르자, 손에는 나도 모르게 엄청난 힘이 들어가고 비지땀을 흘리면서 숨이 차올라 금방이라도 끊어질 듯하다. 마지막 로프를 타고 오른다. 그야말로 젖 먹던 힘까지 쏟아 붓고 올라 내려다보니 현기증이 나고 오금이 저린다.

천신만고 千辛萬苦, 악전고투 惡戰苦鬪란 표현이 이럴 때 쓰라는 용어인 것 같다.

드디어 대야산 정상에 두 번째 오른다.

지난 번 대야산 정상에서는 앞으로 가야할 희양산이 저 멀리서 하얀 대머리 모습으로 드러났었는데 오늘은 구름에 가려 전혀 조망이 되지 않는다.

시간은 오전 10시가 조금 지났으니 버리미기재를 출발해서 4시간이 걸린 셈이다.

기왕지사 대야산에 올랐으니 피아골, 용추계곡, 선유동 계곡을 답사해 볼 요량으로 지난번 일몰 시간에 쫓겨 뛰다시피 내려갔던 피아골로 향한다.

대야산 정상에서 월영대까지 악마의 입처럼 두려웠던 피아골이 신비스런 원시림으로 다가오고 자연석 전시장같은 기암괴석 사이로 로프를 붙잡고 타잔처럼 뛰어 오르내려도 즐겁고 편안한 느낌이다. 졸졸 흐르던 계곡 물소리는 콸콸 쏟아져 내린다.

월영대(月影臺)는 밝은 달이 뜨는 밤이면 계곡물에 달빛이 아름답게 드리운다 하여 붙여진 이름이다.

문경시 가은읍 완장리 선유동 벌바위에서 월영대까지는 법정 탐방로로 이어져서 많은 탐방객들이 계곡 곳곳의 넓은 반석 위에 무리지어 계곡의 정취를 즐기고 있다.

선유구곡(仙遊九曲)이라고도 불리는 용추계곡은 용추 폭포, 용소암, 무당소, 학천장, 특석대, 탁청대, 관란단, 세석대, 황청담, 영사석, 옥하대 등의 비경을 간직하고 거리는 4.4Km에 이른다. 특히 용추 폭포는 신라 말기 선승 도선선사가 고려 왕건에게 「도선비기(道詵秘記)」를 전수했던 곳으로 잘 알려져 있다.

선유동 계곡은 4Km의 거리로 홍류천, 와룡담, 백석탄, 망화담, 완심대 등 칠우오곡(七愚五曲)이라고도 한다. 특히 망화담 위에 있는 정자를 칠우정(七愚

▼ 월영대

亭)이라 하는데 당시의 선비요, 이 지방의 유력한 인사들 일곱 명의 호에 모두 '어리석을 우(愚)'자가 들어가 있어 칠우회(七愚會)라 하였고 칠우정에서 모임을 갖던 곳이다. 구 한말 의친왕 이강이 칠우정이라 이름지었고 칠우정에서 바라보는 풍경을 칠우칠경이라고 한다.

선유동천 仙遊洞泉 징검 다리를 건너 이강년 선생 기념관에서 오늘의 산행을 마감한다.

오늘의 대간길은 4.1Km에 불과하지만 다른 사람들이 쉽게 갈 수 없는 피아골의 자연원시림과 천혜의 계곡이 빚은 비경, 용추계곡, 선유동 계곡 등 옛날 우리 선인들이 극찬했던 선유동천을 두루 답사했다는데 보람을 느끼며 하루를 마감한다.

▼ 미륵바위 … 피아골 / 용추골운무

구간 일지

제17-1구간 (늘재-버리미기재/ 16.25Km)

2015년 8월 28일 금요일 흐림

시간	구간	표고 (m)	거리 (Km)	접속(비상탈출)	숙영자료
06:45	늘재	385	2.4	32번 지방도 (괴산, 화북면 입석리/장암리)	
09:00	청하산	984	3.5		
11:42	갓바위재	769	1.1	청천면 삼송리 의상저수지(70분) 문경 능암면 궁기리	
12:35	조항산	953.6	1.3	조항산삼거리(의상저수지 2시간)	
13:20	고모치	670	0.95	고모치삼거리 (문경시 능암면 고모치)	고모샘, 공터
14:15	통시바위갈림길		1.9		
15:50	밀재	650	1.1	화양골 송면 5.2Km 월영대 1.8Km/가은읍	공터
17:00	대야산	930.7		피아골 - 용추골 - 벌바위 922번 지방도(괴산-문경(가은))	

- 산행거리/소요시간 : 12.15Km+접속 5Km/ 10시간 15분+2시간
- 일출/일몰시간 : 05:55/ 19:02
- 교통
    - 들머리 : 늘재/32번 지방도(괴산/청천/이평-상주/화북)
    - 날머리 : 대야산 정상→피아골→용추골→벌바위/922번 지방도(괴산-문경/가은)
        상주버스터미널(상주-화북) 054-534-9002
        청주버스터미널(청주-화북) 1688-4321
        청천버스터미널(청천-화북) 043-832-4027
        화북개인택시(화북-늘재) 054-534-7447
        청천택시(청천-늘재) 043-832-4017
        문경가은버스터미널(가은-벌바위) 054-571-7233
        문경가은택시(가은-버리미기재) 054-571-4931
        송면택시(용추골-버리미기재) 043-833-8228
- 숙박/식사
    - 가은읍 본가모텔(버리미기재) 054-571-3800
    - 벌바위 유원지모텔/민박, 식당

구간 일지

제17-2구간 (대아산-버리미기재/ 역주행 4.1Km)

2015년 9월 3일 목요일 맑음

시간	구간	표고(m)	거리(Km)	접속(비상탈출)	숙영자료
06:30	버리미기재	450	1.0	922번 지방도 (괴산군 청천면-문경 가은읍)	
07:25	곰넘이봉	733	0.8		
	삼거리헬기장		0.4	가은읍 완장리 벌바위 유원지/ 가은읍	
	블란치재	560	0.6	가은읍 완장리 벌바위 유원지/ 가은읍	
08:30	촛대봉	668	0.3		
	촛대재		0.9	괴산군 관평리, 피아골/용추골/ 가은읍	
	100m직벽		0.1		
10:10	대아산	930.7		피아골/용추골/벌바위유원지/ 가은읍	

- **산행거리/소요시간** : 4.1Km+접속12Km/ 3시간 50분+8시간
- **일출/일몰시간** : 05:59/ 18:54
- **교통**
  - 들머리 : 버리미기재/922번 지방도(괴산군 청천면-문경 가은읍)
  - 날머리 : 대아산 정상→피아골/용추골/벌바위/922번 지방도(괴산-문경/가은)
    문경가은버스터미널(가은-벌바위) 054-571-7233
    문경가은택시(가은-버리미기재) 054-571-4931
- **숙박/식사**
  - 가은읍 본가모텔 054-571-3800
  - 벌바위 유원지모텔/민박, 식당

제18구간
부처님 법(法)대로!

📍 **버리미기재 - 장성봉 - 지름티재(11.77km+4.5Km)**
2015.10.05. (월) 맑음

대야산 정상을 두 번이나 오르면서 포기라는 마음의 동요도 있었으나 백두대간 종주의 꿈은 저버릴 수가 없었다. 가능하면 구간마다 순차적으로 바통터치를 하면서 차근차근 산행하겠다던 초심(初心)은 대야산 산행 이후 현실과 타협하게 되었다.

일부 구간은 친구들이 동행하겠다고 해서 남겨두고, 점점 짧아지는 일몰 시간과 통제구간을 고려하여 산행 거리를 조정하고 산행 중 만난 대간꾼과 민박집 주인, 그리고 택시 기사의 조언을 참고하다보니 건너뛰기와 역주행을 하게 되어 단계적인 산행이 되지 않는다.

오늘도 동행하기로 했던 친구들과 일정 맞추기가 어려워 마냥 기다릴 수 없어 혼자 나선다.

'역시 나는 언제나 혼자일 수 밖에 없는가?'

어제 가은읍에서 벌바위행 막차를 타다보니 어두운 밤에 찾아든 민박집들은 일요일이라 출타하고 없고 불 켜진 집에 찾아들어가 억지 전술로 라면에 식은밥 한덩이 얻어 먹고 방 하나 빌려서 눈을 붙이다가 새벽같이 일어나서 헤드랜턴을 켜고 버리미기재까지 달려온다.

건너편 감시초소는 적막강산이고, 철조망이 끝난 지점에서 오른쪽 계곡으로 들어서서 계곡을 연하여 순한 대간길로 이어지다가 능선에 올라 집채만한 바위를 지나 암봉을 돌고, 905m봉을 지나서 애기암봉 갈림길 왼쪽으로 꺽인 대간길을 타고 오르니 장성봉이다.

장성봉(長成峰 915.3m)은 멀리서 보면 길게 늘어선 성(成)처럼 보인다하여 붙여진 이름이라고 한다. 경북 문경시 가은읍 서쪽에서 백두대간의 허리를 떠 받치고 있는 숨은 명산이다. 산 이름이 그렇듯이 마치 거대한 만리장성의 일부를 보는 듯한 이 봉우리는 북쪽으로부터 남진하는 백두대간이 희양산(999m)에서 서쪽으로 꺽였다가 악희봉(843m)을 솟구친 후 다시 직각으로 꺽여 남쪽의 대야산(931m)으로 치닫는데 악희봉과 대야산의 중간쯤에 이르러 우뚝 솟은 형상이다. 이 때문에 장성봉을 중심으로 북쪽 방향의 악휘봉에서 오른쪽 방향으로 구왕봉(898m), 희양산(999m), 애기암봉(740m), 둔덕산(970m), 대야산(931m), 군자산(910m) 등의 봉우리가 원을 그린 듯 에워싸고 있어 제법 심산유곡의 장관을 연출하고 있다.

장성봉 정상석은 돌 탑위에 세워져 있고 뒷면에 '단기 4330년 11월 16일 문경산들모임'이라 새겨 있어서 단기로 표현한 정상석은 처음이라 이채롭다.

장성봉에서 대간길은 북서방향으로 이어지고 막장봉 갈림길이 나오는데 막장봉 幕場峰, 868m은 대간길에서는 벗어나 있지만 북쪽으로는 칠보산을, 남쪽으로는 대야산을 마주 보고 있는 산으로 마지막에 있는 봉우리라 하여 막장봉으로 부른다고 한다.

갑자기 왼쪽 막장봉 방향에서 남자들의 말소리가 들려 혹시 '공단직원이 아닐까?'하는 생각이 들어서 오른쪽 출입금지간판 로프를 훌쩍 넘어 걸음을 재촉한다. 827m봉 조망지를 지나고 대간로 왼쪽에 많이 본 듯한 바위가 눈에 띄는데 삼단 바위 위에 도깨비 뿔이 달려 있다. 버리미기재에서 대야산으로 역주행할 때 봤던 미륵바위와 비슷한 형상이다.

높지 않은 몇 개의 봉우리를 지나 헬기장이 있는 사거리 안부에 이른다. 이곳은 왼쪽으로 괴산군 칠성면 살구나무골을 지나 쌍곡 계곡에 이르고, 오른쪽은 점말을 지나 봉암용골을 거쳐 봉암사에 이른다.

쌍곡계곡은 괴산 팔경 중의 하나로 괴산에서 연동 방향으로 10Km지점인 괴산군 칠성면 쌍곡마을에서 제수리재에 이르는 10.5Km의 구간으로 호롱소,

소금강, 떡바위(병암), 문수암, 쌍벽, 용소, 쌍곡폭포, 선녀탕, 마당바위(장암) 등이 쌍곡구곡(雙谷九曲)을 낳고 보배산, 군자산, 비학산의 산세에 둘러 쌓여 흘러내리는 계곡의 맑은 물이 기암절벽과 울창한 숲과 함께 조화를 이루어 조선시대 퇴계, 송강 등 수 많은 문인들이 쌍곡의 산수에 반해 머물렀다고 한다.

악휘봉 선바위가 보이는 악휘봉 갈림길인 821m봉에 도착한다. 악휘봉은 대간길에서 왼쪽으로 조금 벗어나 20여분 거리에 위치하고 있는데 대간꾼들에게는 널리 알려진 명소인지라 지나칠 수 없다.

악휘봉 정상에 오르기 전 노송 老松을 곁에 두고 탑 모양으로 우뚝 솟은 바위는 선바위라고 하는 입석 바위인데, 바위 틈 사이로 작은 돌을 올려 놓은 산님들의 염원이 엿보이는 선바위를 지나 단숨에 악휘봉 정상석과 마주한다.

노송이 서 있는 암반 위에 검은 대리석으로 된 정상석이 자연의 풍광과 어울리지 않는 모습이고 그 뒤로 또 다른 막대형 정상석이 초라한 모습을 보이고 있다.

악휘봉(惡揮峰 845m)은 충북 괴산군 연풍면과 칠성면의 경계를 이루면서 최고의 조망을 제공한다.

서쪽으로 시루봉 866m, 덕가산 854.8m, 보배산 750m, 칠보산 778m 이, 남쪽으로 막장봉 887m과 장성봉 916.3m 이, 북동쪽으로 멀리 월악산 영봉 1,092m, 신선봉 966m, 조령산 1,026m 이, 그리고 남동쪽으로 다음에 가야 할 구왕봉 879m, 희양산 999m, 시루봉 914.5m 이 산군을 이루면서 장대한 파노라마가 펼쳐진다.

악휘봉 갈림길에서 대간길은 남동 방향으로 이어지다가 출입금지 경고판을 지난다.

712m봉 급경사 철계단을 내려서 로프를 타고 암벽을 내리니 전망지 옆에 추모판이 가슴아프다.

'너무도 산을 좋아했던 진국남, 2008년 4월 27일 이곳 백두대간 길목에 잠들다. 2008.6.15. 마암산악회일동'

'여기에도 어느 산님이 잠들어 계시구나' 가벼운 묵례로 넋을 위로하고 긴 암벽을 로프에 의지해서 내리니 또 하나의 내리막 암벽이 도사리고 있는데 로프를 잘라버린 모양이다.
 어렵사리 암벽을 타고 내린 안부에는 서낭당 자리가 있는 은티고개다.
 북동쪽으로 내려가면 은티마을이고 남쪽은 봉암사에 이르는 봉암용골이지만 산림유전자원 보호구역인데다가 봉암사 수행도량으로 출입을 통제한다는 간판과 목책이 설치되어 있다.

'일체 중생이 번뇌 틀에서 벗어날 기약이 없으니 출가인은 이에 분발하여 사람마다 본래 구족한 불성을 바라보아 사람과 천상의 스승됨이라. 이곳은 그와 같은 스님들이 수행하는 청정도량이므로 현명하신 여러분께서는 양지하시고 출입을 삼가해 주십시오'

다시 된비알을 치고 올라 꽤나 넓고 평퍼짐한 주치봉 683m 에 이르고 오른만큼 내려서 호리골고개에 도착한다.

호리골고개는 일명 오봉정 고개라고도 하는데 북쪽으로 호리골을 지나 은티 마을에 이르고 남쪽으로 오봉정을 지나 봉암 용골로 이어지기 때문에 붙여진 이름 같으나 사람의 통행이 없어서인지 길의 흔적을 찾아 볼 수 없다.

호리골고개에서 구왕봉까지는 1.4Km의 거리인데도 고도를 300여m나 높이기 위해 680m봉과 마당 바위등 3단계의 오르막을 치고 올라야 하는 힘든 구간이다.

넓은 바위 사이 좁은 길을 통과해서 고목 나무가 암반 끝에 아슬아슬하게 서 있는 조망지에 이르고 이어지는 마당바위는 수 많은 인원이 앉아서 쉴 수 있을 정도로 넓고 평탄한 바위다.

마당 바위를 지나 순한 대간길로 이어지다가 검은 대리석으로 된 구왕봉 정상석과 마주한다.

구왕봉(九王峰 879m)은 옛 기록에 구룡봉이었다고 하는데 조망도 되지 않고 평범한 봉우리다. 구왕봉이란 이름이 말해 주듯 산 아래에 있는 봉암사와 얽힌 아홉 마리 용에 대한 전설이 깃들어 있다.

▲ 고목/소나무전망대 … ▶ 봉암사

　신라시대 지증대사가 봉암사 자리를 결정하고 그 자리에 있던 큰 못을 메우면서 그 곳에 살고 있던 아홉 마리의 용을 신통령으로 쫓았는데 그 용이 올라간 곳이 구왕봉이었다고 한다.

　봉암사의 용바위는 가뭄이 계속될 때 기우제가 행해졌는데 특이한 것은 삶은 돼지머리를 사용하지 않고 살아 있는 돼지를 끌고 올라가 바위 위에서 피를 흘리게 하고 기우제를 지냈고 구왕봉에 있는 용이 피 흘리는 것을 싫어해서 비를 내리게 했다는 전설이 구전되어 오기도 한다.

　산 정상에서 조금 내려 고목과 소나무 한 그루가 서 있는 전망지에서 대머리 같은 모습의 희양산이 잡힐 듯 선명하게 다가오고 뒤로 멀리 조령산과 신선암봉이 아른거린다.

　희양산 암벽을 따라 내린 산자락에 원시림으로 둘러쌓인 봉암용곡鳳巖龍谷에 참선도량으로 이름 높은 봉암사가 천년 고찰의 서기를 띠고 있다.

　봉암사(鳳巖寺)는 신라 헌강왕 5년 (879년) 중국에서 돌아온 지선(智詵) 지증국사(智證國師)가 창건하였고 881년 나라에서 봉암사라고 이름을 내렸으나 소실과 중창을 거듭하여 현존하는 당우로는 신라 경순왕이 한때 피신한 것으로 전해지는 극락전이 있다. 한국 불교의 구산 선문으로 우뚝 선 봉암사는 1982년 조계종의 특별 수도원으로 지정되었고 평상시에는 출입이 통제되고 일년에 단 하루 석가탄신일에만 일반에게 개방된다.

▼ 고목/소나무전망대 ⋯▶ 희양산

전두환 전 대통령이 강원도 백담사로 들어가기 전에 이곳에 입산 수도하려고 하였으나 참선도량을 이유로 거절했다고 한다.

봉암용곡에는 기생이 세상을 비관하여 몸을 던졌다는 용연龍淵, 신라시대 최치원이 낚시를 즐겼다는 취적대, 그리고 야유암, 백송담, 백운대 등 명승지가 즐비하고 사찰에서 서쪽 300여m 떨어진 계곡에 있는 옥석대는 암석에 음각된 불상 아래에 깔린 암반에서 목탁소리가 난다고 전해 진다.

특히, 봉암사는 한국 불교계의 큰 획을 긋는 사건인 '봉암사결사'로 유명하다.

일제 강점기를 거치면서 급속히 타락의 길로 들어서고 이후 난맥에 빠진 불교계를 바로 세우기 위해 1947년 10월에 성철, 청담, 자운 등 50여 스님이 이곳 희양산에 모여 결사를 결행하였다. 한국불교계의 혁명이라는 사건이었지만 구호는 간결했다. '오직 부처님 법대로!'

명찰절승名刹絶勝을 둘러보지 못한 아쉬움을 뒤로 하고 산행을 계속한다.

구왕봉에서 지름티재까지는 570여m에 이르는 급경사 내리막으로 수 없이 이어지는 로프와 나무를 붙잡고 내리는데 이건 내리는 게 아니라 그냥 떨어진다고 표현해야 할 것 같다.

지름티재에 내린 현재 시간이 오후 4시가 가까워지고 있으니 버리미기재를 출발해서 10시간 넘게 산행한 것이다.

지름티재 왼쪽으로 은티 마을로 내려가는 길이 뚜렷하고 오른쪽은 봉암사에서 설치한 울타리가 '스님들이 정진하는 곳이니 출입을 하지 말아달라'는 안내판이 있고 봉암사 스님들이 희양산에 올라가는 등산객을 통제하는 감시 초소가 있는데 오늘은 인기척이 없다.

낯설지 않은 지름티재에서 오늘의 대간 산행을 마무리하고 한적한 산길을 따라 은티마을로 향한다. 계곡 초입에는 영화 속에 나올 법한 별장들이 들어서 독차지하고 있고, 대간꾼들의 산행 중간역인 은티 산장 앞에 발걸음을 멈추다가 내일의 산행을 위해 발길을 돌리고 등산객들의 간이역인 주막집에 들어선다. '참새가 방앗간을 그냥 지나칠 수 없지 않은가?'

오래된 친지처럼 반갑게 맞아주는 화사한 모습의 아주머니 입담을 안주삼아 잠시 낮술을 즐긴다.

길 옆 소나무 보호수 아래 작은 동산에는 은티 마을 유래비와 장승목이 눈길을 끄는데 유래비의 내용이 흥미롭다.

> 은티마을은 조선 초기 연풍현 현내면 연지동에 속해 있다가 1812년에 작성된 동절목(冬節目)에는 인지동 의인촌리(義仁村里)로 기록이 남아 있고, 1910년 경술국치 후 일본이 의인(義仁)은 조선의 민족 정신이 함유되었다 하여 은치(銀峙)로 개칭하였다고 한다. 또한 풍수 지리설에 의하면 은티는 여궁혈(女宮穴)에 자리하고 있어 동구에 남근(男根)을 상징하는 물체를 세워야 마을이 번성하고 주민들이 아들을 많이 낳을 수 있다고 하여 동구 송림 안에 남근석(男根石)을 세웠다고 한다.

지도를 보면 악희봉에서 남동쪽으로 방향을 잡은 백두대간은 시루봉까지 자루를 만들고 그 중심부에 은티마을이 있고 시루봉에서 다시 남동쪽으로 방향을 틀어 백화산을 기점으로 북서방향을 향해 이화령에 이르는 모양새가 흡사 남근^{男根}을 연상케 하는데 풍수지리설의 마을 유래와 무관하지는 않은 것 같다.

　마을의 안녕과 자손 번영을 기원하는 남근석을 보지 못하고 연풍면 버스 터미널에서 점촌행 버스에 몸을 싣는다.

▼ 악휘봉 ⋯➔ 조령산 / 월악산

구간 일지

제18구간 (버리미기재-지름티재/ 11.77Km)

2015년 10월 5일 월요일 맑음

시간	구간	표고 (m)	거리 (Km)	접속(비상탈출)	숙영자료
06:00	버리미기재	450	1.9	922번 지방도 (괴산군 청천면-문경 가은읍)	
07:35	장성봉	916.3	0.74		
08:14	막장봉갈림길		0.86	막장봉 0.7Km	
08:50	827봉	827	1.1		
09:15	809봉	8009	1.5		
10:15	사거리헬기장		0.9	괴산군 칠성면 쌍곡휴게소	
10:50	악휘봉갈림길		1.8	악휘봉(10분) 괴산군 장연면 입석리(1시간)	
12:44	은티고개	582	1.0	은티마을(1시간)	샘터
13:25	호리골고개	615	1.4	은티마을(1시간)	샘터
14:50	구왕봉	879	0.57		
15:40	지름티재	650		은티마을→연풍버스정류소 (문경읍, 괴산, 충주)	

- **산행거리/소요시간** : 11.77Km+접속 4.5Km/ 9시간 40분+ 2시간 30분
- **일출/일몰시간** : 06:25/ 18:06
- **교통**
  - 들머리 : 버리미기재/922번 지방도(괴산/문경시 가은읍)
  - 날머리 : 지름티재(3Km)→은티마을→연풍버스정류소(문경, 괴산, 충주)
    문경가은버스터미널(가은-버리미기재) 054-571-7233
    문경가은택시(가은-버리미기재) 054-571-4931
    연풍택시(연풍-은티마을) 054-833-8580
    송면택시(용추골-버리미기재) 043-833-8228
- **숙박/식사**
  - 가은읍 본가모텔 054-571-3800
  - 지름티재 은티산장(사전예약) 043-832-0936
  - 은티마을 대간 주막집 010-5490-5708

제19구간

모든게 하늘의 뜻이로다!

지름티재 - 이만봉 - 이화령(역주행 16.88Km+3Km)
2015.09.04. (금) 안개 후 흐림

　대간 산행을 순차적으로 진행하려면 지름티재에서 출발하여 이화령쪽으로 산행을 하여야 하나, 어제 택시 기사는 '은티마을에서 출발하게 되면 들머리가 가파르고 길어서 초장에 힘을 빼버리게 되므로 이화령에서 반대로 역주행하는게 좋은데 고지식한 사람은 곧이 곧대로 오른다'고 은근히 핀잔을 주면서 '더군다나 요즘처럼 안개가 많이 끼는 날에는 산행 코스를 잘 잡아야 한다'는 말에 은근히 마음이 동하여 이화령에서 가까운 문경읍 버스 터미널 옆 수림 파크 모텔에 여장을 풀었다.

　저녁 식사를 하러간 기사 식당에는 KBS드라마 '대왕의 꿈'에 출연했던 배우들의 싸인으로 도배를 하였고 '팔공산 미나리 생 막걸리'라는 긴 이름의 술을 반주 삼아 저녁 식사를 하고 문경에서 하룻밤을 보냈다.

　아침 모닝콜에 맞춰 일어나니 감기 기운이 있어서 약을 먹고 택시에 올라 이화령으로 향한다. 주위는 온통 안개에 휩싸여 십여 미터도 구분이 안될 정도인데 택시 기사는 "이런 날은 은티 마을에서 시작하게 되면 위험한 구간이 많아 낭패보기 십상이다"라면서 역주행하는 마음을 위로해 준다.

이화령(梨花嶺)은 충북 괴산군 연풍면과 경북 문경시 문경읍을 연결하는 34번 국도가 지나가는 추풍령과 죽령 사이의 큰 고개로, 옛날에는 '아우리 고개'라 하였으나 일제 시대 도로가 뚫리면서 붙여진 이름이다. 이화령은 우리말로 풀면 '배꽃고개'라는데 이 고개는 배꽃과 아무런 상관이 없어서 문경시에서는 2007년부터 이화령이라는 지명을 폐기하고 '아우릿재'라는 고유의 이름을 쓰기로 했다고 한다.

이 고개는 1925년 일제가 도로를 내어 경상도와 충청도를 갈라 놓고서 백두대간의 마루금을 잘라 민족 정기의 흐름을 끊겠다는 의도가 있었던 곳으로 이렇게 백두대간 마루금을 끊어 놓은 곳이 63개소가 되는데 이 끊긴 곳을 생태축 복원사업을 추진하여 2012년 11월 15일 첫 번 째 사업으로 이화령 구간이 복원되었고 2018년까지 모두 복원된다고 한다.

최근 고개 밑으로 터널이 뚫리면서 산꾼이나 찾는 옛 고개 마루가 되어 인적이 드물고 번창했던 휴게소는 주말에만 문을 열고, 육교 옆에는 이화령 표지석과 복원 사업 기념비만 자리를 지키고 있다.

아침 5시 50분에 이화령 동물 이동통로를 지나 들머리에 들어서고 오르막 돌계단 입구에 리본이 나부끼는데 아직도 안개는 천지 분간을 어렵게 한다.

남쪽으로 특징이 없고 밋밋하고 한적한 길을 따라가는데 가끔 보이는 대간 리본은 진행 방향이 틀리지 않았다는 안도감을 주지만 금방 파헤쳐진 곳은 여기에도 멧돼지가 있나 하는 우려를 자아낸다.

지도상의 681m봉으로 짐작되는 봉우리에서 아침에 산 김밥으로 식사를 해결하는데 나무 이파리에 맺혔던 안개비가 '우두둑' 제법 큰 소리로 떨어진다.

지루하게 이어지던 대간길을 따라가다가 봉우리라는 느낌도 없는데 조봉 정상석이 초라하게 서 있다. 이 지역은 새가 많아서 붙여진 이름 같으나 안개비

때문인지 새소리도 안들리는 적막강산이고 군부대에서 설치한 교통호와 참호들이 방치된 상태다.

헬기장을 지나고 키높이를 자랑하는 낙엽송지대를 지나 또 하나의 헬기장은 잡초에 뒤덮혀 사용할 수 없고 대간길에 뜬금없이 연못이라 하기에는 빈약한 물웅덩이가 나타난다. 이렇게 높은 산 가운데 물웅덩이가 있다는 것이 신기하지만 흐르는 물이 아니어서 식수로 사용할 수는 없고 물웅덩이 가운데 쓰러져 있는 나무 한 그루에 대간 리본이 달려 있는 것으로 보아 예전에는 대간길이 연못을 가로질러 있었던 것으로 짐작이 된다.

이는 산자분수령 山自分水嶺의 기본 개념에 어긋나기 때문에 어느 산악회에서 새 길을 냈다는 이야기도 들린다.

옛날 신작로같은 대간길 주변 잡목 사이에 과거 군대에서 사용했던 위장풀이 마치 목초지를 연상케하고 지루하리만치 길게 늘어진 능선길에는 다시 안개가 자욱하게 몰려 온다.

낙엽송이 빽빽이 늘어선 숲길을 따라 862m봉을 지나서 대간 리본이 걸려 있는 이정표는 왼쪽으로 흰듸메를 거쳐 분지리 안말 방향을 가르키고 있고, 이어서 황학산 정상석이 다소곳이 앉아 있다.

황학산(況鶴山 915.7m)은 문경시 문경읍과 괴산군 연풍면의 경계를 이루는 산으로 백두대간의 중추를 이루고 있으나 특징이 별로 없는 탓에 옆에 솟아 있는 백화산에 가려 잘 알려지지 않은 산이다.

잡목이 우거지고 안개에 갇혀 조망이 전혀 안되는 황학산을 뒤로하고 흰듸메 삼거리 이정표를 지나 사용할 수 없는 헬기장을 지난다. 안개비인지 밤 사이 비가 내린건지 흙길은 미끄럽고 대간길 주변의 초목은 잔뜩 물기를 머금고 있다가 토해내니 온몸이 비 맞은 것처럼 젖어든다.

암릉지대를 로프에 의지해서 오르내리다가 옥녀봉 갈림길에 이르고 이어서 백화산 정상에 도착한다.

백화산(白華山 1,063.5m)은 충북 괴산군 연풍면 분지리와 경북 문경시 문경읍 마원리, 마성면 산내리의 경계가 되는 곳으로 괴산군에서는 가장 높은 산이다.

이곳은 충청도 땅이 경상도 땅 깊숙히 치고 들어와 있는 모양새로 백두대간이 문경쪽으로 한참을 치고 들어왔다가 시루봉 쪽으로 빠져나가는 정점에 위치하고 있어 마치 남자의 성기 끝부분에 해당하는 곳이다.

풍수 지리설에 의하면 봉황이 나는 형국에 비교하여 발 아래에 봉생鳳笙, 왼쪽에는 봉명산鳳鳴山, 691.8m, 오른쪽에 봉암사鳳岩寺를 두고 뒤로는 이화령과 시루봉으로 날개를 펼친 한 마리의 봉황새와 같다고 전해지고 있으며, 다른 한편에는 겨울철 눈 덮힌 봉우리 모습이 마치 하얀 천을 씌운 것 같다고 해서 붙여진 이름이라고 한다.

백화산을 뒤로 하고 암봉과 암릉지대를 지나고 1,001m봉은 사위가 트여 옅은 안개 사이로 삼밭골과 한실곡이 뇌성산의 품에 포근히 잠겨 있다.

한국 천주교의 성지!

한실곡은 문경읍 상내리에 있는 조그마한 마을로 천주교의 성지로 알려져 있다. 조선 말기 1866년 대원군의 병인박해 당시 천주교 신자들이 숨어 들었던 은신처였다.

이어지는 만덕사 갈림길 이정표는 이만봉 4.2Km를 알린다. 남쪽으로 만덕사를 지나서 한실곡에 이르고 대간길은 암릉지대를 지나 평전치로 이어진다.

평전치(平田峙)는 괴산군 연풍면 분지리 안말과 문경시 마성면 상내리와 경계를 이루는데 인근 마을에서는 '평밭등'이라 부르

기도 한다. 1866년 병인박해 당시 한실곡, 마원리, 증평리 여우목 마을, 연풍 지역과 더불어 천주교인들이 몸을 숨긴 천혜의 은신처였다.

한국 천주교는 1784년 교단 창립 이후 신유박해 때 조선 천주교의 유일한 목자였던 주진모 신부를 비롯하여 주요 지도자를 잃었고 이후 교인들은 강원도와 경상도 사이의 사람이 살지 않은 백두대간 산자락 심산유곡으로 삶의 터를 옮겨가며 신앙을 지켜왔다.

대간 리본이 많이 나부끼는 981m봉은 뇌정산 갈림길 이정표가 있고 남쪽으로는 뇌정산 991.4m에 이르는 길이다. 대간길은 북서 방향으로 꺾이는데 멧돼지가 파헤친 흔적이 곳곳에 널려 있어 스틱을 두드리면서 신속히 통과한다.

톱날처럼 뾰족한 바위능선을 지나고 사다리재에 도착한다.

사다리재는 괴산군 연풍면 분지리 안말과 문경시 가은읍 원북리 함밤미 마을을 잇는 고개로 분지리 사람들은 '고사리 밭등'으로 불렀고 고사리의 사촌격인 '고비 미(薇)'자를 써서 '미전치(薇田峙)'라고도 하였다. 사다리재로 불리게 된 것은 분지리 안말에서 이 고개로 올라 붙은 오르막길이 사다리를 걸쳐 놓은 듯 가파르게 직선으로 치달아 올라서 붙여진 이름으로 짐작된다.

이곳의 이정표는 '괴산의 명산 이만봉 1.2Km, 괴산의 명산 백화산 4.8Km'라고 씌여 있는 것이 일반 이정표와 사뭇 다른 모습이다.

오르막 암릉지대를 지나 곰틀봉에 오른다.

곰틀봉(960m)은 옛날에 반달곰이 살았다고 해서 붙여진 이름이라는데 반달곰이 몸을 비튼 모양새의 봉우리라 붙여진 이름인지는 알 수 없다.

봉우리 정상에는 정상석이나 이정표는 없고 커다란 고목나무가 표시목의 역할을 하고 있고 일명 '고목나무 전망대'로 불릴 만큼 사방이 트여 좋은 전망을 제공한다. 이화령에서 백화산으로 이어지는 능선이 지척에서 마주하고 그 너머 조령산과 부봉, 멀리 월악산과 주흘산이 아련하다. 서쪽으로 이만봉이 코앞이고 시루봉이 다가오며 눈 아래로는 분지천이 실개천처럼 보인다.

곰틀봉부터 이어진 칼날같이 날카로운 릿지가 계속되고 분지리쪽 능선 사면은 릿지가 끝나는 곳까지 잡목을 베어 놨으나 그래도 조망은 별로인 것 같다.

이만봉(990m)은 임진왜란때 이만여 가구가 피난왔던 곳이라해서 생긴 이름이라는데 검은 대리석 정상석이 사치스런 모습으로 앉아 있고 잡목이 울창하여 조망은 전혀 없다.

이만봉을 지나고 나서부터 곰틀봉처럼 분지리 쪽 능선 사면은 큰 소나무와 참나무를 남기고 잡목은 모두 베어냈다. 수종개량을 하기 위해서인지 아니면 등산객들에게 좋은 조망을 제공하기 위한 배려인지는 모르겠으나 산림을 가꾸고 자연을 보존하기 위한 좋은 방향이기를 바랄 뿐이다.

대간길 파헤쳐지기는 이곳에서도 계속되는데 여기는 아예 트랙터로 갈아 엎어 놓은 것처럼 온통 뒤집혀 있다.

넓은 마당 바위에서 내려다 보이는 분지리 도막 마을이 바로 코 아래 이고 분지리와 계속 평행선으로 달리다가 내린 곳에서 길게 늘어진 바위를 밟고 지나니 '용바위'란다. 용의 등을 밟고 지난 셈이다.

점점 모습이 보이지 않게 되는 분지리 마을을 아쉬워 하며 만난 도막 갈림길 이정표는 북동쪽으로 이만이골을 지나 도막 마을 2.3Km를 알린다.

암봉과 파손된 시루봉 갈림길 이정표를 지나는데 한 젊은이가 음악을 크게 틀고 뛰어온다.

산행길에 음악을 듣는 건 자유지만 이어폰을 끼지 않고 소리를 크게 틀어 놓는 것도 산행의 예의는 아닐 것이다.

참나무에 '희양산 사선봉 해발 964m' 표지판이 붙은 봉우리를 지나 시루봉 갈림길 이정표는 '시루봉 20분 소요'라고 적혀 있다. 이곳이 배너미 평전이다.

배너미 평전은 대간길 능선상에 있는 분지로 넓고 평평한 곳에 나무들이 촘촘하게 들어 차 있어서 한 낮인데도 어둡고 음산한 분위기가 느껴진다. 아주 먼 옛날 천지개벽 때 배(舟)가 올라 왔다는 전설은 '노아의 방주(方舟)'가 아니었을까? 나름 상상의 나래를 펴 본다.

배너미 평전에서 대간길은 남서쪽으로 꺽이고 서쪽으로는 은티 마을이, 그리고 북쪽 방향에는 시루봉914.5m이 있다.

시루봉을 지나 절골과 분지천을 건너서 이화령으로 가로질러 가면 두 세시간 거리 밖에 되지 않지만 대간길은 분지리 안말을 가운데 두고 조봉-황학산-백화산-이만봉으로 크게 에워싸며 이어진다. 이러한 지형적 특성에 대해 시인 이용주는 그의 시 '백화산'에서 다음과 같이 노래하고 있다.

    시루봉에서 이화령 고개 굽어보니
    걸어서 두세시간 거리
    지척에 두고 돌고 돌아 열시간도 채 넘고 넘어…
    -후략-

오른쪽 계곡에서 들리던 물 소리가 멀어지고 대간 리본이 많이 달려 있는 910m봉과 871m봉을 차례대로 오르고 옛날 산성터가 돌담처럼 길게 늘어진 성터를 따라 성터 삼거리에 이른다. 이정표는 직진 방향으로 희양산 1Km, 오른쪽으로 은티마을 3.2Km를 알리고 있고 산성의 돌담을 넘어 은티 마을로 가는 급경사 내리막길이 보인다.

희양산성은 신라 마지막 왕 경순왕이 후백제 견훤과 고려의 왕건을 경계하여

축성한 것이라 전해지고, 한때는 경순왕이 피신하여 희양산 봉암사 극락전에서 기거하였다고 하니 망국의 한을 품은 경순왕의 한숨이 깃든 곳이다.

다시 내리막길로 들어서 만난 간판에는 '산림유전자원보호림'판이 떨어져있고 구왕봉 1.5Km를 알리는 표지가 달려있다.
여기서부터 오늘 산행의 문제가 발생한다.

아찔한 200m 직벽, 구세주를 만나다!

    희양산은 대간길에서 벗어나 있는 산으로 지리산의 삼도봉에서 반야봉을 거치지 않고 노루목으로 바로 가는 것처럼, 중화지구대에서 무지개산을 스쳐 지난 것처럼 희양산 자락에서 지름티재로 바로 내리는 길이 있을 것으로 생각하다보니 지도 확인도 하지 않고 구왕봉 방향 표시도 무시한 채 직진 방향으로 진행한다.

    거대한 암벽이 가로막고 암벽 사이로 커다란 암반에 이르지만 길이 끊기고 천길 낭떨어지가 도사리고 있다. 시간은 오후 5시가 넘어가는데 마음은 급하고 대간길은 보이지 않고 진퇴유곡進退維谷, 진퇴양난進退兩難에 전전긍긍戰戰兢兢 하고 있는데 암반 위에 있는 커다란 암봉 위에서 말소리가 들리나 했더니 누군가가 소리친다.

    "지금 뭐 하세요? 약초나 버섯 찾습니까?"

    "아니요, 은티마을로 내려가는 지름티재 가는 길 찾습니다."

    "지름티재요? 지나왔는데요. 이쪽은 지름티제 가는 길이 없고 은티마을도 너무 늦어서 안됩니다. 일단 이리 올라오세요."라며 소리친다.

    어렵사리 올라간 암봉은 두 개로 갈라져 있고 그 사이는 빙하지대의 크레바스처럼 입을 쩍 벌리고 있는데 건장한 체격의 한 사내가 우뚝 버티고 서 있다.

    "어느 쪽에서 오셨습니까? 약초꾼인줄 알았습니다."

    "예, 대간 타는 중인데 이화령에서 역주행으로 왔고요, 지름티재로 내려서 은티마을로 가서 자든가, 아니면 주말에 비가 온다고 하니까 차편이 되면 서울

로 가려구요."

"그럼, 물 한 모금 마시고 차분하게 희양산 정상을 다녀오세요, 여기까지 와서 정상을 안 밟고 가면 되겠습니까? 다녀오시면 제 차로 수안보에 가서 서울행 막차를 타든가, 늦게 되면 제 집이 충주니까 충주로 가서 버스 타면 됩니다."

위기의 순간에 구세주가 따로 없다. 생면부지의 나이든 초보 산꾼에게 차편까지 제공하겠다는 그 사람으로부터 산사람의 정情을 듬뿍 느끼면서 희양산 정상석을 알현한다.

희양산(曦陽山 999m)은 천 미터에서 일미터 빠진 높이로 키 작은 내가 섰어도 내 머리는 천미터 넘는 곳에 있는 셈이다. 화강암 정상석은 앞 뒤로 각각 한글과 한자로 음각되어 있고 산 정상 암반 위에는 돌탑이 정상석을 지키고 있다.

주변 경관은 물론 숨 돌릴 새도 없이 내려와 다시 암봉 위로 올라서니 '이용구'라고 이름을 밝히면서 그의 이야기는 계속된다.

"저 아래 보이는 절이 봉암사인데 전두환 전 대통령이 백담사에서 나와 한동안 이곳에 머물렀다고도 하고, 처음부터 이곳에 오려고 했으나 거절 당했다고도 합니다. 저 아래 보이는 암벽은 가는 로프가 매달려 있어서 스님들이 수련할 때 밧줄을 타고 여기까지 오른답니다." 그는 지형 설명도 빼놓지 않는다.

산에 대한 지식이 부족한 나로서는 지나온 대야산과 민주지산 등만 알아볼 수 있을 뿐인데, 그의 이야기는 계속된다.

"여기 우리가 서 있는 암봉에 다섯 줄이 파여져 있는데 이것은 명나라의 이여송李如松이 조선의 홍기를 막기 위해 칼로 혈도血道를 끊은 것이라는 전설이 있습니다. 이 밖에도 희양산에는 대궐터라 불리는 석성石城과 군창지軍倉地가 있고 산 주변에는 홍문정紅門停, 배행정拜行停, 태평교太平橋 등 임금과 관련된 명칭을 가진 곳이 많아 신라 후기 마지막 왕 경순왕의 행궁行宮이 있었던 곳임을 증명해 주고 있다고 합니다."

상당한 시간을 들여서 많은 설명을 해 주지만 나이가 들어서인지 컴퓨터디스크? 용량이 초과되어서인지는 몰라도 부지런히 메모하였지만 빠트린게 많은 것 같다.

한참을 이야기하던 그가 "이젠 갑시다, 내려가기 전에 인사나 하고 갑시다."라고 하면서 앞장 서 간다. 의아한 표정으로 뒤따르니 조금 전 길이 막혀 당황해 했던 암반 테라스에서 한 젊은이가 일인용 텐트를 설치하고 식사 준비를 하면서 반갑게 맞이한다. 그는 사진 작가로 여기서 비박을 하면서 일몰 장면과 밤에 별자리, 내일 아침에는 일출을 찍겠다고 한다. 사진 작가로서 프로정신에 박수를 보내면서 영취산에서 만났던 작가를 떠올린다.

이용구씨는 몇 년 전에 대간 종주를 하였고 지금은 경기고속 버스기사로 재직 중이며 시간 나는데로 기억에 남는 곳을 찾아 다니고 있다고 한다.

그와 이야기를 주고 받다가 지나쳐버렸던 구왕봉 방향 표시기가 있는 이정표 앞에 이용구씨의 발걸음이 멈춘다.

"여기는 지름티재로 내리는 약 200m의 직벽구간으로 대간산행시 반드시 통과해야만 하는 곳입니다. 혹자는 이곳을 우회하기 위해 지름티재에서 은티마을 쪽으로 가다가 성터 삼거리로 가는 사람도 있지만 그게 어디 진정한 대간 종주라 할 수 있습니까? 오늘 타고 내려가시겠습니까? 아니면 성터 삼거리로 돌아가시겠습니까?"

　대야산 절벽을 떠 올리면서 내려다보니 까마득한 절벽이 악마의 입을 벌리고 있고 로프만이 드리워져 있어 현기증이 나고 등골이 오싹해진다.
　여기서 포기한다면 백두대간 종주의 꿈이 물거품 될 수도 있고 남은 내 생애는 또 하나의 회한悔恨으로 남을 수 밖에 없을 것이다.

　'아빠 힘내세요.' 딸들과 아내의 응원 소리가 들려온다.
　한참을 망설이다가 " 같이 내려 가시면 안되겠습니까?" 라고 하자 "저도 타 본지 오래 됐습니다만 한번 같이 내려가 봅시다."라면서 먼저 첫 번째 로프를 타고 내려가서 신호를 보낸다.
　그는 연신 "천천히, 왼쪽 발을 왼쪽 틈새에 붙이고, 오른발에 힘주고"를 반복하면서 무려 열 개가 넘는 로프를 타고 내려간다.
　'혼자서 이 구간을 직면했더라면 과연 내릴 수 있었을까? 오늘 아침 지름티재를 들머리로 잡았더라면 이 구간을 오를 수 있었을까? 어쩌면 포기했을지도 모르는 이곳을 이용구씨를 만나 무사히 통과하였으니 전화위복轉禍爲福이요 이 역시 하늘의 뜻이로다...'
　지름티재로 가는 길은 기암괴석의 전시장이요, 쭉쭉 뻗어 있는 입석 바위, 즉 미로바위를 지나서 길게 드리워진 목책을 따라가다가 지름티재에 도착한다.
　지름티재에는 구왕봉 0.5Km, 은티마을 3Km를 알리는 이정표가 있고 가끔 스님들이 지킨다는 감시초소가 있다.

봉암사 목책과 출입금지 경고판을 뒤로 하고 은티마을로 향하면서 이용구씨가 묻는다.

"아까 희양산 오를 때 젊은 부부 보셨습니까?"

"아니요, 못봤는데요."라고 대답하자 젊은 부부에 대해서 말을 이어간다.

"그 사람들은 같은 직장에 다니는데 일년간 일하고 한달은 부부가 대간을 탄다고 하대요. 오늘 저 앞에 보이는 구왕봉에서 비박을 한다고 합니다. 그런데 그분들은 황장산에서 내리다가 작은 차갓재 감시 카메라에 잡혀 벌금 10만원을 냈다고 합니다. 사실 통제구간도 그냥 넘어 갈 수 있는데 그분들은 비박 준비까지 한 커다란 배낭을 매고 다녀서 그렇게 됐다고 합니다." "젊은 분들이 대단하시군요." 맞장구를 치고 내려가다가 임도와 만나는 곳에 이용구씨의 승

▼ 곰틀봉 ···→ 분지리계곡

용차가 주인을 기다리고 있다.

은티마을을 지나면서도 지형 설명은 계속된다. 조령산, 신선암봉 등 앞으로 가야할 산봉우리들이다.

수안보에서 이용구씨와 후일을 약속하고 서울행 버스에 몸을 싣는다. 드라마같이 연출된 오늘 하루를 생각해본다. '모든 게 하늘의 뜻이로다!'

▼ 곰틀봉 … 조령산

구간 일지

제19구간 (지름티재-이화령/ 역주행 16.88Km)

2015년 9월 4일 금요일 안개/흐림

시간	구간	표고(m)	거리(Km)	접속(비상탈출)	숙영자료
05:50	이화령	548	1.5	3번 국도 옛길 (연풍면, 문경읍)	휴게소, 물, 공터
07:45	조봉	673	3.9		
08:55	황학산	912.3	1.9	전·후 갈림길(분지리 흰듸뫼→안말)	
10:02	백화산	1,063.5	0.6		
10:37	만덕사갈림길		0.8	문경시 마성면 만덕사	
11:22	평전치	890	0.85	괴산군 연풍면 분지리 안말 2.2Km	
11:54	뇌정산갈림길		1.6	문경시 마성면 상내리 한실곡	
13:05	사다리재	830	1.1	가은읍 원북리 홍문정, 분지리 안말 1.9Km	
13:48	이만봉	990.1	1.0		
14:25	도막갈림길		1.2	분지리 도막마을 2.3Km	
15:18	배너미평전	790	1.2	은티마을(50분),시루봉→주진리 진촌마을	
16:08	산성터		0.5	은티마을 3.2Km	
17:30	희양산 갈림길		0.73		
18:17	지름티재	650		은티마을 3Km, 연풍면 버스터미널	

- **산행거리/소요시간** : 16.88Km+접속 3Km/ 7시간 27분+30분
- **일출/일몰시간** : 06:00/ 18:52
- **교통**
  - 들머리 : 이화령/3번 국도 옛길(연풍-문경읍)
  - 날머리 : 지름티재(3Km)→은티마을→연풍버스터미널(문경, 괴산, 충주)
    - 문경택시(문경-이화령) 054-571-4931
    - 연풍택시(연풍-이화령, 지름티재) 054-833-8580
    - 충주버스터미널(충주-연풍) 043-858-7000
- **숙박/식사**
  - 지름티재 은티산장(사전예약) 043-832-0936
  - 지름티재 은티팬션 043-833-5571
  - 은티마을 대간주막집 010-5490-5708
  - 문경수림파크(이화령) 054-571-3291
  - 수안보 R1온천, 찜질방(이화령) 043-845-9100

월악산

月岳山

　월악산은 주봉인 영봉靈峰, 1,092m 외에도 문수봉 1,161m, 대미산 1,115m, 매두산 1,099m 등 영봉보다 더 높은 봉우리가 세 개나 있다. 달이 뜨면 달이 영봉에 걸린다하여 붙여진 이름으로 삼국시대에는 월형산月兄山이라 일컬어졌고, 후백제의 견훤이 이곳에 궁궐을 지으려다 무산되어 와락산이라고 하였다는 이야기도 전해진다.

　월악산 영봉은 암벽 높이만도 150m나 되며 이 영봉을 중심으로 깎아 지른 듯한 산줄기가 길게 뻗어 있고 청송靑松과 기암괴석으로 이루어진 바위 능선을 타고 영봉 정상에 오르면 충주호의 잔잔한 물결과 산야가 한눈에 들어온다.

　월악산의 능선은 크게 두 개로 나뉜다. 북서능선은 충주호에서 시작되어 가장 북쪽의 관봉 629m, 갈미봉, 영봉을 거쳐 남쪽으로 만수봉 985m, 포암산 961m, 부봉 935m에 이르는 능선이다. 주맥이라 할 수 있는 남쪽 능선은 만수봉에서 메밀봉 840m, 꾀꼬리봉 890m, 대미산 1,115m, 황장산 1,077m으로 이어지고, 대미산에서 북쪽으로 문수봉 1,161m, 매두막 1,099m, 하설산 1,027m으로 능선이 이어진다.

    월악산 달천이 송계계곡을 이루다가 충주호로 유입되고, 송계계곡 동쪽의 광천이 용하계곡을 이루며, 이 광천은 동달천과 북평에서 합류하여 남한강의 지류로서 충주호로 유입되고, 단양천은 선암계곡을 이루며 남한강으로 합류한다.

    월악산 영봉 남쪽 자락에 있는 덕주사와 덕주사 마애 불상은 부봉 북쪽에 있는 미륵리 미륵사지와 더불어 신라 마지막 왕 경순왕의 덕주공주와 마의태자의 애틋한 오누이의 한이 서려 있는 곳이기도 하다.

    백두대간은 월악산 주봉인 영봉을 거치지 않고 월악산 남쪽 능선을 따라 조령산, 문경새재, 마패봉을 거쳐 하늘재, 포암산, 대미산, 황장산으로 게걸음 하듯 동쪽으로 뻗어 나간다.

▼ 고목나무전망대 ⋯▸ 조령산 / 월악산

제20구간

긴장의 연속, 60여개 로프 구간!

📍 **이화령 - 조령 - 하늘재(역주행 17.47Km)**
2015.09.17. (목) 맑음

　사람들은 자기 합리화 合理化 에 익숙해지는 것 같다. 오늘의 산행도 그렇다. 여러 가지 이유와 사정으로 건너 뛰었던 구간인데, 특히 가장 친한 친구가 같이 산행하겠다고 했던 구간이라 기다려 왔지만 일정 맞추기가 쉽지 않아 결국 나홀로 나설 수 밖에 없다.

　어제 벌재에 있는 '황장산 쉼터 민박집'에서 연 이틀 숙박하고 하늘재에서 이화령으로 역주행 하는 산행을 선택하게 된다.

　새벽 칠흙같은 어둠을 뚫고 민박집 차량은 거의 한 시간을 달려와 아침 6시가 다 되어서야 하늘재에 도착한다.

　하늘재는 해발 525m의 고개로 충주시 상모면 미륵리와 문경읍 관음리를 잇는다. 「삼국사기」에 '신라 아달라 이사금 3년(156년)에 계립령(鷄立嶺) 길을 열었다'고 하여 계립령으로 불리었고, 다른 문헌에는 지릅재, 겨릅산, 대원령(大院嶺) 등으로도 나온다. 삼국 시대 때 고구려, 백제, 신라 모두가 중요시한 군사 요충지로 북진(北進)과 남진(南進)의 중요 통로였으며 온달 장군과 연개소문의 실지(失地)회복 작전이 치열했던 곳이다. 고려 왕건도 이 고개를 넘어 남하하였고 몽고의 차라테가 남하할 때도, 홍건적의 난으로 공민왕이 남

쪽으로 피신할 때도 이 고개를 넘었던 것으로 보이며 특히, 고려 시대 몽고의 침입으로 강화도에 있던 팔만 대장경은 남한강을 타고 월악산 입구까지 거슬러 올라와서 하늘재를 넘고 문경을 지나 유곡(幽谷)에서 낙동강을 타고 해인사로 옮겨졌다는 기록이 있다.

마의태자와 덕주옹주의 恨이 서린곳!

미륵리에 있는 '미륵사지'는 '절터'와 '원터'로 구분되는데 '절터'에는 석불, 석탑, 석등, 돌거북, 당강지주 등 많은 사찰 유물들이 남아 있어 고려 시대의 화

려했던 사찰의 모습이 전해지고 있다. 절터에서 조금 올라가면 '원터'가 있는데 이곳은 말을 묶어두는 마방馬房을 두고 주변 건물은 여행객과 관원들이 기거했던 곳이다. 미륵사지는 사찰寺刹과 역원驛院의 기능을 두루 갖춘 유적지다.

미륵리는 '미륵사지'라는 고려 불교 문화 뿐만 아니라 신라 망국의 한이 서려 있는 곳이기도 하다.

신라 마지막 왕 경순왕의 딸인 덕주 공주와 마의태자에 얽힌 전설이 전해 내려오고 있다.

월악산 남쪽 자락에 있는 덕주사德周寺는 신라 진평와 9년 587년에 창건하였다고 알려 지고 있는데 창건자 및 정확한 창건 연대는 미상이라고 한다. 덕주공주가 머물렀던 사찰로 법단 동편의 큰 암벽 벽면에는 거대한 마애불이 새겨져 있는데 덕주공주가 자신의 형상을 새긴 것이라고 한다.

마의태자도 개골산 皆骨山, 금강산의 겨울명칭 으로 가던 중 이승에서 마지막 인사를 나누기 위해 미륵리에 머물면서 덕주사 마애불과 서로 마주볼 수 있도록 미륵사에 불상과 석탑을 세웠다고 전해지고 있다.

미륵사지에서 하늘재를 바라보면 커다란 바래 스님들의 식기 가 하늘을 담고 있는 형상으로 보이고 부드러운 선을 이루는 산세가 하늘재라 이름 붙여질만 하다는 생각을 하게 된다.

동쪽은 관음리, 서쪽은 미륵리로 고개 양쪽의 지명이 말해주듯 관음에서 미륵으로 넘는 고개가 하늘재라 부처님 길이라는 종교적 의미와 더불어 '달마가 동쪽으로 간 까닭'도 어렴풋이 짐작 가는 대목이다. 그래서일까? 하늘재에서 미륵리까지는 차량 통행은 할 수 없고 관음리 쪽은 아스팔트 포장 도로가 시원하게 뚫려있다.

고갯마루에는 표지석이 보이지 않고 들머리 위 넓은 공터에 하늘 높이 솟아 있는 하늘재 표지석을 지나 밤나무 단지를 거쳐서 모래산을 만난다.

모래산(645m)은 산봉우리인데도 특이하게도 한쪽에 모래가 쌓여 붙여진 이름이다.

766m봉을 지나고 커다란 암벽에 목재 계단이 설치되어 있는데 지도상에는 로프 구간으로 나와 있어 목재계단이 설치되기 이전에는 상당히 위험한 곳이었을 것 같다.

굴바위와 선바위를 지나고 고목 한 그루가 암반 끝에 위태롭게 서 있는, 일명 '고목 전망대'에서 바라보는 주흘산은 주봉 1,079m과 영봉 1,079m이 으뜸과 버금을 다투면서 서로 주인이라고 다투고 있다.

탄항산(炭項山 856m)은 월항삼봉(月項三峰)이라고도 부르는데 화강암 자연석을 직사각형으로 깎아서 만든 정상석이 다소곳이 서 있다.

산 정상은 잡목에 가려 전체적인 조망은 안되지만 남쪽은 터져있어 주흘산의 주봉과 영봉이 피라미드처럼 문경읍내를 굽어보고 있다.

이어서 평평한 바위가 있는 삼거리에 도착한다. 북쪽에는 미륵사지가 있는 괴산군 상모면 미륵리가 위치하고 있다.

평천재와 주흘산 갈림길 이정표를 지나서 908m봉과 부봉 삼거리 이정표를 마주하고 이어지는 내리막 경사길로 조령산성이 무너진 채로 방치된 성터를 따라 가다가 동암문에 도착한다.

동암문은 조령산성의 동문으로 서쪽으로 내리면 동화원이 1.5Km이고 동쪽으로는 평천재로 이어지는 직선길이지만 출입금지 현수막이 막아서고 있다.

대간길은 지나온 평천재에서 말발굽 형태로 빙 돌아 동암문까지 이어지다

가 북서쪽으로 향한다.

거대한 못생긴 소나무 한 그루가 대간길에 굵은 뿌리를 박고 서 있는 760m 봉과 특별한 특징이 없는 764m봉을 지나고 756m봉에는 물구나무 선 모습의 커다란 소나무 한 그루가 대간길을 묵묵히 지키고 있다.

이어서 마주하는 북암문은 문이라기보다는 돌로 만든 배수로처럼 보이고 이정표는 마패봉 0.7Km, 남쪽으로는 동화원 1.3Km를 알린다. 여기서 북쪽으로 내리면 사문리 탐방 지원센터에 이른다.

돌무더기를 지나 마패봉 정상에 도착한다.

암행어사 박문수가 마패를 두고 내린 까닭은?

마패봉(馬牌峰 920m)은 충주시 상모면, 괴산군 연풍면, 그리고 문경읍과 경계를 이루는 봉우리로 마역봉(馬驛峰)이라고도 부른다. 이조시대 암행어사 박문수가 마패를 산 봉우리에 걸어두고 내렸다고 해서 붙여진 이름이다.

봉우리 정상 암반 위에 자연석 화강암으로 된 정상석이 서 있고 그 뒤에 검은 자연석의 정상석이 또 하나 있다.

산 정상에서 전망은 사위가 트여 북쪽으로 월악산 주봉인 영봉 1,092m이 아련하고 서쪽으로는 신선봉 967m이 지척이다.

남쪽으로는 오늘 가야할 신선암봉과 조령산이 손짓하고 있다.

대간길은 남쪽으로 꺾이고 내리막 급경사 돌계단으로 이어지는가 싶더니

직벽 로프 구간을 만난다. 대야산 직벽이나 희양산 지름티재 직벽처럼 긴 절벽은 아니지만 초보 산꾼에게는 벅찬 구간이다. 암행어사 박문수가 이 직벽을 타고 봉우리에 오르면서 혼비백산해서 마패를 나무에 걸어 놓고 간 이유를 알 것 같다.

로프를 타고 간신히 내려 돌계단을 따라 내려가다가 커다란 선바위를 만난다. 선바위에는 지나는 등산객들이 무사 산행

을 기원하면서 쌓은 돌무더기와 어울려 성황당의 역할을 하는 것 같다.

성터를 따라 목재계단으로 내리니 철재로 된 원형 터널이 있고 여기에는 무수히 많은 대간 리본이 나부끼면서 무용담 자랑이 한창이다.

드디어 조령 제 3관문에 도착한다.

조령 제3관문인 조령관(鳥嶺關)이 한 자리에서 삼백년의 역사를 묵묵히 지켜보고 있다.

조령이라 불리는 문경새재는 해발 650m로 옛 문헌에는 여러 가지 이름들이 나온다. 새도 날아서 넘기 힘든 고개라는 뜻으로 조령(鳥嶺)이라고 불렸고, 억새풀이 우거진 고개라 하여 초점(草岾), 계립령 개설 2년 후에 새로 생긴 고개라 하여 신재(新岾), 하늘재와 아우리지(이화령) 사이의 고개라 하여 사이재라고도 불렀다고 한다.

임진왜란 당시 왜군은 부산포에 상륙하여 한양을 공략하기 위해 대구, 상주를 거쳐 문경새재 길을 넘는데 신립(申砬 1546-1592)장군은 새재를 포기하고 충주의 탄금대에 배수진(背水陣)을 치고 싸우다가 전멸을 당한다. 이후 충주 의병장 신충원이 제2관문에 성을 쌓고 전과를 올리자 조정에서는 뒤늦게 이곳이 군사적 요충지임을 알고 1594년 약 6.5Km의 협곡 중간에 제2관문인 조곡관(鳥谷關)을 세웠다. 병자호란 이후 숙종 34년(1708년)에 제1관문 주흘관(主屹關)과 제3관문 조령관(鳥嶺關)을 세우고 석성을 쌓았다.

조령산성은 조령관에서 부봉까지 약 4.5Km에 걸쳐 남진을 방어하도록 축조되어 있던 성을 임진왜란 이후 관문을 설치하고 성을 개축한 것으로 보인다.

문경새재는 국방대학원 재학시절 부부동반으로 '조령옛길'을 걸어 봤던 추억이 깃든 곳이다.

길목에는 길손들의 숙소자리였던 '원터'와 산불을 예방하기 위해 세운 조선시대 한글 표지석 '산불됴심'비가 남아있다.

옛날 영남의 선비들이 한양으로 과거보러 다니던 유서 깊은 고갯길인데 추풍령을 넘으면 추풍낙엽처럼 떨어지고, 죽령을 넘으면 주르륵 미끄러진다고 해서 금기시 되어 왔지만 문경새재를 넘으면 '장원급제'라는 기쁜 소식을 듣게 되다'라고 하여 문경의 옛지명이 문희(聞喜)였다고 한다.

이처럼 우리 민족의 역사와 문화를 간직하고 있는 문경새재는 민초들이 살

다간 삶의 애환이 굽이굽이 고갯길에 녹아들어 '문경새재 아리랑'이란 민요로 우리에게 다가온다.

> 문경새재 물박달나무 홍두깨 방망이로 다 나간다
> 아리랑 아리랑 아라리요 아리랑 고개로 넘어간다
> 홍두깨 방방이 팔자 좋아 큰 애기 손길에 놀아난다
> 아리랑 아리랑 아라리요 아리랑 고개로 넘어간다
> 문경새재 넘어갈 제 구비야 구비야 눈물난다
> 아리랑 아리랑 아라리요 아리랑 고개로 넘어간다

조령 옛길을 걸어보고 싶지만 옛추억만 더듬어보고 조령 약수터에서 물 한 모금 마신다.

조령 약수는 조선 시대 숙종 34년(1708년) 조정에서 조령산성을 구축할 당시 발견된 샘으로 수 많은 선비들이 청운의 꿈을 안고 문경새재를 통하여 한양길로 넘나들 때 갈증을 해소시켜 주던 역사 속의 명약수(名藥水)샘터가 바로 이곳이다. 사시사철 약수가 솟아 올라 옛날부터 이 물을 즐겨 마시면 장수한다는 백수영천(白壽靈泉)이라고 한다.

무너진 성터를 따라 오르고 깃대봉 갈림길에서 잠시 망설인다. 깃대봉까지 10분 거리라지만 '조령산 5시간'으로 표기되어 있고 현재 시간은 오후 1시가 지난 지금으로서는 이화령까지 일몰 전 도착이 어려울 것 같아 그냥 발길을 돌린다.

마패바위 조망지에서 뒤돌아 마패봉의 험상궂은 모습에서 암행어사 박문수를 떠올리면서 가야할 신선암봉이 중압감으로 다가온다.

오늘 산행 구간은 60여개의 로프가 설치되어 있는 험난한 지형이라 긴장의 끈을 늦추지 않고 산행을 이어간다.

오르막 로프를 힘겹게 타면서 '역주행하지 말고 이화령에서 출발했더라면 내리막 로프가 됐을텐데...'투덜거리며 안간힘을 쓴다.

1.2Km구간의 암릉과 암벽을 타고 문경새재 제2관문 갈림길에서 '그냥 제2관문으로 내릴까?'갈등하다가 다시 대간길로 접어들고 암벽 단애에 소나무 한 그루가 모진 풍진과 풍상을 이겨내고 기품을 잃지 않고 꿋꿋하게 서 있는 모습에서 자연의 위대함과 척박한 곳에서도 줄기차게 살아 숨쉬는 강한 생존력에 용기를 얻는다.

수없이 이어지는 암릉과 암벽을 곡예하듯 오르내리기를 수없이 반복하다가 928m봉 표지판을 만난다.

반대방향에서 중년의 남녀 한쌍을 만난다. 오늘 산행 중 처음으로 만난 산님들인데 이화령에서 출발하여 깃대봉을 들려서 조령에서 내린단다. "갈림길에서 깃대봉 10분 거리라고 적혀 있던데요, 조령산까지 등로는 어떻습니까?"물어본다.

"조령산은 그런데로 괜찮은데 신선암봉 오르내리기가 상당히 험하더라구요."

서로 인사를 주고 받으며 갈길을 재촉한다.

신선암봉 0.3Km를 알리는 이정표는 동쪽으로 꾸꾸리 바위를 가리키고 있는데 문경새재로 내리는 곳에 있는 소沼와 같이 있는 바위를 말한다.

원래 꾸꾸리라는 물고기는 길이 10cm정도의 작은 민물고기다. 전설에 의하면 바위 밑 소(沼)에 송아지를 잡아 먹을 정도로 큰 꾸꾸리가 살고 있다가 아가씨나 젊은 새댁이 지나가거나 바위에 앉으면 물속의 꾸꾸리가 바위를 흔들어대며 희롱하였다고 한다.

암릉구간 1.2Km가 끝나가나 싶었는데 거대한 화강암이 우람하게 치솟아 있는 암봉을 로프에 의지해서 힘겹게 오르니 신선암봉이다.

신선암봉(神仙岩峰)은 신선들이 놀다 갔다는 거대한 바위 봉우리로 넓은 암반 끝자락에 정상석이 조그맣게 보이고 좌우 양쪽은 수십길 낭떠러지로 소름이 오싹 돋고 오금이 저린다.

아무리 초보산꾼이라 하지만 여기서 그냥 지나칠 수가 있겠는가? 배낭을 풀어 제끼고 물 한모금 마신 다음 신선의 경지는 못되더라도 흉내라도 내보자. 남쪽으로는 조령산이 버티고 있는 오른쪽으로 연풍면 향촌리 마을이 한가롭고, 서쪽에는 신풍리 절골이 지척이며 북동쪽으로 928m봉이 손에 잡힐 듯 하고 저 멀리 주흘산 능선이 하늘거린다.

신선놀음도 잠시 조령산을 넘어 이화령까지 가려면 발길을 돌릴 수 밖에 없다.

내리막 급경사 암벽, 좁고 긴 바위, 직벽 바위 등을 스릴 넘치게 내리는데 까마귀떼가 울어대니 음산한 느낌마저 든다.

887m봉을 지나 절골로 내리는 안부에서 다시 오르막 로프와 목재 계단을 따라 치고 올라 가서 조령산 정상에 도착한다.

조령산(鳥嶺山 1,017m)은 괴산군 연풍면과 문경읍의 경계를 이루는 산으로 사계절 많은 등산객이 찾는 명산이지만 잡목이 우거져 이렇다 할 조망은 없다.

화강암으로 된 정상석은 앞뒤로 한글과 한자로 '조령산 鳥嶺山'이라 음각되어 있다. 정상석 옆에는 '지현옥 추모비'가 가슴에 잔잔한 물결을 일으킨다.

'들꽃처럼 산들산들 아무것도 없었던 것처럼. 영원한 자연의 품으로 떠난 지현옥 선배를 그리며…'

한국의 대표적인 여성 산악인인 고故 지현옥池賢玉, 1961-1999은 1993년 한국 여성 최초로 에베레스트를 오르고 세계 고봉 7개를 등정한 여성 산악계의 독보적인 존재였으나 1999년 엄홍길과 함께 안나푸르나를 등정하고 하산하던 중

히말라야의 품에 안겨 생을 마감한 인물이다. 그녀의 추모비는 서원대학교 산악부 후배들이 세웠다.

조령산을 뒤로하고 갈길 바쁜 발걸음을 재촉한다. 헬기장과 절골 갈림길 이정표를 지나 철제계단으로 내린다. 또 하나의 헬기장을 지나서 조령샘 갈림길이다. 직진하면 조령샘을 거치지 않으나 왼쪽으로 돌아서 조령샘에 이른다.

조령샘은 목마른 길손을 위해 파이프에서 연신 물을 쏟아내고 있다.

조령샘에서 동쪽으로 내리면 조령 제1관문과 KBS드라마 촬영장으로 이어지고 대간길은 조령샘 갈림길에서 다시 만나 너덜지대와 돌무더기를 따라 남쪽으로 이어진다.

오후 6시 30분에 이화령에 도착하여 60여개의 로프에 의존한 가장 힘들었던 산행의 한 구간을 마무리한다.

구간 일지

제20구간 (이화령-하늘재/ 역주행 17.47Km)

2015년 9월 17일 수요일 안개, 맑음

시간	구간	표고(m)	거리(Km)	접속(비상탈출)	숙영자료
05:50	하늘재	525	1.8	북서쪽 미륵리 2Km, 남동쪽 포장도로→갈평출장소	물, 공터, 움막
07:34	탄항산	856	1.0		
08:09	평천재	755	1.98		
09:34	동암문		2.6	동화원 1.4Km	
10:56	동화원갈림길		0.7	동화원 1.3Km	
11:40	마패봉	922	0.88		
12:27	조령제3관문	650	0.91	서쪽 조령산 자연휴양림, 동쪽 동화원	감로수, 공터
13:16	깃대봉갈림길		1.0	깃대봉-조령산자연휴양림-소조령	
13:50	현위치10지점		0.6	괴산군 연풍면 원풍리 한섬지기 4Km	
14:14	제2관문갈림길		1.6	조령 제2관문 1.8Km	
16:00	신선암봉	937	0.7	한섬지기 3.6Km	
16:30	마당바위갈림길		1.0	원풍리 절골 2.9Km	
17:20	조령산	1,026	0.7		
17:50	조령샘		2.0	연풍면 원풍리 절골, 조령제1관문 3.5Km	물, 공터
19:30	이화령	548		3번 국도 옛길 (괴산군 연풍면-문경읍)	휴게소, 물, 공터

○ **산행거리/소요시간** : 17.47Km/ 13시간 40분
○ **일출/일몰시간** : 06:11/ 18:33
○ **교통**
　　• 들머리 : 하늘재(미륵리-도보 2Km-하늘재-포장도로(문경/갈평)
　　• 날머리 : 이화령/3번 국도 옛길(괴산/연풍-문경읍)
　　　　문경택시(문경-하늘재) 054-571-7100
　　　　수안보택시(수안보-미륵리/하늘재) 043-846-3122
　　　　연풍택시(연풍-이화령) 054-833-8580
　　　　문경개인택시(문경-이화령) 054-571-4931
○ **숙박/식사** • 미륵리 돌집민박 043-845-6486
　　　　　　• 미륵리 하늘재펜션민박 043-847-1013
　　　　　　• 하늘재산장 054-571-2613
　　　　　　• 문경 수림파크 054-571-3291

제21구간
백두대간 남한구간 중간지점

📍 하늘재 - 대미산 - 차갓재(18.03Km)
2015.09.08. (화) 맑음

    어제 충주 버스 터미널에서 옆에 앉은 사람이 "팔자 좋소, 산에나 놀러 다니고."라면서 시비를 걸길래 흘깃 쳐다만 보고 자리를 피해 대합실 밖으로 나와 승강장에서 기다리다가 송계행 버스를 탔다.
    나로서는 절박한 상황에서 새로운 희망을 찾아보겠다고 구도求道의 심정으로 나선 백두대간 산행이지만 남들 눈에는 산천유람山川遊覽이나 다니는 한량閑良으로 비춰진다는 게 가슴아픈 일이지만 그렇다고 남루한 옷차림에 꾀죄죄한 모습으로 백두대간을 알현할 수는 없는 일이다.
    미륵리에 내려 하루 묵고 하늘재로 오르려고 하다가 수안보행 막차를 놓치고 지나가는 차를 간신히 얻어탔다. 초로의 부부가 전국의 명승지를 찾아다니며 관광중이라는데 오늘은 송계계곡을 구경하고 나간단다. 이들이 진짜 팔자 좋은 사람들이라 부러운 시선을 보내고 수안보에서 내렸다.

경기고속버스 한 대가 정차하고 사이클링 복장 차림의 두 여자가 차에서 자전거를 내리는데 버스 기사가 낯익은 얼굴이다. 희양산에서 구세주였던 이용구씨다. 오랜 친구를 만난 기분으로 인사하고 버스는 다시 서울로 간단다.

차에서 내린 두 여자는 모녀지간으로 사대강을 종주 중인데 이제 금강 한 구간만 남았고 제주도까지 다녀오면 전국 종주 메달이 주어진다고 자랑한다.

문경시는 110Km에 달하는 백두대간과 접해 있어 이 구간 베이스 캠프로 수시 이용된다.

오늘은 풀잎에 이슬이 맺힌다는 24절기 중 하나인 백로白露로 가을의 문턱에 접어 들었다.

며칠 쉬었다가 시작하는 첫날 아침은 두렵고 긴장되기는 예나 지금이나 마찬가지인데 택시기사의 장황한 이야기로 새로운 용기가 솟는다. 올해 예순 다섯이라는 기사는 대간타는 한 분을 알게 된지가 이십여년이 지났단다. 부산에서 큰 사업을 한다는 그 분은 주로 토·일요일 밤에 산행하고 오전에 연락이 오면 픽업하곤 했는데 처음에는 커다란 배낭을 매고 다니다가 나중에는 조그마한 룩색만 매고 다니더라면서 크게 웃는다. 아마도 여덟 번 정도 대간을 탔을 거라고 하면서 여든 살 정도 됐을텐데 근래에는 연락이 없는 것을 보니 살아게신지 모르겠다고 한다.

'그래, 그분 같이 나이드신 분도 밤바람 맞아가며 산행하는데 나이 칠십도 안된 내가 대낮에만 산행을 하는데 두려울 게 뭐가 있겠느냐?'

택시기사의 말에 의하면 포암산에서 대미산까지는 위험 구간이 아닌데도 산양을 많이 풀어놔서 통제를 하게 되었다고 한다.

월악산

택시는 하늘재 정상에서 멎고 계립령 유허비에서 인증샷을 해주고 돌아간다.

고갯마루 들머리에 낮은 움막이 하나 있는데 옛날 농막으로 사용됐다가 얼마전 까지 등산객들에게 잘 알려졌던 '하늘재 쉼터'로 음료와 술 등을 팔았는데 지금은 장사를 하지 않고 주인은 아랫마을 관음리 포함 마을에서 민박집을 운영하고 있다.

날은 아직도 어두컴컴하고 들머리 감시초소를 지나 무너진 성터를 따라가다가 하늘샘을 만난다. 하늘샘에서는 물이 쉬지 않고 흘러 나오고 주변에 비닐로 덧씌운 텐트 몇 개가 설치되어 있다. 한 젊은이가 텐트에서 나와 지나간다.

▲ 포암산 일출

　성터를 가로질러 산길을 따라가다보니 아랫방향을 향하는데도 중간중간 나뭇가지에 매달린 리본이 보여 진행하다 보니까 계속 아래로 내려간다. '아차! 또 알바로구나!' 성터까지 다시 돌아와 확인해보니 대간로는 성터를 따라 올라가야 하는데 그냥 가로 질러서 마을로 내려가는 길로 들어섰던 것이다.

　'짜식, 길을 가르켜 줄려거든 똑바로 알려줘야지…' 자신의 부주의를 탓하지 않고 샘터에서 만났던 젊은이를 탓하면서 무너진 성터를 따라 오르다가 가로막는 암벽을 네발로 기어오르고 오른쪽에 보이는 슬램바위는 오늘의 험로를 예고하는 듯 하며 나무 사이로 주흘산 마루금이 떠오르는 햇살에 윤곽을 드러내 놓고 있다.

미륵지 갈림길 돌탑을 지나 대간길은 나무숲 사이로 이어지고 일출 시간은 훨씬 지났는데도 숲속은 어둑어둑한 가운데 나무 사이로 떠오르는 햇님이 숲속 대간길에도 찬연한 햇살을 내 비추는 장관은 산행에서나 볼 수 있는 산꾼만의 특권이리라.

▼ 포암산조망지 ⋯▶ 주흘산

철책과 계단이 이어지고 급경사 오르막이 계속되다가 조망지에서 숨고르기를 하면서 뒤돌아보는 장관은 압권이다. 남서쪽으로는 여인의 유두처럼 오롯이 솟은 주흘산 주봉 넘어 속리산과 대야산 산그리메가 운해의 호수에 떠 있는 섬처럼 한 폭의 동양화를 그려내고 있고, 월악 영봉에서 만수봉까지 이어지는 만수릿지가 '이곳에는 언제 올거냐?'고 불만스럽게 솟아 있다. 동쪽으로는 대미산에서 여우목고개를 거쳐 운달산으로 이어지는 운달지맥이 손짓을 한다.

하늘재에서 포암산 정상까지는 1.2Km의 거리를 440여m나 치고 올라가야 하는 가파른 된비알에 연속되는 암릉길이라 더딘 걸음을 예상했지만 두시간 가까이 걸려서 포암산 정상에 오른다.

포암산(布岩山 961.7m)은 충주시 상면과 문경읍에 걸쳐 있으며 아래에서 산을 올려다보면 마치 베(布)를 짜서 펼쳐 놓은 것 같이 반듯한 암반이 산을 둘러 싸듯이 늘어서 있어 마을 사람들은 '베바우산'이라고도 하는데 이를 한자로 표기한 이름이다.

산 정상에는 꽤나 큰 자연석 화강암의 정상석이 버티고 서 있다. 최근 자료에는 조그마한 병 모양의 정상석이었으나 새로 설치한 것으로 보인다. 그 뒤로 돌무더기가 지나온 세월만큼 쌓여 있고 잡목에 가린 전망은 실망스럽다.

구름 한점 없는 높고 파란 하늘은 전형적인 가을의 분위기를 자아내지만 한낮의 따가운 햇살은 한여름의 무더위에 못지 않다.

대간길은 북동방향으로 비교적 편안하게 이어지고 상큼한 산 공기를 마시며 산새들의 합창소리도 정겹게 들린다.

콧노래를 흥얼거리며 포암산과 쌍봉으로 보이는 963m봉을 지나고 몇 개의 이정표를 거치는 동안 대체로 편안한 대간길이 이어지는데 여기에도 멧돼지들이 파헤친 흔적이 널려있다.

지도상의 관음재는 왼쪽으로 만수골을 거쳐 송계계곡으로 이어지고 오른쪽으로 문경읍 관음리를 잇는 고개인데 표식도 없고 흔적도 뚜렷하지 않아 그냥 지나친 것 같다.

오르막을 치고 올라 만난 이정표는 기둥에 마골치 표식이 있다.

마골치는 목책과 출입금지 경고판이 설치되어 있고 멸종 위기종 1급인 산양과 2급인 하늘다람쥐, 그리고 솔나무와 망개나무 등을 보호하기 위해 작은 차갓재까지 통제한다고 한다.

이제 출입금지구역 목책 넘는 것도 익숙해져서 법과 규정을 어긴다는 일말의 가책도 없이 눈을 살짝 감고 넘는다. 오른쪽 오르막으로 따라가다가 전망이 확 트이는 941m봉에서 답답했던 마음의 응어리를 토해낸다. 아침에 운해에 쌓였던 문경 읍내가 뚜렷하고 주흘산의 영봉과 주봉이 키높이를 다투면서 손짓을 하고 그 아래 평천리 마을이 평화롭게 다가온다. 지나온 포암산은 안녕을 고하고 왼쪽으로 지나가야 할 마루금이 나무 사이로 언뜻언뜻 보인다.

이 구간은 이정표나 나무 등에 걸어둔 표찰도 없고 더군다나 대간 리본도 보이지 않아 현 지형과 지도를 대조하고 나침반으로 방향을 잡아야 한데다가 고만고만한 봉우리를 오르내리는데 바위와 암릉지대가 널려 있어 발걸음이 더딜 수 밖에 없다.

봉우리가 뾰족한 899m봉을 지나 급경사 내리막을 내려 관음리로 내려 가는 갈림길에 있는 돌무더기 옆에서 한숨을 돌린다.

내린 만큼 다시 치고 올라와 809m봉에 이르러 내려다 보이는 관음리 마을이 시골 정취를 자아내고 바위 사이에 매어져 있는 로프를 타고 내려서 조그마한 봉우리에 오르니 843m봉으로 짐작되고 다시 내렸다가 오르니 전망좋은 암봉이 나온다.

꼭두바위봉 838m은 표지석이나 이정표는 없으나 몇 개의 대간리본이 나부끼고 있고 다소 경사진 암반에 로프가 설치되어 있으나 자칫 발을 헛디디면 수십 길 낭떠러지로 떨어질 수 있는 곳이라 조심해야한다.

전방에는 주흘산이 문경읍내를 굽어보고 있고 그 너머 속리산 마루금이 아물거리고 아래로는 신복천이 갈평리를 휘돌아 나간다. 오른쪽으로 포암산과 지나온 봉우리들이 안녕을 고하고 하늘재 아래 관음리 '망뎅이가마'에서는 서민들이 애용했던 '막사발'굽기에 여념이 없는 듯 하다.

꼭두바위봉에서 조금 지나 잡목이 우거진 공터에 많은 대간 리본이 달려 있는 곳에서 잠시 휴식을 취하고 무너진 성터인 듯한 너덜지대를 지나 완만한 오르막이 지루하게 이어지다가 많은 대간리본이 저마다 무용담을 자랑하고 있는 꾀꼬리봉 갈림길인 1,034m봉에 이른다. 이곳에서 왼쪽으로 꾀꼬리봉 895m을 지나 용하계곡으로 이어지는데 이 지역 통제 이후 사람들의 발길이 끊긴 듯 흔적이 뚜렷하지 않고 이곳 전후로는 멧돼지 파헤친 곳이 너무 많아 걸음을 빨리 재촉하여도 국수나무, 다래덩쿨, 싸리나무 등이 대간길을 점령해서 다리를 휘감고 팔을 잡아채고, 때로는 뺨까지 때리다 보니 마음과는 달리 느린 발걸음이다. 영취산 구간이 조폭이었다면 이곳은 동네 건달 수준으로 나그네를 괴롭힌다.

내리막과 오르막을 반복하다가 1,026m봉에 오르고 산 정상에는 '덕산 315'라는 삼각점이 있고, 혹자는 이 봉우리를 '아미산'이라고 한단다.

이어 도착한 부리기재는 '산불조심 현수막'이 설치되어 있고 왼쪽으로는 제천시 덕산면 월하리 용하구곡과 오른쪽 문경읍 중평리 박마을을 잇는 고개로 좌우 소로가 뚜렷하다.

부리기재에서 계속된 오르막 경사로 이어진 대간길은 육산이라 힘들이지 않고 올라 대미산 정상석과 마주한다.

대미산(大美山 1,115m)은 제천시 덕산면과 문경읍 동로면과 경계를 이루는 산으로 원래 정상부에 눈썹만큼의 봉우리가 돋아 있다 하여 '눈썹먹 대(黛)자와 눈썹 미(眉)자'를 써서 대미산(黛眉山)으로 쓰였는데 퇴계 이황선생이 지금의 글자로 고쳤다고 한다.

자연석 화강암 정상석 뒷면에 단기 4326년에 산들모임이 설치했다고 음각되어 있으니 벌써 22년이 지났다.

대미산에서 오른쪽으로는 여우목으로 내려가는 갈림길이고 지금까지 동진했던 대간길은 북쪽으로 방향 전환을 한다.

내리막으로 내려가 눈물샘 이정표를 찾아보아도 보이지 않는다. 선답자의 자료에는 이정표에서 오른쪽으로 70m 지점에 대미산의 눈썹아래에 자리한다 하여 눈물샘이라고 부르고 이 샘에서 흐르는 물이 금천으로 흘러들어 낙동강으로 이어진다고 하는데 두 번의 소로길을 만났으나 눈물샘을 찾지 못하고 대간리본이 많이 나부끼는 공터에 도착한다.

여기가 1,046m봉 문수봉 갈림길이다. 제천시에서 오래 전에 설치한 것으로 보이는 목재 이정표에는 지리산과 백두산 방향을 알리고 그 아래 작은 글씨로 대미산 0.8Km, 황장산 6.3Km를 표기해 놓아 좀 엉뚱하기도 하지만 대간길을 알리는 거창한 취지가 마음을 사로잡는다.

여기서 왼쪽은 문수봉 1,161m으로 이어지는 길이고 대간길은 동쪽으로 꺾어지다가 헬기장을 지나 낙엽송 우거진 길을 내려가 아무 표시도 없는 새목재는 지나쳐 버린 것 같고 조금 올라가 헬기장을 지나고 쓰러진 지가 꽤 오래된 낙엽송 몇 그루가 대간길을 가로 막으며 고개 숙여 인사하고 통과하란다.

조그마한 봉우리 하나를 지나 평탄한 대간길 앞에서 뭔가 움직이는 물체가 '꽤에-엑'소리를 지르면서 쏜살같이 지나간다. 어미로부터 갓 독립한 새끼 멧돼지가 먹이활동을 하다가 인기척에 놀라 도망간 것으로 보인다. 화령지구대에서 멧돼지와의 조우 이후 세 번째다.

바위 몇개가 쉼터를 제공하는 920m봉에서 쉬었다가 다시 927m봉에서 오른쪽으로 꺽인 대간길을 따라 내려가니 백두대간 남한 중간지점 표지석이 나온다.

경기 평택 여산회 백두대간 종주대가 2004년 5월 11일 설치했다는 표지석은 '지리산 천왕봉에서 진부령까지 734.65Km이고 현 지점은 그 중간인 367.3Km'라고 음각되어 있는 검은 대리석이 돌탑위에 올려져 있다.

대간길을 따라 부지런히 내려가다가 고압선 송전탑을 지나 차갓재에 도착한다.

차갓재는 북으로 문경시 동로면 차갓마을에 이르고, 남으로 문경시 산북면 생달리 안산다리 마을을 잇는 고개로 이곳에도 백두대간 중간 표지석이 또 하나 있다. 아담한 자연석 표지석에는 다음과 같이 새겨있다.

백두대간 남한구간 중간지점
해발 756.7m 북위 36도 49분,
동경 128도 15분
경북 문경시 동로면 생달리 차갓재
백두대간이 용트림하며 힘차게 뻗어가는 이곳은
일천육백여리 대간길 중간에 자리한 지점이다
넉넉하고 온후한 마음의 산사람들이여
이곳 산 정기 얻어 즐거운 산행되시길

그리고 뒷면에는 통일 후에 북녘땅 대간길을 염원하는 글이 가슴 뭉클한 감동으로 다가온다.

> 통일이여, 통일이여!
> 민족의 가슴을 멍들게 한 철조망이 걷히고
> 막혔던 혈관을 뚫고 끓는 피가 맑게 흐르는 날
> 대간길 마루금에 흩날리는
> 풋풋한 풀꽃 내음을 맘껏 호흡하며
> 물안개지는 북녘땅 삼재령에서
> 다시 한 번 힘찬 발걸음 내딛는 니 모습이 보고 싶다
> 2005. 7. 16. 문경산들모임

이곳은 조금 전 지났던 중간지점 표지석을 만든 후 다시 세운 것인데 어느 것이 정확한 지점인지 알 수 없다. 민간 산악회보다는 관련 정부 기관에서 정확한 위치에 설치하는 것이 바람직할 거라는 생각이 든다.

차갓재에서 작은 차갓재까지는 작은 봉우리 하나 넘는 거리다. 작은 차갓재에서 생달리로 내리는 길목에 감시 초소가 있어 차갓재에서 생달리로 바로 내려간다.

마을 가장 위쪽에 있는 집에 '황장상 민박'이라는 간판이 붙어 있고 TV예능 프로그램에 나왔던 '상근이'처럼 하얗게 생긴 커다란 개 한 마리가 꼬리를 흔들며 반긴다.

여장을 풀고 집 주인 내외와 소주 한잔을 기울인다. 내년에 고희古稀를 바라본다는 집주인은 10여년 전에 이곳에 들어와 살게 됐는데 마을에서 제일 위에 있는 집이다 보니까 밤 늦게 등산객들이 내려와 빈방을 몇 번 내주다가 아예 마당에 별채를 이어달고 본격적으로 민박을 하게 되었다고 한다.

이곳 생달리 마을이 속해 있는 문경시 동로면은 오미자로 유명한 곳으로 전국 오미자의 70%를 생산하고 있으며 오미자 와인을 제조하는 한백주 양조장이 마을에 있고 오미자 와인은 폐광에 저장한다는 자료를 본 적이 있어서 물어본다.

"작은 차갓재 가는 길에 옛날 폐광 자리는 지금도 와인 저장고로 씁니까?"

"아니라예, 2년 전 동굴카페를 시작했는데 커피 한잔에 7,000원이나 한다카데요. 처음에는 세 사람이 정부 지원금 10억을 받아 동업을 했는데 맨날 싸우다가 두 사람은 그만두고 한 사람이 한다고 합니다. 카페는 아침 9시 이후에나 문을 열기라"

황장산은 로프를 타는 구간도 있지만 산에 다니는 산꾼이면 다할 수 있다고 힘주어 말하면서 이 구간도 2017년 2월말까지 등산로 공사를 해서 통제가 풀릴 거란 이야기와 점촌에서 하루 4회 버스가 마을까지 들어온다는 정보까지 알려준다.

주인내외와 인사를 나누고 방으로 돌아와 생달리의 밤을 맞이한다.

구간 일지

제21구간 (하늘재-차갓재/ 18.03Km)

2015년 9월 8일 화요일 맑음

시간	구간	표고 (m)	거리 (Km)	접속 (비상탈출)	숙영자료
05:40	하늘재	525	1.2	미륵리 2Km, 갈평출장소	물, 공터, 움막
07:40	포암산	961.7	2.8		
09:10	만수봉갈림길		2.3		
10:52	관음리하산길		1.0	돌탑-문경읍 관음리 사점	
11:30	갈림길		0.3	관음리 수재골	
11:45	꼭두바위봉	838	3.8	갈평리 황정마을	
13:50	부리기재	879.1	1.4	중령리 밖마을, 월하리 용하계곡	
14:56	대미산	1,115	0.96	여우목 갈림길	눈물샘, 공터
15:30	문수봉갈림길	1,046	0.87		
16:00	새목재	826.4	3.4		
17:40	차갓재	756.7		생달리 1Km/901번 지방도 (문경읍-동로면)	물, 공터

- 산행거리/소요시간 : 18.03km+접속1Km/ 12시간 +30분
- 일출/일몰시간 : 06:03/ 18:47
- 교통
  - 들머리 : 하늘재(미륵리-하늘재-갈평출장소)
  - 날머리 : 차갓재(1Km)→생달리/901번 지방도(문경읍-동로면)
    수안보택시(수안보-미륵리/하늘재) 043-846-3122
    문경개인택시(문경-하늘재) 054-571-4931
    문경택시(문경-하늘재) 054-571-7100
    점촌시내버스터미널(점촌-동로면, 생달) 054-553-2231
    문경시 동로면 택시(동로-생달) 054-552-7891
- 숙박/식사
  - 차갓재 황장산민박(차갓재) 054-552-1779
  - 생달리 한백주 양조장/민박(차갓재) 054-552-8447
  - 미륵리 하늘재팬션/민박(하늘재) 054-847-1013
  - 미륵리 돌집민박(하늘재) 043-845-6486

제22구간

無心한 歲月

📍 22-1 차갓재-황장산-벌재(8.16Km+1Km)
2015.09.09. (수) 맑음

'무심한 세월은 물 흐르듯 하얏고야. 염량炎凉이 때를 알아 가는 듯 고텨오니, 듯거니 보거니 늣길 일도 하도할샤.' 조선 선조 때 송강松江 정철鄭澈, 1536-1593의 사미인곡思美人曲, 서사序詞 부분에 나오는 세월의 무상함을 노래하는 구절이다.

기상 관측 이래 가장 더웠다는 여름도 한풀 꺾인 듯 아침에 일어나니 날씨가 제법 쌀쌀해서 긴팔 상의를 꺼내 입고 민박집의 '상근이'의 배웅을 받으며 나선다. 출입금지 현수막에 마골치에서 벌재까지 2017년 2월 28일까지 통제한다고 되 있다.

어제 차갓재에서 내렸으나 동굴카페를 보기 위해서는 작은 차갓재 방향으로 들어서야 한다.

시멘트 포장 도로가 끝난 지점, 지도에 폐광 표시가 된 곳에 동굴카페

'CAVE'가 아름다운 자태를 드러낸다. 넓은 주차장 옆 테라스 아래 계곡에는 물이 흘러 내리고 있다. 동굴카페는 오전 9시 이후에 문을 연다고 하니 내부는 볼 수 없어서 아쉽지만 이런 곳에 동굴 카페를 할 생각을 했던 사람들의 아이디어가 참신하다는 생각이 든다.

동굴카페를 지나서 들머리 입구에는 무인감시 카메라가 설치되어 있다. 들머리 소로 왼쪽 능선길은 감시카메라를 피하는 길인 모양인데 이른 시간대라 카메라 정면으로 그냥 통과한다.

이곳 황장산 구간은 백두대간 통제구간 중의 하나로 국립공원 지역이 아닌

데도 자연보호 차원에서 입산 통제를 하고 있는데다가 위험한 곳이 곳곳에 도사리고 있다. 법과 규정을 지켜야 하는 도덕적 가치와 백두대간을 완주하기 위해서는 반드시 통과해야 하는 현실적 가치가 충돌하는 곳이다.

계곡을 따라 작은 차갓재로 오르는 길은 밀림지대를 방불케 할 정도로 나무들이 우거져 있다.

작은 차갓재에서 어제 내렸던 차갓재까지 갔다가 바통터치를 하고 다시 돌아와 황장산 방향으로 접어드니 아침 6시 40분이다.

헬기장을 가로 지르고 테라스 바위에서 내려다보는 생달리 마을이 아침 고요 속에 평화롭고, 지나온 대미산이 저만큼 멀어져 보이며, 가야하는 황장산 쪽에 여인네의 유두처럼 소롯하게 튀어나온 하얀 암봉위에 나지막한 나무들이 손짓을 한다.

너덜지대를 지나고 대간길 나무들을 흔들어대는 바람이 심상치 않다. 거대한 용이 엎드려 있는 것처럼 보이는 용바위 등을 타고 무수히 많은 스틱자욱이 선명한 바위를 넘어서 암릉지대와 너덜지대가 즐비한 오르막 대간길을 힘들게 오른다. 대간길 주위에는 조그마한 돌탑들이 안전산행을 기원하고 있다.

큰 암봉 오른쪽으로 돌아서니 긴 로프가 드리워진 암벽이 가로막고 있다. 드디어 시작되는 로프 구간으로 산 아래에서 보면 유두처럼 보이는 황장산의 명물 헷등바위다.

헷등바위에 올라서면 사위가 확 트여 서쪽으로는 대미산이, 북동쪽으로는 도락산과 황장산이, 그리고 지나야 할 동쪽으로는 문목대가 조망된다.

황장산 정상 방향으로 조그마한 봉우리를 지나 위험한 암벽구간이 가로 막고 있는데 양쪽은 절벽 지대로 오른쪽 절벽에 수평으로 매달린 로프를 잡고 게 걸음하듯 옆걸음으로 조심조심 통과한다. 자칫 발끝을 삐끗하게 되면 수십길 낭떠러지로 추락이다.

위험한 구간을 무사히 지났다는 안도감도 잠시, 다시 칼날 암릉을 외줄타기 곡예하듯 지나고 점점 거세지는 바람에 땀으로 젖은 몸의 체온이 내려가는 느낌이라 햇빛이 잘 드는 곳에서 잠시 몸을 녹인다음 뒤돌아보니 방금 전 지나온 암벽이 아찔한 느낌으로 다가온다.

이어지는 황장산 정상은 이름과는 걸맞지 않게 황장목은 보이지 않고 참나무로 둘러싸여 조망보다는 편안한 휴식처가 되어준다. 넓직한 공터 암반에 직사각형 대리석 정상석이 다소곳이 서 있고 정상석 뒷면에는 '元名 鵲城山 작성산' 이라고 음각되어 있다.

황장산(黃腸山 1,077m)은 산경표와 대동여지도 등에 작성산(鵲城山)으로 표기되어 있는데 북쪽 문안골에는 고려시대 쌓은 작성산성(鵲城山城)터가 지금도 남아 있어 원래 이름은 작성산이었으나 황장산으로 부르게 된 이유는 조선 숙종 7년(1680년) 이곳에 황장목(黃腸木)이라 불리는 소나무가 많아 봉산(封山)으로 지정되었고 '황장봉산'이라는 별칭이 구전되어 오다가 일제 강점기 때 조선 총독부 임시 토지 조사국에서 1925년 발행한 '조선 산악 명칭 소재진고(朝鮮山岳名稱所在眞高)'에서 잘못 기명(記名)이 되어 지금까지 불리고 있다.

당시에 황장목은 소나무의 조선시대 이름으로 대표적인 목재로 쓰였다고 한다. 목재의 균열이 적고 단단하여 대궐을 짓거나 임금의 관인 재궁梓宮을 짤 때 쓰였고 조정에서는 황장목을 보호하기 위해 금표비禁標碑를 세우고 관리를 내려보내 출입을 통제하였다고 한다. 현재 북쪽 제천시 덕산면 오전리 옥수동에는 봉산 표지석이 있고 문화재로 지정되어 관리되고 있다. 그런 황장목이 자취를 감춘 것은 대원군이 화재로 소실된 경복궁을 중건하면서 이곳의 황장목을 모조리 베어냈기 때문이라고도 하고, 일제 때 무분별한 벌목으로 황장목의 씨가 말랐다는 이야기도 있다.

산 정상 왼쪽은 투구봉 979m 을 지나 단양군 대강면 방곡 마을에 이르고 대간 길은 직진 방향으로 이어진다. 오른쪽으로 선명하게 보이는 소로는 생달리로 내려가는 길이다.

남쪽 방향으로 직진하는 대간길 주변의 나무들은 거세지는 바람에 흔들리고 로프로 막아 놓은 왼쪽 암벽 로프를 타고 내려오니 칼날 능선이 보이지 않는다. 이 지점은 위험 구간이라 칼날 능선 방향은 로프로 막아 놓고 왼쪽으로 우회해서 감투봉을 거치지 않고 황장재로 질러 가는 길이다. 아무리 초보 산꾼이라 하지만 백두대간 중간 지점까지 통과한 자존심이 허락지 않아 다시 로프를 타고 올라가 암벽에 겨우 발디딜 틈을 찾아 칼날 능선에 들어 서서 또 한번의 외줄타기 하듯 곡예를 펼친다.

감투봉 1,037m 은 조그마한 암봉으로 정상석이나 이정표도 없이 한 쪽에 있는 바윗돌에 식별하기 어려울만큼 희미하게 어렴풋이 감투봉이라 씌여 있으나 사진에는 글씨가 식별되지 않아 별 볼일 없는 바위 덩어리로 생각되어 삭제해 버렸으니 후회막급이다.

감투봉에서 내려가는 암벽도 만만치가 않다. 처음 내릴때는 로프가 있으나 중간부터는 바위틈과 나무를 붙잡고 내려야 한다.

내려서는 곳이 황장재인데 고개라고 하기에는 너무 높게 생각되어 능선의 한 곳이라는 느낌이 있고, 왼쪽으로는 고려 말 홍건적의 난 때에 공민왕이 피신했던 작성산성터가 남아 있는 문안골을 지나 단양군 대강면 방곡리 저자거리로 이어지고 오른쪽으로 문경시 동로면 옥녀봉을 잇는 고개로 좌우 소로가 선명하다.

좌도락(左道樂) 우천주(右天柱)!

바람은 점점 거세지더니 뿌리 깊은 나무들까지도 요동을 치는 가히 태풍급 수준이다. 대명천지 大明天地에 일진광풍 一陣狂風이라니! 아마도 서기 어린 황장산에 죄 많은 중생 衆生이 하늘의 허락도 없이 들어와서 좌측으로 이미 깨달아서 즐거움을 알고 있는 도락산 道樂山을 두고, 우측으로는 하늘을 떠 받치고 있는 천주산 天柱山을 거느리고 산행을 하니 하늘이 노 怒하신걸까? 마치 덕유산 지나 삼봉산에서 천지개벽 天地開闢하듯 쏟아 붓듯 폭우를 내렸던 것처럼 이곳에서는 바람으로 천지망아 天地亡我를 하려는걸까?

바람은 지휘자가 되고 나무는 관현악단이 되어 '베토벤 교향곡 제 9번 운명'을 연주한다. 사실 클래식 음악에는 문외한이다. 중학교 다닐 때 고등학교 다니던 옆집 누나가 초대장 두장 이 있다고 같이 가자고 해서 오케스트라 연주회에 갔던 적이 있었는데 클래식 음악에는 별로 취미가 없었던 지라 시작할 때부터 졸다가 갑자기 '꽈과과-쾅'하는 경천동지 驚天動地하는 소리에 놀라 깨어보니 바로 '운명'이라는 교향곡이 연주되고 있었고 이후 이곡은 평생 잊지 못할 추억으로 남게 되었다. 그 누나는 지금 어디서 무엇을 하며 살고 있을까? 살아나 계신지 그리움으로 남는다.

잡풀이 우거진 헬기장에 있는 너럭바위는 988m봉으로 지나온 감투봉과 황장산이 다소곳이 'Good-Bye'하고, 전방 저 멀리 901번 도로가 굽이굽이 휘돌아가고 대미산 너머로 아득히 속리산과 조령산의 마루금이 하늘 하래 넘실거리는데 바로 앞 바위 틈에 작은 소나무 한 그루가 모진 풍상을 견뎌내고 단아한

▲ 988봉 ⋯ 조령산 / 속리산

모습으로 방긋 웃는다.

    다시 로프도 없는 암벽을 치고 올라가 사위가 확 트인 암봉에서 신선 神仙이 되어 북쪽 저 멀리 소백산까지 축지법 縮地法을 써서 천문대를 구경하고 돌아와 하늘을 떠 받치고 있는 천주봉 天柱峰의 기둥을 붙잡고 늘어진다. '천주님의 축복을 이 죄인에게도 주소서!'

    산악 날씨만큼 변덕이 심한 것도 없다고는 하지만 그렇게 요란스럽게 불어대던 바람이 거짓말처럼 잦아들고 좌左도락산 道樂山, 우右천주산 天柱山을 거느리고 의기양양, 용감무쌍하게 선바위를 지난다.

　광주 무등산에 있는 주상절리처럼 웅장한 모습은 아니지만 나름대로 모양새를 갖추고 있어 이색적인 분위기를 자아낸다.
　몇 차례 암릉을 오르내리다가 암반이 늘어져 있는 천사봉 1,004m에 오르니 발 아래 치마를 펼쳐 놓은 듯한 치마 바위가 드리워져 있고 정상에 오르는 바위 곳곳에는 스틱자욱이 만연하다. '나처럼 네 발로 가지 스틱을 왜 찍어?'
　오늘은 바람이 거세게 불어댔으나 하늘은 맑아 시계가 트인 곳은 모두가 파노라마를 연출하고 있다.
　치마 바위에서 로프 구간을 내리고 볼록한 암봉을 지난다. 모퉁이를 돌아 오른쪽 가파른 비탈길로 내려서니 표지석도 이정표도 없는 폐백이재다.

폐백이재는 해발 820m의 고개로 곱게 차려 입은 새색시가 시부모에게 폐백을 드리는 모습에서 붙인 이름이라고 하지만 아무리 둘러봐도 이름이 연상되는 모습은 아닌 것 같다.

몇 개의 대간 리본이 나부끼는 고갯마루에서 남쪽으로 내리면 문경시 동로면 새마을에 이르고 901번 지방도와 만난다.

오늘 산행 중 처음으로 두 젊은 산님을 만난다. 저수령에서 출발해서 삿갓재로 간다면서 벌재에는 감시 카메라 3대가 설치되어 있어 하수도 구멍으로 빠져 나왔다면서 박장대소를 한다.

그들에게 작은 차갓재에도 카메라와 감시 초소가 있으니 작은 차갓재를 그냥 지나 차갓재에서 내리라고 일러주고 발길을 돌린다.

소나무 두 그루가 있는 전망대 바위에서 남쪽으로 동로면이 한눈에 들어오고 마을 오른쪽에는 천주산 842m이 공덕산 836m과 키재기를 하면서 마을을 굽어보고 있다.

이어서 929m봉을 지나 헬기장을 넘어 벌재에 도착한다.

벌재는 해발 625m로 충북 단양군 대강면 방곡리와 경북 문경시 동로면 적성리를 잇는 59번 국도가 지나간다. 옛문헌 「증보문헌비고」와 「대동여지도」 등에는 벌치(伐峙)라 기록되어 있는데 '벌'이라는 명칭에 대해서는 확실치 않으

나 남쪽 적성리(赤城里)의 '붉은(赤)재'가 벌재로 구전되어 온 것이라고 한다.

생태축 복원사업으로 끊겼던 마루금이 연결되었고, 표지석과 팔각정, 그리고 월악농원 입구 표지석이 있다. 생태축 육교 밑을 통과해서 병곡리 쪽으로 가면 또 하나의 '백두대간 벌재'표지석이 있고 '백두산-벌재-지리산 1,400Km'라고 표기되어 있다.

현재 시간은 오후 1시 30분으로 저수령까지 남은 거리 6Km는 시간상으로 산행 가능하지만 오늘 중에 서울에 올라가야 하기 때문에 대간 산행은 여기서 마무리 하기로 한다.

벌재는 차량 통행이 많지 않고 오가는 차량도 얻어타기가 쉽지 않아 개인택시를 불러 타고 동로면으로 간다.

　동로면 사무소 앞에서 군내버스를 타고 문경읍으로 향하고 다시 서울행 버스에 몸을 내 던진다.

▼ 폐백이제조망지 ···▶ 천주봉 / 공덕산

제22구간
6km 산행에 알바라니!

📍 22-2 벌재-문복대-저수령(6Km)
2015.10.06. (화) 맑음

오늘은 벌재에서 저수령까지 6Km의 짧은 보충구간이다. 원래 차갓재에서 저수령까지 한 구간으로 계획하였으나 지난 번 산행 중간에 서울에 가기 위해 벌재에서 내렸기 때문이다.

점촌 버스 터미널 옆 모텔에서 하룻밤 묵고 아침 6시 군내 버스 첫차로 동로면에서 내린 다음 동로면 택시로 벌재에 도착한다.
병곡리 쪽 벌재 표지석 옆 들머리에 들어서니 아침 7시를 알린다. 옛 벌재 고가다리를 지나 '백두대간 오미자 길' 입간판이 대간길을 안내한다.

문경 오미자는 전국 생산량의 45%를 차지하는 오미자 주 생산지로 '문경 오미자 산업특구'로 지정되었고 문경시에서 이를 기념하기 위해 백두대간 오미자길을 조성하였다.

오미자五味子는 껍질이 시고, 과육은 달며, 씨는 쓰고 매우며, 열매 전체는 짠맛이 나는 등 다섯 가지 맛이 난다고 해서 오미자라고 한다.
대간리본이 만장처럼 나부끼는 둥근 철 구조물 터널을 지나 가파른 오르막을 치고 올라 822m봉에 이르고 다시 내려선 안부는 돌목재다.

돌목재는 북서쪽으로 월악농장에 이르고 남동쪽으로 석항리 웃돌목을 연결하는 고개로 석항리(石項里)의 우리 말이 '돌목'이라서 돌목재라고 부르는데 희미한 소로 길에 아무 표식도 없다.

좌左 낙엽송, 우友 참나무로 확연히 구분되는 한산한 오솔길을 바쁠 것도, 서두를 것도 없이 쉬엄 쉬엄 여유롭게 올라 1,020m봉을 지나고 하나의 암봉을 돌아서 다시 암봉을 지나 문복대 정상에 도착한다.

문복대(門福臺 1,077m)는 운봉산(雲峰山)으로도 불린다. 충북 단양군 대강면과 문경시 동로면의 경계를 이루고 북쪽으로 뻗어 나간 줄기는 수리봉(1,019m)을 지나 우리나라 100대 명산중의 하나인 도락산(964.4m)으로 이어진다.

화강암 정상석은 '白頭大幹 門福臺 1,074m'라 음각되어 있고 잡목에 가려 조망은 별로 이나 나부끼는 대간 리본은 반가움을 더한다.

문복대를 뒤로 하고 옥녀봉으로 향한다. 옥녀봉하면 제일 먼저 서울 도봉산 여성봉이 떠 오른다. 여성봉도 원래 이름은 옥녀봉이었지만 봉우리의 모양새가 여성의 성기와 흡사한 모습이라 여성봉으로 바뀌었는데 문복대의 옥녀봉은 전혀 다른 뚜렷한 특징이 없는 평범한 봉우리로 정상석도 이정표도 없다.

내리막 대간길은 온통 낙엽이 쌓여 있어 미끄럽기도 하고 대간길 찾기도 쉽지 않다. 간간히 보이는 대간리본을 따라 갈 뿐이다.

낙엽이 쌓여 있는 바위 왼쪽으로 소로가 선명하고 나뭇가지에 노란색 리본이 몇 개 매달려 있어 의심의 여지 없이 한참을 내려가는데 나무가 우거진 평평한 개활지에 대간길은 보이지 않고 나무 사이로 육교가 보인다.

뛰어나가서 살펴보니 신설된 2차선 아스팔트 포장도로이지만 저수령은 아닌 것 같다. 도로를 따라 동쪽 방향을 바삐 걸음을 옮기자 삼거리가 나오는데 단양과 예천 방향을 알리는 이정표가 나온다. 이전에는 927번 지방도에서 방곡리 오목내 마을로 연결되는 비포장 무명도로였는데 최근에 도로 포장을 한 것으로 보인다.

오늘 산행 구간은 6Km의 짧은 거리라서 만만하게 봤다가 알바까지 했으니 큰 코 다친 격이 되었다. 호랑이는 토끼 사냥을 할 때나 사자와 싸울 때나 똑같은 도약 자세를 한다는데 산행거리에 상관없이 긴장의 끈을 늦추지 말아야겠다.

예천 방향으로 바삐 걸음을 옮기고 '소백산 관광농원'을 지나 오른쪽 임도를 따라 옥녀봉 방향으로 산악구보山岳驅步를 하고 옥녀봉 정상까지 뛰어 올라가 다시 방향을 잡아 내려오다 보니 낙엽이 쌓인 바위 왼쪽의 소로 외에도 바위 오른쪽으로 나뭇가지에 대간리본이 많이 붙어 있는데 이를 보지 못하고 왼쪽으로 내려갔으니 알바를 할 수 밖에 없었다.

대간길에 쓰러져 있는 설파목이 가끔 보이고 설파목에 공손히 머리 숙여 통과한다. 옛고갯길에 있는 원형 철재 터널을 지나 장구재에 내린다.

장구재에는 '백두대간 오미자길' 입간판과 고개 좌우로 철망에 오미자 넝쿨이 더덕 더덕 휘감고 있다.

좌左참나무, 우右낙엽송 지대를 지나서 용두봉 갈림길 이정표를 만나고 이어서 해맞이 제단석을 만난다.

> 해맞이 제단석은 일출 조망이 가능해 매년 1월 1일이면 해맞이 행사를 하는 곳이다.

해맞이 제단석을 지나 저수령에 도착하니 오후 1시를 알린다. 6Km의 거리를 무려 6시간 동안 산행을 한 것이다.

저수령(低首嶺)은 해발 850m의 고개로 충북 단양군 대강면과 경북 예천군 상리면을 잇는 927번 지방도가 지나간다. 이 고개는 옛부터 저수령이라 불리웠는데 옛날에는 험준한 산 속의 오솔길이 경사가 급하여 지나는 길손들의 머리가 저절로 숙여진다고 해서  붙여진 이름이라고도 하고, 한편으로는 임진왜란때 저수령에서 은풍곡까지 피난길로 이용된 길이었는데, 이 고개를 넘는 왜적들은 모두 목이 잘려 죽었다고 해서 붙여진 이름이라고도 한다.

여기서 예천 방향으로 1.6Km지점에는 멀리 학가산이 바라보이는 아늑한 산자락에 용두 휴게 공원이 조성되어 있다.

고갯마루에는 저수령 표지석과 유래비가 있고 단양군 대강면쪽에는 폐업한 휴게소와 주유소 건물이 흉물스런 모습으로 자리하고 있다.

이곳은 민박집이나 펜션 등이 없고 차량 통행도 뜸하여 대간 산행시 간이역으로만 이용되는 곳이다.

오늘 산행은 짧은 거리라 일찍 마치고 나서 봉화군 오전약수터에 가서 약수탕에 몸을 담그려고 하였으나 알바를 한 바람에 그 꿈이 무산된다.

대야산 밀재에서 시작된 장장 110Km의 백두대간 문경 구간도 우여 곡절 끝에 종지부를 찍는다.

구간 일지

제22-1구간 (차갓재-벌재/ 8.16Km)

2015년 9월 9일 수요일 맑음

시간	구간	표고 (m)	거리 (Km)	접속(비상탈출)	숙영자료
06:10	차갓재	756.7	1.0	생달리1Km/901번 지방도 (문경읍-동로면)	물, 공터
06:40	작은차갓재	816	1.6	생달리 (901번 지방도, 문경읍-동로면)	
08:10	황장산	1,077.3	0.2		
08:25	갈림길		0.66	안산다리-생달리	
09:35	황장재	985	2.6	생달리, 단양군 대강면 방곡리	
11:55	폐백이재	820	2.1	문경시 동로면 새마을	
13:30	벌재	625		59번 국도(단양군 방곡리-문경시 동로면)	물, 공터, 정자

○ **산행거리/소요시간** : 8.16Km+접속 1Km/ 7시간 20분+ 40분
○ **일출/일몰시간** : 06:04/ 18:45
○ **교통**
  • 들머리 : 차갓재(작은차갓재)←생달리(901번 지방도, 문경읍-동로면)
  • 날머리 : 벌재/59번 국도(단양군 방곡리-문경시 동로면)
        점촌시내버스(점촌-동로, 문경) 054-553-2231
        단양시내버스(단양-방곡, 죽령) 043-422-2866
        문경 동로면 택시(동로-벌재) 054-552-7891
        단양 대강택시(대강-벌재) 043-421-7001
○ **숙박/식사**
  • 차갓재 황장산민박(차갓재) 054-552-1779
  • 생달리 한백주양조장/민박(차갓재) 054-552-8447
  • 단양 대강면 방곡토속식당(벌재) 043-422-3636
  • 황장산 쉼터민박(벌재) 043-422-8285(054-552-8080)

구간 일지

제22-2구간 (벌재-저수령/ 6.0Km)

2015년 10월 6일 화요일 맑음

시간	구간	표고 (m)	거리 (Km)	접속(비상탈출)	숙영자료
07:00	벌재	625	1.4	59번 국도 (단양군 방곡리-문경시 동로면)	물, 공터, 정자
08:45	들목재		2.3	북서쪽 월하농장, 남동쪽 동로면 석항리 호발골	
09:47	문복대	1,077	0.5		
10:02	옥녀봉	1,077	0.7	옥녀봉에서 알바 (옥녀봉-무명도로 생태통로)	
12:10	옛고갯길		0.8	소백산 관광농원	
12:45	장구재	866	0.3	소백산 관광농원	
12:55	저수령	850		927번 지방도 (단양군 대강면-예천군 상리면)	휴게소(폐업), 공터, 용두공원

- **산행거리/소요시간** : 6Km/ 5시간 55분(알바 2시간 포함)
- **일출/일몰시간** : 06:23/ 18:01
- **교통**
    - 들머리 : 벌재/59번 국도(단양군 방곡리-문경시 동로면)
    - 날머리 : 저수령/927번 지방도(단양군 대강면-예천시 상리면)
        점촌시내버스(점촌-동로/문경) 054-553-2231
        영주버스터미널(영주-대강) 054-631-1006
        문경 동로택시(동로-벌재) 054-552-7891
        단양 대강택시(대강-벌재, 저수령) 043-421-7001
        예천택시(예천-저수령) 054-652-3500
- **숙박/식사**
    - 대강면 감나무집(저수령) 043-422-8494
    - 예천 상리 두메산장(저수령) 054-653-0500
    - 단양 대강면 방곡 토속식당(벌재) 043-422-3636

Chapter 2
저 높은 곳을 향하여

소백산

小白山

　백두대간 白頭大幹 이 함백산에서 내려와 태백산에서 갈라져 남서쪽으로 뻗으면서 그 첫 머리에 만든 아름다운 산이 소백산 小白山 이다. 함백산, 태백산과 함께 '삼백 三白 의 산'으로 일컬어지는 이 산들은 모두 '밝은 산'의 뜻을 지니고 있다.

　소백산은 이름처럼 결코 작은 산은 아니다. 주능선 길이만도 장장 20Km가 넘는 전형적인 육산 肉山 으로 마치 거대한 고래등 처럼 듬직하고 부드러운 굴곡의 능선을 이루고 있으며 「정감록 鄭鑑錄」에 십승지지 十勝之地 의 한 곳으로도 알려져 있다.

　소백산하면 떠오르는 게 철쭉, 야생화 그리고 눈 덮인 산이다. 봄이 되면 주능선과 죽령 남쪽에 있는 도솔봉 일대의 광활한 능선에는 연분홍 철쭉 꽃의 향연이 펼쳐지고 나무가 자라지 않는 고산지대, 드넓은 초원에는 봄부터 가을까지 다양한 야생화가 천상의 화원을 이룬다. 특히 겨울에는 하얀 눈을 이고 있다는 데서 그 산 이름이 유래한 것처럼 크고 작은 산 능선에 하얀 눈이 뒤덮이고 수많은 나무에는 설화_{雪花}가 만발한다.

소백산 천문대를 중심으로 지구를 포함한 각 행성_{行星}의 모형과 설명을 곁들인 태양계 탐방로와 희방 계곡, 죽계 계곡 등 천하절경의 계곡, 그리고 아홉 개의 봉우리와 여덟 개의 문이라는 구봉팔문_{九峰八問}을 품에 안고 있다.

우리나라의 산들은 불교와 연관된 이름들이 많은데 소백산은 더욱 그렇다. 어떤 자료에 불교의 시각으로 접근한 산행기가 있어 이를 인용해 본다.

소백산의 주봉인 비로봉의 비로_{毘盧}는 비로자나불_{毘盧遮那佛}의 줄임말로 부처를 뜻하고, 속세_{俗世}에 나타난 부처가 연화_{蓮花}란다. 부처가 되기 전 머무는 곳이 미륵정토_{彌勒淨土}인 도솔천_{兜率天}이며 도솔천으로 가기 전 열심히 참선_{參禪}하여 경지에 도달하는 상태가 묘적_{妙積}이고 이에 앞서 가장 먼저 하는 일이 길을 밝히는 일인데, 길을 밝히려면 불을 붙이는 촛대가 필요하단다. 즉 촛대봉-묘적봉-도솔봉-연화봉-비로봉으로 이어지는 이 구간은 바로 부처의 길, 수행자_{修行者}의 길이라는 것이다.

▼ 도솔봉 … 소백산

제23구간
촛불을 켜고 부처의 길을 걷다

📍 **저수령 - 도솔봉 - 죽령(19.71Km)**
2015.09.16. (목) 맑음

　어제 점촌에서 군내버스로 동호리에 내리고 벌재를 지나 단양군 대강면 방곡리 황장산 쉼터 가든에 여장을 풀었다.
　벌재에서 출발하여 죽령까지 26Km 구간을 산행하려고 하였으나 민박집 사장 내외가 극구 만류한다. 거리도 거리려니와 최근에 사망사고와 조난사고가 잇따라 발생했고 중간에 마땅히 내릴만한 곳도 없으니 벌재에서 저수령 구간은 다음에 보충하고 저수령에서 출발하란다.
　민박집 차량으로 저수령에 도착하니 새벽 5시라 캄캄한 밤에 사방 분간도 할 수가 없다.
　저수령은 남북으로 경북과 충북을 넘나드는 고개이면서 동서로는 문경시 동로면과 예천군 상리면을 나누는 경계를 이룬다. 속리산 밀재에서 시작된 110Km의 문경 땅은 어느덧 안녕을 고하고 이젠 예천군을 지나 영주시, 봉화군를 거쳐 태백산이 기다리고 있다.

이곳 저수령부터는 월악산권이 끝나고 소백산권이 시작된다.

들머리에서부터 오르막 급경사로 시작되는 대간길은 일천 日淺한 수행자를 시험하려는 듯 꼭두새벽부터 된비알로 안내한다.

해발 850m의 저수령부터 촛대봉까지는 0.8Km의 짧은 거리지만 고도를 230여m나 치고 올라야 하니 진땀이 난다.

촛대봉(1,080m)은 검은 대리석으로 된 정상석이 있고 아직 어둠 속에 쌓여 있는 봉우리는 잡목이 우거져 있다.

이 구간은 이정표가 잘 되어 있다. 현재 위치와 지나온 곳과의 거리, 앞으로 가게 될 지점과 거리, 방향 등 산행에 필요한 정보를 제공하고 있다.

투구봉 1,081m에서 맞이하는 여명 黎明은 아름답다기보다는 활홀하기 그지없고 시루봉에 오르면서 나무 사이로 떠오르는 태양은 찬란한 빛의 향연이다.

시루봉에도 정상석은 없고 촛대봉이나 투구봉처럼 이정표 기둥 상단에 부착된 타원형판에 '시루봉 해발 1,110m'라고 표기되어 있다.

시루봉에서 북쪽으로 단양군 대강면

장전리 대강초등학교 장전분교가 위치하고 대간길은 시루봉에서 동쪽으로 방향 전환한다.

　헬기장을 지나서 만난 갈림길은 북쪽으로 대강면 남조리에 있는 폐업한 단양 유황온천으로 이어진다. 편안한 대간길은 울창한 잣나무 숲으로 이어지고 급경사 오르막을 올라선 봉우리는 참나무에 붙어 있는 코팅지가 1,084m봉을 안내한다.

좌^左 참나무 우^友 잣나무로 뚜렷이 구분되는 대간길을 오른쪽 잣나무 숲을 경계로 따라가다가 이정표가 있는 배재 삼거리에 도착한다. 남쪽으로 야목 마을이 2Km인데 사람 통행이 없어서인지 길의 흔적은 보이지 않고 잡초만 우거져 있다.

급경사 오르막을 치고 올라 유두봉에 이른다.

▼ 투구봉에서 맞이한 여명

유두봉(乳頭峰 1,059m)은 솟아 오른 암봉이 젖꼭지 돌기처럼 보인다 하여 붙여진 이름으로 암봉 아래 북쪽으로 단양 유황온천이 있는 남조리 마을을 품고 북동쪽으로 묘적봉, 도솔봉으로 이어지는 구도(求道)의 길이 뻗어 있다.

작은 봉우리 하나를 오르내리면 싸리재다. 싸리재 이정표는 북쪽으로 단양 유황 온천 2.7Km, 남쪽으로 원용두 마을 1.93Km를 알리고 있다.
단양 유황온천은 조용하던 시골 마을을 파헤쳐서 개발했으나 지금은 아래쪽 남천리 온천에 밀려 폐업한 상태로 건물만 흉물스럽게 남아있다.
이어서 이정표 두 개가 설치된 흙목정상에 도착한다.

흙목정상은 해발 1,070m로 남쪽으로 2.2Km 지점에 가재봉(851m)을 가운데 두고 북쪽 임도를 따라 내리면 예천군 상리면 상백,하백 마을을 거쳐 백석 저수지에 이르고 남쪽 임도를 따라서는 흙목마을이 위치하고 있어 흙목정상이라고 이름붙여졌다.

흙목에서 대간길은 북동진하여 급경사 내리막으로 이어지고 송전탑을 거쳐 뱀재에 이른다.
뱀재 이정표는 우측으로 초항마을 1.8Km를 안내하고 있으나 잡초가 뒤덮혀 있어 길은 보이지 않아 통행은 어려울 것으로 보이며 이어서 솔봉에 도착한다.

솔봉 1,102.8m 정상에는 부산 낙동 산악회에서 2020년 올림픽 부산 유치를 기원하는 프랭카드를 걸어놨으나 이미 일본으로 결정이 났기 때문에 그 다음에라도 유치되기를 바랄뿐이다.

솔봉에서 급경사 내리막을 조금 내려가서 편안한 대간길로 이어지다가 내려선 곳이 모시골 갈림길이다. 이정표는 오른쪽으로 모시골 마을 1.7Km를 안내하고 있으나 길은 보이지 않는다.

1,110m봉과 1,027m봉을 지나 마루금 치유숲길 안내판을 만난다. 이곳은 '국립 산림 치유원 다스림'이라는 단체가 조성한 길인데 영주시와 예천군의 경계에 있는 고향치라는 고개와 백두대간 능선상의 묘적령을 연결한 숲길로서 백두대간 마루금을 걸어볼 수 있는 길이라고 소개하고 있따.

단양 국유림 관리소에서 설치한 훼손지 생태복원 안내판을 따라 옥녀봉 갈림길을 지나고 이어서 묘적령에 내린다.

저수령에서 시작된 예천군은 여기서 작별을 고하고 영주시로 접어들어 소백산 국립공원의 품에 안긴다.

묘적령(妙寂嶺)은 해발 1,025m로 단양군 대강면과 예천군 상리면, 영주시 봉현면과 경계를 이루는데 동쪽으로 내리면 고향치에 이르고, 서쪽에는 사동리 절골이 3.7Km거리에 있다. 사동리에는 고려 말 묘적사라는 사찰이 있어 절골이라 했고 조선 말까지 100여호에 500여명의 주민이 살았다고 한다. 일제 강점기인 1914년 행정구역 개편에 따라 사동리로 바뀌었고 묘적사의 흔적은 주춧돌, 기와 및 부도 등이 남아 있었으나 1965년 임도를 개설하면서 그마저 사라졌다.

우리나라의 문화 유산에 대한 인식의 문제를 되짚어 봐야 하는 대목이다.

탐방로 안내판과 특별보호구역 안내판 외에도 눈길을 끄는 안내판이 있다. 안내판에는 '묘적봉-도솔봉-죽령까지 8.6Km 구간은 경사가 심하고 험준하여 시간과 체력소모가 많고 특히. 2014년 11월 12일 탈진으로 인한 사망 사고가 발생한 구간이므로 본인의 체력을 감안, 무리한 산행을 삼가고 사동리절골방향으로 하산'하라고 한다.

저수령부터 여기까지도 그랬거니와 수행자의 길은 만만치 않다는 것을 느낄 수 있다.

묘적령을 뒤로 하고 오르막 바윗길에서 내려오는 산님 한 사람과 조우한다. 서울에서 산다는 올해 일흔 다섯 살의 염상열씨는 남은 인생을 정리 하기 위해 백두대간을 타는 중인데 처음에는 친구 두 사람과 동행을 하다가 이제는 혼자 한다면서 지난번 산행 때 싸리재에서 단양 유황온천이 있는 남조리로 하산한 바 있어 오늘은 죽령에 차를 두고 역주행하고 있단다. 일정을 맞춰서 산행을 하자고 하지만 결코 쉽지 않은 일이라 대답을 미루고 서로 연락처만 주고 헤어진다.

오르막을 치고 올라 전망 바위에서 바라보는 조망은 눈을 돌릴 때 마다 색다른 풍경화를 연출한다. 서쪽으로 아늑한 전원 분위기인 사동리 마을이 평화롭게 보이고, 남쪽으로 지나온 솔봉과 대간 마루금이 안녕을 고하고 있다. 동남쪽에는 옥녀봉과 장군봉이, 북동쪽으로 풍기고을이 그리고 북쪽에는 묘적봉이 손에 잡힐 듯 하고 묘적봉 너머 도솔봉이 살그머니 내려다보고 있다.

물푸레 나무, 진달래, 당단풍 등 나무 설명판을 따라 오르 내리기를 몇 차례 반복하다가 묘적봉에 도착한다.

묘적봉(妙積峰 1,148m)정상석은 한국 철도공사 경북 본부 산악회에서 설치한 것으로 암봉 위에 덧대 쌓은 돌무더기 위에 수석인양 흰 띠를 두르다 만 자연석 화강암으로 되어 있다. 정상석 앞 암반 위에 묻힌 동판(銅板)은 방향을 알린다.

봉우리 정상에서 유일하게 트인 북쪽에는 미륵정토彌勒淨土의 세계인 도솔兜

率이 참선삼매경 參禪三昧境인 묘적 妙積을 내려다 보고 있다.

시간은 오후 1시가 가까워지고 죽령까지 남은 거리는 7.9Km라 일몰까지는 충분히 도착할 수 있을 것 같아 시간도 마음도 한결 여유롭고 호강시킨 눈에 비해 초라한 주먹밥으로 주린 배를 달래고 나서 발걸음을 돌린다.

묘적령에서 만났던 염상섭씨로부터 전화가 왔으나 통화불능지역으로 말을 알아들을 수가 없고 전화도 자주 끊긴다. 아마도 마루금 치유 숲길에서 길을 잘못든 것으로 짐작이 된다.

대간길 옆 조그마한 돌탑에 작은 돌 하나 올려놓고 무사 산행을 기원하고 마주오는 산님을 만난다. 죽령에서 출발해서 사동리 절골로 내린다는 그는 도솔봉 구간이 만만치 않으니 안전산행하란다.

목책과 출입금지 경고 푯말을 지나 가파른 내리막으로 이어지다가 다시 오르막 암릉지대를 치고 오르니 수행자를 시험하려는 듯 계단이 앞을 가로 막고 있다. 이 계단은 107계단이라는데 백팔번뇌 百八煩惱를 소멸시켜 참된 진리를 향해 오르는 108계단이었다면 미륵정토 彌勒淨土로 가는 길에 더욱 어울리지 않았을까? 아마 이 계단을 만든 사람은 불자 佛子가 아니었던 모양이다.

힘들게 계단을 오르고 네 발로 기어 암벽을 오르니 전망지가 있으나 지나치고 돌길을 따라 두 번째 계단과 마주한다. 이번 계단은 85개라는데 세어볼 기력도 마음도 없이 헬기장에 도착한다.

헬기장 입구에 검은 사각형 대리석이 넘어져 있다. 선행자의 자료에서 봤던 도솔봉 정상석 같은데 어떤 성질 급한 산님이 힘들게 올라 도솔봉 정상이려니 하였다가 속았다고 생각해서 뽑아 뒤집어 엎어 놓은 것으로 생각된다.

　이어지는 암벽 로프를 잡고 유격 훈련을 하고 나니 죽령 6Km를 알리는 이정표가 미륵정토의 세계, 도솔봉을 안내한다.

　도솔봉(兜率峰 1,314.2Km)은 흰 화강암으로 된 자연석 정상석이 아담하게 서 있고 정상석 뒷면에 '國泰安民, 부산 사람들'이라고 음각되어 있다.

　국가의 번영과 민족의 안녕을 기원하는 산사람들의 손길이 깊은 산 속까지 미치고 있다. 대한민국 국민의 한 사람으로서 경의를 표한다.

　산 정상은 안전 난간이 설치되어 있고 사위가 트여 막힘이 없는 최고의 전망지로 하얀 구름이 얕게 드리워진 산 그리메는 그야말로 이곳이 천국인지, 극락인지 그곳의 세계로 빠져든다.

　북으로 소백산 천문대와 비로봉이 '어서 오라'고 손짓을 하고 북서쪽에는 삼형제봉과 흰봉산이 손에 잡힐 듯 가까운 곳에서 미소짓는다. 남쪽으로 지나온 마루금과 사동리가 안녕을 고하고, 동쪽으로 풍기읍 시가지가 한눈에 들어온다.

　이곳이 아무리 천국이고 극락이라 한들 계속 머물 수는 없는지라 발길을 옮긴다.

　대간길은 북서쪽으로 이어지다가 급경사 목재계단 끝부분에 죽령 4.3Km

를 알리는 이정표가 있고 바로 앞에 있는 암봉이 삼형제봉의 제일 높은 봉우리인데 대간길은 암봉 좌측으로 우회한다.

부처의 길에도 추모판이!

소로 삼거리에서 직진 방향으로 치고 올라가 1,288m봉인 흰봉산 갈림길에 이르고 작년에 조난사고로 희생된 산님 추모판이 눈길을 끈다.

'그렇게 산을 좋아하던 로즈 한(한각순)은 산의 품에 안겨 대간길에서 영원히 잠들다. 2014년 11월 14일 백두대간 16기 종주대 대원일동'이라고 새겨있다.

추모판 위 바위에는 국화 세 송이가 애처롭게 시들어 가고 있다. 고인의 명복을 빌고 오른쪽 길로 접어들어 출입금지 경고판을 만난다. 경고판에는 작년 조난 사고 발생 현장 사진이 첨부되어 있어 그 날의 비극을 말해주고 있다.
급경사 내리막을 따라 가다가 시멘트 바닥 옆에 있는 비석은 이곳에서 전술공사했던 부대와 공사 관계자의 이름이 새겨져 있다.
죽령 1.3Km를 알리는 이정표 옆에는 낮게 쌓은 돌무더기 가운데에 글자를 새긴 추모판을 깔았다. '여기 산을 좋아하던 우리 친구 종철이가 백두대간 품으로 돌아갔습니다. 종철아 편히 쉬거라.'
오늘 산행에만 두 번째다. 무슨 사연인지 모르겠으나 산을 좋아한 모든 사람들의 흔적을 남기는 것도 결국은 자연을 훼손하는 것 일 텐데...우리 모두 신중히 생각해 봐야할 문제인 것 같다.

　이정표 바로 아래 석간수인 도솔봉 샘터에서 시원하다 못해 차가운 물로 목을 축이고 내리막길에 널려 있는 도토리에 미끌려 기어이 엉덩방아를 찧고 만다.

　물박달나무, 산사나무, 층층나무, 노린재 나무 등 처음 접하는 나무들의 설명판을 보면서 죽령 인원계수판을 통과하니 오후 6시가 다 되어 간다.

　백두대간 소백산의 허리인 죽령 표지석 위로 장승들이 보초를 서 있는 듯 하고, 영남 제1관문 누각과 '영남 관문 죽령'이라고 음각된 경계석이 있는데 이정표는 죽령 옛길을 안내하고 있고 길 건너편에는 초가지붕으로 된 죽령 주막이 유행가 음악을 틀어놓고 길손들을 유혹하지만 지나는 사람이 없어 한가하기만 하다.

죽령 안내판이 자리한 휴식 공간에서 죽령에 대한 역사를 살펴 본다.

장장 2천년 유구한 세월에 걸쳐 우리나라 동남 지역 교통 대동맥의 한 도막 이었던 이 길은 근래 교통 수단의 발달로 행객이 끊겨 수십년 숲덩굴에 묻혀 있었던 바 이제 옛 자취를 되살려 보존하는 뜻에서 이 길을 다시 열었다.
소백산맥(小白山脈)에 나란히 자리한 여기 죽령과 문경새재, 추풍령을 일러 영남과 기호(畿湖)지방을 통하는 관문의 삼형제라면 죽령은 바로 그 맏형격 이다.
그 연대, 그 자리, 그 높이, 그 구실이 단연 으뜸인 때문이다. 소백산 제2연화봉과 도솔봉이 이어지는 잘록한 지점에 자리한 해발 689m의 죽령.
삼국사기에 '아달라왕(阿達羅王) 5년(서기 158년) 3월에 비로소 죽령길이 열리다'라 했고 동국여지승람(東國輿地勝覽)에는 '아달라왕 5년에 죽죽(竹竹)이 죽령길을 개척하고 지쳐서 순사(殉死)했고, 고갯마루에는 죽죽을 제사하는 사당(竹竹祠)이 있다'고 했다.
유구한 유서와 애환이 굽이 굽이 서려 있는 죽령은 삼국시대 한동안 고구려의 국경으로 신라와 대치, 삼국의 군사가 뒤엉켜 치고 쫓기고 엎치락 뒤치락 불꽃튀는 격전장이기도 했다.
고구려가 죽령을 차지한 것은 장수왕(長壽王)말년(서기 470년경), 신라 진흥왕(眞興王)12년(서기 551년) 왕이 거칠부(居柒夫)등 여덟 장수에게 명하여 백제와 함께 고구려를 공략, 죽령 이북 옆 고을을 탈취하였으며 그 40년 뒤인 영양왕(瓔陽王)1년 (서기 590년) 고구려 명장 온달(溫達)장군이 왕께 자청하여 군사를 이끌고 나가면서 '죽령 이북의 잃은 땅을 회복하지 못하면 돌아오지 않겠다'는 등의 기록(三國史記)이 남아 있는 것으로 보아 당시 죽령이 얼마나 막중한 요충이었음을 짐작할 만하다.

서기 1910년대 까지도 경상도 동북 지방 여러 고을이 서울 왕래에 모두 이 길을 이용했기에, 청운의 뜻을 품은 과거 선비, 공무를 띤 관원들이며 온갖 물산을 유통하는 장사꾼들로 사시장철 번잡했던 이 고갯길에는 길손들의 숙식을 위한 객점, 마방들이 목목이 늘어 있었다.

글 송지향(宋志香)/영주시장/소백산 국립공원 사무소장

죽령은 충북 단양군 대강면과 경북 영주시 풍기읍을 연결하는 5번과 36번 국도가 지나가고, '또와리굴'로 유명한 중앙선 철도가 통과하는 데 현재는 중앙

고속도로의 터널이 뚫려 한적해진 고갯길은 아흔 아홉구비로 옛날 노승 한분이 고개를 넘다가 하도 힘들어 짚고 가던 대나무 지팡이를 꽂아 놓고 갔는데 이것이 살아나서 죽령이라고 했다는 전설도 있다.

인삼의 고장 풍기 방향에는 소백산 국립공원 희방사 지구와 소백산 풍기온천이 자리하고 있고 왼쪽 대강면 방향에는 국립공원 명품마을인 옛고개 마을

과 죽령 휴게소가 있다.

　민박도 겸하는 죽령 휴게소에서 쉴까 하다가 황장산 쉼터와 약속이 되어 있어서 전화를 하고 기다리는 동안 휴게소 전망대에서 환상적인 일몰을 맞이한다.

구간 일지

제23구간 (저수령-죽령/ 19.71Km)

2015년 9월 16일 목요일 맑음

시간	구간	표고 (m)	거리 (Km)	접속 (비상탈출)	숙영자료
05:20	저수령	850	1.3	927번 지방도(단양군 대강면-예천)	휴게소(폐업), 공터, 공원
06:00	투구봉	1,081	0.94		
06:26	시루봉	1,116	1.6	단양군 대강면 무수천리/장정리	
07:24	배재	950	0.92	예천군 상리면 용두리 야목마을 2.0Km	
07:54	싸리재	900	1.2	단양유황온천 2.7Km, 예천 상리면 원용두 1.9Km	
08:35	흙목	1,033.5	1.0	임도(0.55Km)→흙목마을	
09:05	온천갈림길		2.85	단양유황온천 2.4Km	
10:30	모시골	1,011	1.6	예천군 상리면 고향리 모시골마을 1.7Km	
11:25	묘적령	1,025	1.0	사동유원지 3.7km, 고향치	
12:15	묘적봉	1,156	1.8		
14:10	도솔봉	1,315.6	2.2	단양군 대강면 사동리 유원지(1시간)	
16:10	흰봉산갈림길		1.9		
17:06	도솔봉샘터		1.4		샘터
17:40	죽령	689		5번 국도 (단양군 대강면-영주시 풍기읍)	물, 공터, 휴게소

- **산행거리/소요시간** : 19.71Km/ 12시간 20분
- **일출/일몰시간** : 06:10/ 18:35
- **교통**
  - 들머리 : 저수령/927번 지방도(대강면-예천)
  - 날머리 : 죽령/5번 국도(단양군 대강면-영주시 풍기읍)
    - 영주버스터미널(영주-대강) 054-631-1006
    - 단양시내버스(단양-방곡, 죽령) 043-422-2866
    - 단양 대강택시(대강-벌재, 저수령, 죽령) 043-421-7001
    - 예천택시(예천-저수령) 054-652-3500
    - 풍기택시(풍기-죽령) 054-636-6060
- **숙박/식사**
  - 소백산 죽령휴게소/민박(죽령) 043-421-2830
  - 죽령주막(식사) 054-638-6151
  - 대강면 감나무집(저수령) 043-422-8494
  - 예천 상리 두메산장(저수령) 054-653-0500

제24구간

毘盧의 世界에서 宇宙旅行을 하고 九峰八門을 보다

죽령 - 비로봉 - 고치령(25.16Km)
2015.09.22. (화) 맑음

어제는 청량리역에서 영주행 무궁화호를 타고 기차여행을 하였다. 고속버스나 고속열차KTX를 타는 분위기와 달리 완행열차의 낭만도 또 다른 여행의 즐거움이다.

현재의 내 처지로 낭만을 즐기기에는 사치스런 생각이지만 그래도 기차를 타고 있는 몇 시간 만큼은 모든 번뇌를 다 잊고 차창 너머로 보이는 풍광에 젖어 볼 수 있다.

들녘은 온통 황금 물결로 바다를 이루고 골짜기마다 그림같은 집들이 들어서 있어서 계곡마다 사람 살지 않는 곳이 없는 것 같다. 요즘 좀 있다 하는 도시 사람들이 전원생활을 하려고 귀촌歸村하는 현상일 것이다.

단양역에서 내려 하루 네 번 있다는 죽령행 군내버스를 기다리는 동안 옛 기억을 더듬어 본다.

단양丹陽은 산과 강 그리고 동굴이 한데 어우러진 천혜의 땅으로 충주호로 흘러가는 남한강의 큰 물줄기가 '물도리동'처럼 휘어져 흐르는 곳에 이조 개국 공신 정도전鄭道傳, 1342-1398이 자신의 호를 지었다는 도담삼봉과 사인암석문, 옥순봉, 구담봉 등 기암 절벽과 아름다운 고수동굴 등이 산재하고 있는 곳으로 이곳에 와본지도 벌써 스무해가 훨씬 지났다.

버스로 죽령에 내려 휴게소에 여장을 풀고 '단고을 소백산 생막걸리'를 곁들여 저녁식사를 하였다. 지역별로 그곳에서 제조한 막걸리 맛을 보는 것도 대간 산행을 하면서 맛볼 수 있는 하나의 즐거움이다.

오늘 산행은 비교적 편안한 구간이라고는 하지만 25Km가 넘는 거리여서 새벽 4시 40분에 출발을 한다.

소백산 산행은 두 단계로 구분할 수 있는데 들머리에서 연화봉까지의 태양계 탐방로와 연화봉에서 고치령으로 이어지는 대간 산행구간이다.

태양계 탐방길!

어린 학창 시절 배웠던 태양계 중에서 마지막 행성이었던 명왕성은 태양계에서 떨어져 나와 죽령 주차장 전망대를 외롭게 지키고 있고 소백산 입구에는 태양계의 크기를 비교한 모형과 탐방로 입구 표

지목, 소백산 천문대와 강우 레이더 관측소 표지석이 있다.

들머리는 태양계 탐방로가 시작된 지점으로 시멘트 포장이 되어 있고 태양계의 마지막 행성인 해왕성 관련 자료와 소백산 천문대, 강우레이더 관측소, 그리고 KT중계소 안내판도 있다.

탐방지원센터를 통과하고 연화봉까지 7Km가 시멘트 포장 도로라는 안내판을 지나 이야기 쉼터, 잣나무 쉼터를 거쳐 혜성 쉼터에 도착한다.

혜성은 태양계를 만들고 남은 찌꺼기 중 얼음과 먼지로 구성된 것이라는 설명판이 세워져 있고 계속 오르니 태양계에서 세 번째 큰 행성이라는 천왕성 바람고개 전망대다.

전망대에서 뒤돌아 보는 영주시 야경과 중앙 고속도로의 불빛이 어우러져 여명의 눈동자처럼 다가온다.

시멘트 길과 능선 산길이 몇 차례 반복되다가 삼거리에 있는 제2연화봉 표지석이 나그네를 반갑게 맞아준다. 반가움도 잠시 일출을 볼 수 있을까 하고 산상 전망대에 뛰어 오르니 일출은 시작되어 솟아 오르는 태양이 장엄한 파노라마를 연출하여 흥분과 감격은 환희와 탄성을 자아낸다.

제2연화봉 정상에는 강우레이더 관측소가 위치하고 있고 제2연화봉 정상석은 그 아래에 설치되어 있다.

▲ 제2연화봉전망대 일출

　헬기장을 지나고 비포장 임도에서 다시 포장도로를 만나고 토성고리 전망대에 이른다. 토성의 모습을 크게 만들어 놓았는데 전망대에 오르니 구름에 갇힌 해가 아직 빛을 내지 못하고 있다.

　지구의 300배가 넘는 가장 큰 행성이라는 목성 숲을 지나고 소행성 전망판과 화성별동산을 지나 소백산 천문대에 도착한다.

　천문대 정문에는 경주의 첨성대 모양의 천체 관측탑이 있고 대간로는 천문대 건물 왼쪽으로 이어진다. 천문대는 부속 건물 공사가 한창인데 당번인 듯한 한 사내가 아침 식사 준비에 분주한 모습입니다.

　국내에서 가장 높은 곳에 위치한 소백산 천문대는 1972년 국립 천문대 설립 위원회에서 연화봉에 망원경을 설치한 게 효시다. 소백산에 천문대를 설치한 이유는 연 평균 맑은 날이 70-80일로 어느 고산 지대보다 많기 때문이라고 한다.

모든 천체 관측은 해질 무렵부터 새벽까지 밤 사이에 이루어지므로 연구원들의 일과는 일반인들과 반대로 이루어진다. 해가 저물면 관측 돔 사이로 모습을 드러내는 지름 61cm의 천체 망원경이 육중한 몸을 움직여 관측할 별을 찾는다.

아침이 되면 연구원들의 취침 시간이 되고 그들의 밤 하늘을 향한 연구는 일년 내내 계속된다. 이러한 노력의 결과 2009년 세계 최초로 두 개의 태양이 있는 행성을 찾아내는 성과를 올렸다.

천문대 견학은 오후 1시부터 3시 30분까지 우리나라의 천문학 현황, 천체 사진, 천체 망원경에 대해 연구원의 안내와 설명이 이루어진다.

천문대 건물에서 조금 떨어진 곳에 지구 마을이 있다. 둥글고 파란 지구 모

형이 태양계의 다른 행성과 달리 살아 있는 모습이다.

금성 별빛 탐방로를 지나고 죽음의 별 수성 야생화밭을 지나서 연꽃 모양의 연화봉 정상석이 우뚝 그 자태를 드러낸다.

연화봉(蓮花峰 1,383m)은 이름 그 자체로 연꽃을 떠올리게 한다. 연꽃은 진흙탕같은 연못에서 잘 자라고 아름다운 꽃을 피우는 모습이 사바 세계에 내린 부처와 같다고 해서 불교를 상징하는 꽃이라고 하고, 부처가 탄생하여 사방으로 일곱 걸음을 걸을 때 땅에서 연꽃이 솟아 올라 태자를 받들었다 해서 부처의 탄생을 상징하기도 하며, 또는 불교의 이상적인 인간상인 보살을 상징하기도 한다.

연화봉 정상에는 정상석 외에도 영주시 산악회에서 설치한 비로봉과 희방사 방향을 알리는 표지석이 남쪽으로 희방사를 안내한다.

희방사(喜方寺)는 신라 선덕여왕 12년(서기 643년) 두운조사(杜雲祖師)가 창건한 고찰로 훈민정음 원판과 월인석보(月印釋譜) 제1,2권 도합 187장의 판목을 보관해 왔는데 한국전쟁 당시 법당과 함께 소실되었으며 1953년 중건하여 지금에 이르고 있다. 현재도 희방사 동종과 월인 석보 책판이 보존되어 있다.

희방사에서 조금 내려가면 내려다보기에도 아찔한 철다리를 지나서 28m에 달하는 희방 폭포가 소백산의 산삼 썩은 물을 토해내고 있다.

태양계 탐방로의 마지막인 태양 해맞이 전망대에서 북쪽으로 제1연화봉이

손에 잡힐 듯 가까이에서 손짓하고, 비로봉과 그 너머 국망봉에 이르는 백두대간 등허리가 마루금을 그려내고 있다.

태양계 탐방을 끝내고 나니 아침 7시 30분이다.

소백산 천문대를 중심으로 지구를 포함한 태양계 행성을 차례대로 안내하고 있고 여기에 길까지 잘 구비되어 있으니 힘들이지 않고 산행할 수 있어서 어린 학생들도 쉽게 접근할 수 있어 우주宇宙에 대한 꿈과 희망을 키울 수 있는 좋은 교육의 장이 될 수 있을 것 같다. 훗날 내 자식들이 자식을 낳고 자라서 학교를 다닐 때 쯤 같이 오고 싶지만 그때까지 신神이 허락하실지는 의문이다.

내리막 목재 계단, 돌계단과 돌이 깔린 숲길을 걸으니 본격적인 산행을 하는 기분이 든다. 참나무숲, 철쭉터널, 목재 보행로, 계단을 올라 제1연화봉1,394.4m에 도착한다. 아무 특징도, 조망도 없고 정상석도 없이 기둥에 제1연화봉이라고 새긴 이정표만이 비로봉 2.5Km, 국망봉 5Km를 알리고 있다.

소백산 아고산지대는 해발 1,300m이상의 고원지대로 아한대성 강한 바람과 낮은 기온, 그리고 잦은 비나 눈이 나무의 성장을 방해하여 초본류가 주를 이루고, 거기에 형성된 초원지대에는 봄, 여름에 야생화가 천상의 화원을 전개한다. 바람, 구름, 넓은 초원, 야생화들이 합작으로 만들어낸 걸작이다.

한국산 에델바이스라 불리는 '왜솜다리'와 소백산의 깃대종이라는 '모데미풀'이 이곳 아고산지대에 서식을 하는데 지금은 볼 수 없어서 아쉽다.

완만한 오르 내리막으로 이어진 등산로 좌우 조망은 전망대가 따로 없고 드넓은 개활지에 야생화, 억새, 단풍이 어우러진 좌측 단양 쪽은 운무와 낮은 산들이 한 폭의 풍경화를 그려내고 있으나 봉우리 아래 허옇게 속살을 드러낸 단

소백산

양 시멘트 공장의 산자락이 신음을 하고 있다.

　등산객들이 할퀴고 간 자리에 훼손지 복원의 흔적들이 눈에 띄고 산행에 편의를 주면서도 자연을 보호하고자 하는 노력들이 여기 저기 보인다.

　잘 정비된 등로를 기분 좋게 걷다가 뜻밖의 행운을 만난다. 사랑의 나무라는 연리목連理木이다. 연리목은 같은 종種의 두 나무가 맞닿은 채로 오랜 세월이 지나면 서로 합쳐져서 한 나무처럼 되는 현상을 연리連理라고 하는데 줄기가 이어지면 연리목, 나뭇가지가 이어지면 연리지連理枝라 한다. 연리목은 가끔 볼 수 있으나 연리지는 가지가 맞닿았더라도 바람에 흔들려 좀처럼 붙기 어렵기 때문에 매우 희귀하다.

　앞서 가는 산님도 없고 뒤따르는 산꾼도 없으니 천상천하天上天下에 유아독존唯我獨尊이 따로 없는데 수행자修行者의 태도가 이렇게 건방져서야 되겠는가? 부처님의 한 말씀에 정신을 가다듬고 경건한 마음으로 산행을 이어 나간다.

　천동리 갈림길 이정표는 왼쪽으로 천동쉼터 1.5Km, 천동주차장 6.2Km를 가리키고 이정표 기둥에는 주목 군락지 수림지 안내판이 부착되어 있다. 이곳에서 왼쪽으로 내리면 대궐터를 지나 단양읍 가곡면 천동리가 나오는데 천동동굴과 다리안 관광지가 있다.

　대간길은 오른쪽으로 폐타이어 깐 길이 비로봉까지 이어지고 삼거리에서 왼쪽으로 보이는 건물은 주목 감시 초소인데 악천 후 때는 대피소로 이용할 수 있을 것 같다.

　살아 천년 죽어 천년이라는 주목 안내판이 나온다. 우리나라 제일의 주목 군락 자생지로 수령 약 200-400년된 주목이 1,500여 그루가 있다고 한다. 60

년대 후반까지만 해도 연화봉에서 국망봉에 이르는 능선을 따라 30,000여 그루가 분포되어 있었다고 하나 지금은 이곳을 제외하고는 거의 찾아볼 수가 없다.

폐타이어를 곱게 깐 등산로를 힘들지 않고 오르니 커다란 백자 항아리 모양의 화강암 자연석이 우뚝 서서 넓은 부처의 품처럼 수행자를 맞이한다.

'무엇을 깨닫고, 무엇을 얻었는가?'라고 선문답 禪問答 이다.

비로봉 毘盧峰, 1,439m 은 소백산의 주봉 主峰 으로 부처를 뜻하는 비로자나불 毘盧遮那佛 에서 연유한 이름이라고 한다. 촛대봉에서 묘적봉, 도솔봉, 연화봉을 거쳐 비로봉까지 부처의 길, 즉 수행자의 길을 걸으면서 나는 무엇을 깨닫고 얻었는지 알 수 없다. 단지 고행 苦行 의 길이었다는 것 밖에…

정상석 뒷면에 조선 초기 대문호 서거정 徐居正, 1420-1488 의 '小白山'의 한시를 한글 풀이와 함께 음각해 놓은 것이 희미하게 보인다.

小白山連太白山 (소백산연태백산)
태백산에 이어진 소백산
逶迤百里揷雲間 (위이백리삽운간)
백리에 구불구불 구름사이 솟았네
分明劃盡東南界 (분명획진동남계)
뚜렷이 동남의 경계를 그어
地設天成鬼破慳 (지설천성귀파간)
하늘 땅이 만든 형국 억척일세

산 정상은 충청북도와 경상북도의 경계지점으로 항아리 모양의 정상석 외에도 돌무더기와 이정표가 있는 곳에 직각형 막대 모양의 조그마한 표지석이 충북 방향을 향해 있고 바닥은 납작한 돌을 깔아서 산 정상 느낌은 별로 없으나 사위가 확 트여 부처의 세계가 이런 곳인가? 남쪽으로 저 멀리 묘적봉과 도솔봉이 선하고 가까이 천문대와 연화봉이 지척이며, 동남쪽으로 급경사 계단길은 비로사를 거쳐 소백산방이 있는 삼거리 마을로 이어지고, 죽계구곡을 사이에 둔 옥녀봉과 원적봉이 방긋 웃는다.

동쪽으로 태백산으로 달리는 백두대간 고산 준령을 바라보며 호연지기를 부려본다.

북쪽으로 길게 뻗은 능선에 폐타이어를 깐 등산로가 이어지고 조그마한 암봉을 지나 만난 여의곡 갈림길 이정표는 북서쪽으로 여의곡 4.7Km, 북동쪽으로 국망봉 2.7Km를 알린다. 여기서 폐타이어 깐 길은 끝나고 내리막 철계단을 지나니 전형적인 대간 산행길로 접어든다.

몇 개의 이정표를 지나고 초암사 갈림길 이정표는 오른쪽으로 초암사 4.1Km를 알리는데, 초암사를 지나 옥녀봉 남쪽 산자락에 소백산을 대표할 만한 죽계구곡이 자리하고 있는데 그윽한 계곡의 아름다움으로 잘 알려져 있는 곳이다.

탐방 안내도를 지나 돌무더가 쌓여 있는 암봉에 돌 하나를 올려 놓고 무사 산행을 기원하고 목재 계단 좌우의 철쭉나무 도열을 받으며 개선장군처럼 올라서니 국망봉이다.

국망봉(國望峰 1,420m)은 단양군 가곡면 어의곡리와 영주시 순흥면 배점리를 경계로 하는 충북과 경북의 도계를 이루는 봉우리로 커다란 암봉 앞에 하얀 화강암 자연석으로 된 정상석이 산 이름과 어울리지 않는 모습으로 서 있다.

국망봉은 신라의 마지막 왕인 경순왕이 나라를 왕건에게 빼앗기고 나서 충북 제천 백운면 방하리 궁뜰에 동경저(東京邸)라는 궁을 짓고 머물렀는데 왕자인 마의태자가 신라의 국권을 회복하려다 실패하자 엄동설한에 베옷 한 벌만 걸치고 개골산(皆骨山, 금강산의 겨울이름)으로 들어가는 길에 이곳에 올라 멀리 옛 도읍 경주를 바라보며 한없이 눈물을 흘렸다 하여 국망봉이라 부르게 되었다고 한다.

정상 암봉 사이에서 마의태자가 되어 생햇반으로 점심식사를 한다.
야생화가 지천인 넓은 야지를 지나 상월봉 방향 이정표가 있는 갈림길에서 발걸음을 멈춘다.

上月峰과 九峰八門은?

상월봉(上月峰 1,394m)은 구인사(求仁寺)를 창건한 상월원각조사(上月圓覺祖師)가 구봉팔문(九峰八門)을 거쳐 암봉에 올라 바위에 '上月佛'이라 새겼다 하여 이름지어진 봉우리다.

원숭이 머리처럼 툭 튀어 나온 못생긴 암봉이 유혹하지만 시간에 쫓기는 나그네의 발길은 바쁘기만 하다.

몇 개의 이정표를 지나고 을전 4.5Km, 고치령 9Km를 알리는 이정표가 늦은맥이재를 안내하고 쉼터에서 한숨 돌린다. 이곳에서 왼쪽으로 벌바위골을 따라 내리면 새밭유원지가 있는 을전乙田마을인데 여기서 더 내려가면 여의곡리를 거  쳐 대대리 구익 마을에 이른다. 단양군 가곡면과 영춘면에 걸친 유명한 구봉팔문九峰八門의 관문이다.

늦은 맥이재에서 100여m 더 가면 구인사 갈림길이 나온다. 구봉팔문과 구인사는 그냥 지나칠 수 없는 대목이다.

구인사 갈림길에서 북서쪽으로 신선봉(1,389m)을 지나 민봉(1,361.7m)에서 부채살 모양으로 뻗어내린 아홉갈래 능선 끝에는 작은 암봉들이 각자의 봉우리 이름을 갖고 있다. 구인사 초입인 단양군 영춘면 백자리를 지나서 구봉팔문이 시작된다. 제1봉 아곡문봉(877m), 제2봉 밤실문봉(807m), 제3봉 여의생문봉(810m), 제4봉 뒤쉬랭이문봉(964m), 제5봉 덕평문봉(961m), 제6봉 곰절문봉(883m), 제7봉 배골문봉(812m), 제8봉 귀기문봉(766m), 제9봉 새발문봉(686m)이다. 팔문(八門)은 각 봉우리 사이의 계곡을 말함인데 아곡문안, 밤실문안, 여의생문안, 덕평문안, 곰절문안, 배골문안. 귀기문안. 새발문안이다.

구봉팔문 구간은 득도(得道)의 길이라고 한다. 산행하는 사람들은 백자리쪽보다는 가곡면 대대리 구익마을을 들머리로 한다.

구인사(求仁寺)는 대한불교 천태종의 총본산이다. 구봉팔문 중 제4봉인 뒤쉬랭이문봉 자락에 자리하고 있다. 1946년 상월원각조사가 초암을 짓고 수도하면서 구봉팔문에서 득도(得道)하였다고 해서 1966년 현대식 콘크리트 구조로 지은 이색적인 5층 대법당이 유명하고 이 법당은 일만여명을 수용할 수 있다.

구인사 갈림길을 뒤로 하고 참나무 숲을 지나 헬기장을 통과하고 우량경보기와 중계소가 200m거리에 있다고 알리는 표시판에 이어 대간 리본이 많이 달린 1,060.8m봉을 지나 연화동 갈림길에 이른다. 이곳에서 남동쪽으로 3Km 내리면 영주시 단산면 좌석리 연화동 마을로 많은 산꾼들이 즐겨 찾는 민박집들이 있다.

너덜길을 지나 1,002m봉 이정표는 고치령 5.4Km를 알리고 또 하나의 연화동 갈림길에는 많은 대간 리본이 휘날리고 있다.

1,036.6m봉을 지나고 소나무 사이에 있는 암봉에서 오른쪽 급경사 내리막으로 내려 마당치에 도착한다.

마당치는 단양군 영춘면 남천리와 영주시 단산면 좌석리를 잇는 고개로 고개라기보다는 평범한 안부처럼 보이고 좌우 소로의 흔적도 없다.

  이어지는 1,041m봉은 형제봉 갈림길인데 북쪽으로 형제봉 1,199m이 2.8Km 거리이나 여우방사 지역으로 출입금지 경고판이 설치되어 있다. 여기서 대간길은 충청북도와 작별을 고하고 경북 영주시에 소속되어 선달산까지 이어진다.

  헬기장을 지나서 고치령에 내리는 시간은 오후 4시 40분을 알린다.

  고치령(古峙嶺)은 해발 760m로 경북 영주시 부석면 마락리와 단산면 좌석리를 잇는 고개인데 마락리가 단양군 영춘면쪽으로 깊숙이 파고 들어가 있어서 충북땅으로 혼동하기 쉬운 곳이다. 마락리에서 북쪽으로 내리면 고치골이 있고 고치(古峙)는 우리 말로 옛고개인데 한동안을 그렇게 부르다가 고치령으로 변했다고 한다.

고갯마루 공터 한쪽에 백호모양의 수마석과 표지석이 있고 태백천장太白天將을 두고 양백대장兩白大將이 서 있다. 장승하면 '천하대장군', '지하여장군'을 떠올리기 마련인데 '소백지장', '태백지장'은 양백지간兩白之間의 다리 역할을 하는 이 고개의 의미를 담고 있는 듯 하다.

단종과 금성대군의 영혼이 만나는 곳!

두 장승 옆에는 산령각이 있다. 소백산과 태백산을 가르는 이 고개는 단순히 옛 사람들이 넘나들던 고개가 아니라 삼촌에게 왕위를 빼앗긴 '단종애사端宗哀史'의 한이 서려 있는 고개다.

이곳 영주 사람들은 북쪽 영월에서 죽은 단종은 태백산 신령이 되었고 세종의 여섯째 아들로 조카 단종의 복위를 도모하다가 순흥으로 유배되어 안동에서 죽은 금성대군錦城大君, 1426-1457은 소백산 신령이 되었다고 믿었다. 조카와 삼촌의 육신은 넘을 수 없었던 이 고개에 산령각山靈閣을 짓고 단종과 금성대군의 영혼이 만나는 자리를 마련해 주었다고 한다.

이 고개에서 남으로 영주시 순흥면 내죽리에 이르면 931번 지방도 부근에 금성단이 자리하고 있다.

금성단(錦城壇)은 단종의 복위를 꾀하다가 화를 당한 금성대군과 순흥부사 이보흠 등 이름하여 정축지변(丁丑之變)때 순절한 의사들을 제사드리는 곳으로 당시 죽은 사람들의 피가 강을 넘쳤고, 핏물이 그쳤다는 곳이 바로 피끝내라는 곳이다.

예로부터 영주는 학문學文과 예禮를 숭상했던 선비 문화의 중심지였다. 우리나라 최초의 성리학자였던 안향安珦의 고향인 순흥에 당시 선비들이 실제로 살았던 생활공간을 그대로 복원한 선비촌이 있고 선비촌과 접하여 소수서원이 있다.

소수서원(紹修書院)은 중종 37년 (1542년) 풍기 군수 주세붕(周世鵬)이 안향의 사묘(祠廟)를 세워 백운동서원(白雲洞書院)을 설립하였고 풍기부사로 부임한 이황(李滉)이 조정에 상주하여 명종이 친필로 쓴 소수서원 편액(扁額)을 하사 받았다. 이 편액은 소수박물관에 소장되어 있다.

고치령에서 민박집 차로 4Km넘게 굽이굽이 돌아서 '고칫재 팬션'간판 붙은 집에 내린다.

민박집 주인 내외는 나와 같은 기축년 己丑年 생 갑장으로 부석면 한마을에서 같이 초등학교를 나와 결혼하게 되었고 이곳에 들어와서 민박집을 한지도 삼십년이 넘었다고 한다. 딸 하나, 아들 하나를 다 출가시키고 두 내외가 오순도순 오붓하게 살고 있다.

　　이곳 좌석리는 민박집이 많은 연화동을 포함해서 70여 가구가 있는데 외지인들이 귀촌을 해서 땅값이 급등하더니 요즘은 평당 30만원을 호가한다고 한다.

　　오늘은 새벽 벽두부터 25km이상 산행을 해서인지 몹시 피곤하여 내일 출발 시간을 약속하고 한 恨 서린 고치령에서 하룻밤을 보낸다.

▼ 연화봉 ⋯▸ 비로봉 / 국망봉

구간 일지

제24구간 (죽령-고치령/ 25.16Km)

2015년 9월 22일 화요일 맑음

시간	구간	표고 (m)	거리 (Km)	접속(비상탈출)	숙영자료
04:30	죽령	689	4.2	5번 국도 (단양/대강-영주시 풍기읍)	물, 공터, 휴게소
06:15	제2연화봉	1,357.3	2.8		
07:24	연화봉	1,383	1.6	희방사	
08:17	제1연화봉	1,394.4	1.8		
09:27	천동리갈림길	1,385	0.7	천동쉼터 1.7Km, 천동주차장 6.2Km	
09:44	비로봉	1,439.5	0.7		
10:04	여의곡갈림길		1.9	어의곡 4.7Km	
11:15	초암사갈림길		0.5	초암사 4.1Km	
11:28	국망봉	1,420.8	1.9		
12:28	늦은맥이재	1,264	3.1	율전 어의곡 6.2km, 구인사갈림길	
13:40	연화동이정표		1.0	연화동 3Km	
14:10	연화동갈림길		3.16	연화동 2Km	
15:40	형제봉갈림길		1.8		
16:30	고치령	760		무명 포장도로 (김삿갓계곡-영주/단산/좌석리)	물, 공터

- **산행거리/소요시간** : 25.16Km/ 12시간
- **일출/일몰시간** : 06:13/ 18:24
- **교통**
  - 들머리 : 죽령/5번 국도(단양/대강-영주시 풍기읍)
  - 날머리 : 고치령/무명포장도로(김삿갓계곡-영주/단산/좌석리)
      단양시내버스터미널(단양-죽령) 043-422-2866
      영주시내버스(영주-죽령, 좌석리, 부석면) 054-633-0011
      단양 대강택시(대강-죽령) 043-421-7001
      풍기택시(풍기-죽령, 고치령) 054-636-6060
- **숙박/식사**
  - 소백산 죽령휴게소/민박(죽령) 043-421-2830
  - 죽령주막(식사) 054-638-6151
  - 고칫재팬션/민박(고치령) 054-638-4544

제25구간

小白과 太白 사이, 兩白之間

📍 **고치령 - 선달산 - 박달령 (20.6Km)**
2015.09.23. (수) 맑음

  아침 일찍 민박집 차량으로 고치령으로 향한다.
  민박집 주인은 무슨 좋은 일이 있어서인지 연신 싱글 벙글 하면서 입을 연다.
  그는 농지 만여평으로 농사를 짓다 보니까 산행은 거의 해보지 못했단다. 백두대간 산행을 하는 산님들은 큰 역驛에서 내려야지 작은 간이역簡易驛에서 내리면 택시비도 만만치 않고 차가 다니지 못하는 곳에서는 다리품을 팔 수 밖에 없지만 이곳 고치령은 비교적 큰 역이라 거의 매일 산꾼들이 찾아 든다고 한다. 어제밤에도 산신각을 다니면서 굿판을 벌이는 무속인 여섯명이 와서 큰방에 숙박했다고 자랑이다. 농사일이 주업이고 민박집은 부업으로 하는데 수입이 짭짤하다고 너스레를 떤다.
  민박집 서정영씨와 헤어져서 산령각 왼쪽 들머리에 들어서고 시간은 아침 6시를 알린다.

 헬기장과 폐타이어로 만든 교통호, 훼손지복원 출입금지 경고판을 지나 500m간격으로 설치된 현 위치 번호 표시목과 이정표를 보면서 지루하지 않게 산행을 한다.

 멧돼지가 파헤쳐 놓은 흔적은 이곳에서도 여전하고 소쩍새 노래소리에 발 맞춰가며 대간길에 떨어져 있는 도토리 밟혀 터지는 소리도 싫지 않다.

지개봉 갈림길인 959m봉은 남쪽으로 지개봉858.7m을 가리키고, 877m봉을 지나 진달래 나무 사이로 대간길이 이어지면서 때로는 진달래 터널을 형성하기도 한다.

대부분의 작은 봉우리들은 훼손지 복원 사업으로 어린 나무들을 식재하였고 이어서 이정표도, 다른 표식도 없이 대간 리본만 몇 개 매달려 있는 곳은 해발 831m의 미네치인데 봉우리인지 고갯마루인지 분간이 안된다. 이름은 예쁜데 북쪽으로 길의 흔적만 보이고 남쪽에는 그마저 흔적이 전혀 없다.

이 구간은 대체로 헬기장이 많이 조성되어 있다. 산 봉우리 정상이나 능선상에 산림보호, 인명구조, 군사목적 등으로 설치된 헬기장은 산꾼들의 휴식처나 야영장으로 활용되는 곳으로 조망이 좋은 곳은 더할 나위 없다.

넓은 헬기장이 있는 1,096.6m봉에서 우측으로 꺾인 대간길은 가파른 내리막으로 이어지고 도토리에 미끌려 엉덩방아를 찍으면서도 참나무 숲 사이에서 의연한 자태를 뽐내고 있는 금강송 군락에 위안 삼는다.

금강송, 춘양목과 황장목!

지도상에는 춘양목지대라고 나오는데 춘양목과 금강송은 무엇이 다른것일까? 우리나라의 소나무 중 금강산 일대와 강원도 영동지방, 경상북도 북부 지방에 곧게 자라는 우량 품종으로 인정 받는 소나무가 금강송이다. 일반 소나무와는 달리 유난히 붉은 육각형의 껍질이 거북등처럼 생겼으며 나무가 더디게 자라 나이테가 조밀하고 송진 함유량이 많아 잘 썩지 않고 갈라지지 않으며 강도가 높아 궁궐이나 사찰의 대들보, 임금의 재관을 짜는데 사용되었다. 조선조때는 나무의 심재(心材)부분이 황금색을 띤다 하여 황장목(黃腸木)으로 불리었는데 일제 시대 춘양면에 지금의 영동선 철도를 놓으면서 봉화, 울진, 삼척 등 심산유곡에서 남벌(濫伐)된 질 좋은 소나무 원목이 춘양역에 집결되었고, 전국 목재상들은 이 금강송을 춘양목(春陽木)이라 부르게 되어 금강송의 대명사가 되었다.

금강송의 남벌 역사는 일제시대부터 시작되었지만 해방 이후 개인 업자에게까지도 벌목을 허가해 주어 이 지역 일대의 금강송 원시림이 무분별한 벌목으로 사라졌다고 하니 일제만을 탓할 것이 아니라 당시 위정자들도 지탄받아야 마땅할 것이다.

가슴 한 구석에 남아 있는 응어리를 남기고 절개지에 내려서니 해발 810m의 마구령이 기다리고 있다.

마구령(馬驅嶺)은 북으로 영주시 부석면 남대리 주막거리와 남으로 임곡리를 연결하는 935번 지방도로가 지나가는 고개로 고개정상 일부 구간은 최근에 포장을 하였다. 장사꾼들이 말을 몰고 다녔던 고개라고 해서 이름이 붙여졌고 경사가 심해 논을 메는 것처럼 힘들다 하여 '매기재'라고도 불렀다고 한다. 이 고개를 넘어서 남대리를 지나 충북 단양군 영춘면 의풍리로 갈 수 있고, 의풍리에서 강원도 지역으로 넘어갈 수 있다.

여기서 잠깐 조선 후기 시대로 돌아가보자.

마구령에서 북동쪽으로 가다가 남대리에서 935번 도로를 따라 의풍리 영춘초교 의풍분교에서 북쪽으로 강원도 영월시 김삿갓면 와석리에 김삿갓 생가터와 묘역이 있다.

김삿갓의 호는 김립(金笠), 본명은 김병연(金炳淵 1807-1863)으로 선천(宣川)부사였던 조부 김익순(金益淳)이 홍경래의 난 때 투항한 죄로 집안이 멸족을 당하게 되었다. 노비 김성수(金聖洙)의 도움으로 황해도 곡산으로 피신을 하였다가 훗날 멸족(滅族)에서 폐족(廢族)으로 감면되었으나 폐족으로 멸시 받는 것이 싫어 강원도 영월에서 숨어 살면서 공부를 해 과거에 응시한다. '논정가산 충절사탄 김익순죄 통우천(論鄭嘉山 忠節死嘆 金益淳罪通于天)'이라는 그의 조부(祖父)를 조롱하는 시제로 장원급제하였으나 자신의 내력을 어머니로부터 듣고는 조상을 욕되게 한 죄인이라는 자책과 폐족자에 대한 멸시 등으로 이십세 무렵부터 처자식을 내버려둔 채 푸른 하늘을 볼 수 없는 죄인이라고 머리에 커다란 삿갓을 쓰고 지팡이를 벗 삼아 석양에 비치는 산 그림자를 노래하고 하늘을 지붕삼고 술을 벗 삼아 방랑길에 올랐다고 한다.

마구령을 뒤로 하고 뱀, 벌, 진드기 등 유해 야생 생물을 경고하는 프랭카드를 보면서 쉴 때 풀밭에 앉지 말라는 아내의 잔소리를 떠올린다.

폐타이어로 만든 교통호를 지나 헬기장이 있는 894m봉은 잡목이 우거져 조망을 할 수 없고 오른쪽에 커다란 바위가 있는 1,058m봉 아래에 있는 헬기장 역시 잡풀로 뒤덮혀 있다.

암릉과 암벽을 오르 내리는 스릴도 없이 그냥 평범한 대간길에 깊어가는 가을을 아쉬워하는 듯 구절초 몇 송이가 나그네를 반기고 몇 개의 이정표를 지나 오른쪽에 쭉쭉 뻗은 붉은 색의 금강송 군락지가 펼쳐진다.

볼품없는 나무들은 겨울 준비를 하는지 마른 잎들이 하나 둘 떨어지고 길에 핀 구절초는 무심한 듯 가는 세월을 지켜보고 있지만 그 무더웠던 여름날의 열기는 아직도 식을 줄 모르고 푹푹 내쉬는 한숨에 묻어 몸 밖으로 뿜어진다.

편안한 대간길로 이어지다가 된비알을 치달려 마주한 봉황산 갈림길 이정표 기둥은 갈곳산 966m 을 안내한다. 여기서 대간길은 북쪽으로 꺾어 이어지고 남쪽으로는 가지를 치고 봉우리를 맺은 봉황산 鳳凰山, 810m 이 산자락에 부석사를 안고 있다.

의상대사와 선묘낭자의 전설이 깃든 곳!

부석사(浮石寺)는 신라 문무왕 16년(676년) 의상대사(意想大師)가 왕명(王命)으로 창건한 화엄종의 수사찰(首寺刹)이다. 부석사라는 이름은 불전 서쪽에 있는 큰 바위가 아래 바위와 서로 붙지 않고 떠 있어 '뜬 바위'라 한데서 연유하였고 의상대사가 중국 당나라에 유학하던 시절 의상대사를 연모하였던 선묘(善妙)낭자의 애틋한 사랑이야기가 전설로 남아 있다. 우리나라 최고(最古)의 목조 건물인 무량수전(無量壽殿)은 고려 초에 중창하였으나 공민왕 7년(서기 1358년) 병화(兵火)를 당하여 우왕 2년(1376년)에 재건되었고 우왕 3년에는 조사당(祖師堂)이 재건되었다. 조사당 벽화는 목조 건물에 그려진 벽화 중 가장 오래된 것으로 현재 유물관 안에 전시되어 있다.

무량수전의 '배흘림기둥'은 소박하면서도 절묘한 곡선미에 이곳을 찾는 많은 사람들이 찬탄해 마지 않는다.

사람들은 배흘림 기둥에 기대서서 무엇을 바라보고, 무엇을 느끼는 것일까?

무량수無量壽는 '헤아릴 수 없이 오랜 수명'을 뜻하고 불가에서는 아미타불阿彌陀佛 및 그 땅 백성의 수명이 한량이 없음을 의미한다고 한다. 인간이라면 누구나

이러한 무량수를 꿈꾸겠지만 한시대를 풍미했던 진시황제와 같은 절대권력자도, 징기스칸 같은 영웅호걸도 세월 앞에는 어쩔 수 없는데도 이땅에는 오적五賊이 판을 치는 세상, 아수라장阿修羅場이다.

무량수전 마당 앞 안양루安養樓에는 조선 후기 방랑시인 김삿갓이 말년에 부석사를 찾아 읊은 '부석사浮石寺'가 걸려있다.

부석사의 일주문 현판은 '太白山浮石寺태백산부석사'라고 써 있다. 그 이유는 태백산이 화엄종의 본산으로 숭상되기 때문이라는데 '하나가 곧 모두이고, 모두가 곧 하나'임을 깨닫는 화엄 사상이 통일 삼국 시대의 정신력, 정치적인 구심점 역할을 했으리라. 아무튼 부석사가 오랜 세월 유명한 것은 사찰의 전체적인 소박함이 품고 있는 이상과 진실이 이심전심以心傳心으로 작용하고 있는 것이 아닌가 생각된다.

다시 갈곶산으로 돌아와서 영주시와 봉화군의 경계를 따라 북쪽으로 꺾인 급경사 내리막을 타고 해발 800m인 늦은목이에 내린다.

늦은목이는 소백산 국립공원이 끝나는 지점으로 소백산과 태백산을 가르는 양백지간(兩白之間)의 징검다리라고 할 수 있고, 소백산 자락길의 한 지점이다. 소백산 자락길은 143Km에 달하는 소백산 둘레를 12자락으로 나눠서 27개 길로 나누었는데 여기는 '제9자락'으로 왼쪽은 영주시 부석면 남대리 저잣거리로 연결되는 '방물길'이고, 오른쪽은 '보부상길'로 봉화군 물야면 오전리 물야저수지(오전댐)로 이어진다.

마구령이 우마차牛馬車가 다녔던 길인데 비해 이 고개는 보부상들이 등짐과 봇짐을 지고 한평생 넘었던 피와 눈물이 스며 있는 길이다.

이 고개 좌우로 등산로가 잘 나 있고 고개 조금 아래에는 늦은목이 옹달샘이 있다. 이 샘은 내성천 110Km의 발원지로 봉화군, 영주시, 예천군을 흘러 흘러 문경시 영순면 달리지에서 낙동강과 합류한다.

대간길은 직진 방향 오르막 목재 계단으로 이어지고 현 위치번호도 '소백 10-30'에서 '선달산-늦은목이 4-12'로 바뀌면서 산림 관리 주체도 소백산 국립공원에서 영주 국유림 관리소로 전환된다.

된비알을 치고 올라 조그마한 돌무더기에 작은 돌멩이 하나 올려 놓고 안전무사 산행을 기원하고, 이어지는 대간로는 불량배들 소탕작전을 한 듯 싸리나무 등 잡목등을 시원하게 제거하였다.

선달산은 봉이 김선달의 놀이터였을까?

오늘의 하이라이트라 할 수 있는 선달산은 쉽게 정상을 내주지 않을 듯 오르막을 치고 오르면 다시 능선이 이어지고, 된비알을 단내를 풍기며 올라서면 또 능선 길이 이어지기를 반복하다가 돌계단과 통나무 계단을 올라서니 이번에도 선달산이 아니라 '외씨 버선길'안내판에 온몸의 힘이 빠져 나간다.

'외씨 버선길'은 경북 청송군 주왕산에서 시작하여 강원도 영월군 관풍헌까지 청송, 영양, 봉화, 그리고 영월 등 2개 도(都)와 4개 군(郡)에 걸쳐 장장 218Km를 13개 길로 나눠서 각 고을의 색깔을 지닌 사색(四色)의 길이 합쳐지면 '조지훈'시인의 '승무(僧舞)'에 나오는 보일 듯 말듯한 외씨 버선 모습과 같다고 하여 이름 붙여진 길이다.

이곳 선달산은 외씨버선길 11번째 길인 '마루금길'이 물야저수지 오전댐 에서 소백산 자락길인 '보부상길'과 합류하여 늦은목이재에서 다시 대간길에 편승하고 선달산 어래산 갈림길에서 좌로 꺾여 1,136.9m봉, 회암령, 어래산, 김삿갓문학관까지 이어진다. 어래산 禦來山, 1,064m 은 고려 공민왕이 홍건적 침입으로 피난왔던 산이라서 이름 붙여졌다고 한다. 대간길에서는 많이 벗어나 있으나 지리산의 삼도봉, 민주지산의 삼도봉이 떠올라 어래산 삼도봉을 그냥 지나칠 수 없어 도상정찰 圖上偵察 이라도 해본다.

어래산 삼도봉(863m)은 강원도 영월군 김삿갓면, 충북 단양군 영춘면, 그리고 경북 영주시 부석면 등 3개 도(道), 3개 군(郡), 3개 면(面)이 만나는 곳으로 '삼삼삼봉'이라고도 불리는데 그 산자락 아래 쌍꼬깔 바위 건너편이 김삿갓 생가터와 묘역, 그리고 김삿갓 문학관이 조성되어 있다.

다시 선달산으로 돌아온다. 외씨 버선길 표시목에서 몇 분 거리에 선달산 정상석과 마주한다.

선달산 先達山 1,236m에 오르니 경북 영주와 작별을 고하고, 오로지 강원도 땅으로만 들어 선다. 그 이름이 말해주듯 대동강물도 팔았다는 봉이 김선달처럼 수차례의 된비알로 속이다가 정상을 내준 산이다. 밋밋한 정상에는 화강암 자연석으로 단장한 정상석이 벼슬길에는 나가지 않았어도 과거에 급제한 양반 출신답게 자존심을 지키며 다가서는 산꾼을 물끄러미 쳐다본다.

산 정상은 잡목으로 가려 조망은 거의 없고 수많은 대간 리본의 전시장이 되어 있고 구름이 뒤덮힌 하늘에선 전투기 굉음소리만 요란하다.

선달산을 지나서 대간길 주변에 불량배 소탕이 되지 않아 다래 넝쿨, 싸리나무 등이 갈길 바쁜 나그네의 발목을 잡는다.

1,246m 암봉은 선달산보다 10m가 높은 봉우리인데도 정상다운 풍모를 갖

추지 못해 밀려난 슬픔을 간직한 듯 하고 내리막 통나무 계단을 내려선 안부에는 박달령 3.9Km를 알리는 이정표와 '선달산 옹달샘 150m'를 알리는 안내판이 있는데 치우지 않은 비박 흔적에 눈살이 찌푸려진다.

오르막 통나무 계단을 올라서자 많은 대간 리본이 나부끼는 1,221m봉을 지나고 완만한 내리막으로 이어지는 대간길에 참나무 식별 안내판이 있는 쉼터에서 숨을 고른다. 지금까지 도토리 나무로만 알았던 참나무가 갈참나무, 굴참나무, 떡갈나무, 졸참나무, 상수리나무, 신갈나무 등 다양한 종류로 나뉜다.

대간로 오른쪽에 자연 수석과 같은 기암은 오늘 산행 중 가장 멋있는 선물로 다가오며 커다란 참나무가 우뚝 서 있는 봉우리를 지나자 전방 쪽에서 사람들의 말소리가 들려온다.

쉼터와 박달령 1.4Km를 알리는 이정표를 지나 오르막을 치고 올라도 사람들의 모습은 보이지 않고 대간길에 널려 있던 도토리도 보이지 않는 것으로 봐서 도토리 주우러 온 마을 사람들로 생각된다.

잘 정비된 헬기장 아래 넓은 공터에는 커다란 흰색 자연석의 박달령 표지석이 위용을 자랑하고 있고 팔각정과 산령각이 보인다. 시간은 오후 5시를 가리킨다.

박달령은 충북 제천의 울고 넘는 박달재가 아니라 박달나무가 많다고 해서 이름 붙여진 해발 1,009m의 높은 고개로 북쪽은 강원도 영월군 김삿갓면과 남쪽으로 경북 봉화군 물야면 오전 약수터가 위치하고 있고 좌우로 임도가 개설되어 이 고개를 지나간다.

팔각정이 설치되어 있고 고개 왼쪽 50m지점에 박달령 옹달샘이 있어 비박하기에 안성맞춤인 장소다.

고갯마루에는 SUV승용차 한 대가 주인을 기다리고 있는데 방금 전 사람들의 말소리 주인공임을 알 수 있다. 이들은 영주시에 거주하는 사람들로 가끔 산에 와서 약초도 캔다는데 오늘은 약초를 못 만나고 도토리만 주워 간다면서 같이 영주로 가서 서울행 버스를 타란다. 고마운 마음으로 차에 올라 그들의 대화에 귀기울인다.

나이 든 사람은 20여년 전 대간 종주를 했었고 지금은 구간 구간 다니면서 산행도 하고 약초도 찾아 본다는 60대 중반의 사내와 이에 맞장구 치는 40대 중반 여자의 주옥같은 대간산행 충고를 귀담아 듣고 영주에서 서울행 버스에 몸을 싣는다.

'산을 두려워 하지 말고, 산이 나를 받아 줄 때 산을 오를 수 있다는 겸허한 자세로 임하라.'

구간 일지

Daily planner

제25구간 (고치령-박달령/ 20.6Km)

2015년 9월 23일 수요일 맑음

시간	구간	표고 (m)	거리 (Km)	접속(비상탈출)	숙영자료
06:00	고치령	760	2.0	무명포장도로 (김삿갓계곡-영주/단산/좌석리)	물, 공터
07:14	877봉	877	1.1		
07:45	미네치	820	3.0	영주시 부석면 부석저수지	
08:55	1096.8봉	1,096.8	1.8		
09:38	마구령	810	1.8	영월군 김삿갓면 남대리, 영주시 부석면 임곡리	
10:52	1057봉	1,057	3.0		
12:37	갈곶산	966	1.0		
13:07	늦은목이	800	1.8	영월군 김삿갓면 남대리, 봉화군 물야면 오전리	
14:55	선달산	1,235.9	1.2	외씨번선길	
15:27	오전리갈림길		3.9	봉화군 물야면 오전리	
17:05	박달령	970		오전약수터 2Km/ 915번 지방도(물야면-춘양면)	물, 공터, 정자

- **산행거리/소요시간** : 20.6Km/ 11시간 5분
- **일출/일몰시간** : 06:12/ 18:23
- **교통**
  - 들머리 : 고치령/무명도로(김삿갓면-영주시 단산면 좌석리)
  - 날머리 : 박달령(2Km)→오전약수터/915번 지방도(물야면-춘양면)
    봉화버스터미널(봉화-춘양, 오전약수) 054-673-4400
    춘양버스터미널(춘양-봉화, 서벽) 054-672-3477
    풍기택시(풍기-고치령, 마구령) 054-636-6060
    부석택시(부석-고치령, 마구령) 054-633-3103
- **숙박/식사**
  - 고칫재팬션/민박(고치령) 054-638-4544
  - 장미공간민박(박달령) 054-674-2229
  - 오전약수탕 일대 민박, 식당(박달령)

제26구간

簡易驛에 내려 두 다리만 고생

📍 **박달령 - 도래기재 - 곰넘이재(14.08Km+4Km)**
2015.10.07. (수) 맑음

어제 봉화읍에서 막차로 오전 약수터에 도착하니 날은 이미 저물어 대부분의 민박집이 문을 닫아서 마을 입구에 있는 '장미 공간'민박집에 여장을 풀었다.

오전 약수터는 경북 봉화군 물양면 오전리에 위치하고 있는 탄산약수로 조선 성종때 보부상에 의해 발견되었고 성종이 친히 물맛을 본 후에 조선 최고의 약수라고 칭하였다는 이야기가 전해 내려오고 있다. 인근에는 백두대간 수목원이 자리하고 있어 탁트인 자연과 몸에 좋다는 유명한 약수를 함께 즐길 수 있는 곳이다.

날이 훤해서 일어나 보니 아침 6시라 허겁지겁 민박집을 나선다. 지금까지 대간산행을 하면서 처음으로 늦잠을 잔 것이다.

지난 번 박달령에서 내릴 때는 어느 산님의 차량에 편승하여 꼬불꼬불한 임도를 따라 내렸는데, 오르는 길은 마을 어귀에서부터 오르막으로 이어지는 샛길로 주변에 민박집과 팬션 등이 산재해 있고 그리스·로마의 신전처럼 기둥으로 된 조형물은 인공폭포라는데 미술관이나 박물관처럼 보인다.

박달령 이정표와 외씨 버선길 표지목을 만난다. 이 길은 외씨 버선길 제 10길 '약수탕길'로 옛 보부상들의 애환이 서려 있는 길이다. 두내 약수탕에서 시작된 길은 주실령에서 임도를 따라 박달령에 이르고 다시 이 길을 따라 오전 약수터로 내리는데 지금 그 길을 따라 올라가고 있다. 약 2Km의 된비알이라 아침부터 헉헉거리다가 박달령에 도착한 시간은 오전 8시가 다 되어간다.

박달령 산령각 왼쪽 들머리에 들어서고 긴 만남을 위한 잠시 헤어짐인가? 선달산에서 마주했던 강원도 땅은 점점 멀어지고 오로지 봉화 땅에만 두 발을 딛는다.

1,015m봉을 지나 해발 958m에 있는 숲 안내판을 만난다. 이 지역은 1980년대 중반까지만 해도 춘향목이라 불리는 금강송이 우점하고 있었으나 솔잎 혹파리의 피해로 소나무 숲은 점차 쇠퇴하고 현재는 신갈나무 숲으로 바뀌어 가고 있다.

현 위치 번호도 '박달령-옥석산 1-1'로 바뀌고 몇 개의 현 위치 번호 표시목을 지나 층층나무, 다릅나무, 노린재나무 설명판을 보면서 주실령 갈림길에 도착한다.

주실령 갈림길은 문수지맥 분기점으로 옥돌봉에서 시작된 문수지맥은 이곳에서 남쪽으로 915번 도로상의 주실령을 지나 문수봉(1,207.6m)에서 경북 예천의 내성천까지 114.5Km에 이르는 지역이다.

이정표 기둥에 '기맥 분기점'이라고 적혀 있고 그 뒤로 또 하나의 이정표는 옥돌봉 280m를 알리고 있다.

이곳은 신갈나무와 물푸레 나무 숲 안내판과 쉼터가 마련되어 있어 휴식할 수 있는 공간이 주어진다.

대간길은 왼쪽으로 꺾여 옥돌봉 1,242m에 이르고 검은 대리석 정상석과 전망 안내판이 있다. 전망 안내판은 남쪽으로 왼쪽에서부터 청옥산, 각화산, 춘양 문수산, 봉화 영주, 풍기와 백두대간 소백산과 선달산을 그리지만 거리 표시까지는 되어 있으나 무성한 참나무가 조망을 허락하지 않는다.

정상석 왼쪽 헬기장 건너편에 봉화군에서 세운 노란색 바탕에 옥석산이라고 표기된 정상판은 주요 지점과 거리, 그리고 도북 방향이 표시되어 있고 단군신화에 의하면 환인桓因이 머물다간 곳이라 하여 옥석산이라 부르게 되었다고 설명한다.

옥돌봉을 뒤로 하고 낙엽 밟는 소리, 대간길에 널려진 도토리가 밟혀 터지는 소리도 정다운 가운데 현위치 번호가 '옥석산-도래기 NO 2-1'로 바뀐다.
철쭉 군락지를 지나고 철쭉 보호수 保護樹 안내판을 만난다.

철쭉 보호수는 경북 봉화군 춘양면 우구치리 산 1-1번지라는 이곳에 수령 550년 높이 5m의 철쭉이 둘레 105m안에 집단으로 자생하고 있고 하얀 울타리로 막아 출입을 금지하고 있다.
아쉽게도 붉게 핀 꽃은 보지 못하고 누렇게 물든 단풍잎에 만족할 수 밖에 없다.

이 구간은 자연 생태 학습장이다. 처녀치마, 단풍취, 미역줄나무, 큰 앵초금강애기나리, 노란 감취, 황벽나무, 함박꽃나무 등에 붙여 놓은 설명판을 보면

서 나무에 대한 공부도 지루하지 않고, 해발 910m 이하에는 졸참나무 군락이, 920m 이상에는 신갈나무 군락이 경계를 이루며 자라고 있다는 숲 안내판의 설명도 흥미롭다.

대간로는 편안하고 좋은 길로 이어지고 진달래 터널 안내판을 지나 진달래가 터널을 이루고 있는 곳에 오니 무더웠던 한여름에 갔었던 봉화산 철쭉 터널이 떠오른다.

급경사 내리막을 로프 난간을 잡고 내려 백두대간 외래 식물제거 작업 현황판을 만난다. 지역 내 생태계를 교란하고 환경에 영향을 주는 돼지풀, 도깨비가지, 애기수영, 가시박 등 외래 수종을 제거해서 자생종을 식재하고 초본류를 파종해서 우리 고유의 백두대간을 만들겠다는 바람직한 취지에 공감을 한다.

나무 계단을 내려서 도래기재에 도착한다.

도래기재는 북으로 경북 봉화군 춘양면 우구치리 하금정마을과 남으로 서벽리 도래기 마을을 잇는 고개로 강원도 영월과 경북 봉화를 잇는 88번 국도가 지나간다. 북쪽 우구치(牛口峙)는 골짜기 모양이 소의 입을 닮았다 하여 붙여진 이름이고, 남쪽 도래기는 조선시대에 역(驛)촌 마을이라 하여 도역리(道驛里)라 부르다가 변음으로 구전되어 도래기로 통용되었다고 한다. 고갯마루에는 동물 이동 통로가 설치되어 끊어졌던 대간 구간이 연결되었고 그 남쪽으로 팔각정이 지친 길손을 유혹한다. 이 고개 아래에는 일본인들이 캐낸 광물을 수송하게 위해 1925년에 뚫은 '금정수도'라는 터널이 있었는데 지금은 폐쇄되었다.

도로를 건너 구룡산 들머리 목재 계단 철조망에는 대간 리본들의 전시장이 되어 있고 대간로 옆으로는 쭉쭉 뻗은 금강송이 저마다의 아름다운 자태를 뽐내고 있다.

여기서 금강송에 관한 못다한 이야기를 좀 더 해야 할 것 같다. 우리나라의 소나무는 내륙에서 자생하면 육송陸松, 해양지대는 해송海松이라고 하고 몸통의 색상에 따라 적송, 백송, 흑송으로 구분한다. 조선시대에는 황장목, 봉화의 춘양역을 통해서 전국 대처로 실려 나갔다고 해서 춘양목, 금강산 일대에 서식하고 재질이 강하다고 해서 금강송으로 불리고 있는데, 일부에서는 '금강송'이라는 이름은 일본인 학자가 근세에 붙인 명칭이라고 부정하고 있으나 산림청이 공식적으로 인정하는 이름은 금강송이다.

우리나라 국보 제 1호인 숭례문, 흔히 남대문이라고 불리는 조선시대 성곽의 정문이 2008년 2월 10일 지각없는 한 노숙인의 방화로 전소하였을 때 우리 국민 모두가 통한을 삼키며 지켜보았던 기억이 새로운데 이 금강송으로 숭례문을 복원하였다. 한 시대의 남벌濫伐과 솔잎 혹파리 등의 병충해, 그리고 지구 온난화 등으로 사라질 위기에 처한 금강송 군락을 대한민국 뿐 아니라 세계적인 자연 유산으로 보존되기를 바랄 뿐이다.

소나무, 잣나무 숲 안내판을 지나고 오르막 통나무 계단을 올라서 대간길에 꺾여 넘어져 있는 설파목을 통과한 후 임도에 있는 쉼터에서 잠시 숨을 고른다. 쉼터 이정표는 도래기재 1.62Km, 구룡산 3.9Km를 알리고 있다. 다시 목재 계단을 따라 오르고 대간길에 특이한 모양의 소나무를 만난다. 밑줄기 부분은 연리목連理木처럼 붙어 있는데 한쪽 줄기 나뭇가지가 반대쪽 줄기에 박혀 있고 그 부분부터는 두 개의 줄기로 나눠진다.

드문 드문 보이는 붉은 단풍나무가 이곳에도 가을이 깊어가고 있음을 보여주고, 참나무 숲이 연출하고 있는 난해한 조각 작품 세계에 빠져 들기도 하면서 몇 개의 작은 봉우리와 현 위치 번호 표시목을 지나 헬기장이 있는 1,071m봉에 도착하여 내리막을 따라 내려서니 상금정 갈림길 임도에 내린다. 이곳에서 왼쪽으로

작은 금정골을 지나 상금정에 이르고 우구치 계곡으로 내리면 하금정이다. 팔각정과 쉼터가 있고 구룡산 유래판이 구룡산을 안내한다.

대간로는 오른쪽 나무 계단을 올라서 급경사 오르막 흙길이 길게 이어지고 돌계단, 목재 계단, 다시 돌계단으로 이어지다가 쉼터가 있는 1,256m봉에 이른다.

미역줄나무, 철쭉나무, 노린재나무 설명판을 지나고 두 개의 암봉을 우회하여 숨고 숨어 있는 구룡산 정산에 도착한다.

구룡산(九龍山 1,345.7m) 일대는 1980년대 중반까지는 산불 확산을 막기 위한 방화선(防火線)이었던 지역으로 산 정상에는 검은 대리석 정상석과 구룡산 숲 설명판이 있으며 넓은 헬기장이 있으나 주변에 잡목이 우거져 시계는 좋지 못하다. 박달령에서 잠시 헤어졌던 강원도 땅과 다시 만나서 긴 여행을 함께 하게 된다. 강원도 영월군 상동면과 경상북도 봉화군 춘양면의 경계를 짓고 이 산에서 발원하는 하천은 북으로 남한강, 남으로는 낙동강으로 이어진다.

이 산은 아홉 마리의 용이 승천昇天하여 구룡산이라 하는데 용이 승천할 때 어느 아낙이 물동이를 이고 오다 승천하는 용을 보고 '뱀이다'하고 꼬리를 잡아

당겨 용이 떨어져 뱀이 되었다는 거짓말같은 전설이 있다고 한다.

대간길은 방화선을 따라 내리막길로 이어지다가 군사격장 경고판에서 발걸음을 멈춘다. 자칫 지나칠 뻔한 고직령이다.

고직령은 옛 보부상들이 경북 봉화 곡내 쪽에서 강원도 천평 마을로 넘나들던 지름길 고개로 곡내 방향 100여m 아래에 산신을 모시고 때로는 보부상들의 대피소로 사용했던 것으로 알려진 신선각이 있으나 가 볼 수는 없고 강원도 쪽 천평 마을도 서해안 매향리 공군사격 훈련장이 폐쇄되고 이 지역으로 이전하는 바람에 이 고개는 사실상 지도에서 사라지게 되었다.

대간길은 완만한 오르막으로 이어지다가 글씨를 알아 볼 수 없는 이정표와 만나는데 부산 낙동산악회에서 코팅지에 '고직령 1,231m'라고 쓴 표지판을 이정표 기둥에 붙여 놓았고 그 뒤에는 대충산사 산꾼이라고 쓴 빨간 표지판에 '고직령 1,234m'라고 적혀 있다. 이곳은 지도상의 1,231m봉인데 지나온 고직령이 없어지게 되어 고직령의 명칭을 이곳에나마 유지하려는 노력으로 생각된다.

방화선을 따라 완만한 내리막으로 이어진 숲 속의 붉은 단풍은 설악산이나 내장산에 비할 바는 못 되지만 나름대로 지친 나그네의 눈을 호강시켜준다.

이윽고 곰넘이재에 도착하니 오후 4시 45분이다.

곰넘이재는 강원도 영월군 상동면 상천평과 경북 봉화군 춘양면 애당리 진조동을 잇는 고개로 옛날부터 경상도에서 강원도로 들어가는 중요한 길목이었으며 특히, 태백산 천제를 지내러 가는 관원들의 발길이 끊이지 않던 고갯길로 옛문헌에는 웅현(熊峴)이라고 표기되어 있는 것으로 보아 언제부터인가 순 우리말로 순화해서 곰넘이재로 불려진 것으로 보인다. 이 고개 남쪽에 있는 진조동(眞鳥洞)을 참새골이라고 하는데 봉화군 춘양면 애당리의 창이골, 실두동, 진조동 등 작은 3개의 마을이 참새의 발자국처럼 생겨서 붙여진 이름이라고 한다.

곰넘이재에서 참새골에 이르는 2Km구간은 일반 차량 통행이 불가한 임도로 내리막 경사길로 이어진다. 대간길에서 내릴 때는 큰 역에서 내려야 하는데 간이역에 내리다보니 두 다리가 주인을 잘못 만나 혹사당하고 있다.

참새골 팬션 가든에 도착하여 사정하고 억지를 써 농구장만한 넓은 방에 나홀로 여장을 푼다. 검은 개 한 마리가 자꾸만 방문을 기웃거리고 막걸리는 없다고 해서 소주 한병을 곁들이니 어느 누구도 부럽지 않게 참새골의 밤을 맞이한다.

구간 일지

제26구간 (박달령-곰넘이재/ 14.08Km)

2015년 10월 7일 수요일 맑음

시간	구간	표고 (m)	거리 (Km)	접속(비상탈출)	숙영자료
08:00	박달령	970	1.5	오전약수터 2Km/ 915번 지방도(물양-춘양)	물, 공터, 정자
	987봉	987	1.2		
09:40	주실령갈림길	1,205	0.28	주실령/915번 지방도	
10:00	옥돌봉	1,244	2.7		
11:15	도래기재	750	3.6	88번 지방도 (영월군 김삿갓면-봉화/춘양)	물, 공터, 팔각정
14:00	상금정갈림길		1.8	영월군 김삿갓면 삼금정→우구치리	팔각정
15:15	구룡산	1,344	1.2		
15:55	고직령	1,231	1.8	봉화군 춘양면 서벽리	
16:40	곰넘이재	1,074		임도(2Km)→참새골	

- **산행거리/소요시간** : 14.08Km+접속4Km/ 8시간 40분+2시간 20분
- **일출/일몰시간** : 06:24/ 18:00
- **교통**
  - 들머리 : 박달령(2Km)-오전약수터/915번 지방도(봉화 춘양-물양)
  - 날머리 : 곰넘이재(2Km)→참새골(진조동)→88번 지방도(영월-춘양)
    봉화버스터미널(봉화-춘양, 오전약수터) 054-673-4400
    춘양버스터미널(춘양-서벽) 054-672-3477
    춘양택시(춘양-도래기재) 054-672-3277
- **숙박/식사**
  - 장미공간민박(박달령) 054-674-2229
  - 참새골가든팬션(곰넘이재) 054-674-0690
  - 우구치휴게소(도래기재) 054-673-0523
  - 춘양 동아모텔(도래기재) 054-672-3109

태백산

    태백산은 '크고 밝은 뫼'라는 뜻으로 산마루 천제단天祭壇에서 하늘에 제祭를 올리는 민족의 영산으로 숭상되어 왔다.

    산세로 봐서는 크게 내세울 만한 것이 없는 평범하고 완만한 육산肉山으로 경북 봉화군 석표면, 강원도 영월군 상동읍과 태백시의 접경을 이루고 있다.

    천제단이 있는 영봉 1,560m을 중심으로 북쪽에 제일 높은 장군봉 1,567m, 동쪽에 문수봉 1,517m, 영봉과 문수봉 사이에 부소봉 1,546m으로 이루어진 웅장하면서도 부드러운 산세를 하고 있어 남녀노소 할 것 없이 누구나 쉽게 오를 수 있다.

    봄에는 철쭉꽃, 여름에는 울창한 수목, 가을에는 색색의 단풍, 겨울에는 주목에 피는 눈꽃과 설경이 눈길을 사로 잡는다.

    태백산 일대의 계곡에는 크고 작은 돌탑이 치성을 드리는 기도처로 사용되고 함부로 짐승을 잡거나 나무를 꺾는 일을 금지하고 있다.

이 산에서 발원하는 물이 우리 민족의 역사와 함께한 한강, 영남 평야의 젖줄인 낙동강과 삼척의 오십천을 이루니 국토의 중심이자 한반도 이남의 모든 산의 뿌리라고 할 수 있다.

환인桓因의 아들 환웅桓雄이 삼천 명의 무리를 거느리고 태백산 마루 신단수神檀樹 아래로 내려와 신시神市를 세워 나라를 다스렸다는 단군신화檀君神話에 따라 단군제檀君祭를 봉행하였다. 「삼국사기」에는 신라가 태백산을 삼산오악三山五岳 중의 하나인 북악北岳이라 하여 왕이 친히 산에 올라가 천제를 지냈다는 기록이 전해지고 있다. 고려와 조선 시대에는 방백 수령과 백성들이, 구한 말 때는 우국지사들이 그리고 일제 시대에는 독립군들이 하늘에 제사를 지냈다는 성스러운 산이다.

현재에도 해마다 10월 3일 개천절에 태백제를 개최하여 천제를 올리고 있다.

▼ 부소봉 … 태백산

제27구간
檀君神話의 무대에서

곰넘이재 - 태백산 - 화방재(15.93Km+2Km)
2015.10.08. (목) 맑음

　참새골 가든에서 곰넘이재로 올라가는 임도는 2Km의 오르막길로 캄캄한 밤에 헤드랜턴을 켜고 오른다는 게 결코 쉽지는 않다. 한 걸음 두걸음 무거운 발걸음을 옮기는데 검은 물체가 휙하고 지나가더니 저 만치 앞에서 두 개의 광채를 내뿜으면서 노려보고 있다. 가슴이 철렁 내려 앉았으나 이내 참새골 가든의 검은 개 '온순이'라는 것을 알고 놀란 가슴을 진정시킨다. '온순이'는 어두운 산길에 길동무가 되어 앞서거니 뒷서거니를 하면서 곰넘이재에 도착한다. 시간은 아침 6시를 알린다.

　어두운 산길에 '온순이'가 곁에 있다는 것은 커다란 위안이 된다. 이 녀석은 날이 밝아도 내려가지 않고 방화선 지대까지 계속 따라온다. 내려가라고 해도 저 만치 뒤에서 눈치를 보다가 다가서기를 수차례, 돌을 던져도 보지만 막무가내다. 한참을 그렇게 실갱이를 하고 있는데 저 아래쪽에서 차량 소리가 들리자 쏜살같이 뛰어 내려간다.

참새가든 차량 소리에 익숙해져서 주인에게 갔으리라 생각한다. 어두운 산길에 길동무가 되어주고 길잡이와 호위무사까지 해준 온순이가 고맙고 그리울 것 같다.

방화선 끝나는 지점을 지나 산죽지대를 거쳐 오르막 나무 계단을 힘차게 솟구쳐 오르니 신선봉이다.

신선봉 神仙峰, 1,300m은 잡목에 둘러 싸여 봉우리인지 능선인지 분간할 수 없으나 나무 사이에 걸려 있는 낡은 표지판이 봉우리 정상을 알린다. 봉우리 정상에는 경주 손씨 慶州 孫氏가 신선이 되었는지 '처사 경주손공 지묘'라고 생긴 비석만 남기고 누워서 신선봉을 지키고 있다.

대간길은 오른쪽 내리막으로 남동진하고, 참새골 가든에 전화해서 '온순이'가 무사히 돌아왔다는 소식을 듣고 안도하면서 차돌배기에 도착한다.

차돌배기는 차돌이 많이 박혀 있었다해서 붙여진 이름이라는데 오가는 산꾼들이 빼 간건지 차돌은 하나도 보이지 않는다. 옛날에는 경북 내륙에서 소금 장수들이 태백 정선장을 보러 다니는 중요한 통로였다고 한다.

차돌배기는 석문동 갈림길이라고도 하는데 이곳에서 남쪽으로 6Km거리에 봉화군 춘양면 애당리 석문동 마을이 있다. 석문동은 「정감록」의 십승지 중 한

곳으로 알려진 곳인데 이곳에 숨어들면 아무도 찾을 수 없는 두메산골, 오지奧
地이다.

차돌배기를 지나 각화산覺華山 갈림길에 이른다. 이곳은 백두대간 직할 지맥의 하나인 각화지맥覺華地脈의 분기점으로 남쪽으로 각화산,176.7m을 지나 형제봉832m, 화장산862m, 월암산608.3m을 거쳐 경북 봉화군 명호면 명호나루 도천교에서 낙동강으로 이어지는 37Km의 산줄기를 말한다.

각화지맥은 '봉화·춘양 십승지 둘레길'이 연결된다. '봉화·춘양 십승지 둘레길'은 십승지의 한 곳으로 알려진 석문동을 중심으로 오늘 산행했던 옥돌봉에서 각화산 갈림길까지 백두대간 마루금을 타고 와서 각화지맥을 타고 형제봉을 거쳐 춘양중학교, 문수봉을 지나 주실령에서 옥돌봉에 오르는 56Km의 둘레길이다.

여기서 잠깐 각화산覺華山 1,176.7m의 유래와 역사를 살펴보자.

각화산 산자락에는 각화사(覺華寺)와 조선 실록 태백산 사고지(史庫地)가 있다. 각화사는 본래 춘양면 서동리에 있던 탐화사(覽華寺)를 신라 문무왕 16년(676년) 원효대사가 현재의 위치로 이전하면서 탐화사를 생각한다 하여 '생각 각(覺)'자를 써서 각화사로 이름하였고 산 이름도 각화산으로 부르게 되었다.

옛날 사람들은 이 일대의 산을 모두 태백산으로 봐서 조선 실록을 보관했던 사고(史庫) 중 하나를 태백산 사고라고 하였다. 조선실록은 태조부터 철종까지 25대 472년간의 조선 왕조 공식 기록물인데 임진왜란 이전까지는 네 곳

(한양 춘추관, 충주, 성주, 전주)에 사고(史庫)를 두었고 임진왜란 때 전주사고를 제외한 모든 사고가 소실되었다. 당시 전주사고를 담당하였던 참봉 오희길과 전주 유생 선홍록, 안의 등의 헌신적인 노력으로 내장산까지 옮겨지는 우여곡절 끝에 온전하게 보전되었고 이후 실록 보관 장소가 험준한 산으로 옮기게 된다. 전주 사고본을 근거로 태조에서 명종까지 13대에 걸친 실록 4부를 찍어서 선조 36년 (1603년)에 태백산을 포함한 다섯 곳에 사고를 설치하였다가 한양 춘추관 실록은 이괄의 난(1624년)때 소실되었고, 묘향산 사고는 청나라 침입에 대비하여 무주 적성산으로 옮기고 강화도 마니산 사고는 정족산으로 옮겨서 수호 사찰을 두어 지키도록 하였는데 정족산의 점등사, 적성산의 안국사, 오대산의 월정사, 그리고 이곳 태백산 사고의 각화사라고 한다.

현재 우리가 볼 수 있는 조선 실록은 모두 이곳 태백산 사고본이라고 하며 원본은 서울대학교 규장각에 보관되어 있다.

각화산 사고지 태백산 사고지는 건물터만 남아 있고 사적 348호로 지정되어 관리되고 있다.

다시 백두대간으로 돌아와서 대간길은 북쪽으로 꺾여서 직진하다가 대규모의 겨우살이 군락지를 만난다. 겨우살이는 주로 참나무에 기생하여 사는데 가을이 되어 나뭇잎이 떨어지면 성장하다가 숙주나무가 죽으면 함께 죽는다.

몇 개의 현 위치 번호 표시목을 지나고 1,174m봉 쉼터에서 숨을 고른 후 자작나무, 거제수나무, 물푸레나무, 신갈나무 등 나무 설명판을 따라 가면서 부족한 나무 식견을 넓힌다.

오르막에 나무판을 깔아 놓은 끝부분에 전망대가 있으나 나무 숲에 가려 조망은 전혀 없고 옛날 군 부대에서 파 놓은 교통호처럼 좁은 소계곡을 따라 오르니 정상석이 깃대배기봉을 알린다.

깃대배기봉(1,370m)은 원래 안개가 연기처럼 보인다 하여 백연봉(白煙峰)이라고도 하였으나 일제 때 측량용 깃대를 꽂았다 해서 붙여진 이름이라고 한다. 산 봉우리라는 표현이 어울리지 않는 펑퍼짐한 능선상의 정상석은 태백시 한얼 오름회에서 세워 놓았고 조금 더 지나서 산림청 정상석이 버티고 있다.

깃대배기봉 정상 두리봉 갈림길에서 대간길은 직진 방향이고 오른쪽은 두리봉 1,353m을 지나 청옥산 1,276.5m으로 이어진다.

대간길은 된비알에 대한 보상이라도 하려는 듯 높낮이도 별로 없이 평탄한 길에 낙엽이 쌓여 양탄자처럼 푹신하고 편안한 길로 이어진다. 울긋 불긋 화려한 단풍지대에 나무판 길로 이어지다가 야생화 관람대에서 지금은 시들고 찌들어 알아 볼 수 없지만 한 여름 화사한 자태를 뽐냈을 천상의 화원을 그려본다.

깃대배기봉 숲 안내판은 이 지역이 해발 1,365m로 산죽과 여러 식생들이 어우러진 고지대 생태 학습장임을 알리고 있으나 어느 것이 양지꽃이고 피나물 군락지인지, 어느 것이 산괴물 군락지인지 알아 볼 수가 없다.

登太白山

지도상의 1,461m봉을 지나고 오른쪽 사면을 지나는데 갑자기 하늘에서 천지를 진동하는 굉음이 나더니 왼쪽에서 기총사격, 발칸포사격, 로켓포까지 쏘아대는가 하면 군사격장 경고판까지 위협을 가하고 있다. 이정표는 부소봉 0.4Km, 백천계곡 5Km를 알리고 있고 능선 일대는 자작나무 숲을 이루고 있다.

이곳은 아마도 옛날 봉화사람들이 태백산을 오르내렸던 '천령天嶺'이라 불리운 하늘고개가 아닐까? 지금은 지도상에서 사라지고 없는 하늘고개 이름을 불러본다.

전투기 사격은 계속되고 부리나케 뛰어 올라 부소봉 갈림길에 이르는데 등 뒤에서 저공비행하는 전투기가 발 아래로 스치듯 지나쳐서 사격을 해 대는 소리에 간담이 서늘해진다.

부소봉 갈림길에서 왼쪽으로는 태백산으로 직접 가는 길이고, 직진 오르막은 부소봉 정상을 거쳐 태백산으로 가게 된다.

주목나무 한 그루가 미모의 자태를 뽐내고 있는 전망대에 오른다. 동쪽으로 산 정상부에 돌탑이 보이는 문수봉 1,524.9m이 손에 잡힐 듯 하고 남동쪽으로 청옥산이 구름 속에 아른거리며 산 자락 아래 백천계곡이 자리하고 있다.

백천계곡은 천연기념물 제74호로 지정된 봉화군 대현리 열목어 서식지가 위치한 곳으로 세계에서 열목어가 살 수 있는 최남단 지역으로 유명하다. 울창한 천연림과 하늘을 찌를 듯한 바위 봉우리가 펼쳐진 청정계곡으로 잘 알려진 곳이다.

　부소봉(扶蘇峰 1,546.5m)은 단군의 둘째 아들 부소왕에서 연유된 이름이라고도 하고, 봉우리 일대에 불 지필 때 쓰는 부싯돌이 많아서 부쇠봉이라고도 부른다. 태백산 산악 구조대의 손길이 여기까지 미쳐 아담하고 하얀 정상석을 안겼다.

　봉우리 정상에서 조금 내려 잘 정비된 헬기장에서 태백산을 바로보니 볼품없는 민둥산에 키재기를 하고 있는 두 개의 제단祭壇이 뚜렷하다.
　이곳 부소봉에서 경상도 땅과 작별을 고하고 강원도 땅으로만 접어든다.
　헬기장 왼쪽으로 이어진 내리막 돌길을 따라 생천사천生千死千의 주목을 만난다. 주목의 고향답게 한그루 한그루 마다 고고한 자태를 뽐내며 전시장에 진열된 것과 같은 주목의 작품 세계에 빠져든다.
　부소봉 갈림길 이정표를 지나 천제단天祭壇 하단下壇에 도착한다.

천제단(天祭壇)은 우리 조상들이 하늘에 제사를 지내기 위해 설치한 제단으로, 만들어진 시기나 유래 등에 대해서는 정확히 알려지지 않고 있다고 한다. 가장 규모가 큰 천왕단(天王壇)을 중심으로 북쪽에는 장군단(將軍壇)이, 남쪽 아래에는 가장 규모가 작고 정확한 명칭을 알 수 없는 하단(下壇)등 세 개의 제단이 일직선 상에 배치되어 있으며 각 제단에는 돌을 쌓아 신역(神域)을 이루고 있다.

천왕단은 하늘에 제사 지내는 곳이고, 장군단은 사람에게 제사 지내는 곳이며, 하단은 땅에 제사를 지내던 곳이라 한다. 이 세 개의 단은 삼재사상三才思想을 근간으로 하여 하늘과 땅, 그리고 사람 즉, 천지인天地人이 혼연일체가 되어 자연에 순응하고자 했던 우리 선조들의 염원이 깃든 곳이다.

하단下壇을 지나 밋밋한 능선을 따라 올라가는데 카메라가 문제를 일으킨다. 자료 저장공간이 부족하다는 자막이 뜨면서 사진 촬영이 되지 않는다. 이정표 등 여러 장의 사진을 삭제해 보지만 요지부동이다. 백두대간 산행을 하면서 변변한 카메라 하나 준비하지 못한 나 자신을 한탄할 수 밖에 없다. 겨울철 눈 내리는 날 다시 꼭 오리라 다짐을 해 본다. 그리고 대간 종주를 끝내고 이듬해 겨울 눈 쌓인 태백산을 다시 찾아 남기고 싶었던 장면들을 카메라에 담는다.

넓은 개활지에는 천제단의 주 제단이라 할 수 있는 천왕단이 자리하고 있고 공터 한쪽에 거대한 정상석이 태백의 주인인양 버티고 섰다.

천왕단 天王壇은 사각 대리석에 '天祭壇, 大倧敎 太白支社謹製 천제단, 대종교 태백지사근제'라 새겨 돌을 깔고 넓은 제단을 만들어 그 위에 단군을 높여 부르는 말인 '한배검'을 붉은 글씨로 새긴 입석을 세웠고 사방으로 원형 제단을 둘렀다.

해마다 10월 3일 개천절에는 '환인 桓因의 아들 환웅 桓雄이 삼천 명의 무리를 거느리고 태백산 마루 신단수 神檀樹 아래로 내려와 신시 神市를 이루었다'는 단군신화 檀君神話에 의한 단군제를 봉행하는데 중앙에 태극기와 칠성기 七星旗를 꽂고 주변에는 33천기와 28수기를 세우고 아홉 종류의 제물을 갖춘다.

이곳은 사위가 확 트여 전망대가 따로 없이 서 있는 곳이 전망대다.

북동방향으로 저 멀리 두타산, 매봉산, 삼수령 등 백두대간 산 그리메가 아른거리고 태백시 뒤로 육백산, 백병산이 흐느적거린다. 북쪽의 함백산과 산 중턱에 대한체육회 고지대 선수촌, O_2리조트가 지척이고 동쪽으로는 문수산이 지근 거리다.

남서쪽에는 대간 종주 산행때 보지 못했던 공군 전투기 사격 훈련장 표적이 선명하게 눈에 들어 온다.

천왕단에서 태백시 당골 방향 망경사로 내리는 입구에 등산 안내도가 있는데 고려 말 충혜왕때 근제謹製 안축安軸 1282-1348이 지었다는 '登太白山등태백산'이라는 칠언절구의 한시가 눈길을 끈다.

直過長空入紫烟(직과장공입자연) 긴 허공 곧게 지나 붉은 안개 속 들어가니
始知登了最高巓(시지등료최고전) 최고봉에 올랐다는 것을 비로소 알겠네
一丸白日低頭上(일환백일저두상) 둥그렇고 밝은 해가 머리 위에 나직하고
四面群山落眼前(사면군산락안전) 사면의 뭇 산들이 눈앞에 내려앉았네
身逐飛雲疑駕鶴(신축비운의가학) 몸은 날아가는 구름 쫓아 학을 탄 듯하고
路懸危磴似梯天(로현위등사제천) 높은 층계 달린 길 하늘의 사다리인 듯
雨餘萬壑奔流漲(우여만학분류창) 비온 끝에 온 골짜기 세찬 물 불어나니
愁度縈廻五十川(수도영회오십천) 굽이 도는 오십천을 건널까 근심되네

태백산 정상석에서 300여m정도 내리면 단종비각과 망경사를 만날 수 있다.

망경사望鏡寺는 신라 진덕여왕 6년652년 자장율사慈藏律師가 태백산 정암사에

서 말년을 보내던 중 문수봉에서 석불로 화신된 문수보살을 이곳에 모셔 창시했으나 한국전쟁 시 소실되고 후에 복원하여 오늘에 이르렀고, 천제단에서 장기간 기도하는 사람들과 산꾼들이 머물 수 있는 도량으로 편의를 제공하고 있다. 특히 망경사에는 해발 1,470m의 가장 높은 곳에 위치하고 있는 '용정龍井'이라는 샘에서 한국 최고의 명약수가 샘솟는데 이곳 땅 속 깊은 곳에는 용왕국龍王國이 있다 해서 시대는 알 수 없으나 샘에 용각龍閣을 짓고 용신에게 제를 올렸다고 해서 예부터 용정이라 불렀다고 한다.

端宗哀史!

　　망경사에서 계단을 따라 천왕단으로 올라 가는 길목에 단종비각端宗碑閣이 있다. 이 비각은 망경사의 박묵암 스님이 1955년 건립하였고 비각 안에는 '朝鮮國 太白山 端宗之碑 조선국 태백산 단종지비'라고 새겨진 비문이 안치되어 있다. 이 비문과 단종비각의 현판은 오대산 월정사의 탄허스님 친필이라고 한다.

　　여기서 조선 왕조 실록 단종편으로 되돌아 가 보자.

　　조선 제 6대 임금인 단종은 1453년 13세의 어린 나이로 보위에 올랐다. 숙부인 수양대군의 야심은 당시 최고 권력자인 좌의정 김종서를 비롯 영의정 황보인, 병조판서 조극관, 이조판서 민신, 우찬성 이양 등을 참살하였다. 훗날 역사가들이 계유정난(癸酉靖難)으로 명명한 이 사건으로 조정의 권력은 수양대군에게 넘어가고 그의 동생 금성대군 등의 종친과 고명 신하들을 유배시키자 단종은 수양대군에게 양위하고 상왕이 되었다. 사육신(死六臣 성삼문, 박팽년, 이개, 하위지, 유상선, 유응부)의 단종 복위 사건이 터지자 단종을 노산군으로 봉하여 강원도 영월로 유배보냈는데, 금성대군의 단종 복위 운동, 즉 정축지변(丁丑之變)이 직접 화근이 되어 1457년 강원도 영월 청령포에서 사약을 받고 승하하였다. 단종이 승하한 지 사흘 후에 태백산 인근 마을 사람들이 같은 꿈을 꾸었는데 곤룡포를 입고 백마를 탄 단종이 태백산으로 들어오면서 '여기서부터 내 땅이다'라고 소리쳤다 해서 그곳의 마을 이름이 어평(禦坪)이라 불리게 되었다고 한다.

한 많은 세상을 하직한 단종의 혼령은 하늘로 오르지 못하고 태백산으로 들어와 태백산 신령이 되었다고 믿고 있는 이곳 사람들은 단종의 영혼을 위로하고 산신령으로 500여년 동안 모시고 있는데 해마다 음력 구월 초삼일에 제를 지낸다고 한다.

망경사에서 반재를 거쳐 당골로 내리는 길도 빼 놓을 수 없는 태백산의 명승길이다. 깎아지른 듯한 절벽 사이 계곡길은 곳곳이 기도처였지만 지금은 자연보호와 산불예방차원에서 통제하고 있다고는 하나 아직도 보이지 않는 곳에서는 촛불을 켜고 있다고 한다. 당골 초입은 민박촌과 석탁 박물관, 그리고 태백산의 상징인 단군 성전이 위치하고 있고 당골 광장은 겨울철 눈꽃 축제가 열리는 주무대이다.

다시 대간길로 돌아와 천왕단을 뒤로 하고 장군봉에 오른다.

장군봉(將軍峰 1,567m)은 태백산에서 가장 높은 봉우리이고 장군단(將軍壇)이라는 제단이 있지만 하늘에 제사 올리는 천왕단(天王壇)에 밀려 주봉의 역할을 못하고 있다.

◀ 어느 산님의 스마트폰으로 찍어 전송해 준 장군봉 정상석

生千死千 주목의 고향, 태백산!

장군봉에서 유일사 쉼터로 내리는 대간길 좌우에는 아름드리 주목이 군락을 이루고 있다.

주목나무는 한 자리에서 우리 민족의 역사를 지켜 보면서 생천사천 生千死千의 수壽를 누리고 이제는 신선神仙이 되어 태백산의 주인다운 위용을 과시하고 있다. 나무 울타리를 쳐서 보호를 하고 있지만 받침대를 세워 버티고 있는 고목, 몸통은 뒤틀리고 속이 빈 나무, 시멘트를 더덕더덕 에워싼 주목, 어느 나무는 텅빈 속에 3m가 넘는 마가목이 속살대신 자리하고 있기도 한다.

북풍한설 北風寒雪에 시달리며 천년 세월의 풍상우로 風霜雨露를 견뎌내고 이제는 고목이 되어 살았는지 죽었는지 사후천년을 준비하는 나무의 등걸을 만지려다가 깜짝 놀란다. '그들은 우리가 태어나기 전부터 이 자리에 있었습니다. 그리고 앞으로 수천년 이상 이 자리를 지킬 것입니다. 주목을 만지거나 올라가면 그들은 아프다고 합니다.'라는 태백산 도립공원 사업소 2016년 국립공원으로 지정의 안내판의 글씨가 귓전을 때린다.

주목나무 한 그루 한 그루가 예술 작품이고 나무 하나 하나가 걸작품이다. 성능 좋은 카메라를 마련하지 못한 현재의 처지를 한탄하면서 사진에 담지 못한 안타까움에 유비무환 有備無患이라는 사자성어를 되새겨본다. 겨울철 눈이 내리는 날 반드시 오겠다는 다짐으로 위안 삼으면서 유일사 쉼터에 도착한다. 이 곳은 비바람을 피할 수 있는 간이휴게소로 오른쪽으로 내리면 유일사 매표소가 2.3Km이고 왼쪽으로는 100m의 가파른 돌계단으로 내려서 유일사에 이르는데 사찰 관련자들 전용으로 로프웨이가 설치되어 있다.

유일사는 역사가 일천한 비구니 사찰로 1935년 경 비구니 순임 스님이 기도하며 지냈던 터인데 이소선(李小仙)이란 불자가 백일기도 중 원효대사와 의상대사가 이곳 바위 밑에 앉아 수도하는 모습을 보고 다시 불사를 일으켰다고 한다. 이후 비구니 법률스님과 대선스님이 무량수전, 무이선원, 삼성각 등 불사를 이루어 오늘에 이르고 있다.

쉼터 의자에 쉬고 있는데 젊은 여승 한분이 숨을 할딱거리며 뛰어 오더니 인사만 하고 로프웨이를 타고 유일사로 내려간다. 따라 가 보고 싶지만 오늘은

시간이 허락하지 않는다.

　유일사 쉼터에서 조금 지나 왼쪽 바로 위 석탑은 유일사를 알리는 듯 하고 돌무더기가 있는 유일사 갈림길을 지나서 군사격장 출입금지 경고판은 전투기 사격훈련장이 유일사에서 가까운 곳에 있어서 스님들의 수도정진 修道精進에 어려움이 많을 것으로 보인다.

　산죽 길과 목책을 지나 사길령 산령각에 이른다.

　　사길령(四吉嶺)은 태백 혈동에서 천평으로 넘어가는 해발 1,130m의 큰 고개로 옛날 보부상들이 동해의 해물을 지고 이 재를 넘어서 구룡산 아래의 고직령을 다시 넘어 경북 봉화쪽으로 넘나들었다 한다. 신라 때에는 태백산 정상으로 이어지는 '천령(天嶺)'이라는 '하늘고개'로 다녔는데 높고 험준하여 고려조에 새로이 이 길을 뚫어 '새 길'이라고 하였고 이 고개를 '새길재'라고도 하였다고 한다. 사길령 외에도 여러 명칭이 있었는데 조도령(鳥道嶺)은 새 길을 뜻하는 것이고 신로치(新路峙)는 말뜻 그대로이며 사길(土吉), 사길(四吉) 등 모두 음운(音韻)을 빌어 표기한 것이라 한다.

　산령각 山靈閣은 보부상들이 산적과 맹수로부터 무사 안전을 기원하기 위해 당집을 짓고 태백산 신령께 제사를 지내던 곳으로 지금도 매해 음력 사월 보름날에는 산령각회에서 제를 올린다고 한다. 특히, 『천금록 千金錄』은 200여년 전부터 보부상들이 이곳에 제사를 기록한 귀중한 자료로 현재 태백산 사길령 산령각계회 太白山 四吉嶺 山靈閣契會 에 보관중이다.

　임도를 따라 내려오니 사길령 매표소는 텅 비어 있고 사길령 표지석만이 고개마루를 지키고 있다.
　사길령 표지석에서 팔보암 왼쪽으로 가야하는데 팔보암 앞으로 난 마을길로 내려 우측 고랭지 채소밭을 두고 버스 정거장으로 내린다. 태백산 마을 회관과 태백산 솔향기식당 및 민박집 간판이 보이는데 아무래도 화방재는 아닌 것 같다. 2차선 포장 도로를 따라 조금 올라가니 어평재 휴게소와 주유소가 있는 화방재에 이른다. 비록 짧은 구간이지만 알바를 한 셈이다.

　화방재(花房嶺)는 고개 마루 근처에 철쭉, 진달래 꽃이 많아서 붙여진 이름으로 어평재(御坪嶺)라고도 하는데 단종의 혼령이 백마를 타고 오면서 '이제부터 내땅(御坪)이다.'라고 한데서 연유되었다고 한다. 고갯마루 서쪽 기슭에는 어평이란 마을이 있고 동쪽으로는 정거리 마을이 있어 정거리재라 부르기도 한단다. 해발 936m의 큰고개인 이곳은 영월군 상동읍과 태백시를 연결하는 31번 국도가 지나간다.

　서울행 버스를 타려고 태백시로 들어가려는데 군내버스 시간은 멀었고 지나가는 차량에 손을 흔들어 보지만 초췌한 모습의 산꾼을 쉽게 받아주지 않는다. 수십대가 무정하게 지나가 버리고 젊은이 두 명이 탄 차에 고맙게도 편승하여 태백시 버스 터미널에 도착한다.

　서울행 버스는 고환 사북 터미널에서 잠시 숨고르기를 한 후 다시 출발한다. 막장의 희미한 불빛이 천지개벽天地開闢이라도 한듯 잿팟의 화려한 불빛으로 변모한 사북은 한때 석탄 사업으로 호황을 누리다가 탄광폐쇄로 폐허가 되었으나 카지노가 들어서면서 호텔, 콘도 등 건물이 즐비하게 들어서있다. 카지노에서 일확 천금을 꿈꾸다가 모든 재산을 다 잃고 노숙 생활을 하는가 하면 심지어 스스로 죽음의 길을 선택한 사람도 있다. '남자는 도박, 마약, 정치政治를 조심'해야 한다는데 이 모두가 중독성이 강해 한번 빠져들면 헤어나오기 어렵기 때문이리라.

　버스 차창 밖으로 골짜기마다 동네가 보이고 좀 크다 싶으면 어김없이 고층 아파트가 자리하고 있는데 나는 이 나이에 가진 집도 없이 월세살이를 하고 있다. 집이 없는 사람은 집을 그리워하고, 집이 있는 사람은 먼 들녘의 바람을 그리워 한다는데 나는 무엇을 그리워 할까?

　서울 터미널에 내려 집에 도착하니 자정이 지나고 있다.

　집은 내집이든 전셋집이든 월세집이든 불문하고 가정이라는 울타리요, 가족이라는 버팀목이 있는 안식처며 쉼터이기도 하다. 며칠만에 본 가족 뿐 아니라 우리집 막내 '복실이'도 꼬리치며 뛰어 오른다.

구간 일지

제27구간 (곰념이재-화방재/ 15.93Km)

2015년 10월 8일 목요일 맑음

시간	구간	표고 (m)	거리 (Km)	접속(비상탈출)	숙영자료
06:00	곰념이재	1,074	2.0	참새골(2Km)-88번 지방도 (영월-춘양)	
07:20	신선봉	1,280	1.9		
08:40	차돌배기		1.9	석문동 6Km	
10:00	사거리안부		1.5		
10:40	깃대배기봉	1,270	2.5	두리봉갈림길	
12:06	부소봉갈림길		0.73		
12:40	부소봉	1,546.5	0.85	문수봉갈림길→당골→31번 국도 (태백)	
13:30	천재단	1,560.6	0.7	망경사(0.3Km)→당골→31번 국도 (태백)	
13:55	망경사갈림길		0.9	망경사(0.6Km)→당골→31번 국도 (태백)	
14:30	유일사갈림길		2.95	유일사매표소 2.3Km/31번 국도→ 태백시	
17:15	화방재	936		31번 국도 (영월군 상동읍-태백시)	휴게소, 물, 공터

- ● **산행거리/소요시간** : 15.93Km+ 접속2Km/ 11시간 15분+1시간 15분
- ● **일출/일몰시간** : 06:25/ 17:58
- ● **교통**
  - 들머리 : 곰념이재(2Km)←참새골←88번 지방도(영월-춘양)
  - 날머리 : 화방재/31번 국도(영월군 상동읍-태백시)
      태백버스터미널(태백-당골, 유일사입구, 화방재) 033-552-3100
      춘양버스터미널(춘양-서벽, 봉화) 054-672-3477
      봉화버스터미널(봉화-춘양) 054-673-4400
      태백택시(태백-당골, 화방재) 033-552-4747
- ● **숙박/식사** • 참새골가든팬션(곰념이재) 054-674-0690
  - 태백산장(화방재) 033-553-0146
  - 하장거리 시골가마솥곰탕모텔(화방재) 033-553-6659

제28구간

한국판 '소돔과 고모라'에서 杜門不出하다

화방재 - 함백산 - 두문동재(11.6Km+1Km)
2015.10.13. (화) 맑음

'숲만 보아서는 나무를 알 수 없다'고 하였듯이 백두대간 마루금만 타서는 대간의 역사와 문화를 이해하는 데는 한계가 있다. 그래서 가능하면 백두대간과 지근거리에 있는 명소와 역사, 문화유적은 찾아볼 생각이다.

어제 아침 일찍 동서울 터미널에서 태백행 버스로 대중가요 '울고 넘는 박달재'의 고향인 천등산 박달재를 지나 태백시에 내렸다.

태백시는 해발 700m의 고원 지대로 한때는 인구가 15만명이나 되었다가 석탄 산업의 쇠퇴로 지금은 상주인구가 5만명도 안된다.

'백두대간의 중심, 산소도시 태백'이라는 슬로건을 내걸고 관광객 유치에 안간힘을 내 쏟고 있다. 이곳에는 태백산을 비롯하여 황지연못, 구문소, 검룡소, 용연동굴 등 명소가 많이 있다. 시간도 넉넉하여 시내 한 중앙에 자리하고 있는 황지연못에 가 보았다.

한국판 '소돔과 고모라', 황지 연못!

황지 黃池는 「동국여지승람」, 「택리지」등 옛 문헌에 낙동강 발원지로 기록되어 있다. 옛 신라 문화와 가야 伽倻의 번영을 이루며 영남의 젖줄 1300리 낙동강에 하루 500톤의 물을 쉼 없이 흘러 보내고 있다. 연못가에 아기 업은 한 여인과 강아지의 조각상이 있는데 황지연못에 관한 전설의 주인공이다. 우리나라 역 驛중에 가장 높은 곳에 있다는 해발 855m의 추전역 杻田驛에 황지연못의 아름답고 애잔한 전설을 시로 쓴 시인 김민정의 '황지연못' 시비가 세워져 있다.

옛날에 황지에는 황부자가 살았었지
구두쇠로 소문났던 어느날의 황부자는
시주 온 스님 바랑에 쇠똥 담아 주었단다
아기업은 며느리가 시아버지 몰래 몰래
쇠똥을 쏟아내고 쌀을 담아 주었더니
스님은 며느리에게 고맙다며 일렀단다
지금 당장 집 떠나서 가능하면 멀리가라
큰소리가 나더라도 돌아보지 절대 마라
십리쯤 걸어갔을 때 벼락소리 들렸단다
놀랍고 궁금해서 뒤 돌아본 며느리는
그 순간 그 자리에 돌이 되어 굳어갔고
집터는 가라앉아 황지연못 되었단다

한국판 '소돔과 고모라'의 전설이라 할 수 있는데 삼척시 도계읍 구사리 산마루에는 황지쪽을 뒤돌아 보며 아기 업은 채 서 있는 돌미륵이 있어 보는이로 하여금 가슴 아프게 하며, 함께 따라 간 강아지도 돌이 되어 그 앞에 있다. 여기 돌미륵과 황지연못 모두가 보이는 추전역에 시비를 설치한 이유를 알 수 있을 것 같다.

오늘 아침 6시 25분 군내 버스 첫차로 화방재에 내린다. 지난번 산행시 알바의 기억이 있어 대간길을 반대로 따라가 그날 못찍은 사길령 표지석을 사진으로 담고 다시 화방재로 내려 어평 방범초소 뒤편 낡은 민가 두 채 사잇길로 들어서니 시간은 오전 7시 30분이다.

아름드리 쭉쭉 뻗은 낙엽송 사이로 난 오르막을 올라서니 수리봉 정상이다.

수리봉 1,214m 정상석 뒤에는 등산 안내도와 삼각점이 있고 산 정상은 잡목에 가려 조망은 전혀 없다.

숲은 낙엽송에서 신갈나무와 물푸레나무, 자작나무로 바뀌고 사진촬영 금지 경고판이 위협을 주는 국가 시설물 지대를 지나 만항재에 내린다.

만항재는 태백에서 백두대간을 휘돌아 영월, 정선으로 넘어가는 414번 지방도가 지난다. 해발 1,330m로 우리나라에서 포장도로가 지나가는 고개 중에서 가장 높은 곳에 위치한 고갯길로 알려져 있다.

물고기 모양을 한 표지석과 표지탑이 있고 이른 시간이어서인지 쉼터는 문이 굳게 잠겨 있다. 주변에는 하늘숲 정원, 산상의 화원, 천상의 화원, 바람의 숲 등을 조성하여 지금은 비록 꽃의 향연을 볼 수 없으나 봄, 여름에는 숲과 꽃의 경연장이었을 것 같다.

만항재에서 동쪽으로 조금 내리면 아라리 고갯길 안내판이 있다.

아라리 고갯길은 정암사에서 시작되어 옛길을 따라 화절령, 꼭두바우 교차점을 지나 태백시와 경계에 이르는 만항재까지 15.6Km의 길인데 최근에 정선군에서 개설하였다고 소개하고 있다. 조선 개국에 반기를 든 고려 유신들의 일부가 정선 땅에 들어와 살면서 고향에 돌아갈 날을 기다리며 아라리 고갯길을 따라 가장 높은 고개에 와서 빌었다고 하여 망향望鄕으로 부르다가 훗날 만항으로 바뀌었다고 한다.

길 건너 함백산 들머리로 접어들어 정상석도 없고 아무 특징도 없는 장옥봉에 올라선다. 조선 숙종 때 궁녀에서 중전까지 올랐다가 폐위된 장희빈 이름이 장옥정인데 그녀의 미모에는 발뒤꿈치도 못따라가는 주제에 장옥봉이라니, 하도 못생겨서 이름이라도 이쁘게 지어준 아량으로 짐작하고 넘어간다.

산 머리에 통신 중계소라는 무거운 짐을 이고 내려다 보는 함백산을 올려다 보면서 철탑 왼쪽의 흉물처럼 보이는 건물 우측을 지나 잘 자란 주목 한 그루가 있는 넓직한 터에는 돌로 쌓은 함백산 기원단이 쉬어가란다.

함백산 기원단은 옛날 민초民草들이 하늘에 제를 올리며 소원을 빌던 곳으로 민간 신앙의 성지로 국태민안國泰民安을 위해 왕이 제사를 지냈던 태백산 천제단과는 대조를 이룬다. 과거에는 광부들이 지하 막장에서 일하다가 잦은 붕괴사고가 일어나자 가족들이 이곳에 찾아와 무사 안전을 위해 기도했던 곳이다. 넓은 공터에 돌담을 쌓고 안에는 넓은 돌을 고인돌처럼 포개 놓아 제단을 만들어 놓았다.

기원단에서 조금 지나 삼거리가 나오고 왼쪽 길은 함백산 정상을 지나 헬기장 아래에 있는 주차장까지 1.8Km의 완만한 시멘트 포장 도로고, 오른쪽은 오르막 급경사로 1.2Km의 대간길인데 선택의 여지없이 오르막 급경사 길 나무계단과 돌계단을 올라 산허리를 깎아 세운 대한체육회 태백선수촌을 굽어보고 함백산 정상에 도착한다.

함백산(咸白山 1,572.9m)은 강원 정선군 고한읍 고한리(古汗里)와 태백시 화전동(禾田洞)의 경계에 있는 산으로, 우리나라에서 여섯 번째로 높은 백두대간의 대표적인 고봉 가운데 하나다. 옛날 문헌에는 대박산(大朴山)이라 기록되어 있는데 함백(咸白)으로 바뀐 이유에 대해서는 알 수 없으나 '대박(大朴), 함백(咸白), 태백(太白)'이라는 말은 모두 '크게 밝다'라는 뜻이다.

산 정상에는 정상석과 돌탑이 남쪽 산아래를 굽어보고 있고 방송국 중계탑이 하늘을 떠받치고 있다.

바람이 제법 쌀쌀하게 불지만 하늘은 맑아 천지사방이 온통 틔여 있어 북으로 매봉산, 두타산, 청옥산, 고적대를 이어가는 대간 능선의 파노라마가 펼쳐지고, 서쪽으로는 사북과 고한읍을 에워싼 백운산 1,426.3m, 남으로는 태백산, 동쪽으로는 태백시 뒷산 연화산 1,171.1m이 버티고 있다. 함백산 주위를 가로지르는 광산 도로들이 검은 보석의 꿈을 안았던 광부들의 애환을 대변해 주듯 그 흔적들이 즐비하다. 상동, 대유, 정안, 삼척, 정동, 어령, 함태, 강릉, 동해 등이 광산이나 탄광을 말함이다.

함백산 정상석 뒤 암봉에 올라서니 몸을 가눌 수 없을 정도로 바람이 강하게 분다. 대간로는 시멘트 포장도로 아래 잘 정비된 헬기장을 지나 급경사 내리막으로 이어지며 오른쪽에 O_2리조트 정상까지 이어지는 스키장 슬로프가 보이고 살아 천년을 보내고 있는 주목과 죽어 천년을 기다리는 주목들이 울타리 보호를 받고 있다.

이곳부터 은대봉, 두문동재, 금대봉까지는 봄·여름에 온갖 야생화가 '천상의 화원'을 이루는 야생화 군락지이다.

작은 돌탑들이 널려 있는 너덜지대를 지나면서 한 젊은 대간꾼을 만난다. 전북 고창이 고향이라는 이 친구는 피재에서 출발하여 화방재까지 간다면서 '안전 대간 완주'를 빌면서 빠른 걸음으로 멀어진다.

커다란 나무 밑에 납작한 돌로 만들어 놓은 쉼터를 지나 돌계단을 올라서니 이정표 옆 정상목이 '중함백 1,505m'를 안내한다. 중함백 제3쉼터 전망대 바위에서 왼쪽으로 정선군 사북읍과 고한읍 시가지가 밤의 천국과는 다른 모습으로 흐릿하다.

제2쉼터가 있는 사거리 안부는 오른쪽으로 200m거리에 자작나무 샘터를 지나 서학 스키장으로해서 삼수동에 이르고, 왼쪽 방향으로 적조암으로 가는 양지촌에서 조금 더 올라가 정암사를 만나게 된다.

> 정암사는 신라 선덕여왕 14년(645년)에 자장율사가 창건한 고찰로 물과 골짜기는 해를 가리고 멀리 세속의 티끌이 끊어져 매우 정갈하다고 하여 이름 붙여졌다고 한다. 우리나라 5대 적멸보궁(寂滅寶宮)은 석가의 진신사리를 모시는 전각인데 양산의 통도사, 오대산 상원사, 설악산 봉정암, 영월 법흥사와 이곳의 정암사가 있다. 적멸보궁이 있는 절의 법당에는 불상을 모시지 않는다. 진신사리 자체가 부처이기 때문이란다. 적멸보궁 옆 주목나무는 자장율사가 꽂아둔 주목지팡이가 살아난 것이라고 해서 '선장단'이라 부른다.

제2쉼터, 제1쉼터는 산중 나무 아래 돌의자를 놓아 지친 나그네에게 아늑한 휴식 공간을 제공한다.

추전역에 그리움을 남기고!

평범한 산길 따라 오른쪽으로 추전역이 바라보이는 정암 터널의 등에 올라선다. 정암터널은 고한역을 지나 목골에서 오른쪽 추전역 가까이까지 뚫린 직선터널로 한때는 연탄선로로 이용되었으나 지금은 겨울철 기차 여행지로 잘 알려져 있다. 우리나라 기차역 중에서 가장 높은 해발 855m에 위치하고 있는 추전역에는 시인 김민정의 '황지연못'시비와 장중석의 '추전역'시비가 찾는 이의 눈길을 끌고 있을 뿐 한가한 시골 간이역이다. 저만치 매봉산에 늘어서 있는 풍력 발전기가 이국적인 모습으로 다가온다. 역사 안으로 들어가면 소인 없는 엽서로 사랑하는 사람에게 소식을 전할 수 있고 방명록에는 자신의 발자취를 남길 수 있는 서정어린 곳이다.

정암터널 등을 밟았던 발걸음을 옮기니 은대봉이다. 은대봉과 금대봉, 이름이 참 예쁘다는 생각이 든다.

은대봉 1,442.3m 은 둥글고 아담한 정상석이 수줍게 미소짓고 있고, 주변 잡초를 제거한 헬기장이 있으나 조망은 별로 없고 이어서 잘 정비된 헬기장 왼쪽으로 돌아 두문동재에 내리니 오후 3시가 다 되어 간다.

옛 이름이 싸리재인 이곳은 서쪽 고한읍 고한리 두문동 마을과 동쪽 태백시 화전동 싸리재에서 연유한 이름으로 예전에 싸리가 많이 났다고 하여 싸리재라 불리었는데 오른쪽 아래에 있는 추전역 또한 '싸리 추(楸)와 밭 전(田)'자를 쓴다고 한다. 해발 1,268m인 이 고개는 오늘 지나온 만항재(1,330m)에 이어 자동차 통행이 가능한 높은 고개로 태백시와 정선군 사북읍을 연결하는 38번 국도가 지나가지만 밑으로 싸리재 터널이 뚫려 지금은 대중교통편이 없다.

넓은 공터에는 화강암으로 된 2m높이의 표지석이 버티고 있고 산불 감시초소 왼쪽 주차장 쪽에는 '마고 할미탑께' 라는 돌무더기가 마치 만물상처럼 쌓여있다. 휴게소로 사용됐던 컨테이너 박스가 있는데 지금은 폐업했는지 문이 닫혀 있다.

오늘 계획은 피재 삼수령까지 가려고 하였으나 아침에 화방재에서 사길령까지 보충수업을 하느라 여기서 피재까지

10Km의 산행거리가 부담이 되고 산에서의 일몰 시간은 한 두시간 빨라짐을 감안해서 이곳에서 하산을 하기로 한다.

간이역에서 내릴 때는 항상 그랬듯이 주인 잘못 만난 두 다리가 고생을 할 수 밖에 없다. 굽이 굽이 휘돌아 가는 길을 돌고 돌아 내려 두문동 마을에 내린다.

여기까지 와서 두문동에 얽힌 우리의 역사와 문화를 빼 놓을 수가 없다.

杜門洞과 居七賢洞의 전설!

태조 이성계가 조선을 건국하자 고려의 유신 72인이 망국의 한을 품고 조선의 녹을 먹지 않겠다고 개성을 떠나 동남방 불조현(不朝峴)에 조복(朝服)을 벗어 던지고 지금의 경기도 개풍군 광덕면 광덕산 서쪽의 두문동(杜門洞) 산속으로 들어가 불사이군(不事二君)의 충절을 지켰다 하여 두문불출(杜門不出)이란 말이 나왔다. 그들은 훗날 이성계에 의해 죽임을 당하였으나 그중에서도 살아남은 일곱명의 유생(전오륜, 김중환, 고천우, 이수생, 신안, 변귀수, 김위)들이 이곳 정선 백이산(白夷山) 산자락에 살았다하여 정선군 남면 낙동리 일대를 거칠현동(居七賢洞)이라 불렀고 이들이 고려를 그리며 부른 노래가 정선아리랑의 효시라는 것이다. 이곳에는 칠현사(七賢祠)와 칠현비(七賢碑)가 그들의 충절을 기리고 있다.

　고갯길에서 내려 마을로 접어들어 밭에서 일하고 있는 사람들에게 민박집을 물어보니 별도의 민박집은 없으나 괜찮다면 자기 집에서 머물라는 나이든 신 분을 따라가 여장을 푼다.

　민박집 간판은 없으나 마을에서 두문동재에 이르는 첫 집이어서 인지 대간꾼이 다녀간 흔적이 많이 묻어 있다.

　저녁 때는 집주인의 처제와 동서, 그리고 아들로 보이는 젊은 사내까지 모여서 식사를 하고 주인장과 막걸리 한 잔을 하고 있는데 동네 친구 두 사람이 합석한다.

　몇 차례 술잔이 오가고 어느 정도 술이 거나해지자 한 사람이 담배를 꺼내

들면서 말문을 연다. 이번 담배값 인상은 말로는 국민의 건강을 위해서라고 하지만 사실은 복지증대에 따른 부족한 재원을 만들기 위하는 거란다. 사회적 지위가 낮고 돈 없는 사람들이 주로 피우는게 담배인데 결국은 돈 없는 사람들의 지갑을 착취해서 복지 증진을 하겠다는 거란다. 나의 경우에도 틀린 말은 아닌 것 같아 맞장구를 치는데 이 사람은 한술 더 뜬다. 대통령 호칭도 하지 않고 "박근혜가 황소고집이라 담배값 인상 이야기가 나올 때부터 1000갑을 사놓았다."고 하면서 호탕하게 웃는다.

사실 나에게는 담배와 막걸리가 일용할 양식이 되어 버린지도 오래된 것 같다. 어쩌면 고려 충신들의 후손일지도 모르는 순박한 산사람들이 살고있는 두문동의 밤을 맞이한다.

▼ 함백산 ⋯ 은대봉 / 금대봉 / 매봉산

구간 일지

제28구간 (화방재-두문동재/ 11.6Km)

2015년 10월 13일 화요일 맑음

시간	구간	표고 (m)	거리 (Km)	접속(비상탈출)	숙영자료
06:50	화방재	936	1.4	31번 국도 (상동읍/고한읍-태백시)	휴게소, 물, 공터
08:11	수리봉	1,214	2.1		
09:22	만항재	1,330	1.9	414번 지방도(고한읍-화방재)	휴게소, 물, 공터
10:30	선수촌갈림길		1.0	414번 지방도, 대한체육회 태백선수촌	
11:20	함백산	1,572.3	1.1		
12:43	중함백	1,505	1.2		
13:08	자작샘터		1.9	414번 지방도(고한읍 양지촌), 태백시 삼수동	물, 쉼터, 공터
14:11	은대봉	1,443.3	1.0		
14:50	두문동재	1,268		포장도로(두문동-화전동)→38번 국도(고한읍-태백시)	휴게소, 주차장

- ○ **산행거리/소요시간** : 11.6Km+접속1Km/ 8시간+30분
- ○ **일출/일몰시간** : 06:29/ 17:51
- ○ **교통**
    - 들머리 : 화방재/31번 국도(상동읍/고한읍-태백시)
    - 날머리 : 두문동재/포장도로(두문동-화전동)→38번 국도(고한읍-태백시)
        태백버스터미널(태백-당골, 유일사입구, 화방재, 상동, 고한) 033-552-3100
        태백택시(태백-화방재, 두문동재, 피재) 033-552-4247
- ○ **숙박/식사**
    - 태백산장(화방재) 033-553-0146
    - 하장거리 시골가마솥곰탕모텔(화방재) 033-553-6659
    - 정선군 고한읍 고한2리 약초/민박(두문동재) 033-591-4648

제29구간
三水嶺에서 장수가 칼을 잃다

두문동재 - 피재 - 건의령(16.3Km+2Km)
2015.10.14. (수) 안개/맑음

아침에 일찍 일어나 민박집을 나서자 주인 아저씨가 뒤따라 나오며 고맙게도 자기 차로 가잔다. 걸어가면 1시간 가까이 걸릴 것 같았는데 그만큼 시간을 번 셈이다.

주위는 온통 안개로 휩싸여 한치 앞도 가늠하기 어려울 지경이다.

그는 이곳에서 나고 자라 올해 나이 일흔 둘이란다. 약초를 재배하고 때로는 자연산을 캐기도 해서 파는데 가끔씩 대간 산행하는 사람들이 내려와 묵어가면서 약초를 주문하면 보내준다고 한다.

두문동재 휴게소는 지금까지 하던 사람이 일년에 100만원씩 세를 주고 장사를 하였는데 주인이 컨테이너 박스 옆에 새로운 건물을 짓고 자기도 장사를 하겠다고 나섰다가 날이 갈수록 장사가 안되다 보니까 처음 시작했던 사람마저 그만 두었다는 것이다. 상도의와 인정마저 저버린 사람의 욕심을 보는 것 같아 씁쓸한 기분이다.

온통 안개로 뒤덮힌 두문동재 고갯마루에서 민박집 주인과 헤어지고 인기척이 없는 산불감시 초소 앞을 지나 금대봉 들머리에 들어선다. 시간은 아침 6시 20분이다.

넓직한 숲길을 따라 완만하게 고도를 높이며 금대봉을 향하다가 만나는 갈림길은 왼쪽으로 고목나무 샘터를 지나 분주령을 거쳐 대덕산에 이르는 길이고, 금대봉은 오른쪽으로 이어진다. 야생화 보호구역 표지판을 지나 좌우로프가 설치된 급경사 오르막을 치고 올라 금대봉 정상에 도착한다.

금대봉(1,428.1m)은 정선군 고한리와 태백시 창죽동과 화전동 사이에 있는 산으로 산 이름의 유래에는 몇 가지 이야기가 전해지고 있다. 은대봉과 금대봉은 자장율사가 함백산 북서쪽 자락에 정암사를 창건하면서 은탑과 금탑을 세운데서 유래했다는 것과, 이 산에는 금이 많이 난다고 해서 금대라고 하였고 산 속에 금구덩이가 여러 곳에 있다는 이야기도 전해지고 있다. 한편으로는 금대는 '검대'를 말하는 것이고 '검'은 신(神)을 의미하므로 '신이 사는 봉우리'라는 것이다. 어찌됐든 은대봉, 금대봉이라는 산 이름이 예쁜 것만은 사실이다.

평탄한 봉우리 정상에는 정상석 외에도 왼쪽으로 대덕산, 분주령, 고목나무샘 방향과 거리를 알리는 이정표와 쉼터가 있고 '한강발원봉'이라고 적힌 표지목에 '양강 발원봉이라 함은 북쪽으로 한강이, 남동쪽으로는 낙동강이 비롯하여 흐름이라'고 써 있으나 오래되어 글씨가 잘 보이지 않는다.

한강의 발원지, 검룡소!

한강의 발원지라고 하는 검룡소(劍龍沼)는 금대봉 북동쪽 대덕산과 마주하는 산자락 계곡에 있다.

원시림이 잘 보존된 금대봉 일대의 고목나무샘, 제당금샘, 에티굼샘 등지의 물길이 땅 속으로 스며들어 다시 검룡소에서 솟아나 늘 푸른 이끼가 자라고 구불구불하게 골이 패인 바위 사이로 흘러 정선의 골지천, 조양강, 영월의 동강, 단양, 충주, 여주의 남한강을 흐르고 흘러 경기도 양수리에서 북한강과 합류하고 수도 서울 한 가운데를 관통하여 김포 월곶면 보구곶리에서 서해로 흘러가는 514.4Km의 장강을 이룬다.

전설에 의하면 서해에 살던 이무기가 용이 되려고 한강의 가장 먼 상류인 이곳까지 거슬러와 이 소沼에 들어가기 위해 몸부림 친 흔적

이 지금의 폭포이며 인근에서 물을 먹으러 오는 소를 잡아 먹기도 해서 동네 사람들이 메워버렸다고 한다.

태백시에서 1986년 메워진 소(沼)를 복원하고 주변 일대를 정비하여 관광지로 개발하였고 1987년 국립지리원에서 도상실측 결과 한강의 최초 발원지로 공식 인정되었다.

반만년의 역사와 함께 흘러 온 한강은 지금도 이 땅의 산하와 대지를 적시며 오천만 국민의 생명수가 되는 민족의 젖줄이자 생명의 근원지로서 묵묵히 흐르고 있다.

금대봉에서 내리는 대간길은 부드러운 능선으로 지도상에는 왼쪽으로 검룡소 가는 이정표가 표시되어 있는데 몇 개의 이정표를 지나도 검룡소 가는 길은 나오지 않고 양팔을 벌린 듯한 아름드리 고목이 버티고 있는 쑤아밭령에 도착한다.

쑤아밭령은 해발 1,110m의 고원지대로 원래 수화밭 고개라 불렀다고 한다. 수화밭(水禾田)은 산간 비탈 지대에 벼농사를 지을 수 있는 밭이라는 뜻으로 수화밭령이 구개음화 현상으로 쑤아밭령이 된 것 같다.

넓고 아늑한 안부에 있는 한반도 모양의 표지판은 '한강 최상류 마을 창죽과 낙동강 최상류 마을 화전을 잇는 백두대간의 고개'라고 소개하고 있고, 양대강 발원지 탐방길 안내판과 이정표가 있다. 이정표는 삼수령 피재 4.9Km, 북쪽 방향으로 검룡소 2.83Km, 남쪽으로 용연동굴 1.4Km를 알린다.

용연동굴은 금대봉 산자락 용수골 해발 920m에 자리한 자연동굴로 임진왜란 등 나라에 변란이 생길 때 피난처로 이용될 만큼 특별한 보호 없이 노출되어 동굴훼손이 심하였으나, 1980년 강원도 기념물로 지정되어 1997년 일반에게 공개되었다. 총 826m의 동굴은 국내 천연동굴 중에서 가장 학술적 가치가 높은 38종의 생물이 살고 있고, 동굴 내부에는 즐비하게 늘어선 종유석, 석주, 석순 등의 각종 동굴 생성물이 보는 이의 탄성을 자아내며 특히, 동굴 산호가 잘 발달되어 있다.

거대한 고목나무에 기대어 기를 받은 다음 조그마한 봉우리에 올랐다가 완만한 내리막을 내려 평탄하고 좋은 길로 이어지고 두 개의 돌쉼터를 지나 비단봉 1,281m 정상석과 마주한다.

예쁜 글씨를 새긴 아담한 자연석이 단아하게 앉아 있고, 전망바위는 지나온 대간길에 태백산, 함백산, 은대봉, 금대봉이 한눈에 들어오며 함백산 중턱에 보이는 어울리지 않는 건물은 O_2 리조트인가? 선수촌인가? 의문을 남긴다. 조금 더 올라가서 돌쉼터가 있는데 사실 이곳이 정상인 듯 싶은데 전망바위가 있는곳에 정상석을 세운 것 같다.

비단봉에서 내려 평탄한 길로 이어지다가 계단을 내려서면 마치 외국의 사막지대에 서 있는 느낌이 든다. 30만평이 넘는 광활한 고랭지 배추밭이 수확을 끝낸 뒤라 갈아 엎은 황무지를 방불케하고 수십기의 거대한 풍력 발전기가 어우러져 이국적인 분위기를 자아낸다.

이곳은 일년 내내 심한 바람과 안개가 끼는 지역으로 대간길이 뚜렷하지 않아 찾기가 상당히 어려운 곳이지만 이정표를 잘 따라가면 무사히 매봉까지 갈 수 있다.

이정표는 대부분 양대강 발원지 탐방길과 대간길이 같이 표기되어 있고 자작나무 군락지에서 두 개의 조그마한 목재 교량을 지나 늦통목이재에 이른다.

파란색 지붕의 농기구 창고 옆 임도를 따라 올라 커다란 자연석의 매봉산

표지석과 풍력 발전기가 있는데 이곳은 매봉산 정상이 아니라 표지석만 세워 놓은 곳으로 이 일대를 '바람의 언덕'이라고 한다.

넓은 도로를 따라 조금 더 가면 양대강 발원지 탐방길 안내판이 나온다.

양대강 발원지 탐방길은 낙동강 발원지 황지연못에서 한강 발원지 검룡소까지 18Km의 길을 두 구간으로 나누어 제1구간은 낙동정맥코스라 하여 황지연못-바람부리마을-화약골-대박등-작은피재까지의 9.5Km구간이고, 제2구간은 작은피재-매봉산-바람의 언덕-비단봉-쑤어밭령-검룡소까지 8.5Km의 백두대간코스다.

　매봉산 풍력단지 표지석과 안내판을 지나서 '하늘 다음 태백'이란 문구와 더불어 '바람의 언덕'이라 새겨진 안내판에 서면 거대한 풍력 발전기가 일열 종대로 서서 굉음을 울리면서 돌아간다. 이 지역까지 임도를 따라 차량이 올라올 수 있어 휴일이면 많은 탐방객이 찾아와 이 일대의 장관에 감탄하는 곳이다.
　이정표를 따라 올라가 매봉산 정상에 도착한다.

　　매봉산(1,303m)은 옛 문헌에 천의봉이라고도 하였는데, 동학 2대 교주 최시형이 피신 중에 하늘에 제사 지낸 곳으로 알려지고 있는 산봉우리로 정상석 한 면은 매봉산, 뒷 면은 천의봉으로 새겨 있다.

　전망대 옆에는 두 개의 철탑이 있는데 오래된 것은 흉물스럽게 방치되어 있고 대공포진지도 산의 분위기에는 어울리지 않는다.
　늦통목이재에서 남동진하던 대간길은 매봉산에서 북동쪽으로 방향 전환하고 민가 두 채를 지나 낙동 정맥 갈림길에 이른다. 백두대간과 낙동정맥방향을 알리는 표지석과 낙동정맥 설명판이 있다.

낙동정맥(洛東正脈)은 작은 피재에서 분기하여 구봉산에서 남쪽으로 뻗어내려 동해바다를 끼고 내달리다가 부산 다대포 몰운대에 이르는 370Km의 산줄기를 이름한다.

여기서 오른쪽은 낙동정맥 방향이고 대간길은 왼쪽이다. 대간길 경사로를 조금 내려서 임도를 만나고 오른쪽 언덕위에 삼대강 분수계 표지탑과 삼대강 꼭지점 조형물이 있다. 돌을 쌓아 올린 표지탑에 '여기는 동해, 서해, 남해로 흐르는 삼대강 오십천, 한강, 낙동강 분수계입니다'라고 새긴 돌이 박혀 있고 돌탑 뒤로 삼대강 꼭지점 조형물이 해당 강물의 방향을 가리키고 있다.
삼수목장을 지나 전신주 NO 202번을 지나서 삼수령에 도착한다.

삼수령인가, 피재인가?

    삼수령은 해발 935m로 정선에서 태백에 이르는 35번 국도가 지난간다.
    고갯마루 매점 앞에서는 할아버지 한 분이 걷어들인 수수를 털고 있다. 그 옆에 삼수령 표지석과 온도계탑이 있고 주차장 뒤에는 소공원이 조성되어 육각형 삼수정 정자와 기념탑, 그리고 원형 대리석 의자를 깔고 돌판에는 '빗물의 운명'이 새겨져 있다.

> 하늘이 열리고 우주가 재편한 아득한 옛날
> 옥황상제의 命(명)으로 빗물 한 가족이 大地(대지)로 내려와
> 아름답고 행복하게 살겠노라고 굳게 약속을 하고 하늘에서 내려오고 있었다
> 빗물 한 가족은 한반도의 등마루인 이곳 三水嶺(삼수령)으로 내려오면서
> 아빠는 낙동강으로, 엄마는 한강으로, 아들은 오십천강으로 헤어지는 운명이 되었다
> 한반도 그 어느 곳에 내려도 행복했으리라
> 이곳에서 헤어져 바다에 가서나 만날 수 밖에 없는 빗물가족의 기구한 운명을 이곳 三水嶺(삼수령)이 전해주고 있다

    삼수령은 예부터 피재라고 하였다. 병자호란丙子胡亂 때 사람들이 이 고개를 넘어 태백산 일원의 산속으로 숨었던 곳이라 하여 이름 붙여진 곳인데 피재라는 표현이 좋지 않다하여 태백시에서 삼수령으로 개칭하였고 그 영향으로 이

곳에서 광동호에 이르는 지역의 행정 지명도 사조동에서 삼수동으로 바뀌었다고 한다.

한반도 중심을 타고 서해로 내리는 514Km의 한강이나, 강원도에서 경상도 땅을 관통하여 남해로 빠지는 506Km의 낙동강에다가, 삼척시를 돌아 동해로 흘러가는 46Km의 작은 하천인 오십천을 합해서 삼수三水라는 대등한 지위를 부여해 삼수령이라 칭하고 공원에 정자에 기념탑까지 세웠으니 전시행정展示行政의 한 단면을 보는 것 같아 씁쓸한 뒷맛을 남긴다.

피재라는 지명을 삼수령으로 바꾼다고 해서 우리 역사가 바뀌는 것도 아니다. 옛 중앙청사 건물이 일제시대 조선 총독부 건물이라고 폭파시켜 없앴다고 해서 일본 식민지 역사가 없어지는 것도 아닐진데, 오히려 그 치욕의 역사를 그대로 두고 보존해서 후손들에게 보여주고 일깨워 주는게 더 바람직한 역사 교육이 되는게 아닐까? 하는 자문을 해본다.

이곳 삼수령은 차량통행이 많은 곳으로 대부분의 대간꾼은 화방재에서 이곳까지 한 구간으로 설정하여 하루의 산행을 마감하는 큰 역驛인데도 어제 두문동재라는 간이역에서 내린 바람에 점심만 챙겨먹고 발걸음을 옮겨야만 한다.

산행을 이어가려고 나서는데 스틱이 보이지 않는다. 매점에 두고 나온 것 같아 뛰어가서 젊은 여자에게 물어봐도 보지 못했다고 하고 수수털던 할아버지는 산에 올라 갔단다.

스틱은 산행하는 사람의 손과 발이 되어 주기도 하고 산짐승을 만났을 때 방어용 무기로도 활용되는 유용한 도구인데 아무리 찾아봐도 보이지 않으니 낭패다.

마치 싸움터에 나서는 장수가 칼을 잃어버린 것 같은 느낌이지만 그렇다고 여기서 산행을 접을 수도 없는 처지라 스틱없이 삼수령 기념탑 뒤로 난 대간길을 들어서니 허전함이 앞서는데 차분하지 못하고 덤벙댄 자신을 탓할 수 밖에 없다.

노루메기에서 좌측 산길로 접어들어 낙엽송 지대를 지나고 945m봉에는 '성철봉'이라고 적힌 코팅지가 나무에 걸려 있다. '산은 산山이요, 물은 물勿이로다'라는 성철 스님의 선문禪門을 떠 올리고 누군가 버리고 간 손때 묻은 소나무 가지가 있어 짚어보니 단단하고 쓸만해서 스틱 대신 지팡이 하나에 의지해서 산행을 이어간다.

왼쪽 나무사이로 보이는 태백시립 공원묘지를 지나는 대간길은 뒷동산 산책길처럼 편안한 길이지만 양손에 스틱을 사용하다가 한쪽손 지팡이에 의지하는 산행은 불편할 뿐이다.

몇 개의 이정표를 지나고 오르막 돌계단을 따라 960.2m봉을 오르고 왼쪽에 TV안테나가 설치되어 있는 956m봉을 지나 오후 3시 30분에 건의령에 도착한다.

고갯마루에는 억새와 훼손지 복원용 나무들이 식재되어 있고 현판에 '百人
敎君子堂 백인교군자당'이라고 새긴 산신각이 무너지기 일보진전이며 등산로 안내
판과 건의령의 내력을 적은 작은 안내판에 눈길이 간다.

건의령(巾衣嶺)은 한의령(寒衣嶺)이라고도 하는데 태백 상사미동에서 삼척
도계를 넘어가는 고갯길로 고려 말 이성계에 의해 삼척으로 유배된 공양왕이
근덕 궁촌에서 살해되자 고려의 충신들이 이 고개를 넘으며 고갯마루에 관모
와 관복을 걸어 놓고 다시는 벼슬길에 나서지 않겠다고 하며 태백 산중으로
몸을 숨겼다고 한다.

관모巾와 관복衣을 벗어 걸어 놓은 고개라 해서 건의령 巾衣嶺이란다. 그럼 한
의령은 무슨 뜻일까? 옷을 다 벗어버렸으니 추워서 한의령 寒衣嶺이라고 했을까?
시간은 아직도 많이 있으나 댓재까지 19Km의 거리와 교통편이나 숙박을

고려해서 여기서 산행을 마감하기로 한다.

 오른쪽 임도를 따라 돌밭마을 방향으로 가는 길에서 왼쪽 건의령 터널을 지나 상사미동 삼거리에서 삼척시 하장면과 태백시를 연결하는 35번 국도와 만나고 마을로 내려가 민박집 간판을 보고 전화하여 찾아 든 곳은 여름철 고랭지 배추 작업을 하는 인부들이 주로 사용한 집으로 나이드신 할아버지와 할머니가 집을 치우느라고 분주하다. 저녁식사를 하면서 내일 먹을 주먹밥을 부탁했는데 산행 전문 민박집이 아니어서인지 주먹밥을 만드는 것도 서툴러 보인다. 이 집은 아예 차량이 없어서 내일 댓재까지 19Km의 거리에다 건의령 들머리까지도 3Km가 넘을 것 같아 부담이 된다.

 초저녁 일찍 상사미동의 밤을 맞이한다.

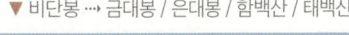
▼ 비단봉 ⋯ 금대봉 / 은대봉 / 함백산 / 태백산

구간 일지

제29구간 (두문동재-건의령/ 16.3Km)

2015년 10월 14일 수요일 안개/맑음

시간	구간	표고 (m)	거리 (Km)	접속(비상탈출)	숙영자료
06:20	두문동재	1,268	1.2	포장도로(두문동-화전동)→38번 국도(고한-태백)	휴게소, 주차장
07:00	금대봉	1,418.1	2.7		
08:20	수어밭령	1,100	0.9	검룡소 2.8Km, 용연동굴주차장 1.4Km	
09:00	비단봉	1,281	1.1		
09:45	늦통목이재		1.6	임도→피재	
10:41	매봉산	1,303.1	2.5		
12:35	피재	935	1.8	35번 국도 (삼척시 하장면-태백시)	매점,주차장, 정자
13:32	945봉	945	1.3		
14:05	새목이안부		3.2	태백공원묘지-35번 국도	
15:30	건의령			포장도로→(35번 국도-건의령터널-38번 국도)	공터

- **산행거리/소요시간** : 16.3Km+접속2Km/ 9시간 10분+1시간
- **일출/일몰시간** : 06:30/ 17:49
- **교통**
  - 들머리 : 두문동재/포장도로(두문동-화전동), 38번 국도(고한-태백)
  - 날머리 : 건의령/포장도로→(35번 국도/상사미동-38번 국도/고사리역)
      태백버스터미널(태백-피재, 검룡소, 건의령, 하장) 033-552-3100
      태백택시(태백, 두문동재, 피재) 033-552-4747
- **숙박/식사**
  - 정선군 고한읍 고한2리 약초/민박(두문동재) 033-591-4648
  - 상사미동 수석식당(건의령) 033-553-9559
  - 상사미동 민박집(건의령) 033-552-0296

제30구간
幻仙峰에서 神仙이 되어

건의령 - 환선봉 - 댓재(18.91Km+2Km)
2015.10.15. (목) 맑음

　새벽같이 일어나 소나무 가지 지팡이를 찾아들고 민박집을 나서 35번 국도를 따라 삼거리에 이르고, 다시 삼거리에서 오른쪽으로 꺾어 오르막을 치고 올라 건의령 터널에 이른다. 이른 새벽이라 차량 통행은 전혀 없는데 터널 내부에는 바람이 세게 불어온다

　건의령 들머리에 들어서는 시간은 아침 6시가 다 되어 간다. 오늘도 주인 잘못 만난 수족 手足은 접속구간 연결하느라 아침부터 발품팔기에 바쁘다.

　푯대봉 갈림길에서 푯대봉은 직진으로 100m거리에 있고 대간길은 우측으로 꺾이는데 그냥 지나칠 수 없어 푯대봉 방향으로 향한다.

　푯대봉 1,009.9m에는 정상석과 산불 감시 카메라가 있고 주변은 서서히 밝아지지만 잡목에 가려 조망은 거의 없다.

　푯대봉에서 다시 갈림길로 돌아와 내리막 대간길로 접어들고 나무 사이로

떠오르는 일출은 새벽부터 서둘렀던 자에게 주어지는 축복이리라.

951m봉을 지나 한내령에 도착한다. 한내령은 삼척시 도계읍 한내리와 왼쪽 태백시 상사미동 삼밭골을 오가던 고개인데 삼밭골 목장이 들어서고 난 뒤에는 사람의 왕래가 끊겨 고개라기보다는 능선상의 안부에 불과하다.

목장 철조망 오른쪽 급경사 통나무 계단을 따라 올라 980m봉, 1,012m봉, 997.4m봉, 1,013m봉을 차례로 지나고 대간길에 쓰러져 있는 설파목雪坡木 한 그루를 만난다.

설파목 밑으로 통과하여 돌쉼터가 있는 1,055m봉에는 부산 낙동 산악회에서 나뭇가지에 걸어 놓은 표지판과 함께 나부끼고 있는 대간 리본이 손짓하면서 쉬어 가란다.

思母曲

민박집 할머니가 서툰 솜씨지만 정성들여 싸 준 주먹밥으로 시간 늦은 아침 식사를 하다 말고 문득 어머니 생각이 떠오른다. 이 나이에 무슨 어머니 타령이냐고 할지 모르겠으나 5남 2녀 중 막내 아들로 태어나 젖이 부족해 애태우시며 키운 막내를 어려서부터 학교 보낸다고 떨어져 살았으니 항상 어머니의 품이 그리움으로 다가오고 어머니가 계셨던 고향은 설레임으로 남아있었다. 지금도 고향에 내려가 고갯마루에서 보이는 바닷가 고즈넉한 시골 풍경은 가슴 벅찬 회오리를 일으킨다. '신神의 손길이 미치지 않는 곳에는 항상 어머니가 있다'라는 유대 속담처럼 어머니는 우리를 잉태한 우주宇宙요, 우리를 키워 낸 신神의 손길이기에 위험한 순간에 찾는 이름이 어머니요, 깜짝 놀라는 일이 있을때마다 '어머나' 또는 전라도 사투리로 '오메'라고 소리치는 것도 같은 맥락이리라. 어머니의 손길은 아픈 어린아이에게는 약손이 되고 잠투정하는 어린애에게는 자장가가 되기도 한다. '어머니가 그립습니다.' 어린 나이에 객지에서 자취하는 아들을 위해 바라 바리 싸 들고 한가득 짐을 머리에 이고 오시는 어머니를 볼때마다 안타깝고 가슴 저려했던 학창 시절이었건만 끝내 학교 생활을 포기하고 방황했던 지난 날은 누구의 탓도 아닌 내가 짊어지고 가야 할 운명이었다고 변명해 본다. 그리운 어머니!

다시 일어나 대간 산행은 계속되고 덕항산 1.1Km를 알리는 이정표가 구부시령을 안내한다.

구부시령(九夫侍嶺)은 태백시 하사미동 외나무골과 삼척시 도계읍 한내리를 이어주는 고개로 구부시령 유래판이 고개 내력을 소개하고 있다. 옛날 동쪽 한내리 땅에 서방만 얻으면 죽고 또 죽고 하여 무려 아홉 명의 지아비를 모셔야 했던 기구한 팔자로 태어난 한 여인이 살았다해서 붙여진 이름이라고 한다.

일부종사 一夫從事를 미덕으로 알고 살았던 옛날 강원도 땅에서 기구하게 살아야 했던 한 여인이 애잔하게 다가온다. 고갯마루에는 길손들이 하나 둘 던져서 쌓인 돌무더기가 지나온 역사를 말해 주는 듯하다.

주변에는 참나무 숲이 우거져 있고 좌우 소로는 사람의 왕래가 끊겨, 다닌 흔적이 보이지 않고 대간로는 직진으로 이어져서 새목이재에 이른다.

새목이재 이정표에 나뭇가지를 걸쳐서 막아 놓고 대간길은 외쪽 내리막길로 이어진다. 갈림길 서쪽은 외나무골 예수원으로 빠지는 길이고 대간길은 완만한 능선으로 이어지다가 오르막을 치고 올라 덕항산에 도착한다.

덕항산(德項山 1,071m)은 태백시 하사미동과 삼척 신기면과의 경계에 솟아 있는 산으로 화강암 자연석으로 된 조그마한 정상석 외에도 황장산과 피재 방향 및 소요시간을 표시하고 상부에 덕항산이라고 새긴 표지석이 있고, 사다리가 설치된 산불 감시 초소가 높이 솟아 있다.

산 내력을 담은 안내판이 친절하게 산에 대해서 소개한다. 옛날 궁핍하게 살던 삼척 사람들이 이 산을 넘어 오면 화전(火田)이라도 일굴 수 있는 평탄한 땅이 많아 덕을 보았다 하여 '덕메기산'으로 부르던 이름을 한자로 표기하면서 현재의 이름이 되었다.

덕항산을 사이에 두고 전형적인 동고서저 東高西低 의 지형으로 좌측은 완만한 구릉지대로 고랭지 배추밭이 종종 눈에 띄고, 우측은 깍아지른 듯한 절벽에 거대한 암석과 암봉들이 수려한 산세를 이루고 있다. 곳곳에 위험 경고판과 암벽 로프가 설치되어 있으나 짙은 안개끼는 날이나 야간 산행시에는 각별히 조심해야 할 구간이다.

덕항산을 뒤로 하고 대간길 옆 한 그루 고목 나무에 다닥다닥 붙어 있는 버섯은 운지 雲枝 같아 보이는데 '자연은 자연의 것이니 자연에게 돌려주라'는 산꾼의 신조 信條를 지키고 기둥에 '쉼터'라고 새긴 이정표가 있는 갈림길은 서쪽으로 내리면 예수원이 위치하고 동쪽은 환선굴이 있는 골말로 내리는 길이다.

아찔한 절벽 위로 외나무 다리같이 짜릿한 대간길을 오르내리다가 산 정상까지 이어진 로프를 잡고 곡예하듯 오르니 환선봉이다.

환선봉(幻仙峰 1,085m)은 원래 지각산이라고도 하였는데 북서쪽 인근 광동호 남단에 있는 일명 '지격산'이라고 불리는 지각산(904m)과 동명이산(同名異山)인데다가 최근에 정상석을 세우면서 삼척시 명물인 환선굴이 있는 산이라는 이미지를 부각시키기 위해 환선봉으로 이름을 바꿨다고 한다.

봉우리 정상에는 좌우가 절벽으로 된 전망바위에서 왼쪽 건너 산 마루에 풍력 발전기가 돌아가고, 기암괴석이 '가을의 손님' 단풍과 어우러져 한 폭의 수채화를 보는 듯 하며 가을이 내려 앉아 쉬고 있는 대이리 계곡은 환선봉 이름처럼 신선이 노니는 세계에 빠져 드는 것 같은 착각마저 일으킨다.

은하철도 999를 타고 동굴 세계로!

이곳 환선봉과 덕항산 일대는 산 전체가 석회암으로 뒤덮여 있어 천연기념물 제 178호인 '대이리 동굴지대'를 품고 있어 환선굴, 대금굴 등 크고 작은 동굴들이 산재해 있다. 골말에는 너와집과 굴피집이 추억을 불러 일으키고 골말

에서 시작된 무릉천이 2Km를 흘러 삼척시 신기면 안의리 삼거리에서 영동선 철도를 따라 흐르는 오십천과 합류하여 동해에 발을 담근다. 환선굴 주차장에는 평일인데도 차량들이 가득 들어 차 있다.

환선굴은 석회암 동굴로 총 길이 6.2Km에 달하고 개방구간은 1.6Km로 남한에서 가장 규모가 크고, 복잡한 노년기 동굴로 알려져 있다. 동굴 내부는 미녀상, 대머리석순, 생명의 샘, 마리아상, 옥좌대, 만리장성등 석순, 석주, 종유석 등이 만들어낸 동굴의 생성물이 보는 이로 하여금 탄성을 자아내게 한다. 모노레일을 이용하거나 도보접근도 가능하다.

대금굴은 삼척시에서 2002년 세계 동굴 엑스포를 개최하면서 환선굴 하나만으로 엑스포 개최가 미흡하다고 판단, 각종 문헌과 자료를 근거로 동굴이 존재할 만한 지역을 인위적으로 뚫고 들어가 2003년 최초 발견한 동굴인데 아직도 동굴의 자연 입구는 찾지 못했다고 한다. 총 1.6Km의 동굴이며 개방구간은 800m로 모노레일을 타고 출발해서 동굴 내부로 140m를 들어가야 관람이 가능하다. 옛날 만화영화 '은하철도 999' 주제곡을 들으며 동심으로 돌아가 은하역이라는 동굴 광장에 내려서 높이 8m의 비룡 폭포, 천지연, 아직도 자라고 있는 종유석과 석순, 석주 등 동굴 생성물을 볼 수 있고 '생명의 문'에는 미성

년자 관람불가인 '거시기와 머시기'도 눈길을 끈다. 아쉬운 점은 동굴 내부에서 사진 촬영이 전면 금지되고 사전에 인터넷으로 예약을 해야 한다.

환선봉을 뒤로 하고 완만한 내리막에는 등산로 유도선 로프가 잡초 우거진 헬기장까지 이어지고 이정표 기둥에 붙은 표지판이 자암재 갈림길을 알린다. 이곳에서 환선굴까지는 동쪽으로 1.7Km 급경사 내리막길이다.

대간길은 직진 방향으로 길게 이어지는데 오르막 통나무 계단은 계단 사이 흙이 씻겨 나가 오히려 장애물처럼 느껴지고 1,039m봉을 지나 좌우에는 아름드리 참나무와 낙엽송이 이종 異種간의 공생과 조화를 보여주고 있다.

대간길 왼쪽 능선 상에 풍력 발전기가 자리하고 있고 대규모 고랭지 채소밭과 산 자락에 있는 마을이 귀네미 마을이다. 이 마을은 1985년 삼척시 하장면에 있는 광동댐 건설로 생긴 수몰지구 37가구 주민들이 집단으로 이주하면서 형성되었고 가파른 산 비탈을 개간 해 고랭지 채소밭을 일구었는데 동해 해돋이와 매봉산 해넘이를 볼 수 있는 아름다운 마을로 알려져 있다.

이어서 시멘트 포장 농로와 산길을 반복하다가 어린 구상나무 조림지 사이를 지나 비포장임도를 따라가고 등산 안내도와 바리케이트를 통과하여 이정표 기둥이 큰재임을 알린다. 고개마루가 크지도 않고 차량 통행도 별로 없을 것 같은데 큰재라고 하는 이유를 모르겠다.

큰재에서 직진 방향은 삼척시 하장면 번천리에 이르는 무명도로로 댓재에서 하장면 사무소로 이어지는 424번 지방도와 만나고 대간길은 오른쪽 산으로 올라 낙엽송지대로 이어지다가 1,062m봉을 만나는데 이 봉우리에는 둘산악회에서 '아미산'이라고 쓴 조그마한 표지판을 나무에 걸어 놓았다.

억새밭에 있는 이정표는 황장산 2.8Km, 큰재 1.6Km, 준경묘 4.8Km를 알리고 있다.

준경묘(濬慶墓)는 오른쪽으로 삼척시 미로면 활기리에 있는 조선 태조 이성계의 5대조 목조(穆祖)의 부모 묘로, 전주 이씨 실묘로는 남한에서 가장 오래된 시조묘다. 목조가 한 도승의 예언대로 백우금관(百牛金棺)에 부모를 안장한 이후 5대 후손인 이성계에 이르러 조선을 창업하게 되었다고 전해진다. 1981년 강원도 기념물로 지정되었고 2012년 사적 제524호로 승격되었다. 묘소 일대는 원시림 상태의 송림이 울창하게 우거져 있다고 한다.

이곳에서 황장산까지는 2.8Km 거리이고 고만고만한 봉우리 세 개를 넘어야 한다. 1,069m봉에는 부산 낙동 산악회에서 '산님 힘내세요'라는 표지판을 나무에 매달아 놓았고 이어지는 1,011m봉, 1,015m봉을 차례로 지나고 오른쪽 깎아지른 듯한 절벽을 끼고 안전로프가 곳곳에 설치되어 있는 위험지역을 통과하여 오늘의 마지막 봉우리 황장산에 도착한다.

대간 산행에서 늘 그랬듯이 그날의 마지막 봉우리는 항상 힘들다.

황장산(975m)은 지나온 봉우리보다 높은 산도 아니고 황장목도 보이지 않는데 황장목이 많았다는 황장산과 이름이 같은 이유를 모르겠다. 산 정상에 정상석도 없고 '댓재 20분'을 새긴 표지석이 정상석을 대신하고 있다.

경사가 제법 있는 내리막 대간길을 따라 댓재에 내리니 시간은 오후 4시 40분이다.

댓재는 삼척시 미로면과 하장면을 잇는 해발 810m의 고갯마루로 424번 지방도가 통과한다. 댓재라는 고개 이름은 동쪽 계곡에 대나무가 무성한 댓골이라는 동네에서 연유한 이름이라고 하며 죽현(竹峴)이라고도 표기되었다고 한다. 「대동여지도」에는 죽령(竹嶺)이라 표기되어 있고 「전주지」에 '죽치(竹峙)는 삼척군 서쪽 60리에 있으며 아흔 아홉 구비를 돌아 서쪽의 화장면으로 통한다'라고 기록되어 있다.

고갯마루에는 커다란 표지석이 우뚝 서 있고 오른쪽 넓은 광장에는 댓재 도로 개통 기념탑과 삼척 관광 명소 안내판이 설치되어 있다.
길 건너에는 삼신각과 음수대 뒤로 소공원이 조성되어 있고 통신 중계탑이 하늘 높은 줄 모르고 솟아 있다.
날씨가 아주 좋은 날, 일년에 4-5일 정도는 울릉도까지 볼 수 있고 동해에서 조업중인 어선과 통화도 가능하단다.
며칠 전에 하루 묵었던 댓재 휴게소 사장이 오래된 친구처럼 반갑게 맞아주며 삼수령부터 이곳까지 손발이 되고 친구가 되어준 소나무 가지 지팡이와

도 이별을 위한 인증샷을 부탁한다. 기왕이면 댓재 휴게소 입구에 있는 육식 공룡 '티라노사우르스'처럼 생긴 자연석 앞에서 찍는게 좋을 것 같다.

구간 일지

Daily planner

제30구간 (건의령-댓재/ 18.91Km)

2015년 10월 15일 목요일 맑음

시간	구간	표고(m)	거리(Km)	접속(비상탈출)	숙영자료
05:25	건의령	840	1.1	포장도로 (35번 국도-건의령터널-38번 국도)	공터
06:13	푯대봉갈림길		1.8	푯대봉 100m	
07:25	한내령	880	3.6	서쪽 삼밭골목장→35번 국도 (삼밭골 보건소)	
09:45	구부시렁	971	1.1	구부시렁갈림길 (서쪽 35번 국도 하사미동)	
10:30	덕항산	1,072.5	1.7	덕항산쉼터(남쪽 예수원, 북쪽 환선굴 1.9Km)	
11:25	환선봉	1,081	1.5		
12:07	자암재	932	3.3	우측 환선굴 1.7Km	
13:37	큰재	1,002	1.8	임도-424번 지방도 (하장면 변천리)	
14:40	1059봉	1,059	2.4	서쪽 424번 지방도 (하장면 변천리)	
16:15	황장산	975	0.61		
16:40	댓재	810		424번 지방도(하장-댓재-삼척)	물, 공원, 공터

- 산행거리/소요시간 : 18.91Km+접속 2Km/ 11시간 15분+1시간 30분
- 일출/일몰시간 : 06:31/ 17:48
- 교통
  - 들머리 : 건의령/임도→포장도로(35번 국도-건의령터널-38번 국도)
  - 날머리 : 댓재/424번 지방도 (하장-댓재-삼척)
    - 태백버스터미널(태백-건의령 상사미동, 하장) 033-552-3100
    - 삼척버스터미널(삼척-댓재, 하상) 033-572-7444
    - 정선하장버스터미널(하장-댓재) 033-552-0553
    - 삼척택시(삼척-댓재) 033-576-0004
- 숙박/식사
  - 상사미동 수석식당(건의령) 033-553-9559
  - 상사미동 민박집(건의령) 033-552-0276
  - 댓재휴게소/민박(댓재) 033-554-1123
  - 삼척 미로면 신라가든/민박(댓재) 033-573-6760

제31구간

海東三峰에서 武陵桃源으로

📍 **31-1 댓재 - 두타산 - 이기령(18.56Km+6.5Km)**
2015.09.29. (화) 안개/흐림

　　댓재에서 백복령에 이르는 구간은 도상거리가 29Km에 달하고 높은 고도에 기복이 심하며 험준하여 젊은 산꾼들도 두려워하는 백두대간 구간 중에서도 가장 힘든 구간으로 알려져 있다. 박달령이나 이기령에서 내린다고 해도 구간 접근이 길어 중간에 끊기도 어렵다.
　　요즘은 일출시간은 늦어지고 일몰시간은 빨라지기 때문에 보름 후에는 거의 한시간 가까이 산행 시간이 짧아지게 된다. 그래서 부담되는 구간 산행을 먼저 하기로 하였다.
　　추석연휴가 끝나지도 않은 어제, 버스로 삼척에 내려 댓재행 군내버스를 간발의 차로 놓치고 무려 세 시간을 기다려 오후 4시 30분 하장행 버스를 타고 댓재에 내렸다.
　　고갯 마루에 있는 댓재 휴게소는 들머리가 가까워 대간꾼들이 자주 이용하는 곳으로 주인장의 안내로 2층에 여장을 풀었는데 옆 방에는 젊은 대간꾼 몇 명이서 새벽에 일어나 백봉령까지 산행할 거라며 쉬고 있다.

　새벽 4시에 일어나 산행 준비를 하는데 오늘 백봉령까지 간다는 옆방 젊은 이들은 벌써 나가고 없다.

　대간길 들머리는 두타영산지신頭陀靈山之神을 모시는 산신각 오른쪽으로 이어지고 시간은 5시 15분을 가리키고 있다.

　날은 아직 어두어 헤드랜턴을 켜고 완만한 오르막을 올라 지도상의 옛고개로 짐작되는 곳의 돌무더기와 쉼터를 지나 잘 자란 소나무 숲 속 길을 따라 햇댓등963m에 도착한다.

　햇댓등에서 이름에 걸맞게 일출을 볼 수 있으면 좋으련만 시간이 일러서 일출은 보지 못하고 여명黎明도 나름대로의 의미가 있는 것 같다.

　대간길은 햇댓등에서 서쪽으로 꺽이고 서산마루에는 지지 않는 달이 나무 사이에 걸려있다. 930m봉에는 커다란 소나무 두 그루가 우뚝 서 있고 많은 대간 리본이 나부끼고 있다.

　'달이 걸린 산을 넘어 힘차게 달리자, 두타·청옥이 나올 때 까지' 혼자 흥얼거리며 발길을 옮긴다. 명주목이에서 대간길은 북쪽으로 방향 전환하고 나무 사이로 떠오르는 태양을 보니 비 걱정은 안해도 될 것 같다.

　오르막길을 힘차게 오르다가 젊은이 네 사람을 만난다.

"안녕하세요, 어디서 오신가요?"

"어제 저녁 7시 30분에 백복령에서 출발했습니다."

"아, 댓재 휴게소 사장님이 피재에서 픽업해서 백복령까지 태워다 주신 분들이구나. 어제밤 거기서 잤거든요. 그나저나 대단들 하십니다. 오늘 댓재에서 피재까지 가신다구요."

그들과 안전 산행을 바라는 인사를 하고 돌아선다. 그들은 30여 Km를 밤샘 산행을 하고도 피로한 기색없이 맑게 활짝 웃는 모습에서 젊음과 용기가 가상하기도 하고 부러울 뿐이다.

1,032m봉, 1,025m봉, 1,016m봉을 지나자 바람이 거세지고 구름이 몰려오기 시작하는데 비가 올까봐 불안한 마음을 떨칠 수 없다.

통골재 표시판은 두타산 2.2Km를 알리고 왼쪽으로 내리면 통골이라는 이정표와 국가 지정번호까지 부착되어 있어 복잡하고 바로 아래에 작은 대리석 표지석에는 두타산 1시간 30분, 댓재 1시간 30분을 새겨 거리상으로는 중간이 아니지만 시간상 중간지점을 나타내고 있다.

산 중턱에서 시작된 된비알 대간길에 설치된 로프는 끝이 없이 이어진 듯하고 로프를 잡고 의지해서 힘들게 오르니 피톤치드에 대한 설명과 삼림욕山林浴안내판이 나오고 완만한 대간길이 이어진다.

앞서가는 구름이 모든 하늘을 채우고 날은 어두워지는데 행여 비가 오더라도 삼봉산에서처럼 게릴라성 집중 호우가 아니기를 바라면서 흔히 작은 두타頭陀라고 일컫는 1,242m봉을 지나고 다시 오르막을 치고 올라 두타산 정상에 발을 내딛는다.

海東三峰!

두타산(頭陀山 1,353m)은 동해와 삼척의 경계에 위치하여 북쪽으로 무릉계곡, 동쪽으로 고천계곡, 남쪽으로 태백산군, 서쪽으로 중봉산(1,259.3m)과 열두당골이 위치하고 있는 해동삼봉중 하나의 봉우리다.

두타(頭陀)는 범어(梵語) dhuta의 음역(音譯)으로 '속세의 번뇌를 끊고 청정하게 불도(佛道)를 닦는 수행'이라는 뜻이라고 한다.

산이 너무 험준하고 오르기 힘들어서 산꾼들 사이에서는 '골때리는 산 頭打'이라는 우슷게 소리가 회자되기도 하는 곳이다.

산 정상에는 화강암 자연석으로 된 정상석이 근엄하게 서 있고 백두대간 등산 안내판에는 무릉계 용추폭포, 쌍폭포, 무릉반석 등의 사진이 유혹하고 30m 거리에 두타샘이 있다. 헬기장 옆에 근엄하게 누워 있는 묘는 누구의 무덤일까? 아마도 자식들이 산행을 싫어해서 성묘 때라도 산을 타라고 무언의 암시를 하기 위함일까?

젊은 부부가 먼저 와 자리하고 있어서 인증샷 한 컷을 부탁한다. 그들은 울산에 거주하면서 두타·청옥산이 좋아 종종 산행한단다. 오늘은 두타산 북동 방향에 있는 쉰음산 688m 을 거쳐 왔는데 물이 고인 웅덩이가 쉰 개라서 쉰음산이라고 한다면서 이 곳은 어제밤에 비가 왔었다고 한다.

잡목이 우거진데다가 구름이 뒤덮힌 하늘과 산은 조망이 전혀 안되어 아쉬움을 남기면서 서쪽 방향으로 발걸음을 옮긴다.

안개는 자욱한 가운데 빗방울이 떨어지기 시작하고 산은 대체로 오른만큼 내려야 하듯이 급경사 내리막을 타고 박달령에 이른다. 울고 넘는 천둥산 발달재도 아니고 선달산 박달령도 아닌 두타산 박달령이다. 이곳에서 동쪽으로 박달 계곡을 거쳐서 무릉계곡으로 이어지는데 이정표 상의 거리는 5.6Km이다. 어제 댓재 휴게소 주인장과 끊어가는 구간을 놓고 언쟁을 벌였던 곳이다.

나는 이곳에서 무릉계곡으로 내리겠다고 하였으나 그 사람의 주장은 이곳은 너무 급경사로 내리기도 힘든 곳이니 이기령에서 내리라고 권해서 그의 주장에 따르기로 하였다.

두타산 정상에서 만났던 부부는 이곳에서 하산한다며 쉬고 있다.

박달령을 지나 이정표 뒤에 바위가 커다란 병풍을 두른 것처럼 서 있는 문바위재는 남쪽으로 문바위골을 지나 삼척시 하장면 변천리로 이어지는 고개로 옛날 변천리 사람들이 문바위재에 올라 박달재에서 무릉계곡으로 가는 지름길이었던 것으로 짐작된다.

청옥산 정상 50m라고 표시되어 있는 학등을 타고 올라 청옥산에 도착한다.

청옥산(靑玉山 1,405m)은 북으로 고적대, 동으로는 두타산과 연결되어 있는 해동삼봉(海東三峰) 중 하나로 예로부터 보석에 버금가는 청옥이 발견되고 약초가 많이 자생하여 청옥산이라 불렀다고 한다.

    산 정상에는 대리석을 깍아 만든 정상석이 있고 그 뒤로 대간 리본이 팔랑거리고 있다. 통신탑은 산 경관에 어울리지 않는 모습이며 헬기장과 청옥산 샘이 있다. 안개는 걷힐 줄 모르고 온 세상을 회색빛으로 도배질하고 있다.

    안개에 갇혀 조망도 없이 그냥 봉우리를 올랐다가 내리기를 반복하고 그래도 비는 내리지 않아 다행이다 싶다.

    넓은 공터에 돌탑이 있는 연칠성령에 이르러서 오가는 길손들이 무사 산행을 비는 마음으로 돌 하나씩 올려 놓은 돌무더기에 돌 하나를 주워 조심스럽게 올려 놓는다. 돌탑 옆 안내판에는 다음과 같이 적혀 있다.

> 연칠성령(蓮七星嶺)은 삼척시 하장면과 동해시 삼화동을 오가는 곳으로 산세가 험준하여 난출령(難出嶺)이라 불러왔다. 이 난출령 정상을 망경대(望京臺)라 하는데 인조 원년 명재상 택당(澤當) 이식(李植)이 은퇴하였을 때 중봉산 단교 앞에서 기거하면서 이곳에 올라 서울을 사모하여 망경(望京)한 곳이라고 전해진다.

위 내용은 연칠성령에 관한 것이 아니라 망경대에 관한 유래내역이고 지도상에는 망군대望君臺로 표기되어 있는데 망경대보다는 망군대가 맞지 않을까? 서울을 사모한 게 아니라 서울에 살고 계신 임금을 사모했을 것이다.

연칠성령은 문헌이나 산행 기록 등에는 '이을 연連'을 써서 칠성 폭포와 이어지는 고개, 동쪽 사원터에서 서쪽 하장면을 넘는데 일곱 개의 등성이가 이어지는 고개, 또는 하늘의 칠성님께 이어지는 고개 등의 해석을 하고 있는데 반해 산림청 안내판에는 '연꽃 연蓮'자를 쓴 이유를 모르겠다.

연칠성령을 뒤로 하고 망군대1,244 암봉에는 오르지 않고 스쳐 지나가고 암릉 구간과 로프 구간으로 이어지는 가파른 된비알은 지옥의 문이 따로 없다. 세 개의 오르막 로프를 타고 오르는데 우측 암벽에 외롭게 삶의 투쟁을 하고 있는 구상나무 한 그루를 지나칠 수 없어 한 장의 사진에 담는다.

긴 외줄 로프와 난간로프를 붙잡고 올라서니 고적대 정상이다.

고적대(高積臺 1,353.9m)는 동해시, 삼척시, 정선군의 경계점에 있는 산으로 기암절벽이 대(臺)를 이루고 있으며 신라 고승 의상대사가 수행하였다고 전해지고 있다. 동쪽으로 뻗혀진 청옥산, 두타산을 아울러 해동삼봉(海東三峰)이라 일컬어지며 신선이 산다는 무릉계곡 시발점이 되는 명산으로 높고 험준하여 넘나드는 사람들의 많은 애환이 서린 곳이다.

산 정상에는 검은 대리석 정상석과 삼각점, 그리고 이정표는 무릉계곡 관리사무소까지 7.7Km를 알리고 있다.

댓재 휴게소 민박집 아주머니가 준비해 준 주먹밥으로 점심식사를 한다.

해동삼봉을 이루는 두타-청옥-고적대는 동쪽으로 무릉계곡을 끼고 한줄기 대간 능선을 형성하여 천하의 절경을 자랑한다.

武陵仙源, 中臺泉石, 頭陀洞天!

무릉계곡(武陵溪谷)은 호암소로부터 시작하여 상류 용추폭포가 있는 곳까지 약 4Km의 계곡을 말한다. 경관이 수려하고 아름다운 곳으로 곳곳에 기암괴석이 즐비하게 널려 있고 계곡을 따라 올라가면서 무릉반석, 학소대, 병풍바위, 선녀탕, 쌍폭포, 용추폭포 등 빼어난 경승지와 임진 왜란시 격전지로 이름난 두타산성을 비롯한 삼화사, 금란정과 같은 많은 유적지가 남겨져 있는 곳이다. 사람들이 무릉도원(武陵桃源)이라고 부를만큼 기암절벽과 괴석, 넓은 바위 사이를 흘러서 물이 모인 아름다운 소(沼)가 어우러져 선경에 온 듯한 착각을 하게 된다.

고려시대 동안거사(動安居士) 이승휴(李承休 1224-1300)가 살면서 「제왕운기(帝王韻紀)」를 저술하였고 조선 선조때 삼척부사 김효원(金孝元 1542-1590)이 무릉계곡이라 이름 붙였다고 한다.

무릉계곡 초입에 있는 무릉반석(武陵盤石)은 1,500여평이 넘는 거대한 반석

태백산

으로 조선 전기 명필가인 봉래(奉來) 양사언(楊士彥 1517-1584)의 석각과 매월당(梅月堂) 김시습(金時習 1435-1493)을 비롯하여 수많은 시인 묵객들의 시가 새겨져 있다. 특히 양사언이 썼다고 알려진 무릉반석 암각서는 가로로 쓴 살아 움직이는 듯 힘이 있고 웅장한 글씨다. '武陵仙源, 中臺泉石, 頭陀洞天 (무릉선원, 중대천석, 두타동천)'이라는 초서체로 새긴 제자(題字)로 암각서 아래에 '玉壺居士書 辛未'라고 각서가 있는데 신미년에 옥호거사가 썼다는 것을 의미한다.

무릉선원은 도교사상을, 중대천석은 유교사상을, 두타동천은 불교사상을 나타낸다고 한다. 현세現世와 이상향理想鄉을 넘나들었던 옛 선인들의 기개와 풍류를 엿볼 수 있는 대목이다.

오랜 세파에 글자가 희미해지고 마모되는 것을 안타깝게 여긴 동해시에서 동일한 크기의 모형 석각을 제작하여 계곡 초입에 설치하였다.

무릉계곡에는 유적지와 명승지가 많지만 다시 대간산행으로 돌아온다.

고적대 정상은 가파른 절벽으로 솟아 있어서 오르는 것 못지 않게 내리기도 어렵기는 마찬가지다. 내리막 급경사는 안개비에 젖어 있어 여간 미끄러운 게 아니다. 오르막에서는 지치지 않게 천천히, 내리막에서는 미끄러지지 않게 조심조심해야한다.

키 큰 진달래 터널을 지나고 전망지 쉼터에서 마주하는 절벽의 기암괴석은 붉은 단풍과 어우러져 마치 안개로 보지 못한 해동삼봉의 비경을 보상이라도 해주는 듯 황홀한 풍광으로 다가온다.

고적대 갈림길에서 동쪽으로 6.5Km거리에는 무릉계곡관리사무소가 있는데 이 코스는 조난사고가 많이 발생하는 곳이라고 경고판이 설치되어 있다.

대간길 오른쪽 절벽지대를 지나 암봉을 돌아서 뒤돌아 보는 고적대, 청옥산, 두타산 등 해동삼봉이 구름과 어우러진 파노라마는 선경仙境이 따로 없는 듯 하다.

해발 1,260m를 알리는 갈미봉 정상판을 지나고 급경사 내리막으로 이어진 대간길은 길게 늘어진 너덜지대를 만나는데 쉼터 부근에 있는 샘터는 물이 깨끗하지 못해 음료수로 사용하기에는 적합하지 않는 것 같다.

푸른 숲과 울긋불긋 단풍이 어우러진 칼라화면이 갑자기 흑백화면으로 바뀐 듯한 자작나무 군락지의 은빛 세계로 접어든다. 늘씬하게 뻗은 은빛 나무는 줄기의 껍질이 종이처럼 얇기 때문에 옛날에는 자작나무 껍질로 종이처럼 만들어 연인들끼리 사랑의 글귀를 쓰기도 하는 낭만적인 나무다.

초목지시草木知時! 풀과 나무도 때를 안다는 말이다. 바싹 말라 물기 하나 머금지 못한 잎사귀가 힘없이 떨어지면서도, 시린 바람에 앙상하게 뼈만 남은 가지가 흔들리면서도 나무는 참고 또 참는다.

나무의 겨울나기 방법은 두 가지가 있다.

낙엽수들은 잎을 모두 떨구고 앙상한 가지만을 가지고 겨울잠을 잔다. 날씨가 점점 추워지면서 잎줄기에 떨켜층을 만들어 잎을 떼어내고 깊은 잠에 빠지게 된다.

상록수는 바늘모양으로 뾰족뾰족한 잎을 그대로 붙인 상태로 겨울을 견뎌낸다.

그 자리에 굳건히, 묵묵히 서서 봄이 오길 기다린다. 나무의 겨울나기에서 우리도 삶의 지혜를 배운다.

대간길에 납작한 돌을 정성스럽게 깔아 만든 돌길이 나오는데 무슨 연유로

▲ 암봉 ⋯ 두타산 - 청옥산 - 고적대

깊은 산속에 돌길을 만들었을까? 산속의 제왕이 되어 위엄있게 돌길을 걷는다. 금강송 군락지를 지나고 이기령에 도착한다. 시간은 오후 4시 10분을 알리고 있다.

이기령은 서쪽으로 정선군 임계면 가목리 부스베리와 동쪽으로 동해시 이기동을 잇는 고개로 이정표는 임계 부스베리 5.8Km, 이기동 6.5Km를 알린다.

이기령에서 백봉령까지는 10Km남짓하지만 지금 이 시간에 산행을 계속하기에는 무리일 것 같아 댓재 휴게소 사장의 조언대로 이기동으로 발걸음을 옮긴다.

이기동 마을에서 군내버스를 타려면 마을 입구 아래까지 한참을 더 내려가야 하고 차편도 하루 두 번 06:30, 15:00 뿐이어서 서성대고 있는데 추석 연휴기간이라 밤 주우러 왔다는 두 명의 젊은 여자들을 만나 그들의 차편에 편승하여 동해시 버스 터미널에 내린다.

내일 아침 백봉령을 경유하는 임계행 버스 시간과 승차장을 확인한 후 가까운 모텔에서 여장을 풀고 동해의 하룻밤을 보낸다.

제31구간

쌍둥이 상월산에 홀리다

📍 31-2 이기령 - 상월산 - 백복령(역주행 10.1Km+6.5Km)
2015.09.30. (수) 맑음

아침 6시에 동해시에서 임계행 첫 버스가 있다. 동해 시내를 통과하여 쌍용 상회 삼거리에서 42번 국도를 따라 달리다가 달방 저수지를 지나 굽이굽이 꼬불꼬불 돌고 돌아 한시간 반만에 백복령 고개 마루에 도착한다.

백복령 표지석과 아리랑의 고장 정선군 경계석, 그리고 정자가 아침부터 찾아온 나그네를 맞이한다.

백복령(白茯嶺)은 강릉시 신흥동과 정선군 임계면을 잇는 42번 국도가 지나가는 해발 780m의 고갯마루다. 고개 이름은 문헌상의 한자표기가 각각 상이하게 나온다. 「택리지」에서 白鳳嶺(백봉령)으로, 「대동여지도」에서는 白福嶺(백복령)으로, 기타 다른 자료에는 百福嶺(백복령), 白服嶺(백복령), 白伏嶺(백복령)으로 표기되어 있다고 한다. 지금 이름은 옛날 이곳에서 죽은 소나무 뿌리에 기생하여 혹처럼 크게 자라 한약재로 쓰이는 복령(茯笭)중에서 백복(白茯)이 많이 나왔다고 해서 붙여진 이름으로 건설교통부 고시(1961년 4월 22일)로 지정되었다.

이 고개는 옛날 강릉과 삼척의 동해바다 소금이 정선으로 넘어오는 길목으로 소금사러 고개 넘는 서방님을 눈물로 걱정하며 아낙네가 부른 정선 아리랑의 아라리 노래가 깃들어 있다.

우리댁의 서방님은 잘났던지 못났던지
얽어매고 찍어매고 장치다리 곰배팔이
노가지나무 지게에다 엽전석냥 걸머지고
강릉 삼척으로 소금사러 가셨는데
백복령 구비 구비 부디 잘 다녀오세요
아리랑 아리랑 아라리요
아리랑 고개 고개로 나를 넘겨주게

아침 7시 20분 산림유전자원 보호구역 안내판 앞 들머리를 지나 역주행 산행을 시작한다. 송전탑 No.225를 통과하여 조망지에서 북쪽 자병산을 바라보며 긴 한숨을 토해낸다.

자병산(紫屛山 872.5m)은 산 이름이 그렇듯이 자주빛 병풍을 두른 것처럼

　　자태가 수려했던 산인데 광산개발로 허리가 끊기고 봉우리가 잘려나가 흉물로 변해서 '자주빛 병풍'의 자태는 옛 이야기 속으로 사라지고 '자병산'이름만 지도상에 남아 있다.

　　아직도 광산 개발은 계속 되고 있고 개발이 다 끝나면 이름이라도 남길 수 있을는지? 개발이라는 현실 앞에 무너져 내리는 이상理想을 실감하면서 착잡한 심정으로 무거운 발길을 돌린다.
　　나무에 매달린 표지판에 '태경봉 832m'를 알리고 고도를 조금씩 올려서 각각 이정표가 있는 863m봉과 869m봉을 올라서 백복령과 원방재의 중간 지점인 987.2m봉을 지난다.

내리막을 조심스럽게 내려 산죽지대에 접어들고 낙엽 밟는 소리, 도토리 밟아 터지는 소리에 박자 맞춰가며 된비알 돌계단을 힘들게 오르다가 건강한 젊은 산꾼 한 사람을 조우하는데 내 키보다 더 큰 배낭을 매고 어젯밤 댓재에서 출발하여 밤샘 산행을 했다면서 대간길을 뛰듯이 달려간다. 저런 젊음과 용기가 부러울 뿐이다.

헬기장이 있는 1,022m봉을 지나서 대간 리본이 많이 나부끼는 863m봉에 아름드리 소나무 한 그루가 버티고 있고 주위에 소나무 몇 그루가 더 있는 쉼터에서 한숨 돌린다.

동부지방 산림청에서 나무에 매달아 놓은 원형 표찰이 가끔 눈에 띈다.

'안 온 듯 가시는 산행, 버리지 마시고, 훼손하지 마시고, 즐거운 산행, 숲속의 꿈과 사랑과 행복은 많이 담아 가세요'란다. 우리 모두가 이러한 마음으로 산행한다면 더할 나위 없을 것 같다.

남쪽 방향으로 길게 늘어진 대간길은 점차 고도를 낮춰 820m봉, 510m봉으로 이어지다가 원방재에 도착한다.

원방재 서쪽은 시멘트 포장임도를 따라 부스베리 계곡을 거쳐 정선군 임계면 가목리에 이르고 동쪽은 서학골 계곡으로 동해시 신흥동 관촌마을에 내리는데 여기도 백복령처럼 소금고개로 옛날 도전리쪽 사람들이 소금이나 해물을 구하러 영동지방으로 넘나들었다고 한다.

고갯마루에는 쉼터가 지친 나그네를 기다리고 있고 인근 150m지점에 물이 있는 야영장이 있다.

급경사 오르막을 치고 올라가다가 왼쪽 절벽 아래 조그마한 암봉이 기암괴석을 뽐내고 있고 기암절벽 상부에 암벽 틈 사이로 소나무들이 자태를 자랑하고 있다. 산 정상에는 위험방지 난간이 설치되어 있고 부산 낙동 산악회에서 나무에 매달아 놓은 '상월산 970.3m'라고 적힌 표지판과 함께 수많은 대간리본이 저마다의 무용담을 자랑하고 있다.

급경사 내리막 안부에 자리한 쉼터에서 숨 고르기를 한 후 된비알을 치고 오르는데 뭔가 이상한 것 같다. 행여 길을 잘못 들어 아까 지나왔던 상월산을 다시 오르는게 아닐까?하는 착각이 든다. 왼쪽 절벽 아래 조그마한 암봉, 기암절벽 상부에 암벽 틈 사이로 보이는 소나무, 같은 산을 두 번 오르는게 아닌가? 그러나 이산 정상은 절벽 위가 아니라 절벽 위를 지나 헬기장이 있는 곳에 정상 표지판이 설치되어 있다. 이곳 역시 상월산이란다. 어느 곳이 상월산인지? 아니면 상월산이 두 곳인지?

두 개의 상월산을 뒤로 하고 시골 뒷동산 같은 대간길을 따라 내리니 어제 내렸던 이기령에 도착하고 시간은 오후 1시 30분을 가리킨다.

이기령에서 이기동 마을까지는 6.5Km인데 어제는 뛰다시피 정신없이 내리다 보니 주변 경관도 살피지 못했으나 오늘은 시간적 여유를 두고 두루 살피면서 걷는다.

이 길은 '한양길'이라고 하는데 그 옛날 괴나리 봇짐 하나 달랑 맨 선비들이 청운의 뜻을 품고 이 길을 걸었고, 보부상들은 등짐과 봇짐을 매고 거상의 꿈을

꾸며 이 길을 지나갔을 것이다. 장원급제의 꿈을 안고 오가던 선비에게는 희망의 길이었고, 이 장터 저 장터를 떠돌던 보부상에게는 한 많은 애환의 길이었다.

이 길을 오가던 사람들이, 무사안녕과 소원을 빌며 돌을 던졌고, 하나 둘씩 쌓인 돌무더기를 '국시댕이'라고 부르는데, 서낭당같은 신령한 장소로 여겨지게 되었다고 한다.

주인 잘못 만난 죄 밖에 없는 두 다리 품을 팔아 이기동 마을에 내려서 버스를 타러 승차지점까지 가려고 하는데 버스가 마을로 들어 갔다가 나온다. 이곳 이기동에 하루 두 번 들어오는 버스 시간에 맞춰 내려왔으니 기가 막힌 타이밍이다.

쌍용상회 삼거리에서 내려 수시로 들어가는 무릉계곡행 군내 버스에 몸을 던지고 무릉계곡의 황홀함에 한없이 빠져든다.

구간 일지

제31-1구간 (댓재-이기령/ 18.56Km)

2015년 9월 29일 화요일 안개/흐림

시간	구간	표고 (m)	거리 (Km)	접속(비상탈출)	숙영자료
05:15	댓재	610	0.78	424번 지방도(하장-댓재-삼척)	휴게소, 물, 공터, 소공원
05:40	햇댓등	963	0.85		
	명주목이		2.6		
07:28	통골재	980	2.1		
08:47	두타산	1,357	2.1	무릉계곡 10.2Km	
09:48	박달령	1,100	1.3	무릉계곡 5.6Km	
10:50	청옥산	1,405	1.2	청옥산 학등→무릉계곡 6.7Km	물, 공터
11:27	연철성령	1,180	0.99	무릉계곡대피소 5.2Km	
12:19	고적대	1,357	1.1		
13:15	고적대삼거리		1.4	무릉계곡 6.5Km	
14:14	갈미봉	1,260	2.04		
15:17	샘터		2.1		물, 공터
16:05	이기령	800		임도 서쪽 임계면 부스베리 5.8Km, 동쪽 동해/이기동 6.5Km	물, 쉼터, 공터

- **산행거리/소요시간** : 18.56Km+접속6.5Km/ 12시간 50분+3시간
- **일출/일몰시간** : 06:17/ 18:12
- **교통**
  - 들머리 : 댓재/424번 지방도(하장-댓재-삼척)
  - 날머리 : 이기령/임도 서쪽⇒부스베리 5.8Km→임계면
    동쪽⇒이기동 6.5Km→동해시
    삼척버스터미널(삼척-댓재, 하장) 033-572-7444
    정선하장버스터미널(하장-댓재) 033-522-0553
    강원여객(시내버스)(동해-이기동, 백복령) 033-534-6628
    삼척택시(삼척-댓재) 033-576-0004
    동해택시(동해-이기동, 백복령) 033-521-0002
- **숙박/식사**
  - 댓재휴게소/민박(댓재) 033-554-1123
  - 이기령 민박(다수)

구간 일지

제31-2구간 (이기령-백복령/ 역주행 10.1Km)

2015년 9월 30일 수요일 맑음

시간	구간	표고 (m)	거리 (Km)	접속(비상탈출)	숙영자료
07:20	백복령	780	1.2	42번 국도(정선군 임계면-동해시)	쉼터, 정자, 공터
07:57	갈림길		1.2	우측 1Km⇒42번 국도	
08:35	963봉	963	0.8		
08:55	959봉	959	1.9		
10:15	1022봉	1022	2.2		
11:13	원방재	730	1.2	임도→임계 부스베리	물, 공터, 쉼터
12:27	상월산	970.3	1.6		
13:30	이기령	800		임도 서쪽⇒부스베리 5.8Km→임계면 동쪽⇒이기동 6.5Km→동해시	물, 쉼터, 공터

- **산행거리/소요시간** : 10.1Km+접속 6.5Km/ 6시간 10분+3시간
- **일출/일몰시간** : 06:18/ 18:10
- **교통**
  - 들머리 : 백복령/42번 국도(정선군 임계면-동해시)
    *버스승차 06:00(동해버스터미널 앞 승차장)(동해-백복령)
  - 날머리 : 이기령/임도 서쪽⇒임계 부스베리 5.8Km→임계
    동쪽⇒동해 이기동 6.5Km→동해
    강원여객(시내버스)(동해-이기동, 백복령) 033-534-6628
    임계버스터미널(임계-백복령/동해)
    동해택시(동해-백복령. 이기동) 033-521-0002
    임계택시(임계-백복령) 033-562-2400
- **숙박/식사**
  - 백복령팬션하우스식당/민박(백복령) 033-563-5376
  - 임계 대성모텔(백복령) 033-562-0273
  - 동해 대명모텔(백복령) 033-533-2654

제32구간

석병산에서 日月의 세계에 빠져들어

백복령 - 석병산 - 삽당령(18.31Km)
2015.10.20 (화) 맑음

　어제 동해시에서 임계행 오후 4시 30분 군내버스로 백복령 쉼터에 내려 팬션하우스 식당에 여장을 풀었다. 이곳 쉼터는 향토음식점과 민박집이 즐비하게 늘어서 있다.
　저녁식사에 곁들인 '정선 곤드레 생막걸리'는 지금까지 마셔본 중에 가장 으뜸이라 할 정도로 맛이 기가 막히다.
　아침에 민박집 차량으로 백복령 고갯마루로 이동하면서 주인이 입을 연다.
　그는 이곳이 고향으로 젊었을 때 서울에서 직장 생활을 하다가 아내와 결혼하고 고향으로 귀향해서 식당과 민박을 하게 되었고 지금까지 14년이 되었다고 한다. 요즘 대간 산행하는 사람들은 대부분 관광버스로 단체 산행하기 때문에 장사가 예전처럼 잘 되지 않아 자식들 뒷바라지 하기에도 벅차다고 한다.
　백복령 고갯마루에 도착해서 오늘의 대간 산행을 시작한다. 종전에는 백복령 표지석 뒤쪽으로 들머리가 있었으나 자병산이 파괴되고 철탑 하나가 넘어지면서 그 쪽은 폐쇄되고 표지석 왼쪽으로 바뀌었다고 한다.

  아침 6시 들머리를 통과해서 서쪽 방향으로 임도를 따라 가다가 비포장도로가 나오는데 자병산을 파헤치고 깨낸 석회석을 운반하는 차량이 다니는 도로인 것 같다.

  임도를 따라 철탑을 만나고 산불감시초소를 지나면서 국민안전처에서 악시정 경보를 발령하는 것으로 봐서 오늘도 조망은 어려울 것 같다.

  어느덧 날은 밝아지면서 주변 식별이 가능해지고 46번 철탑에 이르러 대간 길은 둘로 갈린다.

  왼쪽 길로 가게되면 등갈산 $^{796.4m}$을 거쳐 민둥산 $^{938.7m}$을 지나 능선 삼거리에 이르게 되고, 돌계단으로 직진하면 생계령을 거쳐 능선 삼거리에서 합류한

다. 억새가 장관이라는 민둥산 쪽으로도 가보고 싶지만 대부분의 선답자들이 택했던 생계령 쪽으로 방향을 잡고 돌계단을 올라선다.

대간길 쪽에 함몰지가 있고 카르스트 지형 설명판이 있다.

카르스트 지형은 고생대의 조선계 지층에 분포하는 석회암의 주성분인 탄산칼슘이 빗물과 이산화탄소를 함유한 지하수의 작용으로 화학적 변화를 일으켜 물에 용해됨에 따라 암석이나 지층이 침식되는 일종의 화학적 풍화작용이다. 카르스트 지형의 가장 특징적인 것은 지하에 하천이 흐르고 있다는 점이며, 때때로 대규모의 석회암 동굴과 표면에 돌리네라고 불리는 원형으로 움푹 패여 웅덩이가 된 땅, 즉 와지가 형성된다는 것이다. 강원도의 정선, 삼척, 영월과 충북 단양 등지에 발달되어 있다.

대간길은 임도를 따라가다가 로프를 설치해서 출입을 통제하는 곳에 대간 리본이 많이 매달려 있는 함몰지를 지나고 헬기장이 있는 796m봉에서 주먹밥으로 아침 식사를 한다.

765m봉을 지나면서 안개는 걷히고 있으나 아래쪽 계곡에는 아직도 안개에 쌓여 있고 직진 방향에 대간리본이 많이 나부끼는 곳을 지나 이어서 생계령에 도착한다.

생계령(生溪嶺)은 해발 640m로 왼쪽으로는 정선군 임계면 직원리 큰피원 방향으로 내리는 임도가 뚜렷하고 오른쪽은 강릉시 옥계면 산계리를 잇는 고개라 해서 산계령이라고도 하는데 산계령을 한자로 표기해서 생계령으로 바뀐 듯 하다.

통나무 의자가 놓여 있는 쉼터 두 군데를 지나 강릉서대굴 안내판이 눈길을 끈다.

강릉서대굴은 강원도 기념물 제 36호로 강릉시 옥계면 산계리에 위치하고 있는 석회암 동굴로 동굴의 총 길이는 약 500m이며 주통로는 약 300m이다. 동굴은 수평 통로와 수직 통로가 복합적으로 형성된 계단형 경사동굴이며 동굴 내에는 종유석, 석순, 석주, 유석 등 여러 종류의 동굴 생성물이 성장하고 있고 19종의 동굴 생물도 발견되었다. 동굴 안이 위험하여 접근하기 어렵기 때문에 그 다지 많은 관람객이 찾지 않아서인지 잘 보존되어 있다.

이 구간에는 통나무로 간의의자를 만들어 설치한 쉼터가 중간 중간에 있어서 지친 나그네에게 휴식 공간을 제공하고 있다.
경위도 좌표 표시목이 설치된 829m봉을 지나고 매끈하고 늘씬하게 하늘로 치솟아 쭉쭉 뻗은 소나무 군락지를 지나 오른쪽 절벽에 안전로프가 설치된 내리막 대간길을 따라 잡초가 우거진 안부에 이르고 다시 된비알을 치고 올라 능선 삼거리에 이른다.

능선 삼거리는 아침에 철탑 No.46에서 갈라진 대간길이 남쪽에 있는 민둥산을 지나 이곳에서 합류하는 지점으로 대간길은 북쪽으로 꺾여 방향 전환을 하게 된다.

대간로를 따라 돌계단에 이어 길게 이어지는 급경사 자갈길을 따라 오르니 931m봉인데 일부 자료에는 922m봉으로 표기되어 있어 다소 혼동이 된다. 931m봉은 작은 암봉으로 된 뾰족한 봉우리인데 사방이 넓게 트여 있으나 아직도 안개에 갇힌 채 조망은 별로 없다.

이어서 오른 900.2m봉은 백두대간 안내판과 경위도 좌표 표시목이 있는데 경위도 좌표는 일반인에게는 산행에 별로 도움이 되지 않는 것 같다.

아침에 안개로 보지 못했던 자병산의 벗겨진 봉우리가 신음하듯 안개 사이로 머리를 내 보이고 있다.

쉼터의 여유도 잠시, 자리를 털고 일어나 고병이재에 도착한다.

고병이재는 해발 859m로 우측으로는 옥계석회동굴을 지나 옥계면 산계리 절골에 이르는 갈림길인데 골뱅이재라고도 불리우는 고개지만 고병이재로 이름 붙여진 연유를 알 수가 없다.

고병이재를 뒤로 하고 헬기장이 있는 910m봉을 지나 산죽지대에 이른다.

산죽은 꽃이 피면 죽는다는데 이곳의 산죽은 꽃을 피운 지가 꽤 오래된 모양인지 줄기가 썩어 내려앉은 상태다. 이 지구상의 모든 생물은 태어나면 반드시 죽어야 하는 자연의 섭리를 보는 것 같다.

잡초가 우거진 또 하나의 헬기장을 지나고 백두대간 수목원 갈림길을 거쳐 석병산 갈림길에 이르는데 대간길은 좌측 북서방향으로 꺾이고 석병산은 직진해서 조금 더 들어가야 한다.

석병산의 숨겨진 보물!

석병산(石屛山 1,055m)은 정선군 임계면 직원리와 강릉시 옥계면 산계리 사이에 위치한 산으로 석병산을 위시하여 가까운 두리봉에 이르기까지 산 전체가 돌로 쌓여 있어 바위가 마치 병풍을 두른 것 같다 하여 붙여진 이름이다. 산 정상에는 뾰족 뾰족한 바위 사이에 아담한 대리석으로 된 정상석이 다소곳이 자리를 지키고 있다.

석병산의 하이라이트는 거대한 바위 조각품彫刻品, 일월문日月門이다. 석병산 정상에서 로프를 타고 내리면 거대한 암봉 한 가운데에 커다란 구멍이 뻥 뚫려서 구멍사이로 건너편 산자락의 단풍이 액자 속에 든 한 폭의 수채화처럼 다가오는데 어디에서도 볼 수 없는 이곳만의 풍경이리라. 그래서 석병산의 또 다른

이름이 일월문을 품에 안고 있는 일월봉이라고도 한다.

일월문과 관련하여 또 하나의 이야기 거리는 일월문의 구멍은 음부陰部이고 거기에 비춰지는 정상의 두루뭉술한 바위는 남근석男根石이라고 하여 여기에도 음양의 조화가 존재한다.

일월문 아래 얕은 굴 입구에는 돌을 쌓고 촛불을 얹어 산신령께 치성을 드리는 듯 하고 산행로 표지판은 동쪽으로 절골과 상황지미골로 안내하고 있다.

조심스럽게 뒤돌아 나오다가 젊은 산꾼 한명과 조우한다. 그는 삽당령에서 출발해서 백복령 쉼터로 간다는데 시간상으로 가능할런지는 의문이다.

그와 헤어져 석병산 삼거리에서 두리봉쪽 대간길로 들어서고 헬기장과 두 개의 이정표를 지나는데 석병산에 간다는 여섯 명의 중년남자를 만난다. 수인사만 하고 지나려는데 한 사람이 먼저 말을 건넨다.

"석병산에 벌써 다녀 오시는 겁니까?"

"네, 지금 석병산에서 오는데요. 백복령에서 출발해서요."

"아, 대간타시는 분이군요." 이때 옆사람이 다가와 말을 가로챘다.

"백두대간 타시면 무슨 혜택이 있습니까? 왜 힘들게 백두대간을 타시는지 이유를 모르겠습니다."라고 묻는다. 무슨 말을 해야할까 망설이다가 에베레스트에 오르려고 했던 맬로리 Georgy Mallory 1886-1924 의 말이 문득 떠올랐다.

"그냥 산이 있어서 갑니다." 이 짧은 한 마디에 모두들 웃고 서로 안전 산행하라고 인사하면서 헤어진다. 아마 그들은 석병산 걷기 행사를 하는 모양이다.

조그마한 봉우리를 지나 완만한 오르막을 오르니 두리봉 정상이다.

두리봉(1,033m)은 산 이름처럼 두루뭉실한 봉우리에 특별한 특징이 없는 산이다.

산 정상석은 없고 참나무 둥치에 '두리봉 1,033m, 산님! 힘내세요'라는 표지판이 설치되어 있고 산림 유전 자원 보호 구역 안내판과 쉼터가 조성되어 있다.

울창한 숲에 가려 조망은 전혀 안되는 정상을 뒤로 하고 만덕봉 갈림길을 지난다. 만덕봉 1,033.4m 은 갈림길에서 북쪽으로 선목치를 지나서 위치하고 있고, 대간길은 갈림길에서 남서방향으로 이어진다.

중부지방의 높은 산야 낙엽수령이 있는 양지에서 집단으로 자생한다는 얼레지 안내판을 지나고 마을 뒷동산 오솔길과 같은 편안한 대간길에 쌓인 낙엽을 밟으며 콧노래가 절로 나온다.

산죽지대와 삼각점이 있는 866.4m봉을 지나서 설악산이나 내장산처럼 화려하지는 않지만 소박한 단풍과 푸른 산죽이 어우러진 대간길 단풍의 향연도 즐겁다.

석병산에서 헤어졌던 젊은이가 백복령 가기를 포기하고 돌아와서 합류한다.

젊은이와 앞서거니 뒷서거니 하면서 능선 삼거리 이정표를 만난다. 왼쪽으로는 외고단으로 가는 삼거리인데 대간길은 오른쪽으로 이어지고 헬기장을 지나 왕산 28호지 표지판이 있고 급경사 통나무 계단을 내리고 임도를 지나서 삽당령에 도착한다. 시간은 오후 4시를 알리고 있다.

삽당령(揷唐嶺)은 강릉에서 임계에 이르는 35번 국도가 지나가고 왕산면 목계리와 송현리의 분수령이며 해발 721m의 큰 고갯마루로 강희 54년인 1715년에 개설된 것으로 추정된다고 한다. 삽당령이란 이름의 유래에 대해서는 몇 가지 설이 전해지고 있다. 먼저 고개 정상에 오르면 길이 훤히 보여 짚고 왔던 지팡이를 꽂아놓고 갔다 하여 '꽂을 삽(揷)'자를 썼다는 설과, 정상에서 서쪽 대기리로 가는 길과 남쪽 고단으로 가는 길이 세 갈래로 갈라지는 삼지창과 같다고 하여 붙여진 이름이라고도 하고, 이 고개의 위치가 강릉과 임계 사이 또는 동쪽 석병산과 서쪽 대화실산 사이에 있다는 의미의 '사이'의 옛말 '삳(사이)에 당집이 있는 고개'라는 뜻으로 '삳당령'이라 일컬은 것이 전음되어 '삽당령'이 된 것이라는 데 산경표같은 옛 문헌에는 '揷堂嶺(삽당령)'이라 표기되어 있었으나 일제 조선 총독부에서 '揷唐嶺(삽당령)'으로 왜곡 표기된 것을 1963년 국립건설연구소에서 작성한 지형도에 그대로 답습하여 내려오고 있단다.

고개 정상에는 간이시설로 된 정상주막이 동동주와 커피, 칡즙과 라면, 갓 전병 등으로 등산객을 유혹하고 있고, 두 개의 표지석이 있는데 산림청과 왕산면에서 각각 설치하였고 야생동물 이동통로가 끊겼던 백두대간을 연결하고 있다.

길 건너 성황당의 유래판은 애달픈 성황당의 유래를 적고 있다.

조선 영조 재위시절 1724년-1776년 당시 삽운령이라 불리던 이곳으로 갓 시집온 새색시가 호환 虎患을 당한 뒤 그 위치에 신각 神閣을 세워 새 신부의 혼을 위로하고, 한편 이 고개를 오르내리는 길손의 안녕과 우마차의 무사고를 기원하기 위해 매년 음력 8월 초정일이 되면 익히지 않은 제물과 황소의 머리 및 주요 부위를 정성껏 마련하여 마을 원님을 모시고 성황제를 지내어 오늘날까지 이어져 오고 있다고 한다.

삽당령 남쪽으로 흐르는 임계천은 태백의 금대봉 검룡소에서 발원한 골지천과 만나 여량의 '아우라지'를 거쳐 정선으로 흘러 들어가 아리랑 가락과 같은 구불구불한 동강 東江 을 이루며 영월땅으로 굽이쳐 흐른다. 옛날부터 남한강 천이백리 물줄기를 따라 땟목을 엮어 한양으로 흘러 보냈던 아우라지는 송천과 골지천 두 물줄기가 합수 合水 되는 지점으로 '아우라지 뱃사공아 배 좀 건너주게, 싸리골 올 동백이 다 떨어진다'로 불리는 정선 아라리 아리랑 의 전설이 깃든 곳으로도 유명하다.

젊은 산님의 차로 임계에 내려 대명모텔에 여장을 푼다.

다음날 아침 임계에서 8시 5분 강릉행 첫차로 삽당령에 내려 산행을 준비하는 데 서울에서 전화가 걸려온다.

"여보, 돈 준비가 안되서 통장에 못 넣었어. 미안해요." 아내의 힘없는 목소리를 듣고 눈시울이 붉어진다.

사실 산행 때는 교통비, 숙식비 등 다소의 경비가 필요하다. 연금을 받고 있지만 개인회생중인지라 대부분이 법원으로 들어가고 남은 돈으로 생활하다 보니 별도의 산행 경비를 사전에 마련하지 못하고 우선 몇 만원이라도 있으면 일단 산행을 시작하고 아내가 은행계좌에 넣은 금액만큼 산행하고 돌아갈 수 밖에 없었는데 오늘이 바로 후자에 해당하는 날인 것 같다.

이렇게 경제적으로 어려운 상황에서 백두대간 산행을 계속해야 하는 것인가? 마음의 갈등이 없지는 않지만 이제 대관령을 넘고 오대산, 설악산을 넘으면 진부령인데, 목적지가 지척인데 그만 포기할 수는 없지 않은가?

한편 흔들린 마음은 더 이상의 산행을 어렵게 한다.

'그래, 이번 산행은 일단 여기서 마무리 하자.' 시간상으로는 아침이라 하루 산행이 가능하겠지만 몸이 따라주지 않는다.

삽당령에서 버스를 기다렸다가 강릉행 버스에 몸을 싣는다.

구간 일지

제32구간 (백복령-삽당령/ 18.31Km)

2015년 10월 20일 화요일 맑음

시간	구간	표고 (m)	거리 (Km)	접속(비상탈출)	숙영자료
06:00	백복령	780	2.1	42번 국도(정선군 임계-동해시)	쉼터
07:05	철탑 No46		3.1	남쪽길→42번 국도/백복령휴게소	
08:23	생계령	640	1.0	임도→42번 국도/백복령휴게소	
09:00	829봉	829	2.7		
10:40	900.2봉	900.2	0.71		
11:00	고병이재	850	2.5		
12:25	석병산	1,055.3	1.7	석병산갈림길→백두대간수목원 5.9Km	
13:40	두리봉	1,033	2.9		
15:20	866.4봉	866.4	1.6		
16:00	삽당령	680		35번 국도 (정선군 임계-강릉시 왕산면)	물, 공터

- 산행거리/소요시간 : 18.31Km/ 12시간
- 일출/일몰시간 : 06:38/ 17:42
- 교통
  - 들머리 : 백복령/42번 국도(정선군 임계-동해시)
  - 날머리 : 삽당령/35번 국도(정선군 임계-강릉시/왕산면)
      강원여객(시내버스)(동해-백복령) 033-534-6628
      임계버스터미널(임계-백복령, 삽당령)
      강릉시외버스터미널(강릉-삽당령) 033-643-6093
      강릉택시(강릉-삽당령) 033-651-1155
- 숙박/식사
  - 백복령팬션하우스식당/민박(백복령) 033-563-5376
  - 임계 대성모텔(백복령, 삽당령) 033-563-0273

제33구간

화란봉 하늘 전망대

📍 33-1 삽당령 - 석두봉 - 닭목령(12.7Km+6Km)
2015.10.24. (토) 맑음

    강릉행 버스를 기다리다가 큰조카 사위 부친이 돌아가셨다는 부고訃告를 접하였다. 이번 산행을 포기하고 조문을 해야 마땅하나 한번 계획했던 산행을 늦추게 되면 언제 산행에 나서게 될지 기약할 수 없는 처지라 산행 복장 그대로 광주행 버스에 몸을 실었다.

    산행 복장으로 조문한다는 것도 예의에 벗어나는 일이지만 조문을 하지 않는 것은 더더욱 안될 일이겠기에 망설임 끝에 내린 결론이다.

    사실 이번 달은 25일이 일요일이라 근무일인 어제 연금이 나와서 그나마 산행경비를 마련할 수 있어서 지난 번 하루 산행으로 끝났던 대간 산행을 이어가려고 출발하였으나 일이 이렇게 되었다.

    광주에 가서 조문을 하고 저녁 6시 강릉행 버스에 오르니 버스는 호남 고속도로 회덕 분기점에서 경부고속도로, 다시 중부고속도로로 이어 달리다가 호법 분기점에서 영동고속도로를 타고 밤 11시가 넘어서 강릉에 도착한다. 몸은 피곤해도 사람의 도리는 어느 정도 한 것 같아 마음은 한결 가볍다.

문향, 예향, 관광의 도시 강릉에서 하룻밤을 보내고 아침 임계행 7시 버스를 타고 성산면과 강릉 저수지를 지나 7시 30분에 삽당령에 내린다.

성황당 앞 들머리를 지나 산죽이 도열해 있는 대간길의 낙엽 카페트를 밟으며 경쾌하게 발걸음을 옮긴다.

중계소 철탑이 서 있는 곳에서 임도를 만나고 바리케이트를 넘어 따라가다가 왼쪽 숲 속으로 이어지고 기둥에 제2쉼터라고 적힌 이정표를 만나 숨고르기를 한다.

하늘은 잠깐 열리다가 바람이 점차 세차게 불더니 금새 구름으로 뒤덮힌다.

이름없는 쉼터를 지나 862m봉에 이르고 대간길은 서쪽 방향으로 꺾여 진행되다가 방화선 시작 지점에 도착한다.

잣나무와 노송 세 그루가 길손을 맞이하고 잡목과 억새풀이 모두 제거된 방화지대에서 작은 내림과 오름을 반복하면서 베어낸 잡목과 잡초가 그대로 남아 있는 방화선을 따라간다. 산림청 잣나무 채종원 안내판과 이정표를 지나 제3쉼터에 이르고 들미재에 도착한다.

들미재는 왼쪽으로 대용수동과 오른쪽으로 들미골을 잇는 지름길 고개인 것 같은데 지도상에 길의 표시는 없고 고개 이름만 표시되어 있다. 실제 지형에서도 길의 흔적이 보이지 않는 것으로 봐서 들미재라는 고개 이름마저도 지도에서 사라질 것 같다.

제 3쉼터를 지나 방화선도 끝이 나고 오르막 소나무 숲속으로 고도를 조금씩 높여나가다가 제 4쉼터에 이르는데 독바위봉이라고 불리는 978.8m봉으로 짐작된다.

쉼터에는 나무로 된 안락의자 두 개가 쉬어가라고 유혹하지만 발길을 돌리고 하얀 천이 나무에 묶여 길게 나부끼고 있는데 무엇에 쓰는 용도인지는 확실히 모르겠으나 아마도 무속신앙 차원에서 사용하였던 것이 아닌가 생각된다.

로프가 설치된 오르막에 이어 이름없는 쉼터를 지나 길게 이어진 목재 계단을 치고 올라 석두봉에 도착한다.

석두봉 石頭峰 982m 은 뾰족한 봉우리로 잡목 사이에 소나무 몇 그루가 푸른 기상을 뽐내고 있고, 산림청에서 설치한 정상석은 해발 982m로 되어 있으나 지도상에는 995m로 되어 있어 높이에 대한 혼동이 있다.

소나무 앞에 서 있는 정상 이정표는 삽당령 6Km, 닭목령 8.5Km를 알리고 있다.

잡목에 가려 전반적인 전망은 좋지 않아도 나뭇가지 사이로 남서쪽 대기리 마을과 북쪽의 강릉 저수지가 시야에 들어오고 오른쪽은 북에서 남으로 35번 국도가 거의 일직선 상으로 뻗어 있다.

바람은 점차 거칠어지고 내리막 돌계단을 조심스럽게 내려 낙엽 쌓인 대간길의 희미한 흔적을 따라가면서 간간히 마주하는 대간 리본의 안내를 받는다.

이곳은 봉우리인지 느끼지 못할 정도로 경사가 완만하고 크고 작은 참나무들이 울창하게 들어 차 있어 깊고 조용한 적막강산이다.

제 5쉼터는 960m봉, 제 6쉼터는 990m봉으로 짐작되고 제 7쉼터가 있는 안부에 내렸다가 다시 치고 올라 1,006m봉인 제 8쉼터를 지나 갈림길을 만난다.

갈림길 이정표는 남쪽으로 큰 용수골 1.9Km를 알리는데 지도를 확인해보니 지도상의 대용수골은 지나온 석두봉 남쪽에 있고 이곳은 남쪽 2Km지점에 소용수골로 표기되어 있어 이정표가 맞는지 지도가 맞는 건지 다소 아리송하다.

오르막 경사길에 듬성 듬성 설치한 통나무 계단을 따라 화란봉 삼거리에 도착한다. 이정표는 화란봉 0.13Km, 화란봉 하늘 전망대 0.27Km를 알리고 있고 대간길은 남서방향으로 전환한다.

화란봉(花蘭峰 1,069.1m)은 이름 그대로 부챗살처럼 펼쳐진 화관이 정상을 중심으로 겹겹이 에워 싼 형국이 마치 꽃잎같다고 해서 얻은 지명이다.

 산 정상에는 자연석으로 만든 산림청 정상석과 정운 산악회에서 백두대간 등반대 종주 기념으로 세운 검은 대리석 정상석 두 개가 있고 잡목에 싸여 조망은 없으나 화란봉에서 140m를 더 가면 목재데크로 만든 하늘 전망대가 화란봉을 대신해서 그림같은 조망을 제공해준다.

북쪽으로 멀리 대관령 풍력 발전기와 영동 고속도로 및 교각이 이국적인 정취를 자아내고 가까이에는 왕산골 마을과 35번 국도가 한 눈에 들어온다. 북동 방향에는 35번 국도 넘어 강릉시가지가 아른거리고 북서쪽에는 서득봉 1,052.6m 너머로 앞으로 가야할 백두대간 고루포기산이 손짓을 한다.

화란봉 삼거리에서 대간길로 들어서고 제 9쉼터를 지나 내리막 목재 계단을 내려 시멘트 포장 임도를 건너서 닭목령 품에 안긴다. 시간은 오후 2시 30분이다.

닭목령은 강릉시 왕산면 왕산리와 대기리를 잇는 고개로 415번 지방도로가 통과하는 해발 700m의 큰 고개다. 남쪽 왕산면 대기리 닭목이 마을에서 북쪽 왕산리 닭목골로 넘어 가는 이 고개를 닭목재라 이름하고 한자로 계항령(鷄項嶺)이라 표기한다. 풍수가들이 이곳의 산세가 천상에서 산다는 금계(金鷄)가 알을 품고 있는 형국인 금계포란형(金鷄抱卵形)의 길지로 보고 고갯마루는 금계의 목덜미에 해당한다고 해서 계항(鷄項) 즉, 닭목이 된 것이라고 전한다.

고갯마루에는 두 개의 표지석이 도로를 사이에 두고 마주하고 있는데 산림청 표지석과 계항동 번영회에서 설치한 것이다. 대간길 들머리에 있는 산림청 표지석 뒤에는 잘 관리된 산신각이 있고 "산림대장군"과 "숲에여장군" 장승 두 개가 닭목령의 역사를 지켜보고 있다.

이 외에도 감자채종포 마을 입간판과 농산물 간이 집하장 등이 있다.

이곳 닭목령에서 대관령까지 15Km정도 되고 보통 대간꾼들은 삽답령에서 대관령까지를 한 구간으로 잡아 하루에 주파한다는데 지금 시간과 내 체력을 고려하면 여기서 오늘의 대간 산행을 마무리 하는게 좋을 것 같다.

이제는 오늘 묵어갈 곳을 찾아야 하는데 우선 가까운 대기리 쪽으로 내려가니 삼거리까지 마땅한 민박집이나 숙박시설이 없고 '안반덕이산촌체험장'에서 민박도 한다지만 거리가 4.6Km란다. 다시 닭목령으로 돌아와 쉬고 있는 자전거 동호인

10여명과 수인사만 하고 왕산골 방향으로 내려가면서 왕산골 팔경을 덤으로 구경한다.

비룡폭포, 천성폭포, 재물소 등을 지나 검뎅이골 반대편 커피 박물관 입구 이정표는 닭목령 6Km를 알린다. 그래도 여기까지 왔으니 말만 듣던 커피 박물관에 들어가는데 토요일이라 그런지 가족단위로 인산인해, 차량행렬이 줄을 잇고 신세질만한 차량이 전혀 없을 것 같아 다시 터벅 터벅 걷기 시작한다. 이번에는 구남벽, 참참이소, 찍소폭포, 임내 폭포 등 이름도 특이한 설명판을 보면서 걷고 있는데 트럭 한 대가 멎고 그 차에 편승해서 성산면에 내려 성산 모텔에 여장을 푼다.

▼ 하늘전망대 ⋯▸ 서득봉, 고루포기산

제33구간

2018 평창 동계 올림픽 주무대를 바라보며

📍 33-2 닭목령 - 고루포기산 - 대관령(14.8Km+6Km)
2015.10.25. (일) 맑음

아침 5시 30분에 성산모텔에서 나와 길목수퍼 앞 버스 정류장에서 기다리는데 다수의 차들이 수퍼 앞에서 멎고 꽤나 많은 사람들이 자판기에서 커피를 꺼내 마신다. 그들은 모두가 작업복 차림으로 일터에 나가는 모양이다.

그들이 떠나고 버스 한 대가 들어 왔으나 삽당령으로 가는 차편이고 한참을 기다려 6시 30분에 닭목재행 버스가 들어온다.

등산복 차림의 젊은 한쌍이 같이 버스에 탑승하고 버스는 강릉 저수지에서 우회전하여 왕산골로 접어들어 굽이 굽이 돌아서 닭목령에 도착하여 내리니 성산이 고향이라는 젊은 한쌍도 같이 내린다.

그들을 먼저 보내고 산행 준비를 한 다음 7시에 들머리에 들어선다. 임도와 고랭지 채소밭 지대, 야트막한 산길로 오르다가 출입금지 간판에 바리케이트가 설치된 '맹덕 목장' 입구 비포장도로에서 왼쪽 산 능선길로 접어들고 오르막

목재 계단을 따라 이정표가 있는 955.6m봉에 도착한다.

오른쪽 계곡의 맹덕목장은 넓은 초지의 푸르름은 어디로 가고 검붉은 황토만이 을씨년스럽게 속살을 드러내놓고 있는데 지금은 고랭지 채소밭으로 사용하고 있단다.

날씨는 겨울을 준비하는지 손 끝이 아리도록 시렵고 왼쪽 가까운 산에는 돌지 않는 풍차가 아니라 풍력발전기 두 대가 일 손을 놓고 휴식 중이다.

녹슬지 않게 알루미늄 의자가 놓여있는 쉼터에는 산불을 이겨낸 낙락장송 안내판과 그 주인공이 처절했던 그 날을 이야기 하고 있다. 시기를 알 수 없지만 산불 피해를 입었던 거대한 금강 소나무 한 그루가 검게 탄 밑둥의 아픈 상처를 딛고 아직도 원기 왕성한 푸르름으로 금강송의 위용을 자랑하고 있다.

왕산 제1쉼터를 지나 오르막 돌계단을 따라 올라서부터 목질부가 검게 탄 흔적이 역력한 소나무들이 그 날의 아픈 기억을 말해주고 대간길은 가끔씩 짧게 만나는 너덜길과 바위 암반 사이로 이어진다.

고목나무 한그루가 쓰러져 있는 이름없는 쉼터에도 알루미늄 의자가 비치되어 있는데 녹슬지 않는 잇점도 있겠지만 아무래도 산의 정취와는 어울리지 않는 것 같다.

암릉 길이 계속되다가 왕산 제2쉼터를 만난다.

우측 나무 사이로 영동고속도로와 교각이 보이고 자동차 굉음소리가 요란한데 나부끼는 대간리본들은 '비실이부부', '아버지와 딸', '아버지와 아들'등 가족 간의 대간 산행을 한 흔적들이 부럽기도 하고 서글퍼 지기도 한다.

길게 이어지는 급경사 오르막 돌계단은 송전탑 35번지까지 이어지고 송전탑을 지나 1,210m봉에 오른다, 대간길은 서쪽으로 꺾여 좌우로 낙엽진 철쭉의 호위를 받으며 이름없는 쉼터에서 한숨 돌린다.

임도 왼쪽에 고루포기골 고랭지 채소밭을 바라보면서 송전탑 38번을 지나 겨울철 눈 산행지로 잘 알려진 고루포기산 정상석을 만난다.

고루포기산(1,238.8m)은 평창군 대관령면 수하리와 횡계리, 강릉시 왕산면 대기리의 삼각 경계가 되는 산으로 왕산면 대기리 사람들이 이 산을 넘어 횡계리로 넘나 들었던 곳이다. 이 산 남쪽 아래에 있는 고루포기골은 1967년 마을이 생긴 곳으로 고랭지 채소의 주산지이며 이곳 고루포기산으로 샛길이 나 있다.

산 이름에 대해서는 몇 가지 설이 있다고 한다. 가지가 탐스럽고 소복하게 많

이 퍼진 어린 소나무가 많은데서 유래했다고도 하고, 고로쇠 나무가 많이 있다고 해서 고루포기와 고로쇠 나무를 같은 의미로 봐서 붙여진 이름이라고도 한다.

한편, 일제시대 우리나라 전국의 산 이름을 거의 한자로 표기하였는데 고루포기산은 일본어로 표기되어 있다고 한다. 대동여지도나 동국여지승람 등의 옛 문헌에 있는 '소은백이산(所隱百伊山)'을 고루포기산으로 보고 곧은백이산→고른배기산→골패기산→골포기산으로 전음되었다고도 하고, 깊은 골짜기를 의미하는 '골곽'에서 '골패기'가 '고루포기'로 변음된 것이라고도 하는데 어찌됐건 특이한 산 이름은 분명하다.

산 정상에는 검은 대리석의 정상석과 고루포기산 안내판, 이정표, 삼각점이 설치되어 있고 주변 경관은 잡목에 가려 볼 수 없는 아쉬움이 남는다.

아침에 버스에 동승했던 젊은 부부를 만나 서로 인증샷을 찍어주고 그들이 준비해 온 주먹밥이 남았다면서 내놓는다. 민박집이 아닌 모텔에서 숙박할 때는 대부분 빵이나 샌드위치, 햄버거 등으로 해결하는데 주먹밥은 한끼 식사로도 매우 훌륭한 것이라 고맙게 덥썩 받아 챙긴다.

그들을 먼저 보내고 천천히 임도를 따라 내리다가 화악골 갈림길에서 마주친 이정표 두 개가 각각 화악골 9Km와 지르메 3.5Km를 알린다.

고루포기산이 겨울철 눈 산행지로 널리 알려진 이유를 이제야 알 것 같다. 산 정상 앞 뒤로 임도가 개설되어 있어 눈이 쌓여도 길을 잃을 염려가 거의 없을 것 같고 산의 오르 내림도 심하지 않기 때문인 것 같다.

임도에서 오른쪽 산길로 접어들고 돌무더기가 쌓여 있는 쉼터는 서쪽으로 1.6Km 거리의 횡계리 오목골에 이르는데, 옛날 수하리 산골 사람들이 이 고개를 넘어 횡계리로 가는 지름길로 짐작이 되고 오래된 돌무더기는 사람들의 왕래가 잦았음을 보여주고 있다.

쉼터에서 조금 더 내려 대관령 전망대에 도착한다. 목재 데크로 잘 조성된 전망대에 북쪽으로 멀리 파란 하늘 아래 떠 있는 뭉개 구름 아래로 수십개의 풍력발전기를 품은 대관령 마루금과 삼양목장의 목초지가 어우러져 이국적인 풍경을 자아내고 옛 영동고속도를 안은 시가지가 한눈에 들어온다.

가리왕산의 아픔을 잊지말자!

남서쪽 방향은 나무 사이로 발왕산 정상 스키장 리프트 타워가 아스라이 보인다.

발왕산 아래는 2018 평창 동계올림픽의 주무대이고 이곳에서 보이지 않지만 남서쪽 가리왕산의 다가올 비극이 눈 앞에 선하다.

가리왕산 加里旺山 1,561m 은 정선군 정선읍과 평창군 진부면의 경계에 있는 산

으로 고 김창호 선생은 「한국의 백 명산기」에서 '한반도 최후의 심산'이라고 호평한 바 있다. 우리나라는 국제규격의 알파인 스키장이 없기 때문에 가리왕산의 중봉에 활강 스키장을 건설해서 동계 올림픽을 치루고 다시 원상복구한다는 계획인데 1997년도 동계 유니버시아드 대회때 덕유산의 비극을 그대로 답습할 것 같은 우려를 안고 있다.

가리왕산의 주종인 왕사스레 나무 등 무려 6만 그루의 원시림이 잘려나간 자리에 들어서는 스키장 슬로프, 곤돌라, 편의 시설등은 동계 올림픽 기간 2주 동안만 사용된 뒤 상처만 남기고 철거될 예정이란다. 일부 환경 단체들은 덕유산 알파인 스키장 자리를 활용하고 가리왕산을 보존하자고 반대했으나 자연환경보다는 정치적인 입지에 민감한 위정자들이 가리왕산에 새로 스키장을 건설하는 것으로 결정하였다. 그 결과 자연이 우리에게 선물한 또 하나의 산하山河가 잘려나가고 앞으로도 수 많은 세월을 아픔 속에 신음할 것을 생각하니 가슴이 답답할 뿐이다.

전망대에서 내려 갈림길 이정표는 서쪽으로 버들골 2.1 Km를 알리고 급경사 내리막을 따라 내려가 연리지 나무 안내판을 만난다.

하나이면서 둘이고, 둘이면서 하나인 묘한 삶을 살아가는 연리지. 오랜 시간 미움과 사랑이 교차하면서 서로에게 동화되고 겉모습까지 닮아가게 된다. 마치 오랜 세월동안 함께 살아온 부부의 이야기처럼 들리는 연리지 나무는 흔히 사랑의 나무로 일컬어 지고 있다. 줄기가 붙는 연리목連理木은 가끔 볼 수 있느나 가지가 붙은 연리지連理枝는 아주 드물다고 한다. 가리왕산의 예견된 비극에 답답했던 가슴이 조금은 풀린 것 같다.

가파른 내림길과 돌계단으로 된 급경사 내리막길을 내려 나무 의자가 있는 쉼터를 지나고 이정표 기둥에 '샘터'라고 적힌 횡계치에 도착한다. 이곳은 왕산골 갈림길이라고도 하는데 왼쪽으로 오목골 옆 왕산골을 통해 횡계에 이르는 갈림길이고 동쪽으로는 강릉시 성산면 왕산리 큰골과 연결되는 고개인데 백두대간을 사이에 두고 유사한 지명을 연결하는 형제마을 고개로 짐작이 되지만 오른쪽은 길의 흔적이 전혀 없다.

약간의 오르막을 지나 영동고속도로 대관령 1터널 구간 안내판을 거쳐 나뭇 가지 사이로 고속도로가 내려다 보이고 달리는 자동차의 굉음소리가 바로 가까이서 들린다.

지루하게 느껴질 정도로 완만한 오르 내림이 이어지다가 돌길과 돌계단을 힘들게 올라서니 직 전방에 거대한 능처럼 생긴 산이 앞을 가로 막고 있다. '저 산이 능경봉인가?'

조그마한 봉우리를 지나 완만한 내리막으로 이어지다가 행운의 돌탑을 만난다. 행운의 돌탑 주위로 목재 계단과 전망대를 설치하고 위에서 탑에 돌을 얹을 수 있게 되어 있어 조그마한 돌을 들고 올라가 탑에 올리면서 무사 대간 완주를 기원해본다.

동부지방 산림청 강릉 국유림 관리소에서 설치한 행운의 돌탑은 백두대간 산행을 하면서 청량감을 느낄 수 있는 좋은 아이디어라 생각된다.

행운의 돌탑에는 다음과 같이 기술되어 있다.

우리들의 선조들은 험한 산길을 지날 때 마다 길에 흩어진 돌들을 하나씩 주워 한 곳에 쌓아 길도 닦고 자연스럽게 돌탑을 만들어 여로의 안녕과 복을 빌며 마음으로나마 큰 위안을 받았습니다. 이런 선조들의 풍습을 오늘에 되살려 역사의 발자취를 따라 백두대간인 이곳을 등산하는 모든 이들의 안녕과 행운을 기원하고자 이 행운의 돌탑을 세우게 되었습니다. 이곳을 지나실 때 마다 이 돌탑에 정성을 담은 돌 하나를 쌓으시고 백두대간의 힘찬 정기를 받아 건강과 행운을 함께 나눌 수 있기를 바랍니다.

이곳은 돌들이 많았던 곳인 듯 대간길에도 돌을 깔아 길을 만들었고 돌길을 따라 옛 선조들을 생각하면서 경건한 마음으로 산행을 이어 나간다.
가파른 오름길을 올라 하얀 정상석이 지친 길손을 맞이한다.

능경봉(陵景峰 1,132.2m)은 평창군 대관령면과 강릉시 왕산면에 걸쳐 있는 산으로 '강릉을 굽어보는 봉우리'라 하여 붙여진 이름이라고도 하고, 전망이 좋고 높은 산봉을 이루고 있다 하여 '높은 산정의 봉우리'란 의미로 능정봉(陵頂峰)이라고도 한다. 특히 동해 조망이 좋아 횡계팔경(橫溪八景)의 하나로 능정출일(能政出日)을 자랑하고 있다.

산 정상에서 북동 방향은 조망이 좋아 멀리 동해바다와 강릉시가 아른거리고 강릉 저수지가 지척에 들어오며 동쪽 방향으로는 갈미봉 817.5m과 칠성대 953.6m가 모습을 들어 내 놓고 있으나 다른 방향은 잡목에 가려 아쉬움으로 남는다.

헬기장과 쉼터를 지나고 내리막 돌계단을 내려 '저탄소 녹생성장을 산림청이 앞장서겠다'는 프랭카드를 만난다.

'숲과 나무가 저탄소 녹색 성장을 이끈다. 산림은 자라면서 대기 중의 이산화탄소를 흡수 저장하는 유일한 탄소 흡수원이자 저장고입니다'

옳은 표현이다. 이 지구가 파란 별로 오랫동안 유지되어 왔고 앞으로도 유지되려면 숲과 나무, 즉 자연을 사랑하고 가꾸어야 할 것이다.

'오늘도 숲은 님으로 하여금 푸른 구름을 그리고 행복한 노래를 부릅니다.'

해가 구름 사이로 숨바꼭질하고 햇빛이 비치지 않을 때는 추위를 느끼는 날씨다. 이제 겨울이 다가오니 남은 대간 산행이 염려된다.

산불 감시초소를 지나고 조그마한 연못에 비망담 碑望潭이라고 각인된 용 모양의 조각상에서 영천약수가 계속 흘러 나오고 인풍비 氤風碑가 넓게 자리하고 있다. 길 건너 맞은 편에는 국태민안 國泰民安과 가급인족 家給人足을 바라는 단망비 澶望碑를 인풍재단에서 세웠다고 한다. 그럼

이 일대의 연못이나 비석등을 인풍재단에서 세웠다는 이야기인데 이것도 자연 훼손의 한 장면 같아 결코 아름답게 보이지 않는다.

영천약수터를 뒤로하고 삼거리 이정표를 지나 왼쪽에 어린이들 숲 교육장을 따라 내려가니 하늘 높이 치솟은 영동고속도로 준공기념탑에 내려서고 시간은 오후 2시를 알린다.

대관령 도착 시간을 감안하면 삽당령에서 아침 일찍 서둘러 출발하면 이곳까지 하루 구간으로도 가능할 것도 같으나 거리에 욕심 내지 말라는 선답자들의 조언과 해 떨어진 캄캄한 밤에 헤드랜턴의 불빛에 희미한 산길을 걷는 것이 싫고 더군다나 아무 것도 볼 수 없다는 것이 내키지 않아 앞으로 남은 구간도 출발은 가급적 빠르게 그날의 산행마감은 여유있게 해야 겠다.

대관령(大關嶺)은 해발 865m로 강원도 강릉시와 평창군의 경계에 있는 단순한 고개가 아니라 영동과 영서를 잇는 관문이다. 1975년 영동고속도로 2차선이 개통되면서 13Km에 달한 굽이 굽이 아흔 아홉 개의 눈물고개는 '옛길 등산로'로 단장되었고, 2001년 4차선 확장공사로 횡계에서 강릉간 21.9Km 구간이 외곽으로 터널을 뚫어 2차선 고속도로 마저 옛길이 되었다. 대관령 휴게소를 지나 대관령 옛길의 표지석이 있는 윗반정에서 대관령 박물관이 있는 어흘리에 이르는 약 5Km의 구간을 '옛길'이라고 한다. 고개가 험해 오르내릴 때 '대굴대굴 구르는 고개'라는 뜻에서 '대굴령'을 한자로 적어 대관령이 되었다고 하는데 아무래도 영동과 영서를 잇는 큰 관문(大關)으로 보는 것이 타당할 것 같다.

조선의 어머니, 신사임당을 기리며!

여기서 신사임당의 이야기를 빠트릴 수 없다. 사임당 신씨가 출가한 뒤 친정인 강릉 오죽헌烏竹軒에 왔다가 다시 대관령을 넘으며 어머니를 두고 가는 심정을 그린 사친시思親詩가 잔잔한 감동을 준다.

  踰大關嶺望親庭 (유대관령망친정) 대관령을 넘으며 친정을 그리네
  慈親鶴髮在臨瀛 (자친학발재임영) 백발의 어머님은 임영(강릉)땅에 계시는데
  身向長安獨去情 (신향장안독거정) 이몸 홀로 한양 향해 떠나는 심정
  回首北村時一望 (회수북촌시일망) 때때로 고개돌려 북촌을 바라보니
  白雲飛下暮山靑 (백운비하모산청) 떠나는 흰구름 아래 푸른 산만 저무네

대관령 표지석은 구 고속도로 고갯마루에서 지난 날의 영화를 그리워 하는 듯 오가는 차량에 눈길을 주고 신재생에너지 전시관은 한 때 호황을 누렸던 대관령 휴게소가 용도 변경되어 연구용 풍차 3기를 거느리고 백팔 번뇌를 떨쳐 버리듯 백팔 계단으로 영동고속도로 준공 기념탑과 연결되어 있다.

오늘이 일요일이라서 마지막 단풍

나들이 나온 차량들이 틈새없이 주차장에 빼곡하게 들어 차 있다.
　대관령 가까운 곳에 민박집을 찾으려고 도보 이동을 하다보니 고랭지 농업 연구소를 지나고 대관령면 사무소에 이른다. 건너편 버스터미널 옆 동호장에 여장을 풀고 '허생원 생 메밀꽃 술' 막걸리를 곁들여 소머리국밥으로 저녁식사를 한다. 막걸리의 얼큰한 취기에 대관령의 밤을 맞이한다.

▼ 능경봉 ⋯ 대관령능선

구간 일지

제33-1구간 (삽당령-닭목령/ 12.7Km)

2015년 10월 24일 토요일 맑음

시간	구간	표고 (m)	거리 (Km)	접속(비상탈출)	숙영자료
07:35	삽당령	680	1.8	35번 국도 (정선/임계-성산/강릉)	물, 공터
08:23	862봉	862	2.8		
09:42	978.8봉	978.8	1.0		
10:15	석두봉	992	2.1		
11:35	송백봉	990	1.8		
12:40	큰용수골 삼거리		1.3	큰용수골 1.9Km	
13:13	화란봉	1,069.1	1.7		하늘전망대
14:20	닭목령	700		415번 지방도 (강릉/성산-왕산 대기리/임계)	

- 산행거리/소요시간 : 12.7Km+접속6Km/ 6시간 45분+2시간 30분
- 일출/일몰시간 : 06:41/ 17:36
- 교통
  - 들머리 : 삽당령/35번 국도(정선/임계-성산/강릉)
  - 날머리 : 닭목령/415번 지방도(강릉 성산면-왕산면 대기리-임계면
    - 강릉시외버스터미널(강릉-삽당령) 033-643-6093
    - 임계시외버스터미널(임계-삽당령)
    - 강릉택시(강릉-삽당령, 닭목령) 033-651-1155
    - 임계콜택시(임계-삽당령, 닭목령) 033-562-2400
    - 성산면택시(성산-삽당령, 닭목령) 033-646-6666
- 숙박/식사
  - 임계 대성모텔(삽당령, 닭목령) 033-562-0273
  - 성산모텔(삽당령, 닭목령) 010-4764-2856

구간 일지

제33-2구간 (닭목령-대관령/ 14.8Km)

2015년 10월 25일 일요일 맑음

시간	구간	표고 (m)	거리 (Km)	접속(비상탈출)	숙영자료
07:00	닭목령	700	3.0	415번 지방도 (강릉 성산면-대기리-임계면)	매점, 물, 공터
08:19	왕산제1쉼터		1.7		
09:10	왕산제2쉼터	952	1.3		
09:52	고루포기산	1,238.3	0.2	제1쉼터→전략촌→대관령면사무소	
10:12	화약골삼거리		1.0		
10:30	대관령전망대		2.3	갈림길→버들골→대관령면사무소	
11:10	왕산골삼거리		0.8	왕산골 2Km	샘터 0.8Km
11:32	샘터이정표		2.4	횡계치	
12:55	행운의돌탑		0.3		
13:07	능경봉	1123.2	1.2		
13:50	영천약수		0.6		물, 공터, 쉼터
14:10	대관령	832		(구)영동고속국도 (진부/횡계-성산/강릉)	휴게소, 물, 공터

- **산행거리/소요시간** : 14.8Km+접속6Km/ 7시간 10분+ 2시간 30분
- **일출/일몰시간** : 06:42/ 17:35
- **교통**
  - 들머리 : 닭목령/415번 지방도(강릉 성산면-왕산면 대기리-임계면)
  - 날머리 : 대관령/(구)영동고속국도(진부/횡계-성산/강릉)
    강릉시외버스터미널(강릉-성산-삽당령, 닭목령) 033-643-6093
    강릉택시(강릉-삽당령, 닭목령) 033-651-1155
    성산택시(성산-삽당령, 닭목형) 033-646-6666
    횡계택시(횡계-대관령) 010-5364-2499
- **숙박/식사**
  - 성산모텔(삽당령, 닭목령) 010-4764-2856
  - 횡계 동호장모텔(대관령) 033-335-3200
  - 횡계 은성민박(대관령) 033-335-5587
  - 횡계 콘도형민박(대관령) 033-335-1010

오대산

五臺山

　　오대산 五臺山은 우리나라 주 산줄기인 백두대간의 중간에 위치하고 있으며 해발 1,563m의 비로봉 毘盧峰을 주봉으로 호령봉 虎嶺峰 1,561m, 상왕봉 上王峰 1,491m, 두로봉 頭老峰 1,422m, 동대산 東臺山 1,434m 등 다섯 봉우리가 병풍처럼 늘어서 있고 동쪽으로 따로 떨어져 나온 노인봉 老人峰 1,338m 아래로는 천하의 절경 소금강이 자리한다. 강원도 강릉시, 홍천군, 평창군 등 3개 시·군에 걸쳐 있는 오대산은 한국 불교 문화를 꽃 피운 월정사 月精寺와 상원사 上元寺의 새벽 예불 목탁소리에 일어나고 저녁 예불 목탁 소리에 잠드는 산으로 국보와 보물로 지정된 불교 문화재와 보전 가치가 높은 자연 생태를 바탕으로 명승지 제1호인 소금강을 포함하여 1975년 국립공원 제 11호로 지정되었다.

　　오대산은 다섯 개의 봉우리와 다섯 개의 대臺, 암자가 있다고 하여 붙여진 지명으로 그 배경에는 중국 산서성 동북부에 있는 청량산과 관계가 있다고 한다.

중국의 청량산에는 사방 다섯 봉우리가 누대樓臺처럼 되어 있어 오대산이라고도 하는데 문수보살文殊菩薩이 머무는 곳으로 중국에서 가장 유명한 불교 성지이다.

신라 고승 자장율사가 중국 당나라의 오대산 문수 신앙을 받아들여 신라 선덕여왕 12년643년 비로봉 아래에 석가모니의 사리를 봉안하여 적멸보궁寂滅寶宮을 창건했고 2년 뒤 동대 만월산 아래에 월정사를 세웠다고 한다.

오대산의 주봉인 비로봉에는 중대中臺인 사자암과 적멸보궁이, 동대산 아래 만월산에는 동대東臺 관음암이, 남쪽 기린산에는 남대南臺 지장암이, 서쪽 호령봉에는 서대西臺 수정암이 그리고 북쪽 상왕봉에는 북대北臺 미륵암이 각각 위치하고 있다.

서대 수정암에는 속리산의 삼파수三波水, 충주의 달천達川과 함께 조선의 삼

대 명수 明水로 꼽히는 우통수 于筒水가 있는데 물의 빛깔과 맛이 특이하고 물의 무게가 다른 물보다 무거워 우통수라 불린다. 이 우통수를 한강의 발원지라고도 하니, 태백산의 검룡소도 한강의 발원지라는 데 어느 곳이 한강의 발원지인지 나로서는 알 수 없다.

월정사 전나무 숲길은 일주문에서 월정사까지 약 1Km의 숲길로 그 옛날 심은 아홉 그루의 전나무 중 두 그루가 살아 남아 퍼진 것이라고 한다. 천년을 넘는 세월을 월정사와 동거동락하였다 하여 '천년의 숲'이라고 부른다.

월정사에서 오대천을 따라 상원사에 이르는 10여Km의 옛 길을 선재길이라고 한다. 이 길은 세조 임금이 상원사로 행차했던 길이요 도반 道伴들과 죽장망해단표자 竹杖芒鞋單瓢子의 나그네들, 화전민 火田民들이 다니던 애환의 길로 봄,

여름, 가을, 겨울의 계절에 따라 그리고 아침, 낮, 저녁에 따라 변화무쌍한 일천육백년 전 자장율사가 걷던 길을 걸으면서 나를 되찾아보는 것도 의미가 있으리라.

상원사 입구에 있는 관대걸이는 세조가 목욕할 때 의관을 걸어놓은 곳이다.

월정사에서 상원사 가는 선재길 중간 왼쪽에 있는 영각사는 「조선왕조실록」을 보관했던 오대산 사고史庫가 있는데 일제가 1913년 10월 일본으로 강탈해 갔으나 1923년 9월 일본의 관동 대지진으로 대부분 소실되었고 동경대학 종합 도서관에 소장되었던 「중종실록」20책과 「선조실록」7책 등 27책만 반환하였다가 최근에 「성종실록」9책, 「중종실록」30책, 「선조실록」8책 등 47책이 추가로 발견되어 반환되었다고 하니 그나마 다행이다.

▼ 오대산 비로봉 ⋯→ 상왕봉, 두로봉, 동대산, 노인봉, 황병산

제34구간
日出壯觀, 茫茫大海

대관령 - 소황병산 - 진고개(24.1Km)
2015.10.26. (월) 맑음

　새벽 4시에 일어나서 어제 준비한 샌드위치로 간단히 요기를 하고 택시로 대관령 국사성황당 입구 표지석에 도착한다.
　하늘에는 별이 초롱초롱 빛나고 캄캄한 5시에 들머리를 통과해서 통나무 계단을 따라 올라가다가 비포장임도에 들어서고 다시 시멘트 포장임도로 이어진다. 바리케이트를 통과하고 군사 시설물 철거 현황판을 지나서 KT대관령 중계소 철조망에는 무수히 많은 대간 리본들이 저마다의 무용담을 자랑하고 있다.

성황당 갈림길에는 세 개의 이정표가 있다. 하나는 재궁골 등산로 입구 2.7Km, 또 하나는 보광 유스호스텔 10.8Km와 바우길 제 2구간임을 알리고, 다른 하나는 선자령 3.7Km, 반정 1.6Km를 알리고 있다.

'바우길'은 강릉 토박이 산악인들이 개척한 백두대간의 산길과 경포, 정동진 등 동해의 바닷길을 잇는 일반코스 17개 구간과 국민의 숲길, 울투라 바우길, 계곡 바우길 등 특별 3개 길 포함 20개 코스 총 350Km에 달하는 도보 답사 길이다. 그 중 제 2구간은 '대관령 옛길'로 대관령 하행 휴게소에서 출발하여 국사성황당, 반정, 옛주막터를 거쳐 보광리 자동차 마을 또는 대관령 박물관에 이르는 14.7Km 또는 10.7Km의 구간을 말한다.

이곳에서 성황당까지는 200m거리 밖에 되지 않지만 오늘 구간 거리가 만만치 않아 그냥 대간길로 발걸음을 재촉한다.

대관령 국사성황사 國師城隍祠 와 산신각 山神閣 은 각각 범일국사 梵日國師 810-889 와 김유신 金庚信 595-673 장군을 모신 곳이다.

성황사 양 옆에 호랑이 두 마리를 거느리고 말을 탄 서낭신인 범일 국사는 강릉 태생으로 신라 말 국사를 지낸 선승으로 출생에 관한 전설이 전해지고 있어 소개한다.

아득히 먼 옛날 학산 鶴山 마을에 과년한 처녀가 살고 있었다. 하루는 마을 앞 석천 石泉 에 물을 길으러 갔다가 물을 뜬 바가지에 햇빛이 유난히도 밝게 비치는지라 아무 생각 없이 물을 마셨는데 그 후 태기가 있고 아이를 낳았지만 처녀가 아이를 낳았다는 수치심에 아이를 포대기에 싸서 마을 뒤 학바위에 갖다 버렸다. 사흘이 지나 다시 가보니 죽었으리라 생각했던 아이가 살아 있고 학 한 마리가 아기를 품어주고 신기하게도 붉은 열매 세 개를 주며 보살피고 있었다. 그 처녀는 아이를 다시 데려와 키웠고 그가 훗날 구산선문九山禪門의 하나로 사굴산파闍崛山派의 하나인 굴산사堀山寺를 창건한 범일국사. '범일梵日'이란 이름은 해가 떠 있는 바가지의 물을 마시고 태어난 데 따른 것이라 한다. 그는 입적한 후 강릉과 영동 지역을 수호하는 '대관령 국사서낭신'이 되었고 그 후 강릉지역에 왜군이 쳐들어왔을 때 나무를 군사로 변하게 하여 물리쳤다는 전설도 전해지고 있다.

여기에 하나 더 흥미로운 이야기가 있다.

대관령 서낭신이 호랑이를 시켜 강릉의 처녀를 데려와 혼배 한 날이 음력 사월 보름으로 이에 맞추어 해마다 국사성황제와 산신제를 지내고 이후 서낭신인 신목神木을 모셔다 강릉시 홍제동에 있는 여서낭신과 만나 단오제동안 합사한다고 한다. 매년 음력 오월 오일 강릉 남대천 일원에서 열리는 강릉 단오제는 2000년 유네스코 세계 무형 문화 유산으로 지정되어 세계적인 축제로 자리매김하고 있다.

다시 백두대간 산행길로 가보자

선자령 3.2Km를 알리는 이정표 앞에서 갑자기 전기불이 켜지면서 방송멘트가 나온다. '자연을 보호합시다. 산불을 예방합시다. 아름다운 자연을 후손에게 물려줍시다.'라는 자연보호와 산불 예방 캠페인 방송이다.

산길로 접어들고 오른쪽 철조망 울타리가 쳐진 국가 주요시설을 따라가다가 만난 이정표는 선자령 가는 길이 두 갈래로 갈라졌다가 다시 합류한다고 표시되어 있다. 왼쪽 길은 산봉우리를 우회하는 것 같고 오른쪽 길은 산봉우리를 지나는 것 같아 헹여 일출을 볼 수 있을까 하는 기대 속에 우측 길을 선택한다.

잠시 후 전망대 데크에 이르는데 여기는 지도상의 새봉 1,060m 이다.

전망대에 올라 성급한 일출을 기대해 보지만 아직도 30여분이나 남았고 일출 대신 동해 바다의 붉은 빛 감도는 여명과 강릉시와 영동 고속도로의 화려한 불빛에 만족하며 대간길을 이어 나간다.

대관령과 선자령 중간 지점 안테나 철탑을 지나자 들꽃과 야생초 설명판이 도열한다. 붓꽃, 골풀, 할미꽃, 미역취, 엘레지, 꽃창포, 기린초 등.

전망대 오르기 전 두 갈래로 나뉘었던 등로가 합류하는 곳을 지나고 조그마한 봉우리를 우회하여 직전방에 풍력 발전기 모습이 나타나고 억새가 우거진

▼ 새봉전망대에서 강릉시의 여명

바위 위에 올라가서 행여 일출을 볼 수 있을까 짧은 목을 빼 보지만 낮은 구름이 동해 바다 위를 먼저 점령하고 있을 뿐이다.

다시 야생초 설명판의 도열을 받으며 마치 개선장군처럼 보무도 당당하게 전진한다. 무늬천남성, 복수초, 용담, 하늘나리 등.

왼쪽으로는 목초지가 계속 이어지고 뒤돌아 멀리 대관령면 시가지는 이미 운해가 점령하였고 그 위로 섬처럼 떠 있는 산 능선이는 햇살에 선명해진 대관령 풍차와 어우러져 이색적인 분위기를 연출하고 있다.

야생초 전시장은 계속된다. 족도리풀, 장구채, 동자꽃, 애기 앉은 부채, 노루오줌 등 오늘 야생초에 대해서 꽤나 공부한 셈이다. 왼쪽 넓은 목초지에 개인용 텐트가 두 동이 쳐져 있고 밑에 있는 한 동에는 젊은 친구 한 명이 침낭을 털고 있고 위에는 아직도 꿈나라인지 텐트 쟈크는 굳게 닫혀 있다. 저들도 대간 산행 중 이곳에서 비박을 한 것인지 알 수는 없으나 드높은 하늘을 지붕 삼고 광활한 초지를 안방삼아 하룻밤 보내는 것도 젊은이의 특권이리라.

이곳이 정녕 우리땅 이던가?

이정표 하나를 더 지나 거대한 돌기둥이 아침 햇살에 눈부시다. 선자령이란다. 거대한 돌기둥은 선자령 표지석인데 백두대간 보호지역 지정 2009년 9월 9일 일주년에 즈음하여 우리 국토의 핵심 생태축인 백두대간을 영원히 보호하고 국운강성과 민족통일을 염원하는 뜻으로 산림청에서 2006년 1월 26일 세웠다. 그 앞에 평창군 표지석이 왜소한 몸매에 수줍어 하고 있는 모습이 대조적이다.

선자령(1,257m)은 평창군 대관령면 횡계리와 강릉시 성산면 보광리를 잇는 고개로 옛날에는 대관산(大關山), 혹은 보현산(普賢山)이라 불렀고, 북동쪽 능선 자락에 있는 보현사에서 보면 마치 떠오르는 보름달과 같다고 해서 만월산(滿月山)이라고도 불렸다고 한다.

사실 고개나 령(嶺)하면 산과 봉우리 사이에 있는 비교적 낮은 안부로 인식되는데 선자령은 하나의 산봉우리여서 옛날 불리웠던 대관산이나 보현산 등의 이름이 더 어울릴 것 같다.

정상에는 매봉 6Km를 알리는 이정표와 쉼터 및 헬기장이 있고 특히 산악 기상 관측장비가 설치되어 있어 산악 지형의 기온, 바람, 강수량 등을 관측하여 국민들에게 실시간으로 산악 날씨를 제공함으로써 산림재해를 예방하고 국민 안전과 재산 피해를 최소화하는데 기여하고 있다.

선자령의 정상은 사위가 확 특여 더할 나위 없는 조망을 선사하고 있다.

북으로는 광활한 목초지와 풍력 발전기가 즐비하고, 뒤로는 운해 위로 섬처럼 떠 있는 능경봉과 지나 온 대간 봉우리들이 햇살에 빛을 발하는 풍차와 붉은 색을 띄는 초지와 어울려 이국적인 풍경을 자아내고 있다.

선자령을 내려서는 순간 더한 장관이 연출되고 있다. 수십 개의 팔랑개비가 모두 돌면서 이 곳이 정녕 대한민국의 땅이 맞는가 싶을 정도로 파노라마가 이어지고 있는데 이곳의 풍력 발전기는 49기라고 하니 놀랄 수 밖에 없다.

임도를 따라 풍력 발전기를 지나면서 삭도 돌아가는 '쉬이이 쉬이잉' 귓전을 때리는 소리가 소름끼칠 정도다.

어린 주목 식재지를 지나 오른쪽 산길로 접어들어 나즈목이를 지나고 왼쪽은 목초지, 오른쪽은 철조망을 따라가다가 대공산성 갈림길을 만난다.

대공산성(大公山城)은 보현산성(普賢山城) 또는 대궁산성(大弓山城)이라 불리기도 하는데 백제 온조왕이 도읍지를 정하고 군사 훈련을 시키기 위해 쌓은 산성이라고도 하고, 또는 8세기 초 발해의 대조영이 쌓은 산성이라고도 하나 이들과 직접 연결될 가능성은 적다고 한다. 산성의 축성 연대와 축성 내역은 자세하지 않으나 둘레길이 4Km로 내부에는 건물터, 우물터, 성터 등이 남아 있다.

초지를 가로질러 임도를 따라 조금 올라가서 곤신봉 정상석과 마주한다.

정상석 뒤로는 바위 무더기와 잡목이 몇 그루 있고 봉우리 정상이라기보다는 능선 상 임도에 불과해서 정상석이 없으면 정상인지도 모르고 지나칠 뻔했다.

목초지와 목장건물, 풍차까지 어우러지고 저 멀리 운무에 싸인 횡계 마을까지 유럽의 알프스를 연상케한다.

임도와 목초지가 반복되다가 임도를 계속 따라 올라가 영화 '태극기 휘날리며'촬영지 안내판 앞 표지석은 해발 1,140m를 알리고 그 반대편에 영화 ' 내 여자친구를 소개합니다'와 인기 걸그룹 소녀시대의 '삼양라면 CF'촬영 간판이 있고 '숲 속의 여유'현관문에서 다시 돌아 목재로 된 길을 건너 '바람의 언덕' 현관문을 넘어서 '동해전망대'데크에 도착한다.

동해 전망대 표지석은 '日出壯觀 茫茫大海 希望의 展望臺 일출장관 망망대해 희망의 전망대'라고 알린다. 현 위치에서 대청봉, 발왕산, 소황병산, 정동진 등 주요 지점의 방향을 표시해 주는 방향 표지석도 있다.

해발 1,140m에 위치한 전망대에 오르면 동해 바다와 강릉시가 한눈에 들어오지만 오늘은 미세먼지가 망망대해의 꿈을 앗아가 버리고 아스라이 출렁대는 파도만 가늠할 뿐이다.

백두대간 길목에 위치한 이곳은 삼양목장에서도 쉽게 오를 수 있어 일반 관광객이 많이 찾는 곳이다. 4월 말부터 11월 초까지 삼양목장 매표소에서 셔틀버스가 운행되고 이 외의 기간에는 개인차량 또는 도보로도 오를 수 있다.

삼양목장은 1972년 600여 만평의 광활한 대관령 고원지역에 조성된 동양최대의 초지 목장으로 봄이면 만발하는 야생화가, 여름이면 바람에 일렁이는 목초지의 바다가, 가을이면 목장 계곡의 화려한 단풍이, 겨울이면 눈의 세계가

펼쳐지는 자연백경 自然白景이 전개된다.

전망대를 뒤로 하고 바리게이트와 출입금지 간판을 슬쩍 흘겨보면서 통과하고 임도를 따라 가다가 매봉 표지판과 출입금지 경고판이 앞을 가로 막는다.

출입금지 경고판에 눈을 흘기며!

목책을 넘어 임도를 따라 가다가 오른쪽 산 길을 오르고 '연곡 320'이라고 표기된 삼각점과 무슨 간판을 설치했다가 철수한 것으로 보이는 파괴된 시멘트 기둥을 지나 철조망을 넘어서 매봉에 도착한다.

매봉(鷹峰 1,200m)은 산봉우리라기 보다는 평탄한 지점으로 조그마한 돌에 매봉이라고 페인트로 써 놓은 글씨가 희미하다.

매봉을 지나 초지 우측을 따라가 출입금지 간판과 목책이 나오는데 매봉에서 노인봉에 이르는 이 구간은 출입금지 구역이므로 2027년까지 소금강으로 우회하란다.

　목책을 살짝 넘는 순간 갑자기 방송 멘트가 나온다. '오대산 국립공원 관리소에서 알려드립니다. 이곳은 국립공원 특별보호구역으로 일반인 출입을 통제하고 있습니다. 위반시 자연공원법에 의해 과태료가 부과됩니다. 즉시 하산하십시오.'
　혼비백산해서 쳐다보니 감시카메라가 저승사자처럼 우뚝 서서 노려보고 있다. 어디선가 감시원이 지켜보고 있는 것처럼 느껴진다.

　목책을 넘어 초지와 잡목 사이 소로길로 뛰쳐 달려 나가고 주변을 살필 마음의 여유도 없이 지도상의 천마봉 갈림길을 확인하지도 못한 채 서쪽 방향으로만 내달리는데 가도 가도 왼쪽의 초지는 끝이 없다.

　한동안 정신없이 가는데 철파이프 차단기 위에 나부끼는 대간 리본은 반가움을 넘어서 눈물이 날 지경이다.

　임도를 건너 다시 산길로 접어들고 여름철 그 푸르름을 다 떨쳐 버리고 앙상한 나뭇가지만 바람과 싸우고 있는 나무들이 애처롭게 느껴진다.

　국립공원 특별 보호구역 안내판을 지나고 오른쪽으로 물이 조금 흐르는 지점을 지나 직사각형으로 주변을 돌로 쌓고 위쪽에 흰 돌 세 개가 놓여 있는 제단 같은 곳을 지나서 오르막을 치고 올라선다.

　광활한 목초지가 전개되고 목책과 국립공원 특별보호구역 안내판이 설치된 곳에서 낮은 포복으로 목책을 넘어서려는 순간 반대 방향을 향하고 있던 지옥의 사자인 감시카메라가 방향을 바꾸더니 '하산하라'는 멘트가 나와 깜짝 놀라 목초지로 뛰쳐나간다. 사실 초보 대간꾼에서 아짓 벗어나지 못한 탓인지 놀라고 당황해서 사진 한 장도 담지 못하였는데 대간 종주 후 이곳을 다시 찾았고 여기에 수록된 사진들은 이때 찍은 것이다.

    소황병산 드넓은 초지 너머로 황병산의 군사 시설이 보인다.

    소황병산 小黃柄山 1,328m 정상은 정상석도, 표지판도 보이지 않고 넓디 넓은 목초지만 시야에 들어올 뿐이다.

    감시초소에 혹시 감시원이라도 있을까봐 가급적 멀리서 지나고 철조망과 목책을 통과하여 산길로 접어든다.

    이정표도 대간 리본도 없는 호젓한 대간길에 노란색 표지판은 'B-3'라 새겨 있고 산 하나를 왼쪽으로 돌아서 또다시 만나는 'B-2'가 이정표 역할을 해준다.

▼ 소황병산 초지

안개자니 갈림길도 확인하지 못하였으나 갈림길에서 왼쪽으로 내리면 안개자니에 이르고 오른쪽 너등을 지나 소금강 계곡과 연결된다. 커다란 바위 암봉에 오르니 직전방 정상 부위가 하얀 노인봉의 모습과 겹겹이 이어지는 준봉들이 자태를 드러낸다.

다시 대간길을 따라 북서진하고 있는데 진행 방향 쪽에서 낙엽 밟는 발자국 소리에 행여 감시원인가 하고 긴장을 늦추지 않고 있는데 발자국 소리가 점점 가까워지더니 고개를 돌리자 5m도 안되는 곳에서 커다란 멧돼지 한 마리가 스치듯 뛰쳐 지나치면서 눈빛이 마주치는 순간 등골이 오싹해진다.

긴장된 순간이 지나고 함숨 돌리려는데 이번엔 감시카메라가 지옥의 사자인양 앞을 가로막는다. 최대한 자세를 낮추어 낮은 포복으로 우회로를 따라 피해가니 다행히 감지하지 못한 모양이다.

잠시 후 건물 하나가 보이고 목책을 넘어 노인봉 무인 대피소 간판이 걸려있다. 젊은 부부로 보이는 한쌍이 진고개에서 왔다가 다시 진고개로 돌아 간단다.

노인봉 대피소 이정표는 소금강분소 9.9Km, 노인봉 0.3Km를 알린다.

五臺山 小金剛!

소금강(小金剛)은 노인봉 동쪽 기슭, 강릉시 연곡면 삼산리 청학동에 자리하고 예로부터 강릉 소금강, 명주 소금강, 연곡 소금강, 청학동 소금강 등으로

오대산

불리다가 오대산 국립공원에 편입된 뒤로는 오대산 소금강으로 통칭되고 있다. 소금강이란 이름은 조선 시대 학자 율곡(栗谷) 이이(李珥 1536-1584)가 찾아와 머물면서 남긴 「청학산기(靑鶴山記)」에서 유래한 것으로 빼어난 산세가 금강산 못지 않다하여 붙여진 이름이다.

13Km에 달하는 청학천靑鶴川 계곡의 곳곳에서 볼수 있는 맑은 물과 급류, 폭포, 소, 담, 암반 및 암벽 등이 봉우리와 한데 어울려 수려한 경관을 자랑하고 있다. 낙영폭포, 백운대, 만물상, 선녀탕, 연화담, 십자소, 구룡폭포 등 천하 절경이 줄을 잇고 특히 만물상과 구룡폭포는 금강산의 것과 동명동태同名同態의 모습이고 연화담은 금강산의 련주담과 흡사한 모습이라고 한다.

여기서도 비운의 신라 마의태자를 빼놓을 수가 없다. 망국의 한을 품고 금강산으로 향하던 중 이곳에 은둔하면서 망국의 한을 풀려고 쌓았다는 아미산성阿媚山城과 훈련하던 병사들이 식사하였다는 식당암도 유서 깊은 고적古蹟의 한부분이리라.

소금강 내 유일한 사찰인 금강사金剛寺 앞 영춘대라는 거대한 바위에 율곡이 썼다고 전해지는 '小金剛'이란 글씨가 뚜렷한데 계곡 초입에 있는 소금강 표지석 뒷면 안내판에는 율곡 선생이 식당암에 새겨 놓은 친필을 탁본하여 표지석에 옮겨 놓았다고 하니 다소 어리둥절하다.

다시 대간길로 돌아가자.

노인봉 삼거리 지나서 돌을 깔아 놓은 급경사 오르막을 치고 올라가 노인봉 정상에 도착한다.

노인봉(老人峰 1,338m)은 완만하고 기묘하게 생긴 화강암 봉우리가 우뚝 솟아 있고 그 상단부에 화강암 정상석이 봉우리의 일부인 양 세워져 있는데 그 모습이 멀리서 보면 백발 노인의 모습과 같아 보인다 하여 붙여진 이름이다.

노인봉 정상에서 바라본 동해 조망판에는 주문진 시가지, 강릉 경포대 등이 나와 있으나 미세 먼지 현상으로 보이지 않고 지나온 매봉, 소황병산 그리고 황병산의 군사시설이 비교적 뚜렷한 모습으로 시야에 들어온다.
　휴일 같으면 소금강에서 노인봉까지 많은 등산객이 붐빌텐데 월요일이어서인지 노인봉 무인 대피소에서 만난 젊은 한쌍 외에는 사람을 만날 수 없다.
　노인봉을 뒤로 하고 삼거리로 돌아와 진고개 방향으로 향한다. 내리막 돌계단을 내리고 이정표 두 개를 지나 안전 쉼터에서 잠시 쉬어간다.
　이곳에도 멧돼지가 파헤친 흔적이 여기저기 널려 있고 멧돼지 출몰 경고판과 멧돼지와 조우시 대처 요령 프랭카드가 걸려 있다.
　주목으로 보이는 어린 나무들이 식재된 곳에 진고개 고위평탄면 안내판이 눈길을 끈다. 진고개 정상부 일원에는 해발 900-1000m의 고지대임에도 비교적 넓고 평탄한 지형이 형성되어 있는데 침식작용을 받은 평탄면이 융기하여 높은 고지대에 위치한 고위평탄면 지형을 형성하였고 한반도의 일부지역에만 분포하고 있다. 한반도 융기와 관련한 특징은 서쪽 사면인 평창군 방면은 비교적 완만한 경사를 이루지만 동쪽 사면인 강릉방면은 상대적으로 급경사를 이루어 비대칭의 형태, 즉 동고서저 東高西低 의 단면을 이루고 있다.

진고개 탐방지원센타를 지나고 진고개 오대산 국립공원 표지탑을 지나서

▼ 노인봉 ⋯▸ 소황병산 / 황병산

진고개 정상 휴게소에 이른다. 넓은 주차장에는 몇 대의 차만 주인을 기다리고 있고 휴게소는 한가하다.

진고개는 해발 960m의 큰 고개로 영동과 영서를 잇는 주요 길목 중 하나다. 평창군 진부면과 강릉시 연곡면을 연결하는 6번과 59번 국도가 통과한다. 진고개라는 지명은 비가 오면 땅이 질어져서 붙여진 이름이라고 하여 옛 대동여지도에는 한자로 니현(泥峴)으로 표기했다. 또 다른 유래는 고개가 길어서 '긴 고개'라고 하다가 방언의 구개음화로 진고개가 되었다고도 한다.

진고개에서 진부로 가는 차에 편승해서 진부 버스 터미널에 도착하고 오후 5시 10분 동서울행 버스에 몸을 싣는다. 그리고 아내와 아이들에게 문자를 보낸다.
'내일 비가 온다고 해서 진부발 동서울행 5시 10분차로 상경함'

구간 일지

제34구간 (대관령-진고개/ 24.1Km)

2015년 10월 26일 월요일 맑음

시간	구간	표고 (m)	거리 (Km)	접속(비상탈출)	숙영자료
05:00	대관령	832	1.4	(구)영동고속국도 (진부/횡계-성산/강릉)	휴게소, 물, 공터
05:43	성황당갈림길		2.6	국사성황당 0.2Km	성황당, 물, 공터
07:05	선자령	1,157	1.0	초막골갈림길→초막골→(구)영동 고속국도	
07:30	나즈목이	990	1.8	삼양목장임도	
08:27	곤신봉	1,136	1.7		
08:58	삼양목장삼거리	1,140	0.5	삼양목장임도	
09:10	동해전망대	1,140	1.8	삼양목장임도	전망대, 공터
10:25	매봉	1,173.4	4.6	삼양목장임도	
12:35	소황병산	1,328	1.3	황병산 군사시설	
13:05	안개자니갈림길		2.4	안개자니→6번, 59번 국도	
14:15	노인봉	1,306	4.0	노인봉대피소	대피소, 물, 공터
16:00	진고개	960		6번, 59번 국도(주문진-진부)	휴게소, 물, 공터

- **산행거리/소요시간** : 24.1Km/ 13시간
- **일출/일몰시간** : 06:43/ 17:34
- **교통**
  - 들머리 : 대관령/(구)영동고속국도(진부/횡계-성산/강릉)
  - 날머리 : 진고개/6번, 59번 국도(주문진/강릉-진부)
    강릉택시(강릉-대관령) 033-651-1155
    횡계택시(횡계-대관령) 010-5364-2499
    진부택시(진부-진고개) 033-335-0088
- **숙박/식사**
  - 횡계 동호장모텔(대관령) 033-335-3200
  - 횡계 은성민박(대관령) 033-335-5587
  - 횡계 콘도형민박(대관령) 033-335-1010
  - 노인봉민박(진고개)   033-332-6650
  - 진부알프스모텔(진고개) 033-335-4558

제35구간

生不生, 死不死

📍 **35-1 진고개 - 동대산 - 두로봉(7.7Km+9.3Km)**
2016.02.20. (토) 흐림

    어느덧 해가 바뀌어 2016년 병신년 丙申年에 접어든지도 벌써 이월 하순에 접어들었다. 해가 바뀐 대간 산행은 우리나라 근대 불교계에 큰 족적을 남긴 효봉스님 이야기부터 시작한다.
    효봉 曉峰 1888-1966 스님은 본명 이찬형으로 일제 강점기 때 일본 와세다 대학 법학부를 졸업하고 판사로 재직하였는데 독립 투사에게 사형 선고 후 괴로워 하다가 10년 간의 판사 생활을 그만두고 만주 등지에서 방황하고 엿목판을 지고 누더기를 걸친 채 3년 간 조선 팔도를 엿장수로 고행하였다. 1925년 금강산 신계사 보은암의 석두 石頭 화상으로부터 사미계를 받고 출가하신 분으로 법정 法頂 1932-2010 스님과 고은 高銀 시인의 스승이기도 하였다. 효봉스님이 대한 불교 조계종의 초대 종정으로 계실 때 이승만 전 대통령의 생일 축하연에 참석했는데 대통령이 스님의 생일은 언제냐고 물었고 이에 스님의 대답이 "살아도 산 것이

오대산

아니요, 죽어도 죽은 것이 아닌데 생일이 어디 있겠소 生不生, 死不死?"라는 말을 남긴 것으로도 잘 알려져 있다.

'生不生, 死不死'의 뜻은 두 가지가 있다고 한다. 첫째는 '남生이란 한조각 구름이 일어난 것과 같으니 죽음 또한 한조각 구름이 사라지는 것과 같다. 뜬 구름은 본래 실체가 없음이니 나고 죽고 오고 가는 것 또한 이와 다를바가 없다'는 철학적이며 종교적인 의미이고, 또 하나는 중이 도道를 깨우치지 못하면 살아도 사는 것이 아니고 죽어도 죽은 것이 아니라는 현실적인 뜻이 담겨 있다고 한다.

나 같은 連雀연작이 어찌 효봉스님같은 鴻鵠홍곡의 뜻을 알리요마는 요즘의 내 심정이 바로 그러하지 않을까?

백두대간의 종주 막바지에 접어든 오대산은 초보산꾼에게 쉽사리 문門을 허락하지 않는 듯, 지난 해 12월 7일 진고개에서 출발하여 동대산을 오르다가 눈이 쌓여 무릎까지 빠지고 남향인 대간길은 눈에 반사된 아침 햇살에 설맹雪盲의 두려움마저 느끼고 중도 포기한 적이 있다. 겨울 산행의 경험이 별로 없었던지라 고글도 챙기지 못하고 왔으니 겨울 산행이 가능하였겠는가?

유비무환有備無患이 아니라 무비유환無備有患을 남기고 작전상 후퇴를 한 후 잦은 폭설로 산행을 하지 못했을 뿐 아니라 과년한 큰딸 아이 상견례 이후 사돈될 집에 큰 교통사고가 나서 사돈 내외 분이 중상을 입고 병원에 입원 해 있으니 답답하고 막막한 심정이 오죽했겠는가?

다행스럽게도 미루었던 혼례식을 5월로 확정하고 예식장까지 예약하고 나니 백두대간에 대한 열망으로 며칠을 끙끙 앓다가 어제 오후 진부행 버스에 몸을 싣게 되었고 진부 알프스 모텔에 여장을 풀었다.

　아침에 택시를 타고 진고개로 향하는데 나이 지긋한 택시기사가 오대산에 얽힌 이야기를 들려준다.

　옛날에는 상원사 스님들은 별도의 공양준비를 하지 않고 월정사에서 날라다가 공양을 하였는데 어느 눈이 많이 내린 겨울날 젊은 스님이 공양을 지고 가다가 거대한 소나무가 눈의 무게를 이기지 못하고 꺾이면서 공양을 지고 가던 스님을 덮치고 길이 끊겨 상원사 스님들은 며칠동안 공양을 하지 못하였다고 한다.

　이에 주지스님이 신통력을 발휘하여 이 일대에 있는 소나무를 모두 제거하였고 이 이후 월정사에서 상원사 가는 길에는 소나무가 살 수 없다고 한다.

▼ 월정사 전나무길

이번에는 칡넝쿨에 관한 이야기다. 한때 상원사에 동자 스님들이 많았다고 한다. 어느 날 동자 스님 한분이 행발불명되어 모든 스님들이 나서서 찾아보니까 칡넝쿨에 갇혀 빠져 나오지 못하고 있더란다. 이번에도 주지스님의 신통력으로 칡넝쿨을 모두 뽑아버린 이후 오대산에는 칡넝쿨이 없다는 것이다.

어디까지나 전설은 전설일 뿐 이 일대의 토양이 소나무나 칡넝쿨의 식생에 맞지 않아서겠지만 지난 번 선재길 답사시 소나무나 칡넝클을 본 기억이 없었던 것만은 분명하다.

아직은 이른 시간이라 헤드랜턴 불빛에 의지해서 진고개 정상 휴게소 길 건너편 들머리 목재계단에 올라서니 아침 6시 30분이다.

이번 겨울은 유난히도 눈이 많이 내렸던 것 같다. 최근 며칠간 날씨가 좋았고 동대산에 오르는 능선은 남향이라 눈이 많이 녹았다.

인원계측기를 통과하고 한걸음, 한걸음 내딛는다. 눈이 많이 녹았다고는 하나 응달진 곳은 아직도 무릎까지 빠지는 곳이 많다.

진고개에서 동대산에 오르는 대간길은 해발고도 463m를 치고 올라야 하는 된비알이라 아침부터 숨이 턱 밑까지 차오르는 고행이다.

조그마한 봉우리에서 숨고르기를 하며 뒤돌아보니 둥그런 돔형 안테나가 있는 황병산 위 구름 사이로 해가 솟아오르고 있다.

진고개에서 두로봉까지는 법정 등산로이기 때문에 평소에는 등산객들이 많이 오르 내리는 구간인데 아직 겨울철이어서인지 내 발자국 외에는 전혀 인적이 보이지 않는다.

동피골 갈림길 이정표는 왼쪽으로 동피골 입구 2.6Km, 동대산 0.1Km를 알리고 동피골에서 올라온 것으로 보이는 한 사람의 발자국만이 눈 위에 선명하다. 아담한 화강암 자연석이 해발 1,433m의 동대산을 알린다.

동대산 東臺山은 아직도 녹지 않은 눈이 남아 있고 잡목에 가린 조망은 앙상한 나뭇가지 사이로 눈덮힌 노인봉, 소황병산과 황병산을 가늠해 본다.

동대산 헬기장, 1,423m봉, 그리고 또 하나의 헬기장을 지나고 내리막길은 음지여서인지 눈이 쌓여 무릎까지 빠져들고 대간길 구분도 잘 안되지만 다행히 선행자의 러셀 자국과 이따금씩 보이는 대간리본이 훌륭한 안내자의 역할을 해주고 있다.

대간길에 기묘하게 자란 참나무 한 그루가 터널처럼 가지를 뻗어 수많은 세월을 한 자리에서 오가는 산꾼들을 맞이하고 환송했으리라.

1,405m봉에서 내리막길은 아이젠도 스키가 되어 속도 조절이 안되고 기둥에 해발 1300m를 새긴 이정표와 두로봉 4.5Km를 알리는 또 하나의 이정표를 지나 차돌백이 안내판을 만난다.

차돌백이는 석영암맥으로 희고 두터운 차돌 석영이 박혔다고 해서 붙여진 이름이라고 하는데 마치 소금광산에서 갓 캐어낸 거대한 소금바위가 서 있는 듯하다.

비록 나무에 눈 쌓인 설경이나 상고대를 볼 수 없지만 앙상한 나무와 쌓여

있는 눈이 어우러져 한폭의 수묵화 水墨畵 를 보는 듯 하다.
    1261.8m봉과 1234m봉을 지나 신선목이에 도착한다.

    신선목이는 해발 1,120m의 높은 고개로 서쪽으로 내리면 월정사에서 상원사로 이어지는 446번 비포장 도로와 만난다.

    신선목이를 뒤로 하고 점차 고도를 높여 나간다. 기묘한 형상의 나무들이 온갖 풍상을 견뎌내며 때로는 고목이 되어 이 산을 지키고 있다.
    대간길은 눈의 깊이를 알 수 없어 때로는 무릎까지 빠져들고 바람에 날린 눈이 대간길의 흔적마저 지워버려 앞서 갔던 선행자도 잠시 길을 잃었던 건지 왔다 갔다 했던 발자국이 뚜렷하다.

두로봉 0.9Km를 알리는 이정표가 있는 봉우리는 1,381m봉으로 짐작되는데 눈에 뒤덮인 넓은 공터는 헬기장인 것 같고 전나무 한 그루에 대간 리본이 많이 나부끼고 있다.

비교적 완만한 경사를 따라 대간길은 이어지고 전나무 한 그루가 뿌리채 뽑혀 누워 있는데 옆 가지가 곧바로 뻗어 주 기둥 역할을 하고 있다. 두로봉이 가까워질수록 전나무가 눈에 많이 띈다.

두로령 頭老嶺 갈림길에는 비로봉 5.8Km를 알리는 이정표와 등산로 안내판이 설치되어 있고 대간길은 북쪽 직진 방향인데 로프가 쳐져 있고 출입금지 경고판이 위협을 가하면서 지켜보고 있다. 앞서 갔던 등산객의 발자국마저도 두로령 방향으로 꺾이고 로프 넘어서는 사람이 드나든 흔적이 전혀 없이 눈만 쌓여 있다.

로프와 출입금지 경고판을 살짝 넘어 100여m를 더 진행하니 넓은 공터에는 쌓였던 눈이 바람에 날려서인지 땅바닥이 듬성듬성 보이고 한쪽에 아담한 정상석이 추위에 떨고 있는 듯 외로움과 싸우고 있다.

두로봉(頭老峰 1,421m)은 남서쪽으로 두로령을 지나 상왕봉, 비로봉, 호령봉으로 이어지고 남쪽으로는 동대산과 연결되어 월정사를 병풍으로 두른 듯 에워싸고 있는 오대산의 다섯 봉우리 중 하나다.

이곳에서 분기한 한강기맥은 오대산, 계방산 등 영서 내륙을 지나 남한강과 북한강을 양분하는 남양주시 양수리까지 160Km를 달려나간다.

두로봉에서 아쉬움을 남기고!

대간길은 정상석 맞은편 목책과 출입금지 경고판을 넘어 왼쪽 급경사 내리막으로 이어진다.

여기서 한동안 발걸음을 떼지 못하고 망설인다. 지금 시간은 12시 30분으로 구룡령까지 대간 산행은 가능할지라도 겨울 산행에 익숙치 못한 초보 산꾼에게는 14.2Km라는 거리는 부담으로 다가오고 더군다나 쌓인 눈과 추위에 대한 두려움과 무서움이 앞설 수 밖에 없다. 또 하나 오늘 구룡령까지 간다고 해서 대간 종주 산행이 끝난 것은 아니고 앞으로도 며칠간은 산행을 해야되는데 차라리 오늘 대간 산행은 여기서 마무리하고 오대산의 주능선을 타보는 것으로 방향전환을 한다.

두로봉에서 이어지는 대간 산행은 다음으로 기약하고 왔던 길을 되돌아 두로령 갈림길에서 앞서 갔던 선행자의 발자국을 따라 두로령에 내린다.

두로령은 상원사에서 조개동과 명계리를 잇는 446번 비포장도로가 통과하는 해발 1,310m고갯길이다.

　　두로령에서 상왕봉으로 가는 산길로 접어들자 많은 등산객들이 겨울 산행을 즐기고 있다.

　　상왕봉上王峰 1,491m 정상에는 돌무더기와 헬기장이 있고 남동쪽 산자락에는 북대北臺 미륵암이 위치하고 있다. 사위는 확 트여 남서쪽에는 오대산의 주봉인 비로봉이 가까이서 흰살을 드러내놓고 있다.

　　비로봉毘盧峰 1,563m 은 암봉으로 된 정상에 화강암 자연석이 오대산 주봉임을 알리고 비로봉 정상에서 바라본 오대산 조망판이 연꽃처럼 둘러친 산들을 안내하고 있다. 왼쪽으로부터 상왕봉, 두로봉, 노인봉, 소황병산, 동대산 등 백두대간 산그리매가 뚜렷하다.

　　비로봉에서 적별보궁, 중대 사자암, 상원사로 내려 진부로 가는 군내 버스 막차를 가까스레 집어 타고 진부 버스 터미널에서 서울행 버스에 몸을 싣는다.

　　오늘 겨울 대간 산행은 절반의 성공이었지만 연꽃처럼 월정사를 에워싼 오대산의 등줄기를 일주했다는데 만족하고 깊은 잠에 빠져든다.

▲ 동대산 설파목

제35구간

春來, 不以春

35-2　두로봉 - 만월봉 - 구룡령(14.2Km+2.8Km)
2016.05.31 (화) 맑음

　　최근의 내 마음을 표현하는 가장 적절한 어구^{語句}인 것 같다. 봄은 왔으나 내 마음은 아직 봄이 아닌 것처럼 몇 구간 남지 않은 백두대간 산행을 끝내지 못하고 봄날은 가 버리니 내 심정은 오죽했겠는가? 그렇다고 큰딸아이 혼례식을 목전에 두고 산행하겠다고 훌쩍 집을 나서는 것은 가장으로서 결코 바람직한 일은 아닐 것이다.

　　사실 딸 아이 혼례식 이전에 백두대간 종주를 끝내려고 몇 차례 시도하였다가 집안 대사를 앞두고 산행하려 한다는 아내의 서슬퍼런 핀잔에 그만 포기하였다. 백화점에 다니면서 집안 생계를 꾸려가는 아내에게 미안함과 죄스러움으로 그저 복지안동^{伏地眼動} 할 뿐이다.

　　며칠 전 5월 28일 혼례식은 전쟁기념관 예식장에서 무사히 치뤘다. 지난 5년 여 동안 모든 모임과 주변 대소사에 일체 참석하지 않았기 때문에 많은 걱정을 하였으나 생각보다 많은 하객들이 오셔서 자리를 빛내 주시고 축하와 성원을 해주셔서 정말 고맙고 감사할 뿐이다.

홀가분한 마음으로 어제 동서울터미널에서 진부행 버스에 몸을 싣는다. 차창 밖으로 보이는 산하山河는 온통 푸르름이 가득하다. 얼마 전까지만 해도 쌓인 눈에 갇혀 오대산 두로봉에서 돈좌頓挫되어 북진北進을 하지 못하다가 오는 봄 가는 봄을 잡지 못하고 벌써 초 여름에 접어들었으니 계절의 순환이라는 대자연의 현상에 내 나이도 고희古稀를 바라보는 예순 여덟, 적지 않은 세월이다.

진부에 도착하여 눈에 익은 알프스 모텔에 세 번째 여장을 풀었다.

아침에 택시부에 가니 마침 SUV택시가 대기하고 있고 일반택시는 상원사 입구까지만 운행이 가능하나, 그 차는 북대사 미륵암까지 갈 수 있다고 한다. 어둠을 뚫고 월정사를 지나 상원사 입구에 도착하니 북대사로 올라가는 길

목 어귀에 차단기가 설치되어 있다. 택시기사는 수첩을 꺼내더니 자물쇠 비밀번호를 찾아내어 차단기를 들어 올리고 통과한다. 여기서도 공생공존共生共存의 현장을 목격한다.

태양이 하늘을 뚫으니 검은 새벽이 물러가고 택시는 북대사 미륵암에 도착한다. 북대사는 허름하고 볼품없는 외관이지만 고려 말 나옹선사가 참선했던 곳으로 유명하다.

나옹선사懶翁禪師 1320-1376는 공민왕의 왕사를 지낸 스님으로 고승 지공스님으로부터 사사를 하였고 조선 개국의 일등공신 무학 대사의 스승이었다.

나옹선사의 '青山兮要청산혜요, 청산은 나를 보고'는 너무나 잘 알려진 그 분의 종교관과 철학이 담겨 있는 시구詩句라서 옮겨 본다.

青山兮要我以無語(청산혜요아이무어) 청산은 나를 보고 말없이 살라하고
蒼空兮要我以無垢(창공혜요아이무구) 창공은 나를 보고 티없이 살라하네
聊無愛而無憎兮(료무애이무증혜) 사랑도 벗어 놓고 미움도 벗어놓고
聊無怒而無惜兮(료무노이무석혜) 성냄도 벗어놓고 탐욕도 벗어놓고
如水如風而終我(여수여풍이종아) 물같이 바람같이 살다가 가라 하네

북대사에서 하차하여 비포장 도로를 따라 두로령에 이르고 지난 번 겨울 산행 때 내렸던 오르막 길을 따라 두로봉에 오르니 오전 7시 30분이다.

다시 통제구역 울타리를 넘어!

지난 번 산행시에는 눈에 쌓여 보이지 않던 헬기장이 선명하고 정상석 뒤로 낮은 구름이 깔리고 있는데 낯익은 정상석은 반가운 듯 미소짓고 있다.

정상석 맞은편 왼쪽 출입금지 경고판 옆 목책 사이 나무에 매달려 있던 대간 리본이 모두 제거되었다.

목책을 넘어 급경사 내리막 길로 이어지던 대간길은 주목나무 군락지를 지나고 여느 시골 산길 같이 호젓한 길인데 이곳에도 멧돼지들의 극성은 곳곳에서 목격된다.

노란 바탕의 'A-3'표지판을 지나고 비교적 평탄한 대간길은 앙상했던 겨울을 이겨내고 온통 푸르름의 향연이 펼쳐지고 야생화는 저마다의 꽃을 피워 벌·나비를 유혹하고 있다.

두로봉에서 신배령 구간은 비법정 탐방 구간이라 이정표도, 대간리본도 보이지 않는다. 지도상의 1,234m봉은 확인하지도 못하고 지나쳐서 신배령에 도착한다.

신배령은 해발 1,173m로 강릉시 연곡면 삼산리와 홍천군 내면 명계리를 이어주던 옛고개였으나 지금은 지도상에 소로마저도 표시되어 있지 않다.

출입금지 안내판과 로프를 막아놓았고 누군가가 매직 글씨로 '150m에 계곡 소'라고 써 놓은 것으로 봐서 물을 구할 수 있는 곳으로 보인다.

직진 방향으로 더 가서 또 로프가 설치되어 있는데 출입금지 구간이 여기까지인 것 같다.

신배령을 뒤로하고 1,210m봉을 지나고 간간히 보이는 진달래는 대부분 꽃잎이 떨어지고 몇 개 남은 꽃잎마저 바람에 날리면서 여름을 준비하고 있다. 꽃잎이 지기로서니 어찌 바람을 탓하겠는가?

갈림길 이정표는 만월봉 1.3Km를 알리고 왼쪽으로는 조개골을 지나 조개동으로 내리게 되고 대간길은 직진이다.

지금까지 오른쪽에서 비추던 해가 등 뒤에서 알짱거린다. 지도를 꺼내 확인해 보니 1210.1m봉에서 대간길은 서쪽 방향을 향하고 오른쪽에 암봉이 보이는데 복룡산1,014.5m으로 짐작된다.

나무 계단으로 된 급경사 오르막을 치고 오르니 대간 리본이 나부끼며 반기는 만월봉이다.

만월봉(1,281m)은 이백여년 전 어느 시인이 이 봉을 바라보고 시를 읊었는데 '바다에 솟은 달이 온 산에 비침으로 만월(滿月)이 가득하다'하여 붙여진 이름이라고 백두대간 안내도가 소개하고 있고 하단에 만월봉이라 적혀 있다. 통나무 의자가 힘겹게 오른 나그네에게 쉼터를 제공하고 있고 오랜만에 동쪽으로 트인 조망은 미세먼지가 방해를 한다.

오대산

605

　　수도권에서 발생한 미세먼지가 북동풍을 타고 내려와 강원지역 높은 산 능선에 가로막혀 이 지역 미세먼지 농도가 수도권보다 높다고 하니 이제 대한 민국의 청정지역은 어디에서 찾아 볼까나.

　　양지꽃, 개시호, 산작약, 위쪽산딸기 등이 눈에 띄는 만월봉에서 몇 걸음 밑으로 이정표가 통마름골을 안내한다. 통마름 갈림길에서 왼쪽으로 2.1Km거리에 통마름골을 거쳐 명개리를 잇는 등산로가 뚜렷하고 통나무 쉼터에 있는 주목나무에는 대간 리본이 매달려 있는데 이곳에도 멧돼지들의 식흔이 여기저기 파헤쳐져 있어 빠른 걸음으로 지나간다.

　　오르막길 대간로에 똬리를 틀고 있는 살모사에 질겁하여 후다닥 뛰어가고 띄엄띄엄 무질서하게 놓인 통나무 계단에 이어 목재 계단을 헉헉대며 오르니 응복산 정상이다.

　　응복산(應伏山 1,359.6m)은 매가 엎드린 형국이란 뜻인데 사위가 아름다운 명산으로 알려졌지만 웃자란 잡목으로 사방이 막혀 누가 명산이라고 하겠는가? 정상석은 없고 쇠로 만든 정상판이 이정표 기둥에 기대어 있다.

　　응복산을 지나고 만난 이정표가 혼란스럽게 만든다. 왼쪽으로 명개리

1.3Km를 알리고 있는데 지도상으로는 3-4Km정도 되는 것 같고 길 표시 또한 없다.

지도상의 1,281m봉을 지나 정비되지 않은 내리막 통나무 계단을 내려서 넓은 개활지에는 밭을 갈아 엎어 놓은 것처럼 멧돼지들이 파헤쳐 놓았고, 통나무 쉼터가 있으나 쉬고 싶은 마음이 전혀 없다.

완만한 오르막을 올라 약수산 3.4Km를 알리는 이정표 기둥에 누군가가 '마늘봉'이라고 써 놓았다.

마늘봉 1,126.6m 은 마늘쪽처럼 생겼다 하여 마늘봉이란다. 마늘봉을 지나 1,261m봉과 1,282m봉은 급경사 오르내림으로 이어지기 때문에 이 봉우리가 약수산인가 하고 힘들게 치고 올랐으나 아님에 실망하고 또 다시 실망을 되풀이한다. 역시 '산은 산山이요, 물은 물勿이로다'라고 말씀하신 성철 스님의 큰 뜻을 알겠는가마는 고산준봉 高山峻峰 이 아니라 아무리 낮은 봉우리라도 고도를 높이는데 힘들기는 마찬가지다.

대간길은 1,282m봉에서 남서방향으로 꺾이고 내리막으로 이어져 통나무 쉼터가 있는 안부에 이르는데 구룡령 2.8Km를 알리는 이정표는 넘어져 있고 백두대간 안내판은 땅에 떨어져 있다.

　　다시 오르막을 치고 올라 약수산 정상에 오르기 전 암봉 테라스에서 바라보는 북쪽에는 미세먼지의 방해 속에서도 점봉산과 설악산의 산그리매가 희미하게 다가오고 발 아래로는 양양에서 구룡령에 이르는 56번 국도가 굽이 굽이 휘돌아치고 있다.

　　약수산(藥水山 1,300m)은 남쪽 산 아래 명개약수를 품고 있어 유래되었다고 안내판은 적고 있으나, 혹자는 사방에 약수터를 거느리고 있어서 붙여진 이름이라고도 하는데 동쪽으로는 미천골 불바라기 약수, 서쪽으로는 홍천군 내면 삼봉약수, 북쪽은 갈천리 갈천약수, 남쪽 명개리 명개 약수를 이름이다. 산 정상에는 검은 대리석에 쇠로 만든 정상판을 박아 땅바닥에 박아놓았다.

　　약수산을 뒤로하고 내리막 긴 돌길을 내려 통나무 쉼터와 1,218m봉, 헬기장을 지나고 정신없이 걷다가 눈에서 불이 번쩍인다. 지친 몸과 마음으로 대간 길만 따라가다가 설파목에 머리 정수리를 정통으로 부딪힌다. 큰 키도 아니라서 내 높이를 너무 낮게 생각한 것 같다.
　　또 하나의 통나무 쉼터를 스쳐 지나가고 내리막 돌계단, 통나무계단, 돌길을 내려 이정표는 구룡령 0.3Km를 알리는데 생태터널로 인해 종전의 등산로는 폐쇄하였으니 산림전시 홍보관 등산로를 이용하라는 알림판과 함께 설치된 철책에는 무수히 많은 대간 리본들이 저마다 무용담을 자랑하면서 매달려 있다.

폐쇄된 산림 전시관 옆을 지나 우뚝 서 있는 구룡령 표지석과 마주하니 오후 4시를 가리키다.

구룡령은 해발 1,013m로 남으로는 오대산에 이어지는 강원도의 영동(양양군)과 영서(홍천군)를 가르는 분수령으로 양양군 서면과 홍천군 내면을 잇는 56번 국도가 지나간다. 일만 골짜기와 일천 봉우리가 일백 이십여리 구절 양장 고갯길을 이룬 곳으로 마치 아홉 마리 용이 용틀음 하는듯한 기상을 보인다고 하여 붙여진 이름이다.

고갯마루에서 생태터널로 연결되어 있고 생태터널을 지나 북쪽 양양 방향에는 홍천군에서 설치한 표지석이 고개를 넘어가는 길손들에게 good bye!하듯 서 있다.

산림청 표지석 옆 도로변에는 나이드신 아주머니가 몇 개의 비치 파라솔을 설치 해 놓고 음료수와 주류등을 팔고 있다. 칡즙 한 잔과 커피 한잔을 주문하여 마시고 있는데 고개 너머 갈천리 마을 세 사람이 술을 시작하더니 아주머니까지 합세한다. 그 중 가장 연장자 인 듯한 사람이 "진고개에서 구룡령까지는 한나절에 와야지, 산을 잘 못 타시는구먼, 술이나 한잔 하슈."라면서 잔을 내민다. "저는 술을 못합니다."라고 정중하게 사양했더니 "술도 못하는 사람이 왠 산행이요?"라면서 와자지껄이다. 그 사람의 말은 갈천리에서 양양까지 군내버스가 다니는데 아직 시간이 많이 남았다면서 갈천리까지 자기들 차로 가잔다.

한참을 기다리다 그 사람들의 차에 동승하였었는데 음주 운전에 9Km를 굽이굽이 돌아내려가니 현기증이 날 정도다.

갈천리는 구룡령 아래 첫 동네로 칡이 많아서 비롯된 마을 이름으로 우리말로 풀어서 치래 마을이라고 하는데 갈천 약수가 유명하다.

갈천리에서 양양가는 버스는 아직도 1시간 가량 기다려야 하므로 지나가는 빈 택시에 탑승하여 양양 버스 터미널 인근 모텔에 여장을 푼다.

▼ 약수산 ┈> 구룡령

구간 일지

제35-1구간 (진고개-두로봉/ 7.7Km)

2016년 2월 20일 토요일 맑음

시간	구간	표고 (m)	거리 (Km)	접속(비상탈출)	숙영자료
06:30	진고개	960	1.4	6번, 59번 국도 (주문진, 강릉-진부)	휴게소, 물, 공터
07:55	동피골갈림길		0.1	동피골 2.6Km	
07:57	동대산	1,433.5	1.1		
08:45	1405봉	1,405	1.4		
09:40	차돌배기	1,200	1.6		
10:42	신석목이	1,120	2.0		물, 공터
12:23	오대산갈림길	1,421	0.1	비로봉(5.8Km)⇒상원사 버스승차장(3.5Km)	
12:40	두로봉	1,421.9		두로령 1.6Km	

- **산행거리/소요시간** : 7.7Km+오대산 종주(9.3Km)/ 6시간 10분+4시간
- **일출/일몰시간** : 07:11/18:08
- **교통**
  - 들머리 : 진고개/6번, 59번 국도(주문진/강릉-진고개-진부)
  - 날머리 : 두로봉/오대산 종주-상원사 버스승차장-진부
    진부버스터미널(진부-상원사, 서울) 033-335-6307
    진부택시(진부-진고개, 상원사) 033-335-0088
- **숙박/식사**
  - 진부 알프스모텔(진고개) 033-335-4458
  - 노인봉 민박(진고개) 033-332-6650
  - 진부 호수여관(진고개) 033-335-7388

구간 일지

제35-2구간 (두로봉-구룡령/14.2Km)

2016년 5월 31일 화요일 맑음

시간	구간	표고 (m)	거리 (Km)	접속(비상탈출)	숙영자료
07:15	두로봉	1,421.9	3.1	북대사(1.2Km)→두로령(1.6Km)→두로봉	
08:25	신배령	1,211	1.1		물
08:55	조개동갈림길		2.2	조개동→446번 지방도	물
09:53	만월봉	1,281	0.7		
10:16	통바람골갈림길		0.7	통마름(2.1Km)→명개리→446번 지방도	
10:55	응복산	1,359.6	2.3		
11:55	삼거리		0.4	명개리→446번 지방도	
12:10	마늘봉	1,126.5	2.4		
14:50	약수산	1,306.2	1.3		
16:00	구룡령	1,031		56번 국도(내면 명개리-서면 갈천리)	매점, 물, 공터

- 산행거리/소요시간 : 14.2Km+접속 2.8Km/ 8시간 45분+1시간 15분
- 일출/일몰시간 : 05:05/19:42
- 교통
  - 들머리 : 두로봉←두로령(1.6Km)←북대사(1.2Km)←진부(택시)
  - 날머리 : 구룡령/56번 국도(홍천군 내면 명개리-양양군 서면 갈천리)
    진부버스터미널(진부-상원사) 033-335-6307
    진부택시(진부-진고개, 상원사/북대사) 033-335-0088
    양양택시(양양-구룡령) 033-671-1199
- 숙박/식사
  - 진부 알프스모텔(진고개, 상원사/북대사) 033-335-4458
  - 진부 호수여관(진고개, 상원사/북대사) 033-335-7386
  - 구룡령 광원민박(구룡령) 033-435-8368

제36구간

삼둔(三屯) 사가리(四耕)

구룡령 - 갈전곡봉 - 조침령(20.3Km+1.5Km)
2016.06.01. (수) 맑음

아침에 택시로 구룡령 병개리 방향쪽에 있는 들머리에 내리니 5시 30분이다.

들머리 급경사 목재 계단을 타고 올라서고 계단이 끝나는 곳부터는 공사 중이라 파헤쳐진 계단이 주위에 흩어져 있다. 가파른 오르막 흙길에 미끄러져 가면서 네 발로 기다시피 올라 조침령 21Km를 알리는 이정표를 지나고 나서는 완만한 산길로 이어진다.

지도상의 1,100.2m봉으로 짐작되는 무명봉에는 산림청의 조사구 안내판이 설치되었고 이어서 통나무 쉼터가 있는 이정표는 구룡령 옛길 정상임을 알린다. 이 길은 1974년 현재의 56번 국도가 개통되기 전까지 명개리와 갈천리를 잇는 옛길이다.

많은 대간 리본이 달려 있는 무명봉은 지도상의 1,121m봉으로 짐작되고 이정표는 갈전곡봉 2.4Km를 알린다.

가파른 내리막길로 접어든 대간길은 산죽지대를 지나고 해를 등지면서 서쪽 방향으로 향하다가 대간리본이 나부끼고 있는 통나무 쉼터에 도착한다. 이곳은 왼쪽으로 내리면 홍천군 내면 명지리에 이르게 되는 갈림길인데 소로만 희미하고 오른쪽 갈천리 쪽은 절벽으로 형성되어 있어 상당히 위험하게 보인다.

산새들의 합창 소리에 발맞추어 완만한 오르막을 올라 1,063m봉에 이르고 이정표는 대간길 방향으로 갈전곡봉 0.75Km, 오른쪽으로 갈전 약수터 2.1km를 알리는데 갈전 약수터 길은 사람의 왕래가 없어서인지 소로마저도 보이지 않는다.

드디어 오늘 산행의 최고 봉우리라 할 수 있는 갈전곡봉에 도착한다.

> 갈전곡봉(葛田谷峰 1,204m)은 구룡령과 조침령을 잇는 백두대간능선에 위치한 봉우리로 산 이름 그대로 칡 넝쿨이 지천에 널려 있다 하여 붙여진 이름이다.
>
> 강원도 인제군 기린면과 홍천군 내면, 그리고 양양군 서면 등 3개군의 경계를 이루고 있고 이곳에서 남서방향으로 줄기를 뻗어 가면 가칠봉(1,240.4m), 응복산(1,150m), 구룡덕봉(1,388.4m) 등 준봉을 이루면서 서쪽의 방태산(1,443.7m)과 연결된다. 방태산 산자락에는 방동약수, 삼봉약수, 개인 약수 등 유명한 약수가 많고 소양강의 지류인 방대천을 비롯하여 계방천, 내린천 등의 발원지를 이루고 동쪽으로는 후천이 남대천을 만들어 양양에서 동해로 흘러든다.

산정상에는 조그마한 사각형 돌에 매직으로 쓴 희미한 '갈전곡봉'이 통나무에 기대여 정상석을 대신하고 있고 북부지방 산림청에서 설치한 안내판 기둥에는 부산 낙동 산악회에서 '갈전곡봉 1,204m, 산님! 힘내세요!'란다. 온통 잡목에 가려 사위가 막히고 산 모양새마저 볼 품이 없으니 변변한 정상석 하나 없는 주제에 그래도 백두대간 한 구간

의 제일 높은 봉우리라고 자존심을 세우고 있는 꼬라지는 삼둔三屯사가리四耕라는 조선 최대의 피난처인 삼재불입지처三災不入之處를 품에 안고 있어 그런데로 봐 줄만 하다.

조선 시대 예언서인 「정감록鄭鑑錄」에는 어지러운 난세에 세상을 등지고 살아갈 수 밖에 없었던 태고지민太古之民의 안식처요, 화수난火水亂을 피할 수 있는 은둔의 땅으로 강원도의 홍천과 인제의 구석진 일곱 곳을 '삼둔 사가리'라 하여 흉년도 없고 전염병도 없으며 전쟁에 의한 난도 피할 수 있다는 기록이 전해지고 있다. 이곳은 깊은 오지이면서도 물줄기가 있고 자급자족이 가능할 정도로 농사를 짓고 숨어살 만한 곳이다.

둔屯은 깊은 산 계곡 안에 농사짓고 살만한 넓은 땅을 말하고, 가리갈이耕는 계곡의 산비탈에 밭뙈기라도 붙여 농사짓고 살만한 넓지 않은 땅을 의미한다. 그러므로 둔屯이 가리耕보다 좀 더 넓은 땅으로 둔屯은 마을을 이루고 있고, 가

리耕는 가옥 두 세 채씩 띄엄띄엄 떨어져 있는 한적한 곳이다.

삼둔三屯은 '살둔生屯, 월둔月屯, 달둔達屯'을 일컬음인데 홍천군 내면 내린천 상류로 이어지는 계곡에 있는 마을로 하류에 살둔이 있고, 상류로 가면서 월둔, 최상류인 오대산 기슭에 달둔이라는 동네가 있다. 이곳 사람들은 병원이 뭐하는 곳인지도 모르고 살면서도 무병장수하고 심지어 병자도 들어와서 살면 살아서 나간다 하여 살둔生屯이라고 한단다.

사가리四耕는 적가리, 명지가리, 아침가리, 연가리를 말하는데 인제군 기린면 방태천을 끼고 있는 계곡에 위치한 마을이다. 이중 적가리는 방태산 자연휴양림이 들어서면서 마을 주민들을 이주시켜 현재는 사람이 살지 않는 가리가 되었으니 앞으로는 '삼둔 삼가리'라고 불러야 될 것 같다.

갈전곡봉을 뒤로 하고 이정표의 지시에 따라 오른쪽으로 크게 휘어져 가파른 내리막으로 이어졌다가 산죽지대를 지나 통나무 쉼터가 있는 1,107.4m봉에서 나무 사이로 점봉산과 설악산 주능선이 아른거린다. 지금까지 북서진하던 대간길은 북쪽으로 이어지고 바람이 제법 거세지더니 나뭇가지 흔들리는 소리가 마치 전원교향곡을 연주하는 듯하다.

비교적 평탄한 안부에서 짙은 갈색의 멧돼지 한 마리가 대간길에서 먹이 활동을 하다가 인기척에 놀라 후다닥 뛰어 나간다. 아직 출산기가 안되어서인지 새끼들과 무리지어 다니지 않는 모양이다.

통나무 쉼터와 '현리428'이라고 새긴 삼각점이 있는 1,061m봉을 지나고 작은 오르 내림을 반복하다가 왕승골 안부에 도착한다. 이정표는 조침령 12.9Km만 알릴 뿐 조경동과 왕승골은 방향 표시 뿐이다.

이곳에서 오른쪽으로 1.5Km거리에 왕승골을 지나 갈천 약수로 잘 알려진 양양군 서면 갈천리로 이어지고, 왼쪽은 1.6Km 내리면 아침가리골로 이어진다. 아침가리골은 삼둔사가리 중 가장 길고 깊은 계곡으로 요즘은 계곡트레킹으로 각광받고 있다.

아침가리는 아침나절이면 밭을 다 갈아엎을 수 있는 땅을 말함인데 이곳 산이 높고 험준해서 아침에 잠시 해가 비치다 곧바로 넘어가는 첩첩산중이라 아침 일찍 밭갈이를 해야 하는 뜻을 내포하고 있다. 아침가리골에 있는 마을을 조경동 朝耕洞 이라고 하는데 지금은 폐교된 방동 초등학교 조경분교가 옛 흔적을 보여주고 있다.

왕승골 안부에서 대간길은 직진 방향으로 이어지고 천하의 명당이라고 모셨을 평해 손씨 묘는 백두대간 상의 자연경관을 해 하고 있다는 사실을 아는지 모르는지 그저 평화롭게만 보인다.

948m봉, 삼각점이 있는 968.1m봉, 1,020m봉을 지나면서 오르막에는 통나무 계단이 설치되어 있고 중간 중간 통나무 쉼터가 마련되어 있다.

꽃이 핀 산죽을 보면서 '너희들도 이제 삶이 얼마 남지 않았구나' 생각하면서 연가리골 샘터에 이른다. 비교적 넓은 공터에 있는 이정표는 조침령 9.2Km를 알리고 왼쪽으로 연가리골 샘터 방향을 표시한다. 이 샘터에서 흐르는 물은 사가리 중 하나인 연가리 계곡으로 흘러 진동리에 이르고 방태천으로 스며든다. 이곳에도 쉼터가 조성되어 있으나 이 일대에 살인 진드기가 극성을 부리는 지역이라 그냥 지나간다.

조그마한 봉우리를 지나고 산 봉우리에 조그마한 바위 몇 개가 있는 950.9m봉을 지나 꽃이 핀 산죽지대를 지난다. 오르내림을 반복하다가 다시 길게 이어진 오르막을 올라 통나무 쉼터가 있는 1,058m봉에는 대간 리본이 나부끼고 있고 오른쪽 나무 사이로 구불구불 56번 국도가 구룡령으로 이어진다.

대간길은 완만한 긴 능선으로 이어지다가 넓은 개활지에 이르는데 온통 파헤쳐진 것으로 보아 멧돼지 무리들이 집단으로 먹이 활동 향연을 펼쳤던 것 같다.

대간 리본이 펄럭이는 1,080m봉 능선 분기점을 지나고 통나무 쉼터가 있는 삼거리 이정표는 조침령 5.8Km를 알린다. 이 구간의 이정표는 대부분 방향 표시만 되어 있는데 '봄, 여름, 가을, 겨울 산악회'에서 거리 표시를 붙여놓아 거리 정보를 제공해 준다.

한동안 완만한 능선길이 이어지다가 길고도 험한 내리막길로 이어지고 뒷동산 같은 넓은 공터에 있는 통나무 쉼터의 백두대간 숲 안내판이 눈길을 끈다. 숲의 기능은 공기를 정화시키고 탄산가스를 흡수하여 산소를 공급하고 주변의 소음을 낮춰 줄 뿐만 아니라 대기 온도를 조정해 준다고 한다. 특히 숲은 녹색 댐의 역할로 빗물을 흡수했다가 서서히 흘러 내 보낸다는 것은 우리가 알고 있는 상식인데도 숲의 고마움을 잊고 살지는 않았는지 돌이켜본다.

완만한 마루금은 다시 가파른 내리막으로 달리다가 바람불이 삼거리에 이른다. 이정표는 조침령 4.1Km를 알리고 왼쪽으로 진동리 진흑동으로 내리고 오른쪽은 서면 항이리에 이르는 소로가 희미하다. 이 길은 주로 약초꾼들이 이용하는 소로로 지도상에도 나와 있지 않다.

바람불이 삼거리를 조금 지나 항이리 갈림길에 이르러서 쓰러진 표지판이 서면 항이라 2Km를 알리고 있고, 오른쪽 길을 따라 내리면 항이리와 56번 국도를 만나게 된다.

통나무 쉼터가 있는 830m봉을 지나고 삼각점이 있는 720m봉을 지나 내리막으로 이어지다가 쇠나드리고개에 도착한다. 장승같은 이정표 기둥에 매직으로 쇠나드리라 적어 놓았고 조침령, 구룡령과 왼쪽으로 바람불이 방향 표시가 되어 있다.

이곳은 옛 조침령으로 인제와 양양을 연결하는 고개다. 이 일대에 소가 좋아하는 풀들이 많아 소들이 그 풀들을 뜯어 먹기 위해 나들이를 간다는데서 유래했다고도 하고, 진흑동 동쪽 냇가에 있는 마을이 쇠나드리로 마을 안에 있는 천(川)의 여울이 급하고 바람이 세어서 소가 건너 다니기 힘들었다고 하여 붙여진 이름이라고도 한다. 연유야 어떻든간에 조침령에 도로가 열리고 지금은 터널까지 뚫려 고개로서의 구실을 잃은 지 오래되었다.

암봉으로 된 802m봉을 지나고 796m봉을 지나 목재 교량형 등산로를 따라 조침령에 내리니 오후 6시가 가까워지고 있다.

조침령(鳥寢嶺)은 해발 760m로 인제군 기린면 진동리와 양양군 서면 서림리를 이어주는 고개로 높고 험하여 새가 하루에 넘지 못하고 하룻밤을 자고 넘었다는데서 유래되었다.

고갯마루에는 옛날 이 고갯길 도로 공사를 했던 3군단 공병여단에서 설치한 옛 표지석이 삼십년을 훌쩍 넘은 세월을 지키고 있고 비포장도로를 따라 헬기장을 지나고 좀 더 올라가면 산림청 표지석이 옛길을 지키고 있다. 고개 아래 418번 지방도로 터널이 뚫리고 부터는 등산객이나 다니는 옛길이 되었다. 옛날 인제군 기린면 진동리 사람들은 콩과 깨를 짊어지고 높은 산줄기 잘록베기 고개인 이 조침령을 넘어 동쪽의 서림이라는 마방 마을에 다달아 마방서 하룻밤 묵고 일찍 일어나 양양 시장에서 생활 필수품과 소금으로 바꾸어 짊어지고 막걸리 거나하게 마신 후 홍얼대며 서림 마방으로 돌아와 또 하루 묵고 조침령 고개 넘어 집에 돌아왔다고 한다. 자연이 주는 대로 소박한 삶을 살아왔던 옛 사람들을 생각하면서 옛길을 따라 진동리 방향으로 발걸음을 돌린다.

고객마루에서 조침령 터널 앞 삼거리

까지 구불 구불한 옛길이 패이고 쓸려서 차량 통행은 거의 불가능할 것처럼 보이는데 2-3Km정도는 될 것 같다.

다시찾은 진동계곡 설피밭!

터널 앞 삼거리에서 설피민국 이상곤 사장과 합류하여 설피민국에 도착한다.

설피민국은 단목령과 곰배령 삼거리 주차장 위에 있는 펜션과 음식점을 병행하는 고풍스런 건물이다. 이상곤씨는 아직 미혼으로 곧 환갑을 바라보는 쉰아홉 살로 젊었을 때 백두대간 산행을 하다가 이곳에 정착을 하였는데 당시만 해도 노인 위주로 몇 가구만 있었으나 TV드라마「천상의 화원 곰배령」방영 이후 가구 수가 급격히 늘어나 지금은 130여 가구 이상이 되고 땅값도 천정부지로 치솟았다고 한다. 천상의 화원이라는 곰배령은 인터넷으로 사전 예약해야 탐방이 가능한데도 단체 관광객이 끊이지 않는다고 하는데 넓은 주차장의 규모를 보더라도 짐작이 된다.

사실 이상곤씨와의 인연은 6개월 전으로 거슬러 올라간다. 작년에 백두대간 종주 산행의 막바지에 접어들어 겨울은 다가오고 해는 짧아지니 진고개에서 한계령까지 산행이 상당이 부담이 되었다.

통상 이곳은 세 구간으로 나누어 산행하는데 구간마다 20Km가 넘는 거리에다가 높고 험한 준봉들이 도사리고 있어 산행 시간이 많이 소요되고 특히, 조침령에서 한계령 구간은 23Km가 넘고 산림 유전자원 보호 구역으로 지정되어 입산통제를 하는데 단목령 지킴터에 감시원들이 철저하게 지키고 있어서 젊은 산꾼들도 새벽 4시 이전에 조침령을 출발하여 감시원들이 출근하기 이전에 단목령을 통과하든가 아니면 한계령에서 역주행해서 오색 삼거리에서 단목령을 회피하기 위해 오색 약수터로 빠지는 코스를 택하기도 하는 구간이다.

한해가 바뀌기 전에 대간 종주를 끝내겠다는 조급한 마음에 단목령에서 역주행으로 진고개까지 산행하겠다는 생각에 작년 11월 1일 서울에서 강원도 현리행 버스로 내려와 현리에서 이곳 설피밭까지 하루 3회 있는 군내 버스로 와 보니 가는 날이 장날이라던가? 매년 11월 1일부터 12월 15일까지는 산불예방

강조기간으로 이 지역 일대의 모든 산행은 통제되고 하필 일요일이서 민박집이나 음식점들은 모두 문을 닫고 휴가를 떠나버린 상태였다. 그때 이상곤씨를 만나 그의 주선으로 할머니와 할아버지가 남아 계신 집에 평상시보다 배나 많은 숙박비를 지불하고 하룻밤을 묵게 되었다.

이상곤씨와 곰배령 쌀막걸리를 곁들여 저녁식사를 하면서 그간의 이야기를 한다.

"저 아래 할머니, 할아버지는 잘 계십니까?"

"예, 건강하시지요. 그때 단목령에서 진고개까지 가신다고 하지 않았습니까?"

"그랬었지요. 사실 그날 인천 산악회 팀을 만났는데 한계령에서 새벽에 출발해 점봉산 오르기전 만물상 구간에서 나이드신 한 분이 추락해 헬기로 후송 보내고 단목령에서 벌금물고 내려 왔다고 모두가 침울한 표정입니다. 그런데 그날 저녁 뉴스에 추락하신 분이 헬기로 후송 도중 사망했다는 보도가 나오더라구요. 매도 먼저 맞는 게 낫다라는 말이 있듯이 어렵고 부담되는 구간을 먼저 타려고 단목령에서 한계령으로 먼저 갔던 거지요.'

"아, 그랬었군요."

술이 거나해지면서 산행 이야기, 인생살이 등 이야기를 하다가 내일의 산행을 위해 방으로 들어오니 운동장처럼 넓은 방을 혼자서 사용하란다. 넓디 넓은 방에서 단목령의 깊은 밤을 홀로 맞이한다.

구간 일지

제36구간 (구룡령-조침령/ 20.3Km)

2016년 6월 1일 수요일 맑음

시간	구간	표고 (m)	거리 (Km)	접속(비상탈출)	숙영자료
05:35	구룡령	1,031	3.9	56번 국도 (내면 명개리-서면 갈천리)	
08:20	갈전곡봉	1,204	3.4		
10:30	왕승골안부	820	1.3	조경동 1.6Km, 왕승골 1.5Km	물, 공터
11:45	968.1봉	968.1	2.1		
12:55	연가리골샘터	850	2.7	왕승골 3.0Km	
14:25	1080봉	1,080	2.2		
15:30	바람불이삼거리		0.5		물, 야영장
15:51	항이리갈림길		2.1	항이리 2Km/56번 국도	
16:52	쇠나드리고개	700	2.1	쇠나드리마을	
17:50	조침령	770		옛길→418번 지방도 (진동리-서림리)	

- 산행거리/소요시간 : 20.3Km+접속 1.5Km/ 12시간 15분+ 40분
- 일출/일몰시간 : 05:04/19:43
- 교통
  - 들머리 : 구룡령/56번 국도(홍천군 내면 명개리-양양군 서면 갈천리)
  - 날머리 : 조침령 옛길-418번 지방도(인제군 기린면 진동리-양양군 서면 서림리)
    - 대한교통(양양-구룡령-홍천) 033-433-1933
    - 내면버스터미널(현리-진동리) 033-461-6016
    - 현리버스터미널(현리-진동리) 033-461-5364
    - 양양택시(양양-구룡령, 조침령) 033-671-1199
    - 현리택시(현리-조침령) 033-461-5800
- 숙박/식사
  - 구룡령 광원민박(구룡령) 033-435-8368
  - 진동리 설피민국(조침령) 033-463-4289
  - 조침령 둥지산장(조침령) 033-463-1159

설악산

雪嶽山

    설악산은 「삼국사기」에 '雪嶽', '雪華山'으로 기록되어 있고, 인제군지에는 '寒溪山'으로 적고 있다. 「동국여지승람」과 「문헌비고」에는 '극히 높고 험한 산으로 중추仲秋에 눈이 내리면 다음 해 하지夏至에 이르기까지 눈이 스러지지 않으니 그 이름이 설악'이라 하였고 조선 순조 때 여류 시인 금원여사錦園女使가 쓴 「호동서락기湖東西洛記」에는 '봉우리 위에 줄지어 솟은 바위 빛깔이 눈빛이라 이름하여 설악'이라 하였다고 한다.

    설악산은 강원도 인제군, 양양군, 속초시, 고성군 등 4개 시·군에 걸쳐 있는 산으로 주봉인 대청봉을 중심으로 북쪽 방향으로 공룡 능선, 황철봉, 미시령 및 대간령으로 백두대간을 이어가고 서쪽의 귀떼기봉, 대승령으로 갈라지는 서북 능선, 동쪽으로 화채봉, 칠성봉으로 가지를 친 화채능선등 세 개의 능선으로 크게 구분할 수 있으며 이들 능선을 경계로 서쪽으로 내설악, 동쪽은 외설악, 그리고 남쪽은 남설악으로 불리고 있다.

내설악은 용아장성릉의 솟구친 봉우리들이 구곡담과 가야동 계곡의 물줄기를 가르고 수렴동으로 달려 내설악의 한 가운데에 자리하면서 쌍용폭포, 만수폭포 등 수많은 폭포와 소沼, 담潭을 만들면서 백담계곡으로 흘러들며, 대승령에서 갈라진 물줄기는 북으로 흑선동 계곡을 따라 백담 계곡으로 스며들고, 남으로 대승폭포를 만들어 장수대로 떨어지고, 서쪽으로 십이지탕 계곡을 형성하면서 북천으로 흘러든다.

외설악은 화채봉, 칠성봉, 집성봉, 권금성이 화채능선을 이루어 천하의 절경 천불동 계곡을 품에 안고 설악동으로 떨어졌다가 북으로 용틀임하여 울산바위를 잉태한다.

남설악은 점봉산을 최고봉으로 하여 한계령 이남 오색지구를 구분하였는데 옛날부터 오색 약수와 온천이 유명하고 십이담 계곡과 주전골 일대의 등선폭포, 십이폭포, 용소폭포 등이 대표적인 경관으로 꼽히고 있다.

고려 후기 문장가인 근제謹濟 안축安軸 1282-1348은 설악산을 금강산, 지리산과 비교하여 다음과 같이 평했다고 한다.

  金剛秀而不雄 (금강수이불웅) 금강산은 수려하나 웅장하지 못하고
  智異雄而不秀 (지리웅이불수) 지리산은 웅장하나 수려하지 못하고
  雪嶽秀而雄山 (설악수이웅산) 설악산은 수려하고도 웅장한 산이다

날카롭게 솟아 있는 암봉과 천인단애千仞斷崖의 능선 등은 하나 하나가 절경

이요 그 사이 사이 펼쳐진 계곡들은 모두가 비경인지라 백담사, 봉정암 등 사찰과 어우러진 설악산은 1970년 우리나라 다섯 번 째로 국립공원으로 지정되었다. 또한 온대 중부지방의 대표적 원시림 지역으로 사향노루, 산양, 곰, 하늘다람쥐, 여우, 수달 등 희귀동물들과 조류, 파충류, 양서류, 어류, 곤충들과 눈잣나무, 눈주목, 눈측백, 금강초롱꽃, 한계령풀 등 수많은 동·식물의 서식지로 1982년 우리나라 최초로 유네스코의 '생물권 보존지역'으로 지정되었다.

▼ 망대암산 ⋯⋯▶ 만물상 / 설악산

제37구간

아! 단목령(檀木嶺)

📍 37-1 조침령 - 북암령 - 단목령(역주행 10.1Km+2.82Km)
2016.06.02. (목) 맑음

아침에 일찍 서둘러 설피민국 민박집을 출발한다.

이곳 진동계곡은 조침령 터널 입구에서 418번 지방도와 갈라져 방태천을 따라 단목령까지 이어진다. 이곳 마을의 초입에 있는 설피밭雪皮田은 겨울에 눈이 많이 쌓이는 지역으로 설피雪皮라는 일종의 덧신을 신바닥에 대야 눈에 빠지지 않고 나다닐 수 있다 해서 붙여진 이름이다.

설피밭 사거리에서 오른쪽에는 진동 상부댐이 위치하고 있고 그 입구에는 오래된 '백두대장군'과 '점봉여장군'의 두 장승과 새로 설치한 '곰배령 야생화 神靈신령'과 '설피밭눈꽃女神 여신'이라는 장승이 마을을 지키고 있다.

사거리에서 조금 위로 기린초등학교 진동분교가 있고 마을은 방태천을 따라 이어지는 도로 좌우로 형성되어 단목령 들머리까지 그림같은 집들이 띄엄띄엄 자리하고 있는데 대부분 펜션이나 음식점이고 가끔은 전원생활을 하는

▲ 단목령에 있던 장승을 설피밭으로 이전 설치

별장 같은 집들도 보인다. 방태천 왼쪽 산자락에는 너와집이 눈길을 끌기도 한다. 이렇게 하나의 외길 좌우로 형성된 마을이다 보니 외지인이 들어오면 쉽게 노출되는 곳이기도 하다. 또한 점봉산을 중심으로 한 남설악 일대가 산림유전자원 보호구역으로 지정된 데다가 백두대간 마루금이 연결되어 있어 낯선 자가 마을에 들어오면 신고하도록 되어 있단다.

산림유전자원 보호구역을 설정해 아름다운 금수강산을 만들자는 데 무슨 의의나 불만이 있겠는가 마는 법을 어겨서라도 백두대간을 종주해야하는 절대절명의 상황이 아닌데도 마을 사람들과 국립공원 관리공단 직원들의 눈을 피해 새벽같이 나서는 내 자신이 안쓰럽기도 하다.

어찌됐건 마을 주민들이 일어나 활동하기 전에 마을을 벗어 나려고 일찍 서둔 것이다.

사실 이곳은 두 번째 걷는 길이다. 작년 11월 1일 이곳에 와서 하루자고 오늘처럼 지역 주민들의 눈을 피해 꼭두새벽에 출발하여 단목령에서 점봉산을 거쳐 한계령으로 내린 적이 있었다.

풍경소리 펜션을 지나고 북암령 가는 삼거리를 거쳐 마을 가장 위쪽에 있는 하얀 이층집 뒤쪽의 출입금지 경고판과 목책 오른쪽으로 빠져 단목령 들머리로 들어선다.

방태선 최상류인 계곡 물소리가 제법 크다. 두 개의 목교를 지나고 징검다리를 건너서 아침 5시 30분에 단목령 고갯마루에 도착한다.

단목령(壇木嶺)은 해발 855m로 북으로 양양군 오색리와 남으로 인제군 기린면 진동리를 잇는 고개다. 이 일대에 박달나무가 많아서 붙여진 이름으로 일명 박달령이라고도 한다.

고갯마루에는 출근 전인 주인을 대신한 지킴터가 원망스럽게 서 있고, 출입금지 경고판에는 멸종 위기종인 한계령풀과 이 일대 원시림을 보호하기 위해 2026년까지 출입을 금지한다고 안내한다. 고개 정상에 있어야 할 단목령 표지석은 곰배령 들머리 삼거리에 있는데 설피민국 이상곤 사장의 말에 의하면 표지석 설치 작업하던 인부들이 무거운 표지석을 단목령까지 옮기기가 힘들어서 현재의 위치에 놓았다고 한다.

단목령에서 서쪽으로는 점봉산을 거쳐 한계령으로 이어지고 동쪽으로는 북암령을 지나 조침령에 이른다. 북쪽으로 3Km내리면 오색초등학교가 나오는데 6개월 전 작년 11월 2일 점봉산을 넘어 한계령에 도착하고 다음날 새벽 오색초등학교에서 출발하여 단목령에 오르다가 길을 잃고 중도에 산행을 포기한 아픈 기억이 있는 곳이다.

단목령을 뒤로 하고 오른쪽으로 완만한 오르막을 오르고 다시 내리막으로 이어지다가 682m봉을 지나고 곳곳에 파헤쳐진 흔적은 오늘 아침에 멧돼지들이 집단으로 먹이 활동을 했던 것으로 보인다.

계곡물 소리가 시원스럽게 들리지만 보이지는 않고 500m마다 규칙적으로 나타나는 현위치 표시목은 전후 중요지점과 거리, GPS 위.경도 좌표가 함께 표기되어 있어 지루하지 않게 산행을 할 수 있다.

북암령은 해발 940m로 동쪽으로 2.5Km 에 양양군 서면 북암리와 서쪽으로 2.3Km 에는 곰배령가는 삼거리가 있는데 이를 잇 는 고개다.

산림유전자원 보호림 안내판이 있는 비교적 넓은 개활지는 온통 멧돼지가 파헤친 흔적이라 쉬지 않고 그냥 지나친다.

북암령을 뒤로 하고 오르막을 오르는데 전방에서 움직이는 물체와 조우한다. 커다란 멧돼지 두 마리가 특유의 '크어엉 꿱꿱'소리를 내지르며 후다닥 뛰어간다. 긴장감보다는 아침 먹이 활동을 방해한 것 같아 미안한 생각이 든다.

대간 리본이 많이 나부끼는 작은 암봉은 1,136m봉인데 동쪽을 바라보는 조망 바위가 있으나 이 봉우리 오르기 전 조우했던 멧돼지가 떠올라 그냥 지나치고 조금 더 가서 '속초 24'삼각점이 있는 바위에서 주먹밥으로 아침식사를 한다.

지도상의 1,138m봉으로 짐작되는 봉우리에서 동쪽 나뭇가지 사이로 멀리 동해의 은빛 물결이 출렁대며 가까이는 양양 시가지가 한눈에 들어오고 서쪽 산아래로 진동계곡의 설피다리가 보인다.

삼각점이 박힌 천봉 1,000m 을 지나고 현위치 표시목 No21는 조침령 4.1Km

▲ 1000봉 … 양양 / 동해

를 알린다.

　저수지 내 출입금지 경고판과 상부댐 순찰로 제한적 개방 안내판이 있는 대간로는 나무 사이로 양수 발전의 상부댐인 진동호가 언뜻 언뜻 보이지만 저수지에는 물이 고갈되었는지 물은 보이지 않고 저수지 벽면 흙만 보인다.

　양수 발전소는 수력 발전의 한 형태로 야간이나 전력이 여유있을 때 펌프를 가동해 아래쪽 하부댐의 저수지 물을 위쪽 상부댐 저수지로 끌어올렸다가 전기가 필요할 때 물을 아래로 떨어뜨려 전기를 생산한다. 이곳 양양 양수발전소는 양양 영덕호의 물을 6Km의 수로터널을 통해 끌어 올려 진동호에 저장해 놓았다가 무려 767m의 수직터널로 물을 떨어뜨려 전력을 얻는다. 발전 용량은 100만KW로 우리나라 7개 양수 발전소 중 최대의 발전량을 자랑한다고는 하나 환경단체등의 많은 반대에도 불구하고 천문학적인 예산을 투입해서 10년

간의 공사 끝에 완성한 이곳의 양수 발전소가 우리나의 경제 발전에 어느 정도 기여하고 있는지는 알 수 없다. 이미 파괴된 자연환경은 어떻게 보상이 되어야 하고 후손들에게는 뭐라고 설명해야 할 것인지 숙제로 남게 된다.

장승같은 이정표가 있는 962m봉에는 커다란 간판이 뿌리 채 뽑혀 엎어져 있는데 아마도 양수 발전소 전망 안내판으로 생각된다. 이곳에서 서쪽으로 내리면 풍력발전기가 있는 진동호를 거쳐 진동계곡 설피밭 삼거리에 이르고 대간길은 계속 남쪽으로 진행된다.

삼각점이 있는 1,018m봉을 스쳐 지나고 943m봉 포토 포인트 조망판은 사진이 낡고 훼손되어 식별이 되지 않으나 동쪽 방향으로 시야가 트여 멀리 동해 바다가 넘실대고 양양 시가지가 한눈에 들어온다.

이 구간의 이정표는 대체로 장승같은 큰 키에 거리표시 없이 방향표시만 되어 있으나, 현위치 표시목은 거리, 방향 등 종합적인 지리 정보를 제공해 준다.

삼각점이 박힌 900.2m봉을 거쳐 현위치 번호 No20표시목은 조침령

1.1Km를 알리고 이어서 목재 데크로 된 전망대 쉼터에 도착한다. 이곳에서 남쪽으로 시야가 트이고 산아래 옛길과 구룡령에 이르는 56번 도로가 일부 보이고 약수산 등 지나온 백두대간 산그리매가 아련하다.

다시 내리막길을 터덜터덜 내려가다가 나무판으로 깐 등산로를 따라 내려서니 조침령 표지석이 의아한 듯 물끄러미 쳐다본다. 시간은 오전 11시를 알리고 있다. 이렇게 해서 작년 11월 2일 단목령에서 한계령 구간 산행이후 반년 만에 사연事緣도 많았고 곡절曲折도 많았던 진고개에서 한계령까지를 연결하였다.

너무 무사안일無事安逸만을 추구하다 보니 차례대로 산행하지 못하고 건너뛰거나 역주행하게 되어 짙은 아쉬움이 남는다.

조침령 표지석에게 안녕을 고하고 오늘은 양양 방향의 옛길로 접어든다.

옛길에서 내려 418번 지방도로에 들어서니 조침령 터널이 큰 입을 벌리고 있는데도 차량 통행이 거의 없다. 양양 콜택시를 불러타고 양양 버스 터미널에서 서울행 버스에 몸을 싣는다.

▼ 943봉 ⋯→ 구룡령남쪽대간능선

제37구간
설악산 전망대, 점봉산

📍 **37-2 단목령 - 점봉산 - 한계령(13Km+1.32Km)**
2015.11.02. (월) 맑음

　어제 동서울 터미널에서 강원도 현리행 버스를 타고 하늘 내린 인제를 지나 기리면 소재지 허름한 현리 버스 터미널에 내렸다. 이곳에서 육군 중령으로 근무했던 때가 30여년이 흘렀는데도 옛 모습과 정취가 그대로 남아 있는 것 같아 감회가 새롭다.

　현리에서 진동계곡 설피밭 가는 군내버스는 하루 세 편 06:20, 12:40, 17:20 인데 현리를 출발해서 31번 도로를 조금 가다가 진동리와 방동리로 가는 418번 도로에 접어들어 방태천을 따라 이어지고 적가리골과 아침가리골, 그리고 방동 약수 마을을 지난다. 연가리골민박, 펜션마을을 지나 동홍천-양양간 고속국도 공사가 한창이고 인제터널 홍보관을 지나 쇠나드리에 도착하는데 직진하면 조침령 터널을 지나서 양양으로 가는 길이고 군내버스는 좌회전하여 38선 표지석을 지나 설피밭 다리 사거리에서 멈춘다.

사전 연락이 된 설피민국 이상곤 사장을 만나 마을 위쪽 '점봉산 민박'집 할머니께 자초지종을 설명하고 겨우 하룻밤 묵기로 하였다.

어제 11월 1일부터 산불예방강조기간인데 이 기간 중에는 외지인이 들어오면 신고를 하게 되고, 특히 산행하는 사람이 숙박한 집은 벌금을 부과하는 게 이 마을의 관행이란다. '혹시 누가 묻더라도 마을에서 잤다고 하면 안 되고 마을사람들이 묻거든 방금 택시로 와서 일보고 나갈거라고 하라'는 당부의 말을 남기고 이상곤씨는 떠났다.

여장을 풀고 마을을 둘러보러 주차장에 갔더니 등산복 차림의 젊은 남녀 7-8명이 전화를 하면서 모두가 심각한 분위기다. 그 중 가장 연장자인 유광희씨가 다가와 담배 있으면 한 개피 달라고 해서 건네주자 떨리는 손으로 담뱃불을 붙이면서 말을 꺼낸다. 그들은 인천 산악회 팀으로 백두대간을 종주하고 있는데 한계령에서 출발하여 조침령까지 갈 계획이었으나 새벽에 만물상 구간에서 한 사람이 추락해 헬기로 후송시키느라 시간이 많이 지체되었고 단목령 지킴터에서 벌금 딱지까지 떼고 내려 왔으니 정신적 육체적으로 최악의 상태라고 한다. 유광희씨는 지금까지 4년여 동안 대간 종주를 하여 왔고 이제 너댓구간 남았는데 현재 상태로는 더 이상 하고 싶지 않다고 할 정도로 정신적 공황상태인 것 같았다.

저녁 9시 KBS뉴스에서 남설악을 오르던 등산객이 실족하여 헬기로 후송 도중 사망하였다는 보도를 듣고 가벼운 전율을 느끼면서 잠을 이루지 못하고 거의 뜬 눈으로 있다가 캄캄한 새벽녘에 헤드랜턴의 희미한 불빛에 의지해서 단목령으로 향하는데 이 놈의 동네 개들은 왜 이리 짖어 대는지 혹시나 사람들이 깰까봐 발걸음을 빨리한다.

   단목령에 도착하니 5시 30분으로 주위는 적막강산이다. 지킴터와 이정표, 등산 안내도를 확인하였으나 표지석과 선답자의 자료에 나왔던 장승이 보이지 않는다. 훗날 확인해보니 표지석은 곰배령삼거리에 있고 장승은 설피밭사거리로 이전하였다.

   처음 계획은 이곳에서 조침령으로 역주행하려고 했으나 어제 밤 9시 뉴스를 보고는 밤새 고민하다가 힘들고 부담되는 점봉산과 만물상 구간을 먼저 타고 내일 반대편 오색초등학교에서 단목령으로 올라 조침령까지 역주행하려고 계획을 바꾼다.

   단목령 표지석과 장승은 내일 다시 와서 찾아 보기로 하고 점봉산 방향의 목책 사이로 쏜살같이 빠져나간다. 마치 감시의 눈길이 여기저기 도사리고 있는 것 같다.

▼ 점봉산 오르면서 뒤돌아 단목령 일출

대간길은 숲길로 이어지다가 급경사 통나무 계단이 길게 이어지고 삼각점과 안내판이 있는 855.5m봉에 도착한다.

아직도 주위는 어두컴컴하고 소로 삼거리에서 대간길에 떨어져 있는 화살표 종이를 따라 가다가 저 앞에서 불빛 하나가 보여 혹시 점봉산에서 내려오는 대간꾼이 아닐까도 생각했지만 불빛의 움직임이 전혀 없는 것으로 보아 오색약수터의 간판 불빛으로 판단된다. 되돌아 소로 삼거리에서 다시 서쪽 방향으로 접어들어 현위치 번호 표시목 No.10을 지난다.

대간길에 쓰러진 나무 아치를 개선장군처럼 통과하여 지도상의 920m봉을 지나 사거리 안부에 있는 이정표와 현위치 번호 표시목 No6를 만난다. 이정표는 점봉산 3Km와 단목령 3.2Km를 알리고 있다.

동쪽에서 올라오는 해를 등에 짊어지고 972m봉과 952m봉을 지나 오색 삼거리에 도착한다. 오른쪽으로 3Km내리면 오색리 민박촌, 오색약수 및 온천이 자리하고 있고 대간길은 왼쪽으로 꺾여 점봉산까지 2.1Km의 거리다.

이정표는 동서남북을 지향하고 있는데 남쪽 한 방향은 지명과 거리가 제거되어 있다. 전에는 사거리였던 곳으로 선행자의 자료에 나와 있는 너른이골 4.5Km인 지점으로 짐작된다.

백두대간 등산로 정비사업 안내판은 '경사가 급한 등산로는 나무 뿌리가 노출되는 등 침식이 심화되어 등산로 정비공사'를 하였다고 알리는데 이곳은 2026년까지 통제구간이라면서 안내판을 설치한 이유를 알 수 없다. 등산로 정비를 하였다고 하나 나무뿌리는 노출되어 있고 어떤 곳은 통나무 계단과 나무뿌리가 엉켜서 훼손이 심하다. 차라리 안내판이나 설치하지 말 것이지!

이어서 만나는 현위치 표시목 N02와 이정표는 점봉산 1Km, 단목령 5.2Km를 알리고 왼쪽으로 너른이골 5.4Km를 알리는데 지도상에는 '너른이골'은 찾을 수가 없고 '가는골'만 표기되어 있다. 이곳이 홍포수 막터로 짐작된다.

홍포수 막터는 옛날 홍씨 성을 가진 사냥꾼이 살았다는데 실제로는 포수의 수발을 들던 수하가 홍포수 행세를 하며 마을을 들락거리자 사람들이 포수로 알고 홍포수라 부른데서 연유했다고 한다.

점봉산이 가까워질수록 바위, 자갈로 된 급경사 오르막이 더욱 심해지고 보호수목 7-2-5 No1 주목보호수목 아래서 한숨 돌린다.
주목나무 오른쪽으로 설악산 대청봉과 중청봉 사이에 중청 대피소가 뚜렷하다. 깊은 숨 몰아쉬고 드디어 점봉산 정상에 오르니 잔나비 귀처럼 생긴 정상석이 초보 산꾼을 맞이한다.

점봉산(點鳳山 1,424m)은 인제군 인제읍 귀둔리, 기린면 진동리, 양양군 서면 오색리를 가른다. 점봉산은 설악산 국립공원 중 남설악의 중심이 되는 산으로 설악산 전망대라는 별칭답게 사위가 트여있다.

▲ 점봉산 ⋯ 설악산

 오늘은 다소의 미세먼지와 구름으로 인해 아주 좋은 조망은 아니지만 북쪽으로 서북능선이 귀떼기청봉으로 이어지고 끝청, 중청, 대청봉에 이르는 능선이 마치 만리장성처럼 장엄한 산그리메의 파노라마를 연출하며 점봉산과 마주하고 있다. 고개를 돌려 멀리 양양 시내와 동해바다까지 어우러진 멋진 선경이 그려지고 있다.

 동쪽 멀리 산 정상에 진동호가 햇빛에 반짝거리고 남쪽으로 작은점봉산1,297m이 곰배령을 가리며, 그 너머 가칠봉1,164.7m이 살포시 고개를 내밀고 북서쪽은 귀둔리 마을이 평화로운 가운데 30여년 전의 추억을 떠올리게 한다.

정상석 뒷면에는 '제 1회 아름다운 숲 전국대회에서 22세기를 위해 보전해야 할 숲으로 선정된 곳. 2000년 11월 23일'이라 새겨져 있고 이정표는 귀둔리 4.3Km, 곰배령 3.3Km, 단목령 6.2Km 등 삼 방향만 가리키고 있는데 대간길을 이어갈 한계령 방향표시는 없다.

대간로는 오른쪽 바위 사이 길을 따라 내리막으로 이어지고 삼각점이 박힌 바위 옆에 조망판이 설치되어 있으나 오래되서 지워진 것인지 아무 표시도 없다.

길게 이어진 급경사 내리막길은 잡목들이 우거져 있고 참나무 사이 사이에 살아 천년 죽어 천년의 주목들이 고향인 태백산을 그리워하고 있다.

자갈깔린 급경사 내리막길이 완만해지다가 망대암산 삼거리가 나오고 오른쪽 방향으로 올라가서 나무에 걸려 있는 망대암산 표지판을 만난다.

망대암산(望對岩山 1,236m)은 무너진 바위더미가 봉을 만들어 볼품은 없으나 산 아래 만물상을 차려놓고 설악 준봉들로 병풍을 둘렀으니 이보다 더 잘 차린 차렛상이 어디 있겠는가? 북동쪽 주전골은 옛날 승려로 가장한 도둑 무리들이 계곡 옆 동굴에서 위조 엽전을 만들었다고 해서 붙여진 이름인데 이를 감시하며 망을 보는 곳이라 하여 망대암산이라 부르게 되었다고 한다.

주전골은 오색약수에서 용소폭포까지의 구간으로 투명한 계곡, 조각해 빚은 듯한 바위 등 절경을 품고 있으며 특히 가을에는 오색찬란한 단풍이 찾는 이

로 하여금 찬탄을 금하지 못할 정도로 아름다운 곳으로 이름이 나 있다.

뒤돌아 서서 내려왔던 점봉산을 바라보니 길게 누운 소 잔등처럼 편안한 모습으로 안녕을 고하면서 훗날을 기약한다.

왼쪽 내리막 대간길은 심한 경사에 칼날같이 뾰족한 바위 사이 길이어서 조심스럽게 내려와 비박굴을 만난다. 비박굴에 들어가 보니 3-4명이 쉴 수 있는 공간인데 담배꽁초와 쓰레기들이 널려 있다. 산을 사랑하고 자연을 보호하자는 취지와 거리가 먼 대간꾼들이 원망스럽다.

산죽지대로 이어지는 대간길은 삼거리 오른쪽에 로프와 출입금지 경고판이 설치된 십이담계곡 갈림길이다. 이정표는 없으나 오른쪽으로 내리면 십이폭포를 거쳐 용소폭포로 내려가는 길로 지도상에는 한 시간 거리로 나와 있다.

산죽길은 계속되고 한계령 방향에서 젊은이 네 명이 뛰다시피 다가오면서 수인사만 하고 지나간다. '단목령 지킴터에 공단직원이 있으니 유의하라'고 일러주고 급경사 오르막을 올라 1157.6m봉을 조금 지나 조망지에 이른다. 북동쪽으로 트인 시야에 만물상의 기암괴석이 두려움으로 다가오고 칠형제봉 능선 오른쪽으로 흘림골이 낯설지 않는 모습인데 그 너머 횡열橫列로 도열한 설악 준봉들이 어우러져 한 폭의 수채화로 다가온다.

흘림골은 계곡이 깊고 숲이 우거져 항상 날씨가 흐린 듯 하다고 해서 붙여진 이름인데 몇 년 전 동기생 김옥현, 박중묵, 백원필과 함께 한겨울 무릎까지 빠지는 눈길을 뚫고 등선대에 올라 주전골까지 산행했던 기억이 새롭다.

대간길은 1155.9m봉 정상을 거치지 않고 왼쪽 능선으로 이어지다가 약간 넓은 공터가 나오는데 직진 방향에는 출입금지 경고판이 버티고 있고 오른쪽 오르막에 대간 리본이 많이 나부낀다. 잠시 후 기암괴석이 만 가지 형상을 하고 있다하여 이름붙여진 만물상 구간 '세미 클라이밍' 코스다.

아찔한 만물상구간 곡예 산행!

심장 박동은 점점 빨라지고 마음 속으로 '대범하자, 침착하자, 할 수 있다.'

를 수십 번 되뇌이면서 노산鷺山 이은상李殷相 1903-1982 님이 지은 '산악인의 선서宣誓를 읊조린다.

산악인은
무궁한 새계를 탐색한다
목적지에 이르기까지 정열과 협동으로
온갖 고난을 극복할 뿐
언제나 절망도 포기도 없다
산악인은
대자연에 동화되어야 한다
아무런 속임도 꾸밈도 없이 다만,
자유 평화 사랑의 참세계를 향한
행진이 있을 뿐이다

산악인의 날은 매년 9월 15일로 지정되었는데 어느 자료에 산악인의 선서 발표 날이 1967년 9월 15일로 되어 있어 이와 연관성이 있지 않나 생각해본다.

산악인의 선서를 새긴 선서탑塔은 태백산 당골광장, 소백산 연화봉, 강화도 마니산 입구 등에 세워져 있고 대부분의 산악회에서 시산제 때 산악인의 선서를 함으로서 산악인으로서의 자부와 긍지를 갖도록 하고 있다.

만물상 구간은 대간 산행 중 가장 위험하고 힘든 코스 중의 하나로 많은 산행인들이 두려워하고 긴장을 한다는 이유를 이제 알 것 같다. 더군다나, 어제 인천 산악회 회원 한 사람의 사망 사고까지 있었으니 나의 두려움은 오죽하겠는가?

만물상 오르는 곳부터 예사롭지가 않다. 스틱을 접어서 배낭에 집어넣고 옷매무새를 단단히 하여 전투준비태세를 갖춘다. 암벽을 오를 때는 네 발로 기고 내릴 때는 자세를 최대한 낮추어 뛰는 꼬라지가 마치 영화 '반지의 제왕'에 나오는 '골룸'이리라. 암벽에 설치된 로프는 대간 종주 산악회에서 설치한 듯 가느다란 로프를 잣나무에 묶기도 하고 뾰족한 암봉 끝에 묶어 설치하기도 하였는데 일부 구간의 로프는 부실해서 끊길지도 모른다는 두려움마저 들 때가 있다.

만물상 중간 쯤 전망 바위에 올라 서면서 눈 앞에 전개되는 광경에 찬탄도 잠시 내려가야 할 걱정이 먼저 앞선다. 거대한 성벽같은 암봉을 내려 왼쪽으로

돌아서자 다시 오르막 직벽같은 암봉을 로프도 없이 네 발로 기어올라서니 전방으로 한계령 휴게소와 가까이 발 아래 필레 약수터로 가는 길 분기점이 눈에 들어온다. 다시 내리막 암벽에 가느다란 로프를 타고 내려와 굵은 통나무 가지를 잘라 사다리처럼 생긴 나무를 타고 내리니 평탄한 곳에 나뭇가지들이 꺾여서 땅에 떨어져 나뒹굴고 있다.

어제 새벽 인천 산악회에서 통나무 사다리를 오르면서 썩은 나뭇가지를 잡다가 꺾여서 추락한 곳으로 짐작된다.

위험하고 힘든 만물상 구간을 한 시간여의 악전고투 끝에 무사히 통과했다는 안도감에 긴장이 풀리고 피로가 엄습한다.

세 개의 천연보호구역 표지봉을 지나고 조그마한 봉우리 삼거리에 도착한다. 대간길은 오른쪽으로 이어지지만 지킴터가 도사리고 있기 때문에 왼쪽으로 내려 철조망 왼쪽 끝부분에서 필레 약수터로 가는 포장 도로에 내려선다.

이곳에는 2026년까지 출입을 금지한다는 경고판이 설치되어 있고 한계령 휴게소 방향으로 가는 길 오른쪽에 거대한 산사태가 났던 곳이 처참하게 보인다.

오늘의 목적지인 한계령에 도착하니 휴게소에는 언제나처럼 수많은 사람들이 붐비고 있고 시간은 오후 1시를 알리고 있다.

한계령인가? 오색령인가?

한계령(寒溪嶺)은 해발 920m로 인제군 인제읍과 북면, 양양군 서면의 경계이며 인제와 양양을 잇는 44번 국도가 지나간다. 이 고개는 예로부터 영서(인제)쪽의 곡물과 영동(양양)쪽의 소금이나 생필품을 지고 날랐던 고갯길이었고 속초나 양양 유생들이 한양으로 과거보러 갈 때 반드시 거쳐야 했던 길목으로 소동라영(所東羅嶺)이라 불리기도 했다.

고갯마루 인제군 쪽에는 '한계령, 설악산 천연보호구역'입간판이 우뚝 서 있고 반대편 양양군 쪽에는 '양양군 오색령'표지석이 있어 눈길을 끈다. 고개를 중심으로 서쪽에 인제군 북면 한계리 마을이 위치하고 있고 동쪽에는 양양군 서면 오색리가 자리하고 있어서 우리나라의 핵심 관광지인 이곳에 지방자치단체의 이름차지하기 쟁탈전의 결과가 아닌가 의심된다. 마치 남원시 흥부마을의 태생지와 발복지로 구분해서 흥부마을을 지정한 것처럼.

한계리라는 마을 이름은 「신라김씨대종원(新羅金氏大宗院)」의 기록에는 마의태자 일행이 경주를 떠난 것은 서기 935년이고 지금의 한계리에 도착한 때

는 살을 에이는 듯한 추위와 눈보라가 심한 겨울이었으므로 마의태자 일행이 몹시 추웠던 것을 되새겨 이름 붙였을 가능성이 높다고 해석하기도 한다.

한편, 오색이란 이름은 마을에 다섯 빛깔의 꽃이 피는 나무가 있어 생겨났다고 알려져 왔고 서기 1596년 선조실록에서 처음으로 오색령으로 불리워 오늘에 이르렀으나 아마도 가을의 오색찬란한 단풍의 모습에서 오색이란 이름이 붙여졌지 않나 싶다.

오후 들어서 바람이 드세지고 손이 아릴만큼 날씨가 추워진다. 몇 사람이 콜택시에 합승해서 오색 약수터 입구에 내려 오색 족욕 체험장 옆 버스 정류장에서 양양행 버스로 오색 초등학교앞에 하차한다.

오색온천은 오색약수터에서 한계령쪽으로 약 3Km 올라간 지점인 해발 600m에서 자연적으로 치솟는 온천이다. 먼 옛날 이곳에서 선녀들이 목욕을 하고 승천했다는 전설도 있고 눈 오는 겨울철에는 주민들이 멧돼지를 잡아서 튀길 정도로 수온이 높았다는 이야기도 전해오고 있다. 이는 우리나라에서 가장 높은 지역에서 용출하는 37.5℃의 온천으로서 조선시대 중기인 1500년경 성국사의 승려가 발견했다고 하며 현재의 온천은 1982년도 강원도에서 개발하였다.

오색초등학교 옆 신토불이 식당 민박집에 여장을 풀고 '양양 송이 생동동주'를 곁들여 저녁식사를 하는데 술맛은 고사하고 자연산 송이 고형물질이 겨우 0.05% 함유되었는데도 술의 명칭에 '송이'자를 넣은 상술에 술맛이 떨어질 지경이다.

단목령을 지척에 두고!

다음날 새벽 3시에 잠이 깨어 계속 뒤척이다가 어차피 가야할 길이라면 일찍 나서는 게 나을 것 같아서 4시 30분에 민박집을 나와 오색천을 건너 단목령 가는 들머리에 들어선다. 적막강산인 교회기도원을 지나고 출입금지 경고판과 통제구역 간판을 지난다.

길이 아니면 가지를 말라고 했던가? 소로로 이어지다가 계곡으로 빠져들고 깊이를 가늠할 수 없는 물을 건너뛰다 빠지기도 한다. 바위에서 뛰어 내리기도 하고 절벽을 기어오르기도 하는데 또다시 가시덤불이다. 산전수전山戰水戰 심지어 공중전空中戰까지 치뤘는데도 희미한 헤드랜턴 불빛으로 길을 찾는데는 한계가 있다. 이래서 야간 산행이 위험하다고 하는 모양이다.

한시간 넘게 보이지 않는 길과 사투를 벌이다가 결국 작전상 후퇴를 한다. 양양에서 조침령으로 돌아가 단목령 감시터 공단 직원들이 퇴근한 후 내릴 요량이다. 그런데 이제는 작전상 후퇴도 악전고투다. 이미 젖은 옷에 한기는 심해지고 좀처럼 길을 찾을 수가 없다. 겨우 빠져나와 오색초등학교 앞 버스 정류소에서 양양행 시내 버스 첫차를 타고 양양에 도착하니 전화벨이 울리고 아내의 힘없는 목소리가 들려온다. "여보, 미안해요. 어제 돈을 입금하지 못했어요."

이럴 때는 소리치며 울고 싶다. 아니 통곡이라도 하고 싶다. 그러나 내 울음을, 내 외침을 누가 듣고 누가 알아주겠는가. '그래 이번 산행은 여기서 끝내자'

산은 내가 오르는게 아니라 산이 허락해 줄 때만 오를 수 있다지 않는가? 어제의 단목령은 허락해 주었으나, 오늘의 단목령은 문을 굳게 닫고 열어주지 않는구나.

▲ 점봉산 ⋯ 진동호 / 동해바다

구간 일지

제37-1구간 (조침령-단목령/ 역주행 10.1Km)

2016년 6월 2일 목요일 맑음

시간	구간	표고 (m)	거리 (Km)	접속(비상탈출)	숙영자료
05:25	단목령	855	2.0	오색초교(3Km)-단목령-진동삼거리(1.32Km)	
06:30	1020.2봉	1,020.2	0.9		
07:00	북암령	940	2.9	진동삼거리(설피민국), 북암리 2.5Km	
08:45	1000봉	1,000	0.2		
09:02	962봉	962	1.7		
09;37	943봉	943	2.0	포토 포인트	
10:50	전망대		0.4		
11:10	조침령	770		조침령 옛길→418번 지방도 (현리-양양)	공터

- 산행거리/소요시간 : 10.1Km+접속 2.82Km/ 5시간 45분+ 60분
- 일출/일몰시간 : 05:04/19:44
- 교통
    - 들머리 : 단목령←진동삼거리(1.32Km)
    - 날머리 : 조침령→옛길(1.5Km)→418번 지방도(현리-양양)
        양양버스터미널(양양-한계령/동서울) 033-671-4411
        속초버스터미널(속초-한계령/동서울) 033-633-2328
        인제버스터미널(인제-현리/동서울) 033-463-2847
        현리버스터미널(현리-진동리/인제/동서울) 033-461-5364
        양양택시(양양-조침령) 033-671-1199
        현리택시(현리-조침령) 033-461-6800
- 숙박/식사
    - 진동리 설피민국(단목령, 조침령) 033-463-4289
    - 조침령 둥지산장(조침령) 033-463-1159

구간 일지

제37-2구간 (단목령-한계령/ 13Km)

2015년 11월 2일 월요일 맑음

시간	구간	표고 (m)	거리 (Km)	접속(비상탈출)	숙영자료
05:30	단목령	855	4.0	오색초교(3Km)-단목령-진동삼거리 (1.32Km)	
07:45	오색삼거리		1.0	오색리 민박촌(3Km)	
08:15	홍포수막터		1.0	너른이골(5.4Km)	
08:57	점봉산	1,426	1.3	곰배령(4.3Km), 귀둔(4.3Km)	
09:30	망대암산	1,231	2.0		
	12담계곡갈림길		1.6	12담계곡→주전골	
11:02	1157.6봉	1,157.6	0.4		
11:23	1155.9봉	1,155.9	1.2	만물상구간	
12:25	삼거리		0.8	직진⇒통제소, 좌측길(필레-한계령)	
13:20	한계령	920		44번 국도(인제-양양)	휴게소, 물, 공터

- **산행거리/소요시간** : 13Km+ 접속 1.32Km/ 7시간 50분+ 30분
- **일출/일몰시간** : 06:50/ 17:26
- **교통**
    - 들머리 : 단목령-진동삼거리/진동리(설피밭)-현리(버스)
    - 날머리 : 한계령/44번 국도(인제-양양)
        현리버스터미널(현리-진동/설피밭) 033-461-5364
        *현리-설피밭⇒1일 3회(06:20, 12:40, 17:20)
        양양버스터미널(양양-한계령/동서울) 033-671-4411
        양양택시(양양-한계령) 033-671-1199
        현리택시(현리-진동리) 033-461-5800
- **숙박/식사**
    - 진동리 설피민국(단목령, 조침령) 033-463-4289
    - 오색 설악온천장(한계령) 033-672-2645
    - 오색 신토불이식당/민박(한계령)

제38구간

雪嶽 仙境 名不虛傳

📍 **한계령 - 대청봉 - 희운각대피소(11.1Km)**
2016.06.07. (화) 흐림

　　아침에 조용히 일어나 가족들 깨지 않도록 살금살금 나서는데 아내가 일어나 요기 療飢라도 하고 가란다. 가난하고 백수인 남편 뒷바라지 하느라고 출근해야 하는 아내의 새벽잠을 깨워서 미안함과 고마움에 "아니, 그냥 다녀올게!" 한마디 던지고는 집을 빠져나와 전철을 기다린다. 새벽 첫 차인데도 많은 사람들이 기다리고 있고 들어오는 전동차는 발 디딜 틈이 없을 정도다. 이렇게 자기의 자리에서 소임을 다하고자 부지런히 움직이는 사람들이 있어 새벽의 문은 열리는가보다.

　　동서울 터미널에서 버스로 한계령에 도착하여 산행 준비를 하는데 버스에 동승했던 십여명도 바쁘게 움직인다. 한계령 일대는 온통 운무에 싸여 오늘 시계는 좋지 않을 것 같다.

　　지금까지 대간 산행을 하면서 대부분이 초행이라 미지의 세계에 대한 두려

움과 긴장감을 떨쳐 버리지 못하였는데 이번 산행은 그런 느낌이 들지 않고 편안하고 차분하다. 지금으로부터 5년 전인 2010년 10월 9일 친구 김옥현과 함께 아무런 사전 계획이나 충분한 준비도 없이 백두대간을 타보자고 오늘과 같은 시간대에 내려와 대간길을 따라 산행하였으나 마등령에서 더 이상 진행하지 못하고 하산한 적이 있었다.

오늘의 대간산행은 휴게소 옆 108계단부터 시작된다. 설악산을 오를 때는 백팔번뇌의 세속사를 씻고 오라는 뜻일까? 한 계단, 두 계단 발걸음을 옮긴다.

계단이 끝나갈 무렵 설악루가 우뚝서있고 이어서 맞이하는 위령비가 초연한 자세다. 위령비는 양양과 인제를 연결하는 포장도로를 건설할 때 투입된 공병 부대의 희생자를 기리기 위해 1972년 설악루雪嶽樓와 같이 건립되었다고 한다. 당시 지휘관이 김재규 중장으로 10.26사태 이후 설악루 친필 현판은 그대로 두고 위령비 뒷면에 새긴 이름만 지웠다고 한다.

건너편 점봉산과 만물상은 안개에 뒤덮여 반 년 만의 인사마저도 허락하지 않고 가까운 한계령 구비치는 골짜기를 내려다 본다.

탐방지원센타를 지나면서 아침에 버스 앞 좌석에 탔던 젊은 부부와 앞서거니 뒷서거니를 반복한다. 나무계단, 돌계단, 바위, 흙길을 반복하다가 오르막 계단을 오르는데 조그마한 동굴이 있는 거대한 암벽에 소나무 한 그루가 외롭게 뿌리를 박고 강인한 생존력을 보여주고 있다.

잠시 후 서북능선 삼거리에 도착하는데 이정표는 '한계령 삼거리'로 바뀌었고 대간길은 우측으로 꺾여 서북 능선을 타고 대청봉으로 이어진다. 좌측은 귀떼기청봉을 지나 서북능선을 따라서 대승골을 거치고 안산 1,430.4m에 이른다.

귀떼기청봉(1,577.6m) 이름에 관련한 일화가 있다. 설악산 전체가 거의 골산인데 반해 귀떼기청봉은 육산으로 되어 있어 다른 주변 산들로부터 외면을 당하자 자신도 모르게 바위를 만들기 시작했고 이 사실이 알려지자 다른 돌산들로부터 귀떼기를 세차게 얻어맞아 바위가 부서져 온통 너덜길이 되었고, 귀떼기청봉 이름까지 붙게 되었다고 한다. 다른 일화는 설악산의 삼형제봉은 대청봉, 중청봉, 소청봉인데 한쪽 구석에 있는 낮은 봉우리가 설악산의 주봉 행세를 하다가 삼형제봉으로부터 귀떼기를 얻어맞아서 그렇게 부르게 되었다고도 한다. 일화는 일화이고 산봉우리의 크기나 위치에 따라 자연스럽게 이름이 붙여졌는데 외설악 쪽에서 보면 산봉우리가 두 개로 보여 대청, 중청이고 내설악 쪽에서는 또 하나의 봉우리가 있어 소청이다. 세 개의 봉우리 끝자락에 위치하고 있는 것이 끝청이다. 귀떼기청은 한쪽 구석지(귀떼기)에 처져 있어 이름지어졌다고 한다.

▲ 용마장성, 공룡능선, 황철봉

　대간길은 오른쪽으로 암릉과 로프 구간으로 이어지고 1,401m봉 조망지에서 본 남쪽 점봉산은 아직도 운무가 드리워져 있다. 이정표는 한계령 3.1Km와 대청봉 5.2Km를 안내한다.

　이윽고 너덜길에 도착한다. 너덜길을 이리 뛰고 저리 건너서 통과하고 왼쪽에 있는 포토 포인트에서 북쪽 방향 가까이 용이 이빨을 드러내 보이는 듯한 용아장성릉이 서쪽으로 기운차게 뻗어 내리고 그 너머 멀리 흰 구름 아래 황청봉이 아른거린다. 용아장성릉과 황철봉 사이에 등줄기를 곧추 세운 공룡이 두려움으로 다가온다.

　산악지역 날씨는 알 수가 없다. 서북능선 북쪽은 안개가 개인 파란 하늘에 일부 흰 구름만 드리웠는데도 오른쪽 나무 사이로 보이는 남설악쪽은 아직도 안개에 갇혀 있다.

암릉을 지나고 1,456m봉에서 나이 드신 부부가 다정스레 앉아서 준비해 온 도시락으로 식사하는 모습이 행복하기보다는 아름답게 보이고 부러움으로 다가온다. 못난 남편 만난 아내는 환갑이 넘은 나이인데도 일터에 나간다고 생각하니 눈시울이 뜨거워지고 콧잔등이 찡해진다.

대간길 중간 중간에 '안전길잡이'라고 쓰인 야광 표시기가 눈에 띄고 1,461m봉을 지나 온통 바윗덩어리인 끝청 1,610m에 도착한다. 몇몇 산님들이 앉아서 쉬고 있는데 날씨가 변덕을 부린다. 주변은 또다시 구름에 뒤덮이고 이제는 빗방울마저 떨어지니 우중산행에 트라우마가 있는 나로서는 불안하고 초조해진다.

군사시설이 있는 중청 정상을 살짝 벗어난 대간로는 소청봉으로 내리는 삼거리 이정표를 지나 중청봉 대피소에 이르고 야외식탁에서 즐거운 표정으로 오찬을 즐기는 산꾼들을 곁눈질하면서 대청봉을 향해 보폭을 빨리한다.

다행히 비는 몇 방울만 뿌리다가 그치고 날씨도 점점 좋아질 기미가 보인다.

헬기장을 지나고 오르막 탐방로 좌우에는 낮은 키의 눈잣나무 군락이 융단처럼 펼쳐진다. 눈잣나무는 '누워서 자란다'는 뜻을 가져 '누운 잣나무'를 줄여 붙여진 이름으로 우리나라에서는 대청봉 일원만이 유일한 자생지다.

오르막 돌길을 뛰다시피 오르니 대청봉 정상이다.

대청봉(大淸峰 1,707.9m)은 한라산(1,950m), 지리산(1,915m)에 이어 우리 나라에서 세 번째 높은 산으로 설악산의 3대 능선인 공룡능선, 화채능선, 서 북능선의 분기점이 되며 천불동계곡, 가야동계곡, 구곡담계곡 등 대부분의 계곡이 이곳에서 발원한다.

청봉(靑峰)이란 명칭은 창산(昌山) 성해응(成海鷹)이 서기 1909년 저술한 「동국명산기(東國名山記)」에서 설악산의 주봉이 청색으로 보인다고 하여 청 봉이라 기록하였던게 지금까지 내려오고 있다.

대청봉 정상석은 1985년 봄 당시 대청 산장 주인이던 이옥모李玉模씨가 정 상에 있는 돌 하나를 골라 산악인들의 도움을 받아 밧줄로 세우고 양양의 석수를 불러 사비를 들여 설치했다고 한다.

설악산은 대청봉에서 바라 본 일출과 소청봉낙조가 유명한 곳이다.

타임머신을 타고 몇 개월 후 겨울로 가보자.

대간 종주를 끝내고 해가 바뀌어 2017년 2월 14일 친구 김옥현, 나정웅 세 명이서 의기투합해 천불동계곡을 거쳐 소청 대피소에 여장을 푼다. 아내가 준비해 준 삼겹살 주물럭에 소주 한잔 기울이고 있는데 밖이 떠들썩해 나가보니 서쪽 산마루금으로 떨어지는 해가 흰 눈과 어울려 기가 막힌 장관이 연출되고 있다.

원래 계획은 아침에 봉정암으로 내려 백담사로 가도록 되어 있으나 명색이 백두대간까지 종주한 사람이 대청봉 일출을 보지 않고 그냥 간다는 게 말이 아닌 것 같지만 그래도 단체 활동이라 밤새 끙끙 앓다가 새벽에 혼자 나와 대청봉에 도착하니 아침 6시다. 몸을 가누지 못할 정도의 칼바람과 추위와 싸운다. 대청봉에는 일반 나무들이 자라지 못하고 눈잣나무만 서식하는 이유를 알 것 같다.

검은 동해바다와 맞닿은 검붉은 하늘이 서서히 붉은 세계로 변해가는 여명 黎明 의 파노라마가 펼쳐진다.

대청봉 칼바람과 추위에 떨며 한 시간 이상 기다린다. 오늘은 분명 어제보다 더 나은 태양이 떠 오르리라는 확신과 설마가 공존하는 시간. 나의 바램은 헛되지 않았다.

아침 7시 15분 검붉은 하늘과 검은 바다 사이에서 한 줄기 불기둥이 솟구쳐 오르더니 검은 산천이 신천지로 바뀌는 천지개벽 天地開闢 과 같은 지상 최대의 쇼가 연출된다. 이 찬란함을 시인들은 어떻게 표현할까? 무아지경 無我之境 이요 열

반선경 涅槃仙境이 따로 없다. 환희와 감동은 가슴으로 다가오고 문득 반항시인 김민기의 '보라 동해에 떠오르는 태양'이 울려 퍼진다.

-전략-

보라 동해에 떠 오르는 태양
우리가 간직함이 옳지 않겠나
나의 조국은
허공에 맴도는 아우성만 가득한
이 척박한 땅
내 아버지가 태어난 이곳만은 아니다
북녘 땅 시린 바람에 장승으로
굳어버린 거대한 바위 덩어리
내 어머니가 태어난 땅
나의 조국은 그곳만도 아니다
나의 조국은
찢긴 철조망 사이로 스스럼없이
흘러내리는 저 물결
바로 저기 눈부신 아침 햇살을 받아
김으로 서려 피어오르는 꿈속 그곳
바로 그곳
숨소리 점점 커져 맥박이 뛴다

이 땅에 순결하게 얽힌 겨레여

-후략-

이 시는 가수 송창식이 곡을 붙여 '내 나라 내 겨레'란 타이틀로 음반을 발표하였고 그 후 많은 가수들이 리메이크하여 국민들의 사랑을 받은 명곡으로 자리 매김하였다.

한 시간 이상을 칼바람과 추위에 맞서 싸운만큼 그 이상의 커다란 선물을 머리와 가슴에 담고 소청 대피소로 내려와 기다리는 일행과 함께 봉정암, 구곡담계곡을 거쳐 백담사로 내린다.

다시 대간 종주로 되돌아온다.

대청봉에서 원래 대간길은 바로 아래 급경사, 죽음의 계곡으로 이어진다. 이 계곡은 반내피계곡이라 하였는데 잦은 사고로 인명피해가 많아지자 명칭을 바꾸고 대간로도 폐쇄하였다고 한다.

중청 대피소를 지나 소청 삼거리 이정표에서 북쪽으로 꺾여 이제 막 공사를 끝낸 듯한 철재계단이 길게 드리워져 있고 전망대까지 마련하여 설악산 절경을 안내하고 있다. 멀리 황철봉, 신선봉 등 백두대간 산그리매가 아른거리고 마등령, 1,275m봉, 신선대 등 뾰족하게 솟은 공룡의 등줄기가 날개짓을 한다. 천화대가 범봉을 품에 안고 설악의 주인인양 버티고 있고 권금성, 칠성봉, 화채봉이 대청봉으로 이어져 화채능선을 만들어 낸다. 울산바위와 권금성 사이에는 속초시와 동해 바다가 하늘과 맞닿아 열린 하늘길이 어우러져 두 눈을 현

혹시키는 파노라마가 전개되고 있다. 북서쪽으로 고개를 돌리자 봉정암을 품에 안은 용아장성릉 龍牙長成稜이 뾰족한 이빨을 드러내며 수렴동으로 내달리고 용아장성릉 북쪽으로 오세암을 지척에 둔 가야동계곡이, 남으로는 구곡담 계곡이 수렴동 계곡으로 이어지다가 백담사 계곡으로 흘러들어 백담사에 안긴다.

지루하리만치 긴 철재계단을 따라 내리니 소청봉 小靑峰 1,581m이다. 소청봉 이정표는 서쪽으로 소청 대피소 0.4Km, 봉정암 1.1Km, 백담사 11.7Km를 알리고, 직진 방향으로 희운각 대피소 1.3km를 가리키고 있다.

소청 대피소는 내부 공사 중이라 휴업상태다.

봉정암(鳳頂庵)은 해발 1,244m의 높은 산기슭에 세워진 불교 신도들의 참배성지로 기암절벽이 병풍으로 두른 듯한 암봉으로 둘러싸인 사찰이다. 신라 선덕여왕 3년(서기 644년) 자장율사가 당나라에서 가져온 석가모니 진신사리를 봉안한 우리나라 5대 적멸보궁 중의 하나로 자리하고 있다.

구름이 멈춰 선 곳에 황철봉이 아련하고 등줄기를 잔뜩 치켜 올린 거대한 공룡 한 마리가 무섭게 쏘아 보는데 내일의 힘든 여정을 예고하는 듯하다.

내리는 길에 중년 부부와 젊은 부부를 만난다. 그들은 설악동에서 출발하여 마등령을 넘고 공룡능선을 타고 왔다면서 '지옥의 코스'임을 수차례 강조한다.

끝이 보이지 않을 정도로 긴 내리막 계단을 내리고 붉은 색 철다리를 건너서 오늘의 목적지인 희운각 대피소에 도착하니 시간은 오후 4시 30분으로 오늘 산행은 7시간 30분이 소요되었다.

희운각(喜雲閣) 대피소는 희운(喜雲) 최태묵(催泰黙 1920-1991)선생이 사비를 들여 팔각정을 짓고 본인의 호를 따서 이름붙였다가 1986년 국립공원 관리공단에서 팔각정을 헐고 현재의 대피소를 지어 오늘에 이르고 있다. 대피소 앞에는 희운 선생을 기리는 송덕비(頌德碑)가 있다.

송덕비를 세우게 된 내력은 다음과 같다.

한국 산악회 소속 '제1기 에베레스트 원정대'가 히말라야 등반을 위하여 18명의 대원들이 설악산 반내피계곡(지금의 죽음의 계곡)에서 동계 등반 훈련을 하던 중 1969년 2월 14일 베이스 캠프에 남아있던 10명의 대원이 눈사태에 매몰되면서 전원 사망하는 사고, 이른바 '설악산 십동지 조난사건'이 발생하였다. 사고 소식을 접한 속초 경찰서와 한국산악회, 군부대 등이 구조에 나섰지만 계속된 폭설과 눈사태로 사고지역에 접근조차 못했고 보름이 지나서야 사고현장에서 시신을 발굴하게 되는 등 산악회 역사상 가장 큰 산악 사고로 남게 되었다. 이 사고를 안타깝게 여긴 희운 선생이 눈·비를 피할 수 있는 팔각정을 짓게 된 것이다.

오늘날 설악산이 대표적인 국민 휴식처로 각광을 받기까지 산을 아끼고 사랑했던 희운 선생을 비롯한 선배 산악인들, 길을 뚫고 개척하다 숨진 공병부대원들과 선답자들, 그분들의 희생, 열정과 땀이 있었기에 가능한 일이었으리라. 당신들은 진정 산악인들의 자존심이며 긍지임을 잊지 않겠습니다.

이곳은 나에게도 추억이 깃들어 있는 곳이다. 5년 전 대피소 예약을 하지 못하고 대피소 옆 테라스에 텐트를 치려는데 대피소 직원이 텐트는 칠 수 없으니 그냥 뒤집어 쓰고 자란다. 비박금지는 산불이나 산짐승의 위험을 예방하는 차원에서 야지숙영을 못하게 하는 것이지 대피소 공터에 텐트를 못치게 하고 뒤집어 쓰고 자라는 건 잘못된 규정인지라 옥신 각신하다가 결국 일인용 텐트를 설치하고 그 좁은 공간에서 친구 김옥현과 추운 10월의 하룻밤을 보낸 적이 있다.

오늘은 예약을 하고 왔기 때문에 잠자리 걱정은 없으나 대피소에 늦게 도착한 산꾼들의 떠드는 소리와 내일 악마의 코스 산행에 대한 두려움과 기대감으로 잠을 설친다.

'내일은 분명 오늘보다 더 나은 태양이 뜰 것이다.'

구간 일지

제38구간 (한계령-희운각대피소/ 11.1Km)

2016년 6월 7일 화요일 흐림

시간	구간	표고 (m)	거리 (Km)	접속(비상탈출)	숙영자료
09:00	한계령	920	2.2	44번 국도 (동서울-한계령-양양)	휴게소, 물, 공터
11:00	능선삼거리	1,363	2.7	대승령 7.7Km, 귀때기 1.6Km, 대청봉 6Km	
12:42	1461봉	1,461	1.4		
13:35	끝청	1,610	1.2		
14:11	중청봉	1,665	0.75	중청대피소	대피소
14:30	대청봉	1,707.9	3.1	오색탐방지원센터(3시간)	
15:10	소청봉	1,581	1.3	소청대피소 0.4km, 봉정암 1Km, 희운각 1.3Km	대피소
16:30	희운각대피소	1,050		양폭대피소 2.0Km, 비선대 5.5Km, 설악동	대피소

- 산행거리/소요시간 : 11.1Km/ 7시간 30분
- 일출/일몰시간 : 05:02/19:47
- 교통
  - 들머리 : 한계령/44번 국도(동서울-양양)
  - 날머리 : 희운각대피소
    - 동서울버스터미널(동서울-한계령/오색) 1688-5979
    - 양양버스터미널(양양-한계령) 033-671-4411
    - 속초버스터미널(속초-한계령) 033-633-2328
    - 양양택시(양양-한계령) 033-671-1199
    - 속초택시(속초-설악동) 033-636-4499
- 숙박/식사
  - 오색 설악온천탕(한계령) 033-672-2645
  - 오색 신토불이식당/민박
  - 희운각대피소
    - 판매품: 햇반, 라면, 생수, 캔참치, 햄, 가스, 건전지

제39구간

악마의 능선을 넘어 지옥의 너덜지대로

◯ 희운각 대피소 - 황철봉 - 미시령(15.2Km)
2016.06.08. (수) 흐림/안개

　　강원도의 겨울은 제일 먼저 왔다가 이듬해 초여름까지 이어진다더니 벌써 6월인데도 아침저녁으로는 쌀쌀한 날씨가 계속된다. 으스스한 새벽바람을 맞으며 4시 30분에 대피소를 빠져나오니 칠흑같이 어두운데다가 안개까지 짙게 드리워져 있어서 사방분간이 어렵다. 희미한 불빛의 헤드랜턴 신세를 지고 오늘의 산행을 시작한다. '오늘은 어제보다 분명 더 나은 태양이 뜨기를 기대하면서...'

　　전망대처럼 만들어 놓은 헬기용 인명 구조대 및 보급품 투하장을 지나 무너미 고개에 이른다.

　　무너미는 '물을 넘는다'는 뜻인데 어디 물을 넘은지는 모르겠고 해발 1,020m 인 고개는 가야동 계곡과 천불동 계곡의 경계에 위치하여 내·외설악을 구분지으며 공룡능선으로 갈라지는 분기점이다. 왼쪽으로 가야동 계곡이 용아장 성릉을 연해서 흐르다가 수렴동 계곡으로 빠져들고, 오른쪽 천불동 계곡은 비선대에서 대청봉으로 오르는 7km의 계곡으로 와선대, 비선대, 오련폭포, 양폭, 청단폭포등 수려하고 빼어난 경관들이 계곡을 따라 이어진다. 천불동(千佛洞)이라는 이름은 계곡 좌우 공룡능선과 화채능선의 천봉만암(千峰萬岩)과 청수옥담(淸水玉潭)의 세계가 마치 각기 다른 모습의 천여 개의 불상을 세워 놓은 듯 하다하여 금강산 천불폭포에서 따왔다고 한다. 지리선 칠선계곡, 한라산 탐라 계곡과 함께 우리나라 3대 계곡으로 잘 알려져 있다.

무너미 고개 이정표를 따라 어두컴컴한 대간길로 들어선다.
어둠이 빛을 이기지 못하고 밤은 물러나지만 자욱한 안개에 천하의 절경을 보지 못할 수도 있다는 불안감으로 초조해진다.
회운각 대피소를 출발한 지 한시간 남짓, 거대한 암봉이 앞을 가로막고 신선대를 안긴다. 오른쪽 웅장한 암봉이 신선神仙들의 놀이터라 신선대인가? 아니면 눈에 꽉 차게 들어오는 신세계新世界가 나를 신선으로 만들어서 신선대인가? 전방에 전개되는 천화대 일대의 깎아 지른 암봉의 위용은 설악산의 주인공이라 할 만큼 수려한 경관을 자랑하고 있고 그 중 가장 높은 범봉은 범선의 돛대처럼 우뚝 서 있다 해서 붙여진 이름이란다. 등 뒤로 설악산 삼형제 대청, 중청, 소청가 키재기를 하고 있다.
사진작가로 보이는 두 젊은이가 망원렌즈가 달린 커다란 카메라를 들고 앉아서 전방을 주시하고 있다. 최고의 순간을 기다리는 모양이다.

　신선대에서 북서쪽으로 이어지는 대간길은 천화대, 1,275m봉, 나한봉, 마등령으로 이어가며 날카롭게 솟구친 암봉들이 거대한 공룡의 등줄기처럼 달려나가는 4Km는 '악마의 코스'또는 '지옥의 코스'로 악명 높은, 이름하여 공룡능선 恐龍稜線이다. 마음을 가다듬고 각오를 새롭게 다짐하며 앞으로 나간다.

　다리는 지옥이나 눈은 천국이다. 조각가가 다듬은들 저렇게 아름다운 작품이 나올 수 있을까? 오랜 세월동안 자연이라는 예술가가 갈고 다듬어 만들어낸 걸작품의 전시장이다.

　거대한 암봉 두 개를 왼쪽으로 돌아서 낮은 계곡쪽은 아직도 안개가 춤을 추고 있다.

오르막 계곡 암릉을 쇠줄 로프를 잡고 오르내리고 다시 오르니 거대한 대문이 활짝 열리며 한 폭의 산수화山水畵가 다가오면서 안개너머로 1,275m봉이 고개를 들고 있다.

산과 봉우리, 능선과 암릉, 암봉과 암벽 사이를 오르내리는 이 길은 옛날 대동여지도를 만들었던 고산자古山子 김정호金正浩 1804-1866?나 산경표山經表를 쓰신 신경준申景濬 1712-1781 같은 선인들은 삿갓에 도포입고

바랑매고 짚신에 지팡이로 이 산을 넘었으리라. 오늘날 우리는 최첨단 등산복에 배낭, 등산화와 스틱을 짚고도 힘들다고 하니 선현들의 개척 정신에 다시 한번 고개 숙여진다.

계곡 오르막 암반을 쇠줄 로프에 의지해서 오르다 잠깐 쉬면서 뒤돌아본다. 한 폭의 동양화가 펼쳐지는데 가까이 있는 솟대바위 뒤로 지나온 기암괴봉들이 안개와 어울려 환상적인 파노라마를 그려내고 있다.

고개를 돌리면 절경이고 전망대가 따로 없다. 긴 세월 바람이 깎고 눈·비가 다듬어 만들어 낸 명품들이 내 눈을 호강시켜주고 있다.

공룡능선의 중심부인 1,275m봉 조망지에 이른다. 이정표는 마등령 2.1Km, 희운각 대피소 3Km를 알린다. 동해에서 유입된 수증기가 능선의 날카로운 암봉 사이로 흘러들어 내설악 중심부 용아장성릉이 보였다 사라지기를 반복한다.

오르내림과 로프구간이 반복되고 몇몇 남녀노소 男女老少 의 산님들과 조우하기도 한다.

공룡능선의 마지막 봉우리 나한봉 羅限峰 1,287m 을 지나 마등령 삼거리에 도착한다. 공터에는 탐방로와 대피소 이용안내판이 있고 바닥에 자갈이 깔려 있는 곳은 또 하나의 추억이 있는 곳이다. 친구 김옥현과 산행 때 라면을 끓여 먹다가 다른 산님들로부터 지적을 받았던 기억이 있다. 이정표는 오세암 1.4Km, 희운각 대피소 5.1Km, 비선대 3.5Km를 알린다.

이곳은 해발 1,300m로 왼쪽으로 내리면 불교 신도들의 참배 성지인 오세암이 자리하고 있다.

오세암(五歲庵)은 신라 선덕여왕 13년(서기 647년) 자장(慈藏)이 선실(禪室)을 짓고 관음암(觀音庵)이라고 하였다. 조선조 생육신의 한사람인 김시습(金時習)이 이곳에서 출가하였고 명
종3년(1548년) 보우(普雨)가 이곳에서 기도하다가 문정왕후에 의해 선종판사로 발탁되었다. 인조 21년(1643년) 설정(雪淨)이 중건하고 오세암으로 개명하였는데 이름을 바꾼데에 따른 전설이 전해지고 있다.

    설정이 고아가 된 형님의 아들을 이 암자에서 키웠는데 어느 날 겨울 준비를 하기 위해 양양에 다녀와야 했다. 그 동안 혼자 있을 4살된 조카를 위해 며칠동안 먹을 밥을 지어 놓고 조카에게 이르기를 관세음보살상에게 '관세음보살'을 부르면 잘 보살펴 줄 거라면서 암자를 떠났다. 이후 내린 폭설로 이듬해 눈이 녹을 때까지 암자를 가지 못하다가 눈이 녹자 암자로 달려가니 법당에서 목탁을 치며 관세음보살을 부르는 조카를 보게 되었다. 흰옷을 입은 젊은 여인이 관음봉에서 내려와 조카의 머리를 만지며 성불成佛의 기별을 주고 새로 변하여 날아갔다. 이에 감동한 설정은 어린 동자가 관세음보살의 신력으로 살아난 것을 후세에 전하기 위해 암자를 중건하고 오세암이라 하였다고 한다.
    오세암의 인근에 '내설악의 꽃'이라 일컬어지는 빼어난 전망대가 있으니 이름하여 만경대라고 부른다.
    마등령 삼거리에서 다시 오르막을 치고 올라가 드디어 마등령이다. 해발

1,300m의 고갯마루는 옛 사람들이 동·서를 넘나들 때 이용한 옛 길 중의 하나로 내·외설악을 연결한다. 동으로 금강굴, 비선대, 서로는 오세암, 백담사, 남으로 공룡능선과 대청봉, 그리고 백두대간이 북으로 달려 저항령, 황철봉과 미시령으로 이어지는 사거리 갈림길이다.

통제구간 울타리를 넘어!

가장 먼저 눈에 띄는 북쪽 출입금지 경고판이 지옥의 사자처럼 다가온다. 이곳 마등령에서부터 미시령까지 국립공원 특별보호구역으로 지정하여 2026년까지 출입금지다.

한계령에서 마등령까지는 산행 경험이 있었던 구간이기에 힘은 들더라도 부담없이 산행할 수 있었으나 이제부터 미지의 세계에 대한 두려움과 더욱이 비법정 탐방로라는 부담으로 긴장감이 앞선다.

출입금지 경고판을 흘겨보다가 깊은 숨 들이쉬고 각오와 다짐을 단단히 하면서 목책을 도둑고양이처럼 넘어 오르막 길을 치고 오르니 정상석이 마등봉을 안내한다.

마등봉(1,327m)은 별다른 특징이 없는 평평한 봉우리로 원래 정상석이 없

었으나 「백두대간은 내게 말한다」의 저자 김정은의 백두대간 일시종주를 지원하던 외대 산악회에서 종주 일정에 맞춰 2015년 8월 15일 설치하였다.

날씨는 다행스럽게도 점차 좋아지고 있으나 대청봉은 아직도 운무와 숨바꼭직을 하고 있고 내·외설악 계곡에는 낮은 구름이 덮혀 있는데 북쪽 대간길 황철봉이 어서 오라고 손짓하고 있다.

마등봉을 뒤로 하고 내리막 너덜지대에 이른다. 우리나라 산악지대 사면에서 종종 볼 수 있듯이 돌무더기들은 대부분 애추崖錐라고 하는데 주 빙하기 환경에서 지반암이 동결, 융해하면서 붕괴되어 아래로 떨어진 지형으로 너덜지대, 너덜컹 혹은 돌서렁 이라고도 한다.

마등봉에서 미시령 구간은 백두대간의 대표적인 너덜지대이며 까다롭기로 악명높은 구간이다.

조그마한 돌탑들을 방향 삼아 조심스럽게 내려가서 숲길이 나오는데 숲길 또한 크고 작은 바위투성이로 된 길이라 쉽지가 않다. 너덜지대에는 스틱을 접어 배낭에 넣고 네 발로 기다시피 가는 게 안전과 속도면에서 유리하다.

오르막 대간길 옆 '설악414'삼각점을 지나서 큰 바위들이 널려 있는 너덜지대를 만나는데 대간길을 안내하던 작은 돌탑도 없고 커다란 바위에 붉은색 페인트로 그려진 화살표를 따라간다. 걸음을 옮길 때 마다 바위 부딪히는 소리가 바위 사이로 울려 퍼진다.

이 구간은 이정표도, 현위치 표시목도 보이지 않고 이따금씩 보이는 대간 리본과 지도, 나침의에 의존할 수 밖에 없다.

　몇 개의 대간 리본과 돌쉼터가 있는 1,178m봉을 지나 다시 내리막 너덜지대를 네 발로 기어 내려가고 내린만큼 다시 오르기를 반복하다가 너덜지대가 끝나는 암봉에서 대간길을 찾지 못해 한동안 당황해 하다가 두 개의 뾰족한 봉우리 사이로 넘어 가니 키 작은 관목灌木에서 나부끼는 대간리본이 어서 오라고 반긴다.

　이 봉우리는 1249.5m봉으로 혹자는 산 정상이 조잡하게 생겨 '걸레봉'으로 호칭 하였다가 이름이 예쁘지 않고 봉우리가 까칠하게 생겼다하여 '까칠봉'으로 부른다.

　연속된 암봉의 도열을 받으며 300-400m는 됨직한 거대한 급경사 너덜을 만난다. 악마가 커다란 입을 벌리고 있는 듯한 너덜지대는 바위와 바위 사이의 틈새가 빙하 지대의 크레바스처럼 한번 빠지게 되면 좀처럼 헤어 나올 수 없을 것 같다. 최대한 긴장하면서 바위에 그려진 화살표를 따라 조심스럽게 내리니

흙길로 이어지는 대간길에 생천사천生千
死千의 주목나무가 종종 눈에 띈다.
    가고파 산악회에서 나무에 매달에 놓
은 표지판이 저항령을 알린다.

    해발 1,106m의 저항령은 넓은 공터
에 조그마한 돌탑이 앙증맞게 포즈
를 취하고 있고, 많은 대간 리본이 지
친 나그네를 반긴다. 옛날에는 '길게 늘어진 고개'라는 의미로 늘목령이라 하
였고 한자로는 장항령(長項嶺)이라 표기하였는데 이것이 발음상 자항령으로
되었다가 저항령으로 변음되었다고 한다.

    이곳은 한국전쟁이 한창이던 1951년 한국군 제 11사단과 맹호 사단이 북한
군 제 5군단과 치열한 전투를 벌였던 곳으로, 결국 한국군이 승리하여 설악산
일대를 확보할 수 있었던 설악산지구 전투의 주 전장이었다. 이를 기리기 위해
설악동 광장에 설악산 지구 전적비를 세웠고 그 위에 적진으로 돌진하는 국군
의 용감한 모습을 조각한 동상이 세워져 있다.
    저항령에서 동쪽으로 저항령 계곡을 따라 설악동에 이르고 서쪽은 길곡을
거쳐 백담사로 내린다.

    백담사(百潭寺)는 갓 득도한 승려들이 참선수행하는 사찰로 신라 제28대 진

덕여왕 원년(서기 647년)에 자장율사가 설악산 한계리에 한계사(寒係寺)로 창건하였다가 1783년 백담사로 개칭하였다. 백담사라는 이름은 대청봉에서 절까지 담(潭)이 백 개가 있는 지점에 사찰을 세운데서 일컫게 되었다고 한다. 만해(萬海) 한용운(韓龍雲 1879-1944)의 「님의 침묵」이 잉태된 곳이기도 하다.

저항령에서의 충분한 휴식으로 힘을 비축한 다음 황철봉을 향한다. 이곳의 오르막 너덜은 100-200m, 때로는 200-300m의 너덜지대로 너덜의 덩치가 크고 바위와 바위 틈새가 깊고 넓어서 긴장하며 조심스럽게 지난다.

너덜이 끝나는 지점에 커다란 암봉이 도사리고 있다. 아무 표시도 없는 암봉이지만 1,360m봉으로 통상 황철남봉으로 부르는 봉우리다. 이곳은 남쪽으로 훤히 트여 겹겹이 걸쳐진 설악 준봉들이 조망되는 곳으로 보통 황철봉하면 떠올리는 봉우리다.

황철남봉을 지나 북진하다가 나무에 매달린 표지판이 황철봉이란다.

황철봉(1,381m)은 봉우리라기보다는 평탄한 안부처럼 보인다. 황철남봉에 비해 20여미터가 높은 곳이지만 조망이 전혀 없는데다가 특징할 수 있는 암석이나 암반도 없이 돌덩어리들이 몇 개 있는 곳에 '천연보호구역'이라고 새긴 조그만 대리석 말뚝이 그나마 주봉의 자존심을 지켜주고 있다.

황철봉을 뒤로 하고 여느 대간길과 다름없는 숲속길로 이어지다가 너덜길과 암릉길이 이어지고 이따금씩 보이는 대간리본과 야광표시기도 좋은 길잡이가 된다.

나무에 걸려 있는 황철북봉 표지판과 대간리본이 힘내라고 응원을 한다.

황철북봉은 1,318.9m봉으로 '설악 22'라고 새긴 삼각점이 있고 천연보호구역 대리석 말뚝도 박혀 있다.

이어지는 거대한 내리막 너덜지대는 우리나라 최대의 규모로 3단계로 이어진다.

너덜 중간 중간에 야광표시 막대기와 빨래줄 같은 나일론 줄이 설치되어 있으나 중간에 끊기고 얽혀서 길잡이 기능은 제대로 하지 못한다. 커다란 바위와 바위 사이의 크레바스를 네 발로 기고 건너 뛰고 넘는다. 자칫 조금만 발을 헛디뎌도 커다란 틈새로 빨려 들어 갈 것 같은 긴장의 연속이다.

　악마와 같은 너덜지대를 지나고 대간길은 숲속길로 접어들어 우드아치 Wood Archy를 지나 1,066m봉에 도착한다. 이 봉우리는 울산 바위 갈림길이라는 표지판이 설치되어 있고 오른쪽에는 로프가 가로막는다.

　설악산의 명물인 울산바위는 태초에 조물주가 천지창조 天地創造를 하실 때 금강산 일만 이천봉을 빚는데 경상도 울산의 큰 바위 하나가 금강산을 향해 가던 중 발걸음이 너무 늦어 그만 외설악 중턱에 자리 잡았다는 전설이 내려오고 있다.

　울산바위와 연관해서 속초시의 이야기도 빼 놓을 수 없는 대목이다.

옛날 울산 원님이 신흥사 주지를 찾아가 울산바위는 울산 고을의 소유이니 신흥사에서 차지한 댓가로 셋돈을 내라고 하여 해마다 세를 받아 갔다고 한다. 어느 해 신흥사의 한 동자승이 이제부터는 세를 줄 수 없으니 도로 가져가라 하였고 이에 울산 원님이 바위를 재로 꼰 새끼를 묶어주면 가져 가겠다고 하자 동자승은 청초호와 영랑호 사이에 지천으로 자라는 '속새'풀로 새끼를 꼬아 울산바위를 동여 맨 후 불에 태워 재로 꼰 새끼를 만들었다. 그러자 울산 원님은 더 이상 세를 내라는 말을 못하게 되었고 그 후로부터 '묶을 속束'자와 '풀 초草'자를 써서 속초束草라고 부르게 되었다고 한다.

울산바위 갈림길에서 물병에 남아 있던 물 한 모금을 마시고 내리막길로 내려 서면서 이제부터는 갈증과의 싸움이다.

저 앞에 봉우리 아래 철탑이 보이고 폐업한 휴게소가 흉물로 다가온다. 지킴터가 보이는 곳에 쌓여있는 공사장비는 감시카메라를 설치 중이고 길이 끝난 지점은 온통 철조망이 가로막고 있어 빠져 나갈 구멍이 없다. 누군가가 지킴터에서 보고 있을 것 같은 두려움에 왼쪽으로 내려 항공기상 관측장비 왼쪽 경사지로 내려가 철책이 끝난 곳에서 도로쪽으로 올라서니 미시령 표지석이 버티고 있다. 시간은 오후 5시 45분이다.

미시령(彌矢嶺)은 해발 767m의 고개로 한계령과 함께 설악산 서쪽의 인제와 동해안

의 외설악을 이어주던 고갯길이다. 미시령 고개 정상에서 북쪽으로는 신선봉-대간령-진부령으로 이어지고 남쪽으로는 황철봉-마등령-공룡능선을 이어주고 있다. 조선 시대 미시파령(彌矢坡嶺)으로 불린 험준한 고개로 15세기에 길이 개척되었으나 조선 후기에 다시 폐쇄되기도 하였다. 현재의 미시령은 1960년에 개통되었으며 표지석은 이승만 전 대통령이 제호한 것으로 알려진다.

지금은 아래로 터널이 뚫려 옛길이 되었으며 한때 호황을 누리던 휴게소는 폐업하여 흉물로 남아 있고 인적이 끊긴 고갯마루 표지석 옆에는 조선 중기 문인이었던 택당 澤堂 이식 李植 1584-1647이 썼다는 미시파령 彌矢坡嶺을 소개하는 비석이 눈길을 끈다.

平生弧矢志 (평생호시지) 평소에 호시의 뜻을 품고서
四方經險艱 (사방경험간) 사방의 험준한 길 두루 밟고 다녔나니
南登鳥道棧 (남등조도잔) 남쪽으론 조령(鳥嶺)의 잔도(棧道) 건넜고
北上磨天山 (북상마천산) 북쪽으론 마천령(磨天嶺)을 넘어도 보았어라
不謂東峽路 (불위동협로) 그런데 뜻밖에도 동쪽 산골 가는 길에
復有彌坡關 (복유미파관) 또다시 미시령(彌時嶺)이 버티고 서 있다니
一川百折渡 (일천백절도) 돌고 돌아 일백 굽이 건너야 할 강물이요
一嶺千匝環 (일령천잡환) 일천 겹 에워싸인 준령(峻嶺)이로세
側足滄波上 (측족창파상) 한 발 삐끗하면 곧바로 푸른 바다

擧手靑雲間 (거수청운간) 손을 들면 잡히나니 푸른 구름

始怪地何依 (시괴지하의) 처음에는 디딜 땅도 없을 듯 겁나더니

更擬天可攀 (갱의천가반) 하늘까지 오를 욕심 다시금 샘솟누나

方知濊國東 (방지예동국) 이제야 알겠도다 예맥(濊貊) 나라 이 동쪽에

別是一區寰 (별시일구환) 따로 별세계(別世界)가 감추어져 왔던 것을

將窮觀覽富 (장궁관람부) 여기저기 좀 실컷 구경하려 하였는데

豈計腰脚頑 (기계요각완) 말 안 듣는 허리 다리 이를 어쩌나

時時領奇絶 (시시령기절) 때때로 접하는 기막힌 경치만으로도

且爾開塵顔 (차이개진안) 속세에 찌든 얼굴 펴기에 족하도다

五步一回顧 (오보일회현) 다섯 걸음마다 한 번씩 뒤를 돌아보고

十步一停留 (십보일정유) 열 발 걷고 나서 다시 멈춰 휴식하며

三朝上峻阪 (삼조상준판) 삼일 동안 아침나절 험한 비탈 올라

三暮登上頭 (삼모등상두) 사흘 저녁에 정상에 우뚝 섰어라

巨石傷我足 (거석상아족) 거대한 바위에 발도 다치고

顚崖眩我眸 (전애현아모) 깎아지른 낭떠러지 눈이 아찔했나니

大哉穹壤內 (대재궁양내) 광대(宏大)하도다 미시령이여

玆嶺誰與伴 (현령수여반) 천지간에 그 무엇이 그대와 짝하리요

回車與叱馭 (회차여질어) 수레를 돌렸거나 마부 꾸짖었거나

忠孝心所求 (충효심소구) 모두가 충효심의 발로라 할 것인데

何意携老母 (하의휴노모) 노모를 모신 이 길 무엇 때문에

乃反窮邅幽 (내반궁하유) 깊은 골 뒤질 생각 거꾸로 한단 말가

餘生募苟全 (여생모구전) 남은 인생 성명(性命)을 보전할 수만 있다면
絶跡甘遠投 (절적감원투) 자취 끊고 먼 산골로 들어가도 좋으련만
臨風發長歎 (임풍발장탄) 바람결에 날려 보내는 나의 장탄식(長歎息)
吾道知是不 (오도지시불) 나의 이 길 과연 옳은 것인지

한낮 졸필拙筆에 불과한 사람이 어찌 대문호大文豪의 명작을 평할 수 있으리오 마는 고봉준령高峰峻嶺의 험준함과 이를 오르는 힘든 여정을 어떤 미사여구美辭麗句로도 더 이상 잘 표현할 수 없을 같 같다. 특히, '다섯 걸음 마다 한 번씩 뒤를 돌아 보고五步一回顧, 열 발 걷고 나서 다시 멈춰 휴식하며十步一停留' 라는 대목은 지금의 내 모습을 보는 것 같다.

한동안 시구詩句에 정신팔려 있는데 자전거 여행 중인 젊은이가 다가와 표지석 위에 자전거를 올려 놓고 인증샷을 부탁한다.

폐휴게소 앞 넓은 주차장 한쪽에는 미시령 지킴터가 있는데 평일에는 근무하지 않고 주말과 공휴일에는 아침 5시부터 근무한다고 한다.

이번 산행은 여기서 마감하기로 하고 콜택시를 불러 속초에서 동서울행 버스에 몸을 싣는다. 백두대간 산행 중 가장 힘들고 어려운 구간을 무사히 마쳤다는 안도감과 이제 마지막 한 구간만 남았다는 설레임을 안고 깊은 잠에 빠져 든다.

▲ 황철봉 너덜지대

설악산

구간 일지

제39구간 (희운각대피소-미시령/ 15.2Km)

2016년 6월 8일 수요일 안개/흐림

시간	구간	표고 (m)	거리 (Km)	접속(비상탈출)	숙영자료
04:30	희운각대피소	1,050	0.2		대피소
04:47	무너미고개	1,020	0.8	양폭대피소 1.8Km, 비선대 5.3Km, 설악동	
05:28	신선대		1.5		
07:20	1275봉	1,275	2.1		
09:53	마등령	1,320	3.6	오세암(1.4Km)→수렴동대피소	물, 공터
13:15	저항령	1,106	1.4	백담탐방안내소(3시간), 설악동	물, 공터
14:33	황철봉	1,380	2.7		
16:40	울산바위갈림길	1,068	1.8		
17:50	미시령	767		미시령 옛길-56번 지방도 (용대리-속초)	휴게소, 물, 공터

- 산행거리/소요시간 : 15.2Km/13시간 20분
- 일출/일몰시간 : 05:02/19:47
- 교통
    - 들머리 : 희운각대피소←무너미고개←양폭대피소←설악동-속초
    - 날머리 : 미시령/옛길-56번 지방도(인제군 북면 용대리-속초)
        속초버스터미널(속초-동서울) 033-633-2328
        원통버스터미널(원동-속초, 동서울) 033-462-3070
        속초택시(속초-미시령) 033-636-4499
        원통택시(원통-미시령) 033-461-8924
- 숙박/식사
    - 희운각대피소
    - 미시령계곡 캠핑장(미시령) 033-462-4343

제40구간

몸은 陳富嶺, 마음은 白頭山

📍 **미시령 - 신선봉 - 진부령(16.44Km)**
2016.06.13. (월) 안개/흐림

    '고산자의 후예들'이란 출판사에서 발간한 백두대간 24지도첩도 이제 마지막 한 장만 남았다. 이 지도첩을 몇 년전에 막내 딸 아이가 선물한 것인데 백두대간 종주를 하면서 훌륭한 길잡이가 되어 주었다.
    마지막 한 장은 한계령에서 진부령까지 설악산 일대가 모두 수록되었다.
    어제 오후 버스로 속초에 내려오는데 인제에 접어들자 앞이 보이지 않을 정도로 비가 내렸다.
    속초에 도착해서 버스 터미널 옆 동경모텔에 여장을 풀고 일찍 자려고 하였으나 백두대간 종주 마지막 구간이라는 설레임과 기대감, 그리고 변덕스러운 날씨에 대한 우려로 잠을 설쳤다.

    아침 일찍 서둘러 택시로 미시령 옛길 정상에 도착하니 4시 30분이다.

　칠흙같은 어둠 속에서 혹시나 했던 우려가 현실로 다가오려는 듯 빗방울이 떨어지고 동해에 떠 오르는 햇살의 기대는 물거품이 되어 버렸다.
　오늘은 평일인데다가 이른 시간이어서 인지 미시령 지킴터는 적막강산이다. 지킴터에 감시원이 있을 경우는 고갯마루를 지나 용대리 쪽 200여m 우측 계곡으로 들어가서 계곡을 타고 올라가다가 능선 대간길로 연결할 수 있다고 택시 기사가 귀띔한다.
　주인없는 지킴터를 흘겨보면서 주차장 철 파이프를 넘어 금방이라도 유령이 튀어나올 것 같은 폐휴게소를 지나 출입금지 경고판이 버티고 있는 오르막 길로 들어서면서 백두대간 종주의 마지막 구간 산행을 시작한다.
　통신중계소 철탑을 돌아 삼거리부터는 주변에 나무가 없는 오르막 민둥길로 접어들고 빗방울 떨어지던 새벽의 어둠도 서서히 물러나면서 점차 날이 밝아진다. 이 지역은 미시령 고갯마루에서 훤히 보이기 때문에 발걸음을 재촉하지만 된비알로 이어진 오르막은 결코 녹록치가 않다.

날씨는 다행히 빗방울이 조금 떨어지다가 멎었지만 안개가 자욱하여 주변 분간을 할 수가 없고 나뭇잎에 맺힌 안개비가 이슬비 못지않게 온몸에 적셔든다.

미시령 샘터는 어제 많은 비가 내렸음에도 바짝 말라 있고 바로 위 오른쪽으로 희미한 갈림길은 선인재를 거쳐 화암사禾巖寺를 지나 고성군 토성면 신평리에 이른다. 대간길은 북진하여 커다란 바위 전망대에 올라보지만 고산준봉高山峻峰도, 산릉들이 빚은 겹겹계곡溪谷의 장쾌함도, 동해의 망망대해茫茫大海도 안개 속으로 꼭꼭 숨어 천지사방 분간을 할 수 없다.

커다란 바위 봉우리를 지나고 너덜지대가 이어진다. 황철봉의 너덜지대보다는 작은 규모지만 너덜지대는 규모의 크고 작음에 상관없이 바위를 넘고 크레바스를 뛰어 건너야 하는 힘든 구간이다.

한국전쟁 비극의 현장에서!

몇 개의 너덜지대를 지나 바위에 표시된 화살표를 따라 너덜이 끝난 넓은 공터에는 헬기장이 있고 '6·25전쟁 전사자 유해발굴 지역' 안내판이 눈길을 끈다. 이 지역 일대는 한국 전쟁 당시 치열했던 격전지로 전사자를 수습하지 못하고 가매장 또는 바위 틈새에 넣어 두었다가 60여년이 훌쩍 지난 지금에야 발굴 작업을 하고 있다고 하니 처절했던 비극의 현장에 서 있는 마음이 무겁게 느껴진다.

안개 속으로 상봉의 모습이 흐릿하게 보이고 다시 너덜지대로 이어지다가 온통 너덜이 파헤쳐진 곳에 있는 유해 발굴지역 안내판을 지나서 상봉 정상에 도착한다.

상봉(1,242m)은 너덜바위 위에 단아하게 돌탑을 쌓고 사각형의 돌에 상봉이라고 페인트로 쓴 정상석을 올려 놓았다.

짙게 드리운 안개는 백두대간 마지막 산행을 시샘이라도 하는 듯 걷히기는커녕 점점 더 짙어가고만 있다.

변덕스럽기로 치면 산악의 날씨만 한 게 있을까 마는 특히 강원도의 산은 더욱 그러하다. 어제 내린 비와 새벽의 안개비로 흠뻑 물을 머금은 잡목과 넝쿨들은 지나는 길손에게 화풀이하듯 물을 토해내고 물에 빠진 생쥐신세가 된 나그네는 찌걱거리는 신발소리에 장단을 맞춘다. 로프와 바위는 미끄러워 손과 발에 힘이 잔뜩 들어가는 긴장의 연속이 계속된다.

오른쪽 암봉을 스치듯 지나 두 개의 암봉이 통천문通天門인 듯 하늘에 닿을 것 같은 암벽 사이를 넘어서서 조망 바위에 올라 섰지만 사방분간을 할 수 없기는 마찬가지다.

　대간길은 가파른 내리막 암릉지대로 이어지다가 오르막 너덜길로 솟구친다. 저 아래 화암재는 구름 속에 갇혀 있고 건너편에는 북설악의 신선봉이 운무에 덮혀 희미하다.

　화암재로 내리는 길은 너덜지대 군락을 이루고 급 비탈 곳곳에 로프가 위협적이다.

　　화암재는 해발 1,050m로 동으로 화암골을 거쳐 고성군 토성면 신평리를 지나 천진천을 이루며 동해로 빠져들고, 서로는 마장터를 지나 인제군 북면 용대리로 이어지는 옛고개로 출입통제구간이라 아무 표시도 없고 인적마져 끊겨 희미한 소로만이 남아 있을 뿐이다.

　북쪽으로 이어지는 대간길은 가파른 오르막 흙길인데 젖어 있는 길은 두발짝 앞으로 가다가 한발짝 미끄러짐을 되풀이한다.

　신선봉 갈림길에서 오른쪽으로 진행하여 너덜지대가 끝나는 곳에 설치된 헬기장을 지나서 커다란 바윗덩어리들이 봉우리를 감싸고 있는 신선봉 정상에 도착한다.

　신선봉(神仙峰 1,212m)은 신선이 노닐던 봉우리라 해서 붙여진 이름일까? 거대한 암괴가 뒤덮혀 있어 어느 곳이 봉우리 정상인지 구별하기 어려운데

바다에 떠 있는 항공모함처럼 윗면이 판판하고 웅장한 바위 가운데에 하얀 판이 보이고 가까이 다가가니 흰색 판에 '신선봉 1,204m'로 새긴 정상판이 금이 간 채로 붙어 있다.

조금 아래 공터에 3-4인용 텐트가 설치되어 있고 한 젊은 산님이 나와 인사를 한다. 어제 마산봉에서 미시령 방향으로 혼자서 산행하다가 비를 만나 더 이상 진행을 못하고 이곳에서 숙영을 했다고 한다.

'안전산행'을 서로 당부하고 발길을 돌려 북서방향으로 이어지는 대간길로 접어들고 1,094m봉을 지나 내리막길로 내려가다가 넓은 개활지에 헬기장과 군부대 교통호와 참호를 파 놓은 곳에 '자연보호'말뚝이 설치되어 묘한 대조를 이루고 있다.

내리막길 암릉에서 날씨 좋은 날이면 건너편 암봉과 왼쪽 능선상에 병풍바위가 보인다는데 오늘은 기대할 수 없으니 아쉬움이 남는다.

대간로는 계속 내리막으로 이어지다가 출입금지 경고판과 로프가 설치되어 있는 넓은 공터에 다다른다. 공터에는 몇 개의 돌탑과 돌무더기가 있고 마장터 2Km, 도원리 6Km, 마산봉 3Km를 알리는 이정표 기둥에 누군가가 써놓은 글씨가 대간령을 안내한다.

대간령(大間嶺)은 해발 641m의 고개로 「신증동국여지승람」에는 석파령이라고 기록되어 있으며 새이령, 샛령이라고도 부른다고 한다. 왼쪽으로 마장터를 지나 소간령을 거쳐 인제군 북면 용대리 용대동 매바위로 이어지고, 오른쪽으로 고성군 토성면 도원리 도원저수지로 연결되는 옛고개다. 왼쪽에 있는 마장터(馬場岱)는 옛날에 말 장이 섰다하여 붙여진 이름으로 고개를 넘나들던 주요 수단이 말이었던 것 같고 예전에는 사람의 왕래가 잦아 이곳 인근에 주막집도 있었다고 한다.

미시령에서 대간령까지 이어지던 통제구간을 벗어나 이제 감시의 눈초리가 없는 대간길을 부담없이 자유롭게 걷겠다 싶었는데 한 두 방울 떨어지는 빗방울이 초조함으로 다가온다.

가파른 오르막을 치고 올라 거대한 암봉이 버티고 서 있는 사이로 이어지는 대간길을 따라 또 다시 오르막 너덜지대를 만난다. 스틱을 접어 배낭에 넣고 네 발로 기는 특유의 '골룸'자세로 이리 뛰고 저리 건너 너덜지대 끝자락에서 만나는 대간 리본이 그렇게 반가울 수가 없다.

너덜이 끝나는 잡목지대에서 숨겨진 보물찾기를 한다. 여기 저기, 이곳 저곳을 기웃거려도 보이지 않던 보물이 암반 틈 사이에 박혀 있다. 한반도 지형처럼 생긴 아담한 자연석에 매직으로 쓴 '암봉'이라는 글씨가 희미하다. 지도상의 890m봉인 암봉은 어렵게 그 모습을 드러낸다.

암봉에서 내리막으로 이어지다가 평탄한 숲길이 나오고 군데군데 조그마한 돌탑이 도열해 있는데 산새들의 합창까지 들려오는 것을 보니 비는 더 이상 오지 않을 것 같지만 동해에서 유입된 수증기는 시계 제로의 상태로 빠져들게 한다.

병풍바위 갈림길에서 잠시 망설이다가 병풍바위 쪽으로 접어든다. 시계가 좋지 않아 병풍바위의 장관을 보지 못했지만 밟아라도 보겠다는 심정이다.

병풍바위봉(1,058m)은 정상석은 보이지 않고 동부지방 산림청에서 설치한 설명판이 안내하고 있다. 백두대간 마산봉과 대간령 사이에 있는 병풍바위는 마치 병풍을 두른 것처럼 생긴 데에 유래하여 붙여진 이름이라고 한다. 봄이면 각양각색의 야생화가 피어나고, 여름이면 산의 푸르름과 병풍바위가 어우러져 아름다운 조화를 볼 수 있다. 가을에는 형형색색의 단풍  과 운해가 환상적이며 겨울에는 허리까지 빠지는 설경이 산꾼들의 탄성을 자아낸다.

    햄버거로 점심식사를 하고 있는데 중년의 여자 두 명과 남자 한 명이 올라온다. 진부령에서 출발하여 미시령으로 간다고 하면서 병풍바위 능선을 따라 내려간다. 미시령은 그쪽이 아니라고 하는데도 길이 있다고 하면서 한참을 가다가 되돌아와 "선배님 말씀을 들을걸, 우리 알바했어요."란다.

    그들과 헤어져서 이정표를 따라 마산봉으로 향한다.

    노란 이정표가 있는 삼거리를 지나고 '마루금샘 50m'라고 쓰인 표지판을 지나는데 충분히 준비했던 식수가 날씨 탓에 팔리지 않아 아직도 4병이나 남아 있어 그냥 지나친다.

    오르막 로프를 따라 올라서 넓은 공터에는 쉼터가 마련되어 있고 속초 중앙교회 산악회 회원이라는 중년 남·녀 10여명이 진부령으로 간다면서 마산봉 방향으로 향한다.

    잠시 쉬었다가 마산봉에 오른다. 오늘의 마지막 봉우리면서 한반도의 남단

우리가 발을 디딜 수 있는 백두대간의 마지막 봉우리다. 울퉁불퉁한 삼각봉 꼭지점에 대리석으로 된 아담한 정상석이 초보산꾼의 백두대간 종주를 축하해주고 있다.

마산봉(1,051.8m)은 고성군 간성읍과 토성군의 경계에 있는 봉우리로 산세가 말의 등을 닮았다하여 붙여진 이름으로 전해지고 있다. 금강산 일만 이천 봉의 하나에 속하며 건봉사, 청학정, 화진포 등과 함께 고성 8경에 속한다. 날씨가 좋을 경우 진부령 너머 향로봉이 선명하고 비로봉을 비롯한 금강산 연봉까지 희미하게 조망된다고 하는데 오늘은 금강산 비로봉은 커녕 향로봉도 볼 수 없게 방해하는 안개가 원망스럽다. 산기슭에는 우리나라 최초로 개장된 알프스 스키장이 자리하고 있다.

마산봉을 뒤로 하고 다시 삼거리 쉼터로 내려와 알프스 리조트로 향한다.
내리막 돌계단을 내려 돌쉼터와 통나무 쉼터를 지나 급경사 목재 계단으로 내려선다. 수많은 대간리본이 철조망 펜스에서 나부끼고 있고 스키장 리프트 박스 오른쪽으로 돌아내리니 대간령-미시령 출입금지 안내판과 낡은 마산봉 등산로 안내판, 그리고 마산봉 1.4Km, 진부령 4Km를 알리는 이정표를 지나고 알프스 콘도 오른쪽에 어린 전나무가 식재되어 있는 넓은 지역을 통과하여 아스팔트 포장도로를 만난다.

이정표를 따라 부대 차량기지로 이용하였던 넓은 공터를 통과하고 시멘트 포장도로와 만나 왼쪽으로 이어지다가 군부대 정문을 지난다. 군부대는 이전하여 시설물만 흉물스럽게 남아 있는데 시멘트 포장도로로 직진하면 광성초등학교 흘리분교가 위치하고 있다.

군부대 초소에서 산으로 접어든 대간로 상에 아치형 나무를 통과하여 산길을 따라가다가 내리는 곳에 아스팔트 포장 도로와 시멘트 도로가 있는 삼거리에서 진부령 정상 1.8Km를 알리는 이정표를 따라 가는데 스키 대여점과 오른쪽에 글로벌 팬션 간판이 보인다. 지도를 확인해 보니 진부령 정상쪽으로 가는 길은 맞지만 대간길은 아닌 것 같아 다시 삼거리로 되돌아 와 시멘트 포장 농로를 따라 북쪽으로 향한다. 주위는 온통 안개에 뒤덮여 10m의 시계도 안되는 것 같다.

진부령 정상 1.6Km를 지나고 보니 지도상의 삼각점이 있는 641.8m봉을 지나친 것 같다. 안개로 인해서 방향도 높낮이도 구분하기 어렵다.

강원도에서 지정한 진부령 관광 농원을 지나고 진부령 정상 1Km를 알리는 이정표에서 오른쪽 비포장임도로 접어들고 울창한 리끼다 소나무 숲길로 이어진다.

급경사 통나무 계단을 내려서 아스팔트 도로 건너편에는 백두대간 기념공원이 조성되어 있다. 수많은 대간 종주 기념비와 기념석

이 마치 전시장을 방불케하며 이루 셀 수 없이 많은 대간 리본이 매달린 깃대봉 상단판에는 '가자! 백두산으로'라고 쓰여 있어서 모든 산악인들의 염원을 잘 나타내고 있다.

공원에서 지름길로 내려서 도로를 건너 시멘트 계단을 내려서니 진부령 정상이다. 시간은 오후 4시 30분을 알리고 있다.

정상에 내려서는데 앰뷸런스와 몇몇 사람이 웅성거리고 있어 무슨 사고라도 났나 싶었는데 오토바이 동호회에서 이곳을 통과하는 행사가 있고 행사 후에는 일시에 썰물처럼 빠져 나간다.

고갯마루에는 온통 안개에 싸여 있고 빗방울 마저 떨어지고 있어 사람의 그림자는 찾아 볼 수 없다.

2015년 6월 17일 지리산에서 출발하여 일년 여 만에 백두대간 종주라는 꿈에 그리던 염원을 이루는 날 진부령 표지석을 배경으로 인증샷을 찍어 줄 사람이 없다. '역시 나는 시작하는 날부터 혼자였고 마침표를 찍는 날에도 혼자일 수 밖에 없는가보다.' 그러나 나는 외롭지 않았다. 백두대간의 산새들의 합창, 매미들의 노랫소리, 길동무가 되어준 다람쥐, 끈질기게 따라붙던 날파리, 이따금씩 만났던 멧돼지마저도 그리울 것이다. 풀 한포기, 나무 한그루라도 다 기억하고 싶다. 돌맹이 하나, 바위 하나라도 사랑하리라.

진부령(進富嶺)은 강원도 인제군 북면과 고성군 간성읍을 잇는 해발 520m로 이 일대의 백두대간 고개 중 가장 낮은 곳으로 간성과 한계리를 연결하는 46번 국도가 지나간다. 옛날 보부상들이 영동과 영서를 넘나들던 유일한 오솔길이었는데, 1631년 우마차가 다닐 수 있도록 개척되었다가, 1930년 차량 한 대가 겨우 넘을 수 있는 비포장 도로로 확장되였고, 1981년 46번 국도로 승격되어 2차선 도로로 확·포장되어 1987년 개통하였다. 이를 기념하여 진부령 표지석을 세우게 되었다고 한다.

진부령 고갯마루 정비사업의 일환으로 아담한 진부령 쉼터를 마련하고 산림청에서 새로 세운 백두대간 진부령 표지석이 우뚝 솟아 위용을 자랑하고 있다. 길 건너 현대식 건물의 진부령 미술관이 이곳의 정취와는 어울리지 않는 모습으로 자리잡고 있다. 옛표지석은 미술관 옆 오른쪽 끝자락 소나무 뒤에 꼭꼭 숨어 있고 그 뒤로 향로봉지구 전투전적비가 그날의 참혹했던 전투상황을 안내하고 있다.

미술관 왼쪽으로 부대 정문이 있고 정문 오른쪽에 바리케이트가 설치되어 있는 도로가 있는데 이 비포장도로가 향로봉으로 이어지는 군부대 작전도로이면서 대간길이다. 옛날 현역시절 군용 지프차를 타고서 향로봉을 수차례 오른 적이 있다. 몇해 전까지만 해도 봄·가을 향로봉 개방 행사를 하였다는데 지금은 하지 않는다고 하니 30여년 전의 옛 기억이라도 더듬어 볼 수 밖에 없다.

이 지역 일대는 을지부대의 작전책임지역이다. 을지부대 乙支部隊는 한국전쟁이 치열하던 1952년 11월 당시 이승만 대통령이 '역사상 불멸의 전승을 거두어

민족의 자존을 드높인 고구려 을지문덕 장군의 진취적 기상을 계승하라!'는 격려와 함께 부대 이름을 직접 명명命名했다고 한다.

    군 작전도로 통문을 지나 서쪽으로 이어지다가 칠절봉1,172m에서 북쪽으로 방향을 틀어 동굴봉1,330m을 거쳐 향로봉 정상으로 이어진다.

북녘땅 백두대간, 내 살아 생전 가 볼 수 있을까?

향로봉(香爐峰 1,293m)은 금강산 일만 이천 봉우리 중 하나로 인제, 고성, 간성의 삼개군 경계지역에 위치하고 있는 높은 고지이며 구름이 덮힌 날이면 향로에 향불을 피워 놓은 형상으로 보인다 하여 향로봉이라 불린다. 맑게 개인 날에는 금강산 비로봉과 고성 절벽강의 흐르는 모습이 보이고 동해 해금강의 만경창파가 넘실거리는 모습을 한눈에 볼 수 있는 명산이다.

향로봉 정상 발치 아래에는 한반도의 동과 서를 가르는 155마일 군사 분계선 철조망이 가로막고 있고 남방한계선 2Km와 북방한계선 2Km를 비무장지대 DMZ:Demilitarized Zone 라고 하는데 철책으로 둘러쳐져 삼엄한 경계가 이루어지는 곳이다.

진부령과 향로봉에서 한반도의 남단 대간 종주는 마침표를 찍고 더 이상 금강산과 백두산을 향하여 북진할 수 없는 분단 조국의 현 상황이 오늘날 우리들의 현실이다.

향로봉에서 북쪽으로 내리면 고성군 삼재령에 이른다. 삼재령은 군사분계선 철책이 횡단하는 곳으로 이곳에서 북녘땅의 백두대간이 시작되는 곳이며 금강산을 거쳐 백두산까지의 도상거리 900여Km에 달하는 멀고 험준한 대간 줄기가 힘차게 뻗어 나간다.

금강산 金剛山 1,638m 은 남·북 화해분위기에 편승하여 한동안 금강산 관광이 활발히 이루어지다가 북한군 초병의 관광객 박왕자 저격 사망사고로 중단된 지

이미 10여 년이 다 되어 간다. 많은 사람들이 금강산을 다녀왔다고 자랑하지만 그때마다 함구무언緘口無言이다.

　마음은 금강산을 지나 철령, 분수령586m을 향한다. 추가령 지구대로 알려진 분수령은 서울과 원산을 잇는 경원선京元線 철도 222.7Km가 통과한다. 대간 산줄기는 북쪽으로 뻗어 마식령788m, 낭림산2,014m으로 이어지고 한반도의 지붕이라 일컬어지는 '개마고원'이 연상되는 황초령, 부전령1,445m, 후치령1,335m으로 달려나가 마천령에 이른다.

　마천령은 함경북도 길주군 풍계리에서 그리 멀지 않은 곳이라 수 차례의 북한 핵실험으로 방사능에 오염되어 있을지도 모른다. 아무리 산속에 동굴을 파고 지하 핵실험을 하였다고는 하나 그 일대는 이미 죽음의 땅이 되었을 지도 모른다.

　다시 백두대간은 해발 2,000m가 넘는 백사봉2,090m, 포태산2,435m, 대연지봉2,360m등 하늘 높이 솟은 용마루를 타고 넘어 마침내 한반도의 백두대간 시원始原이며 하늘길이 열린 천지天池의 백두산 장군봉에 도착한다.

　이러한 꿈이 언제 이뤄질지는 어느 누구도 모른다. 155마일 휴전선의 철조망이 걷히고 남과 북이 하나 되는 날 북녘땅 삼재령으로 달려가 북녘 동포와 손잡고 힘차게 백두대간을 따라 백두산 천지의 물을 실컷 마시리라.

　조국 통일을 간절히 염원하시던 노산鷺山 이은상李殷相 1903-1982님의 시를 끝으로 백두대간 종주의 대단원의 막을 내린다.

고난의 운명을 지고
역사의 능선을 타고
이 밤도 허우적거리며
가야만 하는 겨레가 있다
고지가
바로 저긴데
예서 알 수는 없다

넘어지고 깨어지고라도
한 조각 심장만 남거들랑
부둥켜 안고
가야만 하는 겨레가 있다
새는 날
피 속에 웃는 모습
다시 한번 보고 싶다

구간 일지

Daily planner

제40구간 (미시령-진부령/ 16.44Km)

2016년 6월 13일 월요일 안개/흐림

시간	구간	표고 (m)	거리 (Km)	접속(비상탈출)	숙영자료
04:45	미시령	767	1.3	미시령 옛길-56번 지방도 (용대리-속초)	
05:50	샘터		1.3		
06:40	상봉/돌탑	1,242	1.0		
07:40	화암재		0.44	마장터, 토성면 신평리	
08:30	신성봉	1,212	3.0		
09:50	대간령	641	1.8	마장터(2Km)-56번 지방도, 도원리 6Km	
10:44	암봉	890	0.7		
11:45	병풍바위봉	1,058	0.9		
12:50	마산봉	1,051.8	1.9		
14:20	콘도101동		2.4		
15:25	641.8봉	641.8	1.7		
16:00	진부령	520		46번 국도(인제/원통-고성/간성)	

- **산행거리/소요시간** : 16.44Km/ 13시간 15분
- **일출/일몰시간** : 05:02/19:50
- **교통**
  - 들머리 : 미시령/옛길←56번 지방도(인제/원통-속초)
  - 날머리 : 진부령/46번 국도(인제/원통-고성/간성)
      속초버스터미널(속초-동서울) 033-633-2328
      간성버스터미널(간성-진부령, 동서울) 033-681-2233
      진부령버스터미널(진부령-원통, 간성, 서울) 033-681-3022
      원통버스터미널(원통-진부령, 속초, 간성, 서울) 033-461-3070
      원통택시(원통-미시령, 진부령) 033-461-8924
      속초택시(속초-미시령) 033-636-4499
- **숙박/식사**
  - 미시령계곡 캠핑장(미시령) 033-462-4343
  - 진부령식당(진부령) 033-681-4735
  - 진부령 부흥식당(진부령) 033-681-3006

[참고서지]

최석호 「백두대간 능선따라」 상상나무 2009
김성배 「백두대간을 가다」 눈빛 2003
이종호 「나홀로 백두대간」 지식과 감성 2013
지현태 「백두대간의 미와 한」 북랜드 2010
김정은 「백두대간은 내게 말한다」 한솔미디어 2015
지도첩 「백두대간 24」 고산자와 후예들
김창호 「한국 명산기」 평화출판사 1995
최완수 「명찰순례 Ⅰ, Ⅱ」 대원사 1994
조선일보사 「실전 백두대간 종주산행」 2009
최선웅 「전국유명등산지도 200선」 성지문화사 2011
안종국 「이땅에 이런데도 있었네」 조선일보사 2000

초보에서 전문가까지
백두대간 안내서

백두대간 종주하다

초판 1쇄 | 2018년 09월 18일

지은이 | 정금연
발행인 | 윤승천
발행처 | 건강신문사

등록번호 | 제25100-2010-000016호

주소 | 서울특별시 은평구 가좌로 10길 26
전화 | 02)305-6077(대표)   팩스 02)305-1436 / 0505)115-6077

인터넷건강신문 | www.kksm.co.kr / www.kkds.co.kr

ISBN 978-89-6267-095-0 (03510)

◆ 잘못된 책은 바꾸어 드립니다.
◆ 이 책에 대한 판권과 모든 저작권은 모두 건강신문사에 있습니다.
◆ 허가없는 무단인용 및 복제 · 복사 · 카페 · 블로그 · 인터넷 게재를 금합니다.